Die Vernetzung einer gesamtstaatlichen Sicherheitsarchitektur

Christian Endreß

Die Vernetzung einer gesamtstaatlichen Sicherheitsarchitektur

Das Politikfeld Innere Sicherheit im Spannungsverhältnis von politischen Interessen und sich wandelnden Bedrohungen

PETER LANG
EDITION

Bibliografische Information der Deutschen Nationalbibliothek
Die Deutsche Nationalbibliothek verzeichnet diese Publikation in der Deutschen Nationalbibliografie; detaillierte bibliografische Daten sind im Internet über http://dnb.d-nb.de abrufbar.

Zugl.: Witten, Herdecke, Privatuniv., Diss., 2013

D 1018
ISBN 978-3-631-62959-8

Peter Lang Edition ist ein Imprint der Peter Lang GmbH

Peter Lang – Frankfurt am Main · Berlin · Bruxelles · New York · Oxford · Wien · Warszawa

www.peterlang.de

„Ohne Sicherheit vermag der Mensch weder seine Kräfte auszubilden noch die Früchte derselben zu genießen; denn ohne Sicherheit ist keine Freiheit.“

Wilhelm von Humboldt

Meiner lieben Andrea.

Inhalt

Anmerkung:
Der Einfachheit halber werden in der gesamten Arbeit für Personen beiderlei Geschlechts ausschließlich maskuline Formen verwendet.

Vorwort

„Ich hoffe, dieses Buch ohne Vorurteile geschrieben zu haben, behaupte aber nicht, ich hätte es ohne Leidenschaft geschrieben."

Alexis de Tocqueville

Diese Arbeit habe ich während meiner Tätigkeit als wissenschaftlicher Mitarbeiter am Lehrstuhl für Politikwissenschaft, Sicherheitsforschung und Sicherheitsmanagement an der Universität Witten/Herdecke geschrieben. Sie wäre ohne die Hilfe und Unterstützung meines Betreuers Professor Dr. Hans-Jürgen Lange und die gute und kritische Beratung von Professor Dr. Bernhard Frevel und Professor Dr. Matthias Kettner nicht entstanden. Dafür spreche ich ihnen meinen Dank und meine Anerkennung aus. Auch möchte ich mich bei meiner Familie, meinen Freunden und meinen Kollegen in Witten und Bielefeld bedanken, die mich intensiv bei dieser Arbeit und dem von mir bearbeiteten BMBF-Forschungsprojekt unterstützt haben.

Wertvolle Informationen und wichtige Impulse verdanke ich den zahlreichen Experteninterviews. Sie hier alle namentlich zu nennen würde den Umfang sprengen. Sie sind in der Anlage aufgeführt. Ihnen allen danke ich für die Gesprächsbereitschaft, Offenheit und kritischen Diskussionen.

1 Einleitung

Nicht erst die Terroranschläge in den Vereinigten Staaten am 11. September 2001 haben die gesellschaftspolitische Problematik von Risiko und Sicherheit in westlichen Gesellschaftssystemen aufgezeigt. Für den Bereich der Äußeren Sicherheit spielten vor allem die Auflösung der Sowjetunion und das Ende des Ost-West-Konflikts sowie asymmetrische Kriegsformen eine bedeutende Rolle. Im Politikfeld der Inneren Sicherheit haben in den 1980er Jahren neue Erscheinungsbilder von Gewaltkriminalität für eine andere Blickrichtung gesorgt. Heute steht das Politikfeld Innere Sicherheit vor weiteren Herausforderungen. Neben dem Schutzbedarf hoch technisierter Anlagen besteht auch die Notwendigkeit, sich der Gefahr verstärkt auftretender Naturkatastrophen zu stellen, die enorme gesellschaftliche und auch ökonomische Folgen mit sich bringen (vgl. Münkler et al. 2010, 7). Hierunter fallen auch die sogenannten *„systemischen Risiken“*, die durch das Zusammentreffen verschiedener Faktoren eine ungeheure Komplexität entwickeln können (vgl. Meyer-Kramer 2007, 9).

Begriffsanalytisch lässt sich erkennen, dass die Begriffe *„Sicherheit“* und *„Risiko“* keinen statischen Formen humaner Daseinsanalytik, politisch vorgegebener Normsetzung oder wirtschaftlicher Kalkulationen unterliegen. Sie sind *„Reflexionsbegriffe“* der geschichtlichen und sozialen Entwicklung der Menschheit. Sie betreffen auf der einen Seite individuelle Personen, haben aber auf der anderen Seite eine Kollektivwirkung auf das gesamte Gesellschafts- und Sicherheitssystem (vgl. Münkler et al. 2010, 7).

Auch sind Unsicherheiten und Bedrohungen keinesfalls neu. Sie gehören schon seit jeher zur Menschheit und deren Entwicklung. Bereits im Mittelalter wurden Menschen durch Seuchen und Krankheiten bedroht und getötet.

Risikothemen gewinnen im Vergleich zu Normthemen (Rechtssetzung) und Verteilungsthemen zunehmend an politischer Bedeutung. Das gilt auch für die öffentliche Meinungsbildung und die damit verbundene soziale Bewegung (vgl. Luhmann 1993b, 156). Um den Risiken und Bedrohungen innerhalb einer hoch entwickelten, demokratischen Gesellschaft entgegen zu treten, bedarf es einer permanenten Anpassung der Strukturen und Prozesse innerhalb des Politikfelds Innere Sicherheit. Der Wandel des politischen Systems geht einher mit einem grundsätzlichen Wandel von Staat und Demokratie. Wenngleich Innere Sicherheit einen Kernbereich staatlicher Machtbefugnis darstellt, ist dabei zu berücksichtigen, dass zur Produktion und Gewährleistung von Sicherheit schon seit einiger Zeit auch nicht-staatliche Akteure involviert werden. Sicherheit muss somit als gesamtgesellschaftliche Aufgabe verstanden werden.

In Zeiten sich rapide wandelnder Risiken und Bedrohungen durch Terrorismus und rechtsextreme Gewalttaten, die eine ganze Nation erschüttern können, durch gehäuft auftretende Naturkatastrophen und eine zunehmende Abhängigkeit von kritischen Infrastrukturen müssen sich individuelle und kollektive Akteure diesen Herausforderungen stellen. Der Staat muss seine Strukturen, Politiken und Prozesse der Inneren Sicherheit an die Anforderungen anpassen. Gelingt ihm dies nicht, delegitimiert er sich selbst (vgl. Kloepfer 2012, 6).

Diese Arbeit untersucht die Komplexität des föderalen Sicherheitssystems der Bundesrepublik Deutschland sowie die notwendigen Anpassungsprozesse an die Herausforderungen des 21. Jahrhunderts.

1.1 Erkenntnisobjekt und wissenschaftliche Fragestellung

Die vorliegende Arbeit hat zum Ziel, den Wandel des föderalen Sicherheitsverbundes der Bundesrepublik Deutschland und die relevanten Einflussfaktoren zu untersuchen.

Somit werden dieser Arbeit folgende Forschungsfragen zugrunde gelegt:

Inwieweit wandeln sich die Bedrohungsfaktoren und deren Wahrnehmung durch die Akteure in der Bundesrepublik Deutschland und wie passt sich die Sicherheitsarchitektur mit ihrer Akteurskonstellation diesem Wandel an? Welche Implikationen ergeben sich daraus für das Politikfeld Innere Sicherheit?

Folgende Forschungshypothesen (unabhängige Variable) lassen sich hieraus ableiten:

1. *Bestimmen politische Interessen die Ausrichtung der Sicherheitsarchitektur, findet eine Anpassung an die existenten Bedrohungen nicht statt.*

Die Anschläge vom 11. September 2001 haben zwangsläufig den Fokus der politischen Entscheidungsträger auf den internationalen Terrorismus gelenkt (vgl. Endreß 2009a, 264 f.). Diese Ausrichtung der Sicherheitsarchitektur und der politischen Prioritäten ist nicht neu. Die letzten 20 Jahre haben verdeutlicht, dass es stets verschiedene *„Fokusthemen“* im Politikfeld der Inneren Sicherheit gab.

In den achtziger Jahren konzentrierte sich die Sicherheitspolitik zunächst auf den RAF-Terrorismus und dann auf die organisierte Kriminalität, die als größte Bedrohung der nächsten Jahrzehnte angesehen wurde. Ab Mitte der neunziger Jahre rückte der Rechtsextremismus und ab dem 21. Jahrhundert der internationale Terrorismus ins Blickfeld der Sicherheitsbehörden (vgl. Lange 2008, 68).[1]

Neue Erkenntnisse über Gefahrenpotenziale, deren Intensität terroristische Anschläge bei Weitem übertreffen können, werden größtenteils politisch ausgeblendet (vgl. Endreß 2009a, 264 f.).

2. *Werden Risiken nicht einheitlich und übergreifend analysiert, sind sie auch nicht auf die gesamtstaatliche Sicherheitsarchitektur übertragbar.*

Die Analyse von Risiken erfolgt in jeder entwickelten Gesellschaft. Auch in Deutschland ist die Risikoanalyse kein Novum. In allen Bereichen der Industriegesellschaft lassen sich solche Analysen ausmachen:

Polizeiliche, nachrichtendienstliche, militärische und unternehmerische Risikoanalysen finden seit Jahrzehnten praktische Anwendung. Die Arbeit geht von der Annahme aus, dass es bislang nicht gelungen ist, eine einheitliche Analyse von Risiko- und Bedrohungsfaktoren aller Bereiche der Inneren Sicherheit zu erstellen, um so ein mögliches Schadenspotenzial bzw. Schadensausmaß für die Gesellschaft, die Strukturen der Inneren Sicherheit und Ordnung und die Auswirkungen auf den Wirtschaftsstandort Deutschland zu untersuchen.

3. *Wandeln sich die Risiken und Bedrohungen, müssen die Strukturen, Prozesse und Politiken der Inneren Sicherheit an diesen Wandel angepasst werden.*

Resultierend aus der Forschungshypothese lässt sich die Schlussfolgerung ableiten, dass, wenn bislang keine qualitative Untersuchung von Bedrohungspotenzialen für die Bundesrepublik in einem fach- und ressortübergreifenden Ansatz stattgefunden hat, auch die Strukturen der Inneren Sicherheit und die notwendigen Handlungsoptionen bislang nicht adäquat ausgerichtet werden konnten.

4. *Wenn der islamistische Terrorismus nach dem 11. September 2001 den Fokus deutscher Sicherheitsproduktion auf sich gelenkt hat, wurden andere Bedrohungen mit geringerer Intensität bearbeitet.*

---

1 Die Ausrichtung der Sicherheitsarchitektur auf die Bedrohungspotenziale des Terrorismus hat einen erheblichen Strukturwandel hervorgerufen, der in dieser Arbeit näher betrachtet wird.

Dieser Hypothese liegt die Annahme zugrunde, dass der Politik und den Produzenten und Gewährleistern von Sicherheit immer nur begrenzte finanzielle und personelle Ressourcen zur Verfügung stehen. Es soll untersucht werden, wie sich die Schwerpunkte deutscher Sicherheitspolitik verlagern, wenn sich die Bedrohungen wandeln. Zudem soll erörtert werden, welche Variablen einen Wandel der Prioritäten herbeiführen und die Entscheidungen politischer Akteure beeinflussen.

1.2 Vorgehensweise, Aufbau der Arbeit, methodische und theoretische Einordnung

Beschäftigt man sich mit Sicherheitsarchitekturen, bedarf es zunächst einer detaillierten Analyse, wer Bestandteil einer solchen Architektur ist und welche Mittel den Akteuren zur Verfügung stehen. Greift man an dieser Stelle nochmals auf die Fragestellung der vorliegenden Arbeit zurück – inwieweit sich die Strukturen der Inneren Sicherheit an die Bedrohungslagen anpassen – kann von der Annahme ausgegangen werden, dass ein Strukturwandel auch einen notwendigen (Sach-)Zwang voraussetzt.

Diese politikwissenschaftliche Arbeit hat den Anspruch, die Notwendigkeit möglicher (weiterer) Strukturveränderungen im Politikfeld Innere Sicherheit aufzuzeigen. Die Defizite im Politikfeld Innere Sicherheit werden zudem analysiert und hierfür alle relevanten Ebenen des Mehrebenensystems mit dessen Politikverflechtungsstrukturen untersucht. Dabei bedient sich der Verfasser verschiedener theoretischer und methodischer Elemente. Aristoteles schrieb diesbezüglich zu Beginn seiner Nikomachischen Ethik[2]: *„Alle künstlerische und alle wissenschaftliche Tätigkeit [...], ebenso wie alles praktische Verhalten [...] und jeder Entschluss [...] hat nach allgemeiner Annahme zum Ziele irgendein zu erlangendes Gut [...].“*

Aristoteles zählte also die Theorie nicht zu den klassischen Tätigkeiten, durch die sich ein praktischer Wert erzielen lässt (vgl. Siedschlag 2006, 9), sondern verstand sie als *„interessenloses Wissenwollen, wie sich die Dinge an sich verhalten“* (Bien 1980, 124). Die Methode hingegen dient der Ursachensuche und Erkenntnisbildung und stellt somit in der Wissenschaft die Grundlage für das Vorgehen und Forschungsverfahren dar (vgl. Siedschlag 2006, 9). Systematische Vorgehensweisen innerhalb der Sicherheitsforschung benötigen eine besondere Aufmerksamkeit, da gerade in diesem Politikfeld eigene politische Auffassungen und persönliche Weltbilder eine besonders starke Rolle einnehmen und somit einer

2 Absatz I 1, in der Übersetzung nach Gigon 1967.

rationalen Analyse der Wirklichkeit im Wege stehen können. Es gilt sodann klare Analysemöglichkeiten aufzuzeigen und zu beschreiben (vgl. ebd.). Die Politikwissenschaft zeichnet sich dadurch aus bzw. muss den Anspruch bedienen, dass sie verschiedene methodische und theoretische Sichtweisen in einer systematischen und methodisch geleiteten *„Zusammenschau"* verbindet und in Einklang bringt. Ein reines *„Theoretisieren"* wird dem wissenschaftlichen Anspruch ohne eine *„intersubjektive Nachvollziehbarkeit des jeweils eingeschlagenen Weges der Erkenntnisbildung und die Reproduzierbarkeit der dabei erzielten Ergebnisse"* (Siedschlag 2006, 11) nicht gerecht werden können. Die Methoden stellen demnach das Gütesiegel der wissenschaftlichen Analyse dar (vgl. ebd.).

Diese Arbeit gliedert sich in neun thematische Kapitel. In diesem 1. Kapitel finden sich die Herleitung zum Thema, die zugrunde liegende Fragestellung und die relevanten Definitionen. Im 2. Kapitel wird eine staatstheoretische Einordnung vorgenommen und die Perspektiven werden auf die Rolle des Staates in Bezug auf die Sicherheit dargestellt. Im 3. Kapitel dieser Arbeit legt der Verfasser die theoretischen und methodischen Grundlagen dar, die er sich zur Beantwortung der Forschungsfrage zunutze gemacht hat. Das 4. Kapitel erörtert kritisch die unterschiedlichen Betrachtungen der Sicherheitsarchitektur und stellt das Modell dieser Architektur mit ihren fünf relevanten Säulen deskriptiv vor. Im 5. Kapitel wird der Wandel, der sich aufgrund politisch veränderter Rahmenbedingungen vollzog, untersucht. Im 6. Kapitel werden die *„Politics"*, also die Entscheidungs- und Willensbildungsprozesse, die informell oder formell die Politik der Inneren Sicherheit bestimmen, aufgegriffen. Doch nach welchen Kriterien werden diese Prozesse an die sich wandelnden Bedrohungen angepasst? Diese Frage wird in Kapitel 7 ausgiebig erörtert. Bevor der Verfasser in Kapitel 9 die Ergebnisse diskutiert und ein Fazit zieht, werden in Kapitel 8 die künftigen Herausforderungen innerhalb des Politikfeldes Innere Sicherheit untersucht.

Drei Determinanten[3] bestimmen, wie in allen Bereichen der Sozialwissenschaften, die Aufgaben der Risiko- und Sicherheitsforschung und somit auch dieser Arbeit:

1. *„Der allgemeine Auftrag an die Wissenschaft und somit die gesellschaftspolitischen Voraussetzungen"* (Kaschner 2008, 20),
2. Aufgaben- und Problemstellung, deren Erkenntnisgegenstand Teil einer wissenschaftlichen Disziplin angehörig ist und
3. die theoretischen Möglichkeiten aber auch Grenzen des Erreichens der wissenschaftlichen Aufgabe (vgl. ebd.).

3 So auch Kaschner 2008, 20.

Diese Arbeit hat Grenzen. Es wird nicht möglich sein, alle Perspektiven zu untersuchen und in die Arbeit einfließen zu lassen. Auch würde es den Rahmen sprengen, die ungeheure Komplexität des Politikfelds bis ins kleinste Detail darzustellen. Wenngleich der Verfasser einen möglichst guten Einblick in die Thematik bieten möchte, wird am Ende nochmals eine selbstreflektierende Einschätzung der Grenzen und Möglichkeiten abgegeben.

Neben den gängigen wissenschaftlichen Arbeitsweisen und Grundlagen hat der Verfasser sich qualitativer und quantitativer Daten bedient. Zur Gewinnung von qualitativen Daten wurden Interviews mit renommierten Experten und namhaften politischen Vertretern geführt. Bei der Gewinnung von quantitativen Daten greift der Verfasser u. a. auf eine von forsa (Gesellschaft für Sozialforschung und statistische Analysen) durchgeführte Befragung zurück, deren Forschungsdesign der Verfasser mitgestaltet hat. Eine detaillierte Ausführung der methodischen Arbeitsweisen findet sich in Kapitel drei.

1.3 Forschungsstand und Quellenlage

Innere Sicherheit ist Gegenstand juristischer, sozialwissenschaftlicher und soziologischer Forschung (vgl. Lange et al. 2008, 395). Die Quantität der verfügbaren Literatur in den spezifischen Bereichen der sozialwissenschaftlichen Sicherheitsforschung fällt sehr unterschiedlich aus. Diese Arbeit berührt mehrere wissenschaftliche Disziplinen und ist somit interdisziplinär ausgerichtet – sie berührt verschiedene Politikfelder und andere wissenschaftliche Disziplinen (u. a. durch einen historischen Rückblick, die Geschichtswissenschaft oder die rechtliche Einordnung von Sicherheitsakteuren und deren Befugnisse – die Rechtswissenschaft). Generell kann festgestellt werden, dass das Thema *„Sicherheit"* in den verschiedenen wissenschaftlichen Disziplinen eine sehr segmentierte Betrachtung findet (vgl. Endreß / Petersen 2012). So lässt sich auch weiterhin eine strikte Abgrenzung zwischen den Forschungsgebieten der Inneren (bspw. Lange et al. 2008; Knelangen 2001; Lange 1999) und Äußeren (bspw. Buzan et al. 1998) Sicherheit erkennen. Die Rechtswissenschaft spricht in der Regel von Öffentlicher Sicherheit und nimmt sich der Entwicklung des Sicherheitsrechts an (bspw. Kötter 2008). Bei der Kriminologie werden die veränderten Wahrnehmungen von Risikobewusstsein und Gefahren untersucht (bspw. Dinges / Sack 2000). Die Soziologie hinterfragt die Auswirkungen auf die Gesellschaften (bspw. Gronemeyer 2010).

Bei der Geschichtswissenschaft werden die Epochen der innen- und außenpolitisch relevanten Entwicklungen aufgegriffen (bspw. Conze 2009) (vgl. Daase 2011, 59 f.). Die Betrachtung von Risiken prägt seit jeher das menschliche Zusammenleben und wurde auch in den wissenschaftlichen Disziplinen einer ausführlichen Betrachtung unterzogen (bspw. Münkler et al 2010b; Beck 2007; Renn et al. 2007; Luhmann 1991; Luhmann 1993a, 1993b).

Auch wenn in den vergangenen 40 Jahren eine vorzeigbare Zahl von über 9.000 deutschen Titeln allein zum Politikfeld Innere Sicherheit veröffentlicht wurde (vgl. Ohly 2008, 377), fehlt es momentan noch an einer Perspektive, die den Wandel von Sicherheit als einen Prozess versteht, *„der die nationale und internationale Gesellschaft produziert, reproduziert und transformiert"* (Daase 2011, 59).

Die aus den Politikwissenschaften entstammende Diskussion zum Themenfeld Innere Sicherheit konzentrierte sich oftmals auf die Analyse von Institutionen, wobei das Interesse in der Vergangenheit zumeist auf institutionenkritische Forschungsschwerpunkte gerichtet war (vgl. Lange 2011, 323). Dieser Prozess hat sich gewandelt und zwischenzeitlich führen auch diverse Forschungsprogramme zu einem transparenten Dialog zwischen Sicherheitseinrichtungen und Wissenschaft. Auch weiterhin – und vollkommen legitim – wird das Themenfeld *Sicherheit* einer kritischen Betrachtung unterzogen (bspw. durch die Humanistische Union 2003; die Gustav Heinemann-Initiative / die Humanistische Union 2009; durch Singelnstein / Stolle 2006).

Wenngleich das Thema *Sicherheitsarchitektur* auch in der neueren Literatur (bspw. von Möllers / Ooyen 2012; Würtenberger et al 2012; Glawe 2009; Pitschas 2003) bearbeitet wird, ist es bislang noch nicht gelungen, die föderale Sicherheitsarchitektur nachvollziehbar darzulegen. Auch stehen einheitliche Definitionsansätze aus.

Betrachtet man die Sicherheitsarchitektur als ein Fünf-Säulen-Modell (staatliche Sicherheit, Bevölkerungsschutz, kommunale Sicherheit, private Sicherheitswirtschaft und Unternehmenssicherheit),[4] das dem Verfasser schlüssig erscheint, fällt auf, dass die einzelnen *„Säulen"* bzw. Subsysteme der Inneren Sicherheit in der Forschung unterschiedlich intensiv bearbeitet werden. Forschungen zu diesem Politikfeld rekurrieren zumeist auf politik- oder verwaltungswissenschaftliche Fragestellungen. Wurde hingegen die Forschung zur Polizei[5] (bspw. Lange 1999, 2000) und zur kommunalen Sicherheit (bspw. Forschungsprojekt *„KoSiPol"*) in der Politikwissenschaft schon einer umfangreichen Betrachtung unterzogen, steht sie in den Bereichen der privaten Sicherheitswirtschaft, der Unternehmenssicherheit und des Bevölkerungsschutzes noch am Anfang, obgleich sich einzelne Forschungseinrichtungen und Wissenschaftler verschiedener Fragstellungen in

---

4 Eine detaillierte Darstellung findet sich in Kap. 4.

5 Eine intensive Forschung hierzu wird auch durch den Interdisziplinären Arbeitskreis Innere Sicherheit sowie den Arbeitskreis Empirische Polizeiforschung betrieben.

diesen Subsystemen angenommen und auch mit Publikationsbeiträgen wertvolle Erkenntnisse beigesteuert haben.[6] Das notwendige *„wissenschaftliche Handwerkszeug“* für die Untersuchung von politisch-administrativen Zusammenhängen und Politikfeldern ist durchaus gegeben (bspw. durch Schubert/Bandelow 2003; Blum/Schubert 2009). Eine übergreifende Arbeit, die konkret alle beteiligten Akteure und das komplexe System Innere Sicherheit untersucht, ist nicht verfügbar oder dem Verfasser nicht bekannt. Eine Untersuchung der Entscheidungsprozesse im Bereich der bundesdeutschen Sicherheitspolitik steht noch aus (vgl. Gareis 2009, 80). Diese Arbeit hat den Anspruch, hierzu einen Beitrag zu leisten.

1.4 Begriffliche Grundlagen der Sicherheitsdiskussion

Wie in der Politikwissenschaft üblich, beginnt diese Arbeit mit der Definition von Begrifflichkeiten. Die Definition ist vor dem Hintergrund wichtig, da es den sicherheitspolitischen Diskursen oftmals an Klarheit fehlt, was zu einer unnötigen Polemisierung führt (vgl. Frevel/Bredthauer 2010, 11). Wenngleich der Verfasser in der hier vorliegenden Arbeit zahlreiche Fachbegriffe verwendet, die einer besonderen Untersuchung unterzogen werden müssten, beschränkt er sich auf die Untersuchung und Definition des *„Sicherheitsbegriffs“*. Im Folgenden sollen die verschiedenen begrifflichen Dimensionen und die damit verbundene Dynamik näher erörtert werden.

Sicherheit ist elementare Voraussetzung für alle Bereiche des öffentlichen Lebens und Grundlage von sozialen und natürlichen Systemen. Als konstitutiver Bestandteil ist Sicherheit grundlegendes Element des demokratischen Staatsauftrags und damit Kern von Planungsmustern politischer Handlungsprinzipien. Sicherheit zu gewährleisten ist nicht nur eine Herausforderung für all diejenigen, die sich Gefahren und Bedrohungen von Katastrophen oder Terrorismus stellen müssen. Sicherheit ist Bestandteil vieler Forschungsdisziplinen und Gegenstand zahlreicher Diskurse. Begrifflich bleibt sie allerdings eine unklare Größe, die einem permanenten Wandel ausgesetzt ist (vgl. Endreß/Schattschneider 2010, 8; Endreß/Petersen 2012). Der Politikwissenschaft ist es bislang nicht gelungen, eine abschließende bzw. zufriedenstellende Definition des Sicherheitsbegriffs zu erarbeiten. Besonders erstaunlich ist dies vor dem Hintergrund, dass er bereits in den 1960er Jahren durch den Begriff der *„Inneren Sicherheit“* eine Konkretisierung erfuhr, was nicht heißen muss, dass die Ausweitung des Sicherheits-

6 Das laufende Bundessicherheitsforschungsprogramm der Bundesregierung sorgt derzeit für Abhilfe.

diskurses auf alle Bereiche des Lebens die Welt sicherer gemacht hat (vgl. Bonß 2010, 35).

Im angelsächsischen und amerikanischen Sprachgebrauch findet der Sicherheitsbegriff eine Differenzierung zwischen *„safety"* (am ehesten mit *„technischer Sicherheit"* gleichzusetzen) und *„security"* (am ehesten mit *„gesellschaftlicher, öffentlicher oder innerer Sicherheit"* gleichzusetzen). Im deutschen Sprachgebrauch gibt es diesbezüglich keine Abgrenzung. Eine rein begriffliche Abgrenzung reicht jedoch nicht aus, um der Vielfältigkeit des Begriffs und der einhergehenden Thematik gerecht zu werden (vgl. Endreß/Petersen 2012). Als dritte Dimension ist der Begriff der *„(un)certainties"* zu nennen, der im Deutschen mit (Un-) Gewissheit übersetzt wird. Die *„uncertainities"* beschreiben die kognitiven Aspekte eines Sicherheitsproblems. Diese Beschreibung ist nach Bonß notwendig, da die Behauptung, bei Unsicherheiten über Gewissheit zu verfügen, immer einen Widerspruch darstellt. Jedwede Unsicherheit zeichnet sich dadurch aus, dass sie sich nicht aus einer kognitiven Betrachtung heraus erfassen und klären lässt, sondern lediglich mit Wahrscheinlichkeiten abgeschätzt werden kann. Oder im Umkehrschluss ausgedrückt: Wäre eine eindeutige Klärung abseits von Wahrscheinlichkeiten möglich, ließe sich die Ungewissheit in absolute Sicherheit verwandeln. Das Erreichen von *„absoluter Sicherheit"* ist jedoch in modernen Gesellschaftssystemen nicht möglich (vgl. Bonß 2010, 35 f.).

Kategorie/ Begriff	**SECURITY**	**SAFETY**	**CERTAINITY**
Bedeutung	Gesellschaftliche, öffentliche bzw. Innere Sicherheit (im Sinne von politisch-sozialer Sicherheit)	Technische Sicherheit (im Sinne von Zuverlässigkeit technischer Systeme)	Kognitive Sicherheit (im Sinne von erkenntnisbezogener Gewissheit)
Beispiele	1) Soziale Einbettung/ Kontextualisierung technischer Risiken 2) Politische Sicherheit: Äußere und Innere Sicherheit 3) Soziale Sicherheit: Social Security, Gesundheitssicherung 4) Biographische Sicherheit: Erwartbarkeit und Überschaubarkeit des eigenen Lebenslaufs	Safety belt, ASB, ESP oder allgemeiner: die technische Sicherheit von Einheiten, Kraftwerken, Bauteilen oder Gesamtsystemen (ohne soziale Einflüsse)	Die (Un-)Gewissheit speziell des wissenschaftlichen Wissens Der systematische Zweifel als Kritik an der Gewissheit.

Abbildung 1: Sicherheitskonzeption (Quelle: Eigene Darstellung in Anlehnung an Bonß 2010, 35)

Sicherheit bzw. die Reduzierung von Unsicherheit ist sowohl ein individueller als auch ein kollektiver Anspruch. Die Definition von Sicherheit ist deshalb so schwierig, weil Sicherheit ein *„Catch-all-Begriff"* (Münkler 2010a, 22) ist. Der Begriff suggeriert, dass es sich hierbei um einen gesellschaftlich erreichbaren Zustand handelt, der sich mit politischen Mitteln herstellen lässt und für dessen Nichterreichen spezifische Akteure zur Verantwortung gezogen werden können. Auch wenn dies in Einzelfällen zutreffen mag, *„so ist der mit diesem Begriff umrissene Erwartungshorizont doch eher im landläufigen Sinn utopisch, als dass er einen erreichbaren und in sich stabilen Zustand bezeichnen würde"* (Münkler 2010a, 22).

In seinem Traktat über *„das Prinzip Sicherheit"* stellt der Soziologe Wolfgang Sofsky hierzu Folgendes fest: *„Immer schon lebten die Menschen in einer gefährlichen Welt. Aber erst seit sie sich zu den Herren dieser Welt gekrönt haben, müssen sie sich alles Unglück selbst zuschreiben und darangehen, alle Unsicherheiten zu beseitigen."* (Sofsky 2005, 29)

Bei dem Sicherheitsbegriff verbinden sich gesellschaftliche, persönliche, soziale und ökonomische, ökologische und technologische Sicherheitsaspekte zu einem *„Kollektivsingular"* (vgl. Münkler 2010a, 22).

Der Sicherheitsbegriff ist offensichtlich einer der umstrittensten Begriffe der (internationalen) Politik, da mit ihm sowohl über die Prioritäten politischer Ziele als auch die Wahl der adäquaten Mitteln entschieden wird bzw. in der Vergangenheit auch entschieden wurde (vgl. Daase 2002, 14 ff.).

Die Politik zur Sicherheit bzw. die Sicherheitspolitik zeichnet sich demnach dadurch aus, dass der Einzelne und die Gemeinschaft zum einen durch die unmittelbare Verteidigung, zum anderen durch aktives Handeln und durch die Beeinflussung der Umwelt weitgehend auf potenzielle Gefahren vorbereitet bzw. geschützt sind (vgl. Böckenförde 2009, 12), wenngleich durch den Sicherheitsbegriff ein Erwartungsüberschuss suggeriert wird, der niemals erfüllt werden kann (vgl. Münkler 2010a, 23). Sicherheit wird stets eine unklare Größe bleiben – schon allein deshalb, weil es sich hierbei nicht um ein empirisches, sondern um ein normatives Konzept handelt, das gesellschaftlich ausgehandelt werden muss (vgl. Jasch 2007).

Innere Sicherheit und Öffentliche Sicherheit

Das Politikfeld Innere Sicherheit zeichnet sich explizit dadurch aus, dass neben den Akteuren des politisch-administrativen Systems auch zahlreiche Akteure aus dem gesellschaftlichen und politischen Raum integriert sind (vgl. Lange 2006b, 123 f.). Deskriptiv kann also Innere Sicherheit als ein System

„von staatlichen Institutionen und Einrichtungen, welches durch die Verfassung und Organe der demokratischen Willensbildung legitimiert ist, das öffentliche Gewaltmonopol im Rahmen kodifizierter Regeln exekutiv unter Anwendung auch von unmittelbarem Zwang auszuüben“,

verstanden werden (ebd.).

Eine besondere Bedeutung erhielt der Begriff der *Inneren Sicherheit* im politischen Raum, im Speziellen bei Wahlkämpfen (vgl. Bukow 2005, 43). Bis dahin konnte allerdings noch keinesfalls von einem expliziten *Politikfeld Innere Sicherheit* gesprochen werden. Mit der Notstandsgesetzgebung Ende der 1960er und Anfang der 1970er Jahre wurde der entscheidende Schritt dazu unternommen. Die Begrifflichkeit blieb allerdings in den 1970er und 1980er Jahren hoch umstritten, da sie von den Gesellschaftskritikern als eine *„Kampferklärung“* interpretiert wurde, die an die bürgerlichen Freiheitsrechte adressiert war (vgl. Lange 2006b, 127). Der Begriff hat sich dann insbesondere durch den periodischen Bericht *„Innere Sicherheit“*[7] (ab 1969, letztmalig 1994) des Bundesministeriums des Innern dennoch etablieren können. Eine klare rechtliche Definition gibt es allerdings nicht, wenngleich sich einzelne Verweise im Strafgesetzbuch finden. Hier wird die Innere Sicherheit in einer nationalstaatlichen und traditionellen Perspektive als Element der *„staatlichen Sicherheit“* neben der *„Äußeren Sicherheit“* benannt. Der Begriff wird somit aus einer rechtswissenschaftlichen Perspektive heraus in einen strafrechtlichen Kontext gesetzt und bezieht sich auf die Kriminalitätsbekämpfung (vgl. Bukow 2005, 43). Zum einen umfasst *Innere Sicherheit* alle strafrechtlich sanktionierten und kriminellen Aktivitäten im *„Inneren der Bundesrepublik, genauer: ein möglichst weit gehendes Verhindern von Kriminalität“* (ebd.), zum anderen ist sie ein eigenes Politikfeld mit wesentlichen Merkmalen.

Bei der *„Öffentlichen Sicherheit“* handelt es sich um einen Terminus, der aus dem Polizei- und Ordnungsrecht stammt. Häufig werden die Begriffe *Öffentliche Sicherheit* und *Innere Sicherheit* synonym verwendet. Öffentliche Sicherheit jedoch kann als Oberbegriff verstanden werden, der die Aufrechterhaltung von Strukturen und Funktionen einer Gesellschaft impliziert (vgl. Reichenbach et al. 2008, 14).

Die Erweiterung des Sicherheitsbegriffs

Der erweiterte Sicherheitsbegriff stammt ursprünglich aus dem militärischen und sicherheitspolitischen Bereich[8] (vgl. Lange/Heinrich 2008, 253). Der erwei-

---

7 Ab 2001 gab es dann wieder den *„Periodischen Sicherheitsbericht“*.

8 Im Kontext einer erweiterten Sicherheitskonzeption der NATO im Jahr 1991 (vgl. Lange 2006c, 288).

terte Begriff bezieht sich nicht länger auf die staatliche Ordnung, sondern auf veränderte Bedrohungslagen und mögliche Handlungsoptionen. Der Begriff schließt die Möglichkeit ein, dass sich künftig vollkommen neue Szenarien ereignen können. Neben dem Zerfall fragiler Staaten, asymmetrischer Bedrohungslagen durch den internationalen Terrorismus und der Verbreitung von Massenvernichtungswaffen werden in die Überlegung auch Schadensereignisse wie Katastrophen mit weltweiten Auswirkungen (z. B. Klimawandel, Wassermangel und Bodenerosion) einbezogen. Der erweiterte Sicherheitsbegriff möchte diesem Wandel der Sicherheitsszenarien Rechnung tragen; die einstige Trennung zwischen Innerer und Äußerer Sicherheit erscheint hierdurch obsolet. Die neuen und alten Akteure –staatliche Einrichtungen, NGOs, Industrie, Streitkräfte, Nachrichtendienste und private Sicherheitsdienste – werden angehalten, sich zu vernetzen und zu lernen, *„zusammenhängend"* und *„ganzheitlich"* zu denken und in einen zusammenfassenden Sicherheitsverbund einzutreten. Nicht zu vergessen sind die Bereiche von Entwicklungspolitik und Migration. Die Forderung nach einer Reformierung der Sicherheitsarchitektur geht mit der begrifflichen Diskussion einher (vgl. Lange 2006c, 287 f.).

Grundlegend haben sich der Sicherheitsbegriff und die sicherheitsrelevanten Probleme in den vergangenen 50 Jahren gewandelt. Die Bedeutung des Sicherheitsbegriffs hat sich nach Christopher Daase (2012, 24) sukzessiv um vier Dimensionen erweitert. Die erste Dimension stellt das Referenzprojekt dar. Es geht also um die Frage, wessen Sicherheit zu gewährleisten ist (Gesellschaft, Individuum, Staat). Bei der zweiten Dimension, der Sachdimension, geht es um die Frage, in welchem politischen Problembereich sich Sicherheitsgefahren feststellen lassen (humanitär, ökologisch, ökonomisch, militärisch). Die dritte Fragestellung greift die räumliche Dimension auf. Sie widmet sich der Frage, für welches räumlich-geografische Gebiet Sicherheit anzustreben ist (global, international, regional, national). Die letzte und vierte Frage stellt sich schließlich nach der Gefahrendimension. Es soll erörtert werden, *„wie das Problem konzeptualisiert wird, auf das Sicherheitspolitik antworten soll"* (Daase 2012, 25). Dabei werden die Faktoren Risiko, Verwundbarkeit und Bedrohungen miteinbezogen (vgl. ebd.).

Dass mit permanent ansteigender Vernetzung und Globalisierung die Komplexität der Anforderung an die Konzeption von Sicherheit zugenommen hat, ist eindeutig und kommt auch in der von Christopher Daase beschriebenen *„Vierdimensionalität"* des erweiterten Sicherheitsbegriffs zum Ausdruck. Die Analyse von komplexen Einflüssen auf die Sicherheit ist gerechtfertigt, muss sich aber auch einer kritischen Betrachtung unterziehen lassen. Das ständige Suggerieren von ganzheitlichen Ansätzen (z. B. AA 2008, 81) und die Erweiterung des Sicherheitsbegriffs dürfen nicht zur Folge haben, dass am Ende jedes Thema zum Sicherheitsthema wird (vgl. Chauvistré 2009, 60 ff.). Daraus ergibt sich nicht zwingend, dass alles mit allem zusammenhängt und als Lösung alles mit allem vernetzt werden muss (vgl. Endreß / Feißt 2012, o. S.). Dies würde fälschlicherweise suggerieren, dass sich auf immer komplexere Fragen immer komplexere Antworten finden lassen. Tatsache ist jedoch, dass es Gefahren und Bedrohungen gibt, denen man prinzipiell nicht Herr werden kann (vgl. Münkler 2010a, 17). Wenn nun aber alle staatlichen, gesellschaftlichen und individuellen Bereiche unter dem Sicherheitsaspekt thematisiert werden, dann wird der *„Sicherheitspolitik"* eine Allzuständigkeit übertragen, die sie nicht erfüllen kann und wird. Die strategische Ausrichtung, neue Probleme mit dem Sicherheitsbegriff in Verbindung zu bringen, um auf diese Weise Aufmerksamkeit zu erregen und außerordentliche Maßnahmen einzuleiten, macht es nahezu unmöglich, politische Prioritäten zu setzen (vgl. Daase 2012, 27). Da man sich dieser Überkomplexität nicht verweigern kann, gilt es einen Umgang mit dieser Situation zu finden (vgl. Endreß / Feißt 2012, o. S.).

Sicherheitskultur

Ein Schritt in diese Richtung war die Einführung des Begriffs der *„Sicherheitskultur"*. Zwar hat sich der Begriff in der Sicherheitsforschung noch nicht durchgesetzt. Er kann aber potenziell dazu beitragen, dass Veränderungen von Ideen, Praktiken und Diskursen der Sicherheit aufgegriffen werden, ein Bild des gesellschaftlichen und staatlichen Wandelns entsteht und ein Erkenntnisgewinn erzielt wird (vgl. Daase 2011, 59 f.).

Es stellt sich also die Frage, ob *„Sicherheitskultur"* einen nachhaltigen Beitrag zur Sicherheitsdebatte leisten kann und welche Relevanz er für Staat, Gesellschaft und Wirtschaft hat. Oder entstand dieser Begriff aus dem Trend heraus, alles zu einer *„Kultur"* zu stilisieren? Sorgt er dafür, dass das, was eigentlich gemeint ist, noch undeutlicher wird (vgl. Malik 2000, 136)? Genau genommen ist in den Geistes- und Sozialwissenschaften nahezu kein Begriff so problembehaftet wie der Kulturbegriff. Der Grund liegt vermutlich in der nur oberflächlichen Konzeptualisierung sowie in dem *„häufig maßlosen Anspruch von Kulturtheorien, all die Dinge zu erklären, die andere Theorien nicht erklären können"* (Daase 2012, 34).

Auch wenn der Kulturbegriff in der internationalen Politik nach einem kurzen Boom Ende der 1990er Jahre wieder untergegangen ist und präziseren und leichter definierbaren Begrifflichkeiten Platz gemacht hat, wurde ein Konzept verbannt, das bei weitem noch nicht ausgeschöpft war (vgl. ebd., 34). Während sich der bereits seit den 1970er Jahren vorhandene Begriff der *„strategischen Kultur"* auch weiterhin auf den klassischen Bereich der militärischen Sicherheitspolitik bezieht, hebt die *„Sicherheitskultur"* auf ein breites Aktionsfeld von Gesellschaften, Staaten und Individuen ab. Sie tut dies nicht, weil die Wissenschaft es so mag, sondern weil sich die Gesellschaft in einem Wandlungsprozess befindet und sich die gesellschaftliche Bedeutung von Sicherheit verändert hat (vgl. Daase 2012, 33).

> *„Sicherheitskultur umfasst vor dem Hintergrund der Annahme, dass eine absolute Sicherheit nicht gewährleistet werden kann, sowohl die Art und Weise der Herstellung relativer Sicherheit als auch den Umgang mit den notwendigerweise bestehenden Unsicherheiten."* (Endreß/Feißt 2012, o. S.)

Daraus ergibt sich die Notwendigkeit, nicht ausschließlich *den Begriff der Sicherheit*, sondern auch *den Blick auf Sicherheit* zu erweitern. Die Produktivität sowie der Erkenntnisgewinn dieser Betrachtung von *„Sicherheitskultur"* lässt die Möglichkeit der gegenseitigen Bereicherung themenverwandter aber auch disziplinfremder Sichtweisen zu. Dadurch eröffnen sich neue Formen und Möglichkeiten, spezifische Probleme anzugehen (vgl. ebd.).

Die Frage, ob *„Sicherheitskultur"* eine unklare Größe in der pluralistischen Gesellschaft bleibt, lässt sich an dieser Stelle nicht abschließend beantworten. Dennoch ist deutlich geworden, dass *„Sicherheitskultur"* über den *„erweiterten Sicherheitsbegriff"* hinausgeht, da der Begriff der Sicherheitskultur nicht ausschließlich das Gegenstandsfeld erweitert, sondern auch nach gemeinsamen Dynamiken der Gegenstandsfelder sucht. Sicherheitskultur fragt nicht nur nach dem *Was,* sondern auch nach dem *Wie* und eröffnet dadurch neue Antwortmöglichkeiten (vgl. Endreß/Feißt 2012, o. S.).

2 Innere Sicherheit als staatstheoretischer Diskurs

Sicherheit in komplexen Gesellschaftssystemen ist grundsätzlich ein gefährdetes Gut. Menschen haben das berechtigte Bedürfnis, sich in Sicherheit zu entfalten – sei dies in Lebenspartnerschaften, im sozialen und wirtschaftlichen Bereich oder im Rahmen der staatlichen Fürsorgepflicht. Es existiert eine enorme Erwartungshaltung der Bürger gegenüber dem Staat. Das Gewaltmonopol des Staates soll mit all seinen Mitteln vor Feinden schützen – durch innere Maßnahmen (Politikfeld Innere Sicherheit) oder durch den Schutz vor Angriffen (Verteidigungspolitik/Äußere Sicherheit). Im Gegenzug dazu ist die Gesellschaft bereit, sich verschiedenen Regeln und Normen zu unterwerfen. Auch stattet sie die staatlichen Verantwortungsträger mit den Kompetenzen aus, die für die Durchführung bestimmter Maßnahmen erforderlich sind. Schon seit jeher ist Sicherheit Aufgabe der staatlichen Ordnung (vgl. Glaeßner 2003, 9).

Bei der Politik der Inneren Sicherheit handelt es sich um eine staatlich geprägte Führungspolitik, über die es keinen politischen Dissens gibt (vgl. Reichertz 2011, 11). In der gesellschaftlichen Diskussion wird die Thematik Innere Sicherheit zumeist unter normativen Aspekten behandelt. Dabei ist Innere Sicherheit als ein Bereich zu verstehen, der einer unterschiedlichen politischen Bewertung unterliegt und der die Herstellung gesellschaftlicher *„Innerer"* Sicherheit verspricht. Aber auch die gesellschaftskritischen Diskussionen sind der normativen Sichtweise zuzuordnen (vgl. Lange 2003, 225). Je nach *„politisch-theoretischer Couleur"* verweist Innere Sicherheit dann auf eine notwendige staatliche Aufgabe, den Schutz vor Übergriffen gegen die Bürger zu gewährleisten und den *„inneren"* Frieden zu sichern. Hieraus ergibt sich eine normativ-affirmative Position (vgl. Lange 2000, 236). Eine normativ-kritische Position lässt sich aus den Meinungen ableiten, dass Innere Sicherheit den *„zu Übergriffen tendierenden Herrschaftsanspruch des Staates gegenüber seinen Bürgern"* (ebd.) verkörpert. Während der normativ-affirmative Ansatz darauf abzielt, staatliche und rechtliche Rahmenbedingungen zu schaffen, die die Innere Sicherheit verbessern, konzentriert sich die normativ-kritische Position darauf, *„Herrschaftszusammenhänge aufzudecken und vor allem mit dem Mittel der Kritik als wünschenswert erachtete Korrektur durchzusetzen"*(ebd.).

Im Hoheitsbereich der Inneren Sicherheit sind zwischenzeitlich zwei Trends zu erkennen, die mit den gesellschaftlichen Entwicklungen einhergehen (vgl. Kolbe 2005, 9):

1. Enthoheitlichung:
   Die Interaktion zwischen Bürger und Staat hat sich gewandelt. Die staatlichen Funktionen finden nicht mehr auf der Grundlage von Befehlen und Anweisungen statt. Vielmehr werden Elemente substituierend oder ergänzend hinzugenommen, die durch Verträge oder kooperative Absprachen ihre Grundlage bilden.
2. Entgrenzung:
   Die Wahrnehmung von Staatsfunktionen verschiebt sich. Staatliche Aufgaben wurden lange Zeit durch rein staatliche Akteure wahrgenommen. Diese Eindeutigkeit geht mehr und mehr verloren, da auch private Akteure zunehmend mit der Erfüllung von öffentlichen Funktionen betraut werden.

Beide Tendenzen verdeutlichen die Veränderung des Staatsverständnisses. Zum einen hat die Relevanz von staatlich hierarchischen Handlungsmustern abgenommen, zum anderen ist der Staat auch zwischenzeitlich bereit (und durch die Entwicklungslinie auch gezwungen), mit gesellschaftlichen Akteuren auf Augenhöhe zu interagieren (vgl. Kolbe 2005, 9 f.). Besonders deutlich wird dies durch den Wandel von *„Government"* zu *„Governance"*[9]. D. h., Innere Sicherheit ist nicht länger als reine Aufgabe des Staates zu verstehen. Die verschiedenen theoretischen Tendenzen staatlichen Handelns sollen in diesem Kapitel untersucht werden.

2.1 Staatstheorie und Legitimation

Bereits Aristoteles hat einen eigenständigen Bereich des Politischen identifiziert (vgl. Porsche-Ludwig 2008, 26) und somit einen Grundstein für Überlegungen staatlichen Handelns gelegt. Gerade die Politik Innere Sicherheit ist eine Gratwanderung zwischen Sicherheitsbedürfnis und Freiheitsrechten. Aus diesem Grund ist es unerlässlich, die politikwissenschaftliche Rolle und die Staatstheorien näher zu untersuchen. Von den zahlreichen Theoretikern werden in dieser Arbeit Hobbes, Locke und Weber einer näheren Betrachtung unterzogen.

2.1.1 Thomas Hobbes

Thomas Hobbes wollte naturwissenschaftliche Systematik und Empirie auf das politische und gesellschaftliche Leben anwenden, um methodische Maßstäbe

9 Der Governance-Ansatz wird in einem späteren Kapitel ausführlich behandelt.

anlegen zu können (vgl. Maier 1968, 268 ff.). Seiner Forschung legte er unter anderem als Kernpunkte das Verhältnis von Staat und kirchlichen Herrschansprüchen, die Handlungen des Staatsmannes und das öffentliche Leben mit seinen Gesetzmäßigkeiten zugrunde (vgl. Maier 1968, 267).

Hobbes wurde in ein Zeitalter hineingeboren, in dem sich die naturwissenschaftliche und auch die philosophische Disziplin in einer grundlegenden Umbruchphase befanden. Es fand eine Abkehr von alten scholastischen Lehren hin zu neuen, mathematischen und empirischen Lösungsansätzen statt, die auch im politischen Bereich Anwendung finden sollten (Maier 1968, 270 ff.).

Hobbes reduziert den menschlichen Antrieb allein auf den Trieb der Furcht bzw. den Selbsterhaltungswillen. Auf dieser Erkenntnis basierend, konzentriert er sich vollständig auf das irdische Leben und räumt dem Leben nach dem Tod, dem Jenseits, keine Bedeutung als treibende und impulsgebende Kraft im menschlichen Leben ein (vgl. ebd., 273). Er begrenzt den Menschen deutlich auf die Zeit zwischen Geburt und Tod. Diese radikal gegensätzliche Anschauung im Vergleich zu der christlich-theologischen Lehre führte zu einem Bruch mit der Kirche (vgl. ebd.).

Hobbes unterscheidet zwischen einem *„natürlichen“* und einem *„bürgerlichen“* Individuum. Unter *„natürlich“* versteht er den ursprünglichen Zustand des Menschen (Anarchie), der vom Einzelnen selbst überwunden werden muss. Erst wenn sich mehrere Menschen zu dem künstlichen Konstrukt *„Staat“* zusammenschließen, werden sie zum *„bürgerlichen“* Menschen. Dadurch können sie den Zustand der Furcht und des Kampfes *„jeder gegen jeden“* hinter sich lassen (vgl. ebd., 274). Hobbes distanziert sich damit ausdrücklich von den Auffassungen klassischer Philosophen wie Aristoteles, indem er den einzelnen Menschen und nicht die politische Gemeinschaft als natürliche Lebensform begreift (vgl. Chwaszcza, 2004, 215 f.; Fetscher 1966, XX).

Die Macht kann von den Einzelnen auf eine Person (Monarchie), eine kleine Gruppe von Menschen (Aristokratie) oder auf die Untertanen (Demokratie) übertragen werden (vgl. Fetscher 1966, XXX).

Nach Hobbes funktioniert ein Herrschaftssystem einzig und allein durch das Ausüben von Macht, die auf einem verbindlich gültigen Rechtssystem basiert, die eine realistisch umzusetzende Ordnung schafft und den Bürgern des Staates den notwendigen Respekt abnötigt, um die gegeneinander gerichteten aggressiven Triebe zu unterdrücken (vgl. Maier 1968, 274 f.).

Zwar übereignet sich der Einzelne dem Souverän, jedoch findet auch eine Begrenzung dieser absoluten Herrschermacht durch die *„natürlich“* vorhandenen Rechte des Individuums statt. Sobald der Staat nicht mehr in der Lage ist, seiner Pflicht der Sicherung des Bürgers und Aufrechterhaltung der Ordnung nachzukommen – der Grund, aus dem das künstliche Produkt Staat aus der Anarchie erwählt worden ist –, räumt Hobbes das Recht auf eine Entbindung von der Treueverpflichtung ein (vgl. ebd., 275). Problematisch an diesem Punkt ist zu sehen, dass der Souverän nicht zu seinen Pflichten gezwungen werden kann (vgl. Fetscher 1966, XXXII).

Dem Souverän selbst verleiht Hobbes göttliche Züge und übermenschliche Gerechtigkeitsattribute und verlässt sich damit auf die positive selbstverständliche Selbstbegrenzung des Machthabers (vgl. Maier 1968, 275). Hobbes' System sieht keine Möglichkeit des Vertragsbruches durch den Herrschenden vor (vgl. Maier 1968, 277). Der Souverän des Staates bleibt nur Gott untergeordnet (vgl. Fetscher 1966, XXVI). Eine Gewaltenteilung existiert nicht (vgl. ebd., XXXI).

In Hobbes' System gibt es keine Graustufen zwischen absoluter Anarchie und der absoluten Herrschaft (vgl. Maier 1968, 277). Daher findet auch die Institution *„Kirche"* mit ihren parallelen selbstständigen Herrschaftsansprüchen keinen Platz. Eine Gewaltentrennung von kirchlicher und weltlicher Macht verurteilt er und sieht die Unterordnung der kirchlichen Machtansprüche unter die des christlichen Staates vor (vgl. Maier 1968, 279 f.). Hobbes erhöht den Souverän zum *„sterblichen Gott",* der im Namen des *„unsterblichen Gottes"* die Sicherheit des Staates gewährleistet (vgl. Fetscher 1966, 134).

Hobbes stand zwei Jahrhunderte im Ruf, *„Atheist und Tyrannenanwalt"* zu sein (ebd., IX). Seine ausgereifte Theorie zum politischen System findet sich in seinem 1651 veröffentlichten Buch *„Leviathan"* (vgl. ebd., XVIII).

2.1.2 John Locke

Mit John Locke wurde die Ablösung des scholastischen Weltbilds weiter vorangetrieben (vgl. Euchner 1987, 11). Da es sich bei seinem politischen Konstrukt um eine Zwischenstufe zur modernen Denkweise handelt, stehen hier mitunter traditionelle Elemente und moderne Denkansätze unvereint nebeneinander (vgl. Euchner 1987, 12 f.). Ebenso wie Hobbes legt Locke einem politischen System gewisse natürlich gegebene Rechte des Menschen zugrunde (vgl. ebd.).

Locke definiert den Menschen in seinem Naturzustand als vollkommen frei, unabhängig, gleich und berechtigt, über Privateigentum ungehindert zu verfügen (vgl. Locke 1992, 260). Er widerspricht damit ebenso wie Hobbes dem vorangegangenen aristotelischen Prinzip der *„natürlichen Ungleichheit des Menschen"*. Bei Locke hören die eigenen natürlichen Rechte und Freiheiten da auf, wo die Freiheit und das Recht des Nächsten beginnen (vgl. Euchner 1987, 15). Damit unterscheidet sich Locke von Hobbes, nach dessen Theorie vor der Staatsgründung das Prinzip *„bellum omnium contra omnes"* herrscht (vgl. Euchner 1987, 15 f.; vgl. Chwaszcza 2004, 211).

Mit dem Gesellschaftsvertrag, durch den sich Menschen zu einer Gesellschaft zusammenschließen, geben sie zwei ihrer Naturrechte an die politischen Rechtsorgane des Staates ab: nach eigenem Ermessen für die Selbsterhaltung zu sorgen und Rechtsbrecher zu bestrafen (vgl. Euchner 1987, 119).

Da sich die Menschen zu einer Gesellschaft vereint haben, um ihr Eigentum zu schützen und ein größeres Maß an Sicherheit für ihr Leben zu erhalten, muss dieses Prinzip als höchster Staatszweck und primäre Staatspflicht betrachtet werden (vgl. ebd., 20). Kernaufgabe eines Staates ist es Locke zufolge daher, ein friedliches und gerechtes Zusammenleben der Bürger zu ermöglichen (vgl. ebd., 14).

Exekutive und Legislative verwirken ihre Rechte, wenn sie dem obersten Staatszweck und Bürgerrecht zuwiderhandeln: dem Schutz von Leben und Eigentum (vgl. ebd., 22). Locke sieht hier ein Widerstandsrecht und ein Recht auf Revolution gegen die Herrschenden (vgl. Euchner 2004, 25).

Einen rechtlich festgelegten Entzug der Macht der Legislativen und Exekutiven bei Zuwiderhandlungen gibt es dennoch – ähnlich wie bei Hobbes – auch hier nicht. Im Fall einer Auflehnung gegen die Regierenden lässt er nur Gott als obersten Richter gelten (vgl. Euchner 1987, 23).

Um ein Gleichgewicht der exekutiven und der legislativen Macht im Staate zu gewährleisten, sollen diese Verantwortungen auf divergente gesellschaftliche Parteien verteilt werden. Dies soll zu einer gegenseitigen Machtkontrolle führen, zwingt dennoch beide Parteien, etwa bei der Gesetzgebung zusammenzuarbeiten (vgl. ebd.). Locke will damit eine Tyrannei verhindern, die das Parlament umgeht, Steuern erhebt und Handel und Wandel des Landes negativ beeinflusst (vgl. Euchner 1987, 14). Die *„moderated monarchy"* als Lockes Verfassungsideal räumt der Krone weiterhin eine starke Rolle durch die ihr ebenfalls zugesprochene föderative[10] und prärogative[11] Gewalt sowie durch ihre Beteiligung an der Legislativen ein (vgl. ebd., 22).

10 Sorgt für die Sicherheit des Volkes nach außen hin und regelt zwischenstaatliche Beziehungen und fällt nach Lockes Ansicht zweckmäßig mit der Exekutiven zusammen (vgl. Locke 1992, 292; Euchner 2004, 24).

11 Die Prärogative beschreibt Locke als die Macht, die die Exekutive anwenden kann, um in Ausnahmefällen für das öffentliche Wohl zu sorgen. Sie darf dabei ohne Gesetzesvorlage und sogar wider bestehende Gesetze handeln (vgl. Locke 1992, 301 f.).

2.1.3 Max Weber

Weber definiert als das für den Staat spezifische Mittel das Monopol auf erfolgreich angewandte legitime und physische Gewalt und auf Zwang (vgl. Weber 2004, 5 f.; vgl. Zöllner 2004, 219). Die Staatsform, ob Monarchie, Diktatur oder Demokratie, steht für ihn nicht im Vordergrund, sondern ausschließlich deren Zweckmäßigkeit (vgl. Lenk 1987, 304). Hierbei legt er als Ausgangsbasis, ähnlich wie Locke und Hobbes, die individuellen Interessen des Einzelnen als eigentliche Legitimation des Staates zugrunde (vgl. Lenk 1987, 305). Ein politisches System entwarf Weber nicht (vgl. Zöllner 2004, 213).

Seine zentrale Problemstellung ist die Frage nach der politischen Führung des Staates. Da Weber weder den Adel, das Bürgertum, die Bürokraten noch die Arbeiterschaft als prädestiniert für die Führungsaufgabe im Staat sieht, konzentriert er sich auf den Typus des charismatischen Herrschers (vgl. Lenk 1987, 305 f.). Das Staatsoberhaupt soll die Rolle eines Monarchen einnehmen, der vom Volk gewählt wird und somit sein Amt nicht politischem Machtkalkül verdankt (vgl. ebd., 306 f.). Beim Plebiszit wird der Herrscher durch das Vertrauen des Volkes legitimiert (vgl. Weber 1972, 156). Weber sieht bei seinem Verfassungsideal, der plebiszitären Führerdemokratie, als Vorteil, dass die Autorität einer Persönlichkeit zur souveränen Führung eines Volkes berechtigt und die Autorität eines unpersönlichen Rechtes überwiegt (vgl. Lenk 1987, 307).

Der plebiszitäre Führer soll durch Stärke und Kraft das Volk vor bürokratisch strukturierten Massenparteien und organisierten Interessen bewahren und überparteilich die nationalen Interessen des politisch unmündigen Volkes vertreten (vgl. ebd., 309). Weber sieht in einer über Jahrzehnte zunehmenden Bürokratisierung des Staates eine Bedrohung der Freiheiten der Bürger (vgl. ebd., 308).

> *„Ein Mehr an Rationalität und gesetzter Ordnung schafft formal zwar Rechtsgleichheit unter den Bürgern, gesamtgesellschaftlich jedoch zugleich eine Voraussetzung für die Verhärtung jener bürokratischen Maschinerien, die die menschlichen Individuen zugleich ihrer Freiheitsmöglichkeit berauben."* (Ebd.)

2.2 Sicherheit als Ideal?

Die Gewährleistung der Sicherheit für die Bürger bildet seit der Herausbildung des modernen Staatsbildes im 17. und 18. Jahrhundert nicht ausschließlich eine Gewährleistungsfunktion, sondern auch eine Legitimationsgrundlage, wie dies auch in staatstheoretischen Werken von Hobbes, Locke, Rousseau und Montesquieu stets kritisch reflektiert wurde (vgl. Monar 2012, 33).

Sicherheit muss als ein relativer Zustand betrachtet werden, der nicht ohne Weiteres vorhanden ist. Schon aus theoretischer Sicht können die grundrechtlichen Ansprüche an die Sicherheit daher nie erfüllt werden (vgl. Gusy 2004b, 15). Die Ausgewogenheit von Sicherheit und Freiheit ist als oberstes Ziel bei der Politik der Inneren Sicherheit zu wahren (vgl. Schneider 2011, 200) oder, um es mit Nietzsches (1886) Worten zu formulieren: *„Wer Ungeheuer bekämpft, muss aufpassen, nicht selbst zum Ungeheuer zu werden."*

Die Produktion von Sicherheit ist ein ambitioniertes Unterfangen, das nie erreicht werden kann. Es gilt daher nicht die absolute Vermeidung von Risiken, Bedrohungen und Gefahren in den Mittelpunkt (staatlichen) Handelns zu rücken, sondern vielmehr die Managementstrategien zu optimieren. Versucht der Staat jedoch alle Risiken zu verhindern, ergibt sich ein Sicherheitsparadox. Denn der Staat, der in der Versuchung ist, alle Risiken und Gefahren auszuschließen, so Christoph Gusy (2004b, 20), benötigt auch alle Informationen und alle Berechtigungen – er muss daher alles dürfen und können. Dieser Staat würde nicht nur das Ende jeglicher Freiheit bedeuten, dieser Staat würde einen Widerspruch zu sich selbst darstellen: er würde zum Ursprung dessen werden, was er bestrebt war zu beseitigen: die Unsicherheit.

Ähnlich argumentiert Herfried Münkler (2010a, 11 f.) und differenziert bei seiner stark theoretisch ausgelegten Betrachtung zwischen *„Kulturen des Risikos"* und *„Welten der Sicherheit"*. Unter *„Kulturen des Risikos"* sind demnach Arrangements zu verstehen, die eine Kalkulationsgrundlage für Gefahren und Bedrohungen darstellen. Im Unterschied zu den *„Welten der Sicherheit"* rekurrieren sie nicht auf die Aussperrung und Isolation von Gefahren und Bedrohungen, sondern organisieren auf der Grundlage ihrer Transformation in Risiken neue Handlungsoptionen. Der Umgang mit Risiken ist immer geknüpft an Kalkulationen; die *„Kulturen des Risikos"* trauen sich daher im Umgang mit dem Gefährlichen mehr zu als die *„Welten der Sicherheit"* und sehen hinter jeder Gefahr auch eine Chance. Die *„Welten der Sicherheit"* sind der Versuchung ausgesetzt, Gefahr und Bedrohung auszugrenzen, um im Anschluss Barrieren und Grenzen zu ziehen, um dadurch sichere Räume und Orte zu schaffen, die dann schrittweise ausgebaut werden können. Angestrebt wird die Eliminierung der grundsätzlichen Gefahren und Bedrohungen in jedweder Gestalt. Zugrunde liegt ein Versprechen von Sicherheit, das sich nicht erfüllen lässt und das der geweckten Erwartungshaltung nicht entspricht. Dennoch werden immer weitere Sicherheitslücken identifiziert, die dann zu einem vermeintlichen Strategiewechsel oder der Forderung nach einem *„notwendigen"* erhöhten Ressourceneinsatz führen. Wenngleich beide Aspekte zu einer Erhöhung des relativen Sicherheitsniveaus führen mögen, wird ein Dilemma erzeugt, das weder durch einen erhöhten Ressourceneinsatz, noch durch einen Strategiewechsel gelöst werden kann.

Es besteht darin, *„dass die Welten der Sicherheit ein Bedürfnis nach Sicherheit bzw. komplementär dazu ein Gefühl von Unsicherheit hervorbringen, das umso höher ist, je größer die Sicherheitszusagen sind“* (Münkler 2010a, 12).

Die jüngere Forschung hat verdeutlicht, dass dieses Dilemma in sämtlichen Kernbereichen von Sicherheit auftritt, sei es die Innere, Äußere, Soziale oder die Technische Sicherheit. Es zeigt sich aber auch: Umso mehr diese konkreten *„Strategien der Sicherung“* greifen, desto stärker findet eine Sensibilität für weiterhin vorhandene Unsicherheiten und Bedrohungen statt (vgl. ebd., 13). Wenngleich für die *„Kulturen des Risikos“*, die oftmals auf mathematischen Konstruktionen und Grundlagen beruhen, auch noch eine Verbesserungsfähigkeit[12] gesehen wird, kennen die *„Kulturen des Risikos“* dieses Dilemma der *„Welten der Sicherheit“* nicht. Die *„Kulturen des Risikos“* erfassen die Risiken fast auf eine spielerische Art und Weise, indem sie sich auf Wetten in Bezug auf den Eintritt eines Schadensereignisses einlassen. Die Wetten entstehen aus dem Prinzip des ersten Seeversicherungsrechts im 14. Jahrhundert und fußen auf der Grundlage, dass andere eine Entschädigung für den eingetretenen Schaden leisten. Der Fokus liegt somit auf Entschädigung anstatt auf Sicherheit, *„bzw., es dominiert die Aussicht auf Gewinn, für den auch (kalkulierbare) Verluste in Kauf genommen werden“* (ebd., 13).

Münkler kommt zu dem Ergebnis, dass der signifikante Unterschied zwischen den *„Welten der Sicherheit“* und den *„Kulturen des Risikos“* darin liegt, dass Letztere auf Freiwilligkeit und Freiheit beruhen und derjenige aussteigen kann, der nicht mitmachen möchte (vgl. Münkler 2010a, 14).

Gronemeyer (2010, 7) zufolge befinden sich unsere heutigen, modernen Gesellschaften in einer Transformation, die *„der Konstruktion sozialer Ordnung und der Politik unterliegen, in denen Risiken und Unsicherheiten einen zentralen Platz einnehmen“*.

Die Entwicklungslinien der *„Sicherheitsgesellschaft“* sorgen für neue Kontrollstrukturen und -kulturen. Moderne Gesellschaften sind schon immer als politisch und staatlich verfasste Gesellschaftsformen verstanden worden. Dies wird speziell im Bereich der Inneren Sicherheit deutlich. Seit Thomas Hobbes in seinem *„Leviathan“* dem Staat die Rolle zugewiesen hat, für Sicherheit und Freiheit zu garantieren, wird Sicherheit als Allgemeingut betrachtet (vgl. ebd. 8). Wenngleich der Staat in der Verantwortung steht, so darf und wird es ein Grundrecht auf Sicherheit nie geben. Es lässt sich lediglich als subjektiv-rechtlicher Appell an die Grundrechtsadressaten formulieren, *„den Rechtsgüterschutz bei der Erfüllung der eigenen Aufgaben zu berücksichtigen“* (Gusy 2004b, 15).

---

12 Gemeint sind damit Modelle zur Risikoberechnung.

2.3 Freiheit und Sicherheit im rechtsstaatlichen Spannungsverhältnis

Sicherheit und Freiheit stehen in einem unweigerlichen Spannungsverhältnis zueinander. Oftmals erscheinen sie als unvereinbar – als *„Sicherheit oder Freiheit"* (Glaeßner 2003, 10).

In diesem Kontext darf jedoch unter Sicherheit nicht ausschließlich die Sicherheit vor kriminellen Handlungen oder terroristischen Anschlägen, sondern auch die soziale Sicherheit in einer zunehmend globalisierten Welt oder auch die Sicherheit angesichts komplexer Gefahrenpotenziale in einer hochtechnisierten Gesellschaft gesehen werden. Im umgekehrten Sinne darf unter Freiheit nicht nur das *„geringstmögliche Maß [an] reduzierte[r] Handlungsreglementierung durch den Staat verstanden"* werden, vielmehr ist dabei auf den Anspruch auf Privatheit, *„also [auf] die Undurchsichtigkeit eines möglichst weit gefassten persönlichen Bereichs für staatliche Einsichtnahme und Überwachung"* (Münkler 2010b, 13 f.) zu achten. Grundsätzlich und in verschiedener Hinsicht ist das *„Recht auf Privatheit"* ein Bestandteil von Freiheit, auch wenn Münkler hier in dem Rückzug ins Private genau das Gegenteil *„einer umfassenden Nutzung der Freiheitsrechte"* (ebd., 14) sieht. Genau hier wird das unabdingbare Spannungsfeld zwischen Rechtsstaat und Demokratie deutlich: Der Rechtsstaat schafft und gewährt Rechte und vertraut darauf, dass diese durch die rechtsstaatliche Ordnung bzw. durch Erfüllungsgehilfen gewährleistet werden. Die Demokratie hingegen setzt auf eine klare und direkte Partizipation der Bürger, ohne deren Engagement kein dauerhafter Bestand möglich ist (vgl. ebd.).

Gerade die jüngeren Diskussionen über den internationalen Terrorismus haben den Blick einseitig auf die Risiken der Freiheit gelenkt. Die Blickrichtung auf die Chance auf eine Sicherheitspolitik zur Herstellung und Produktion von Freiheit gerät dadurch eher in den Hintergrund der Debatte. Es gilt der Politik zur Inneren Sicherheit eine *„Freiheitspolitik"* zur Seite zu stellen, denn Politik muss mehr bieten als die Begrenzung von Freiheitsrechten und das Initiieren von Überwachungsmaßnahmen. Allerdings müssen im Rahmen einer mittel- bis langfristigen Freiheitspolitik Risikoursachen wie Terrorismus bekämpft werden (vgl. Gusy 2004b, 20).

Das Problem besteht allerdings nicht darin, *„dass das unvermeidliche Spannungsverhältnis von Freiheit und Sicherheit an der ein oder anderen Stelle zu Lasten der Freiheit gelöst worden wäre"* (Huster / Rudolph 2008, 12) wie etwa bei der Bekämpfung des linksextremistischen Terrors der siebziger Jahre. Vielmehr geht es darum, dass bei der aktuellen Bedrohungslage potenziell terroristische Gruppierungen die rechtsstaatlichen Strukturen zu unterwandern suchen. Somit wird der Terrorismus als konkrete Gefahr, als diffuses Risiko und als *„notstands- oder ausnahmezustandsähnliche Bedrohung“* wahrgenommen. Der Staat hat den konstitutiven Auftrag, seine Bürger zu schützen, und muss dafür alle notwendigen Maßnahmen in die Wege leiten. Die Dimension potenzieller Schadensereignisse in hochmodernen Gesellschaften hat sich jedoch gewandelt. Die Fähigkeit des Staates, auf komplexe Schäden zu reagieren, ist unzureichend (vgl. ebd., 14).

Der Staat tendiert dazu, alle ihm zur Verfügung stehenden Möglichkeiten und Mittel zu nutzen, um den potenziellen Gefahren entgegenzutreten. Hierdurch entstehen jedoch Bedenken, dass der Staat überreagiert (vgl. Glaeßner 2003, 274). Daraus ergeben sich zwei Herausforderungen: Zum einen müssen Maßnahmenstrategien entwickelt werden, zum anderen bedarf es Zustimmungsstrategien, um die entsprechenden Maßnahmen durchzusetzen (vgl. Möllers 2008, 158).

Betrachtet man speziell die von den relevanten Akteuren ausgetragene Diskussion seit dem 11. September 2001, so kann man hinsichtlich der Zustimmungsstrategie eine Mischung aus Abwiegelungstaktik, Erfolgsversprechen und Bedrohungsszenario erkennen (vgl. ebd.). Es wird dabei kontinuierlich auf die verschiedensten Terrorszenarien und deren Auswirkungen auf Staat und Gesellschaft hingewiesen. Die notwendigen Maßnahmen wie Online-Durchsuchungen, Videoüberwachungen, DNA-Speicherungen und verdachtsunabhängige Personenkontrollen werden als notwendige Maßnahmen suggeriert, wobei die Botschaft lautet, dass anständige Bürger ja nichts zu befürchten hätten (vgl. Frevel 2007, 3). Als Konsequenz wird der Kreis der Verdächtigen erweitert und die Sicherheitsbehörden werden besser vernetzt (vgl. Möllers 2008, 159) sowie ihre rechtlichen Möglichkeiten ausgebaut.

Sicherheit und Freiheit stehen dennoch in keinem grundsätzlichen Widerspruch zueinander. Die Oppositionssemantik ändert sich vielmehr feldabhängig. Sie ändert sich je nachdem, ob es sich um Gewaltprävention, Terrorabwehr oder um Umweltpolitik und Umweltschutz handelt. Wenngleich die Beobachtung der Präferenzbildung stark politikfeldabhängig ist, zeigt sich doch, dass die Kollektivsingulare *„Freiheit“* und *„Sicherheit“* nicht spezifisch genug sind, um einen widerspruchsfreien politischen Gegensatz formulieren zu können – wie dies in der öffentlichen Arena zumindest zeitweise unterstellt wurde (vgl. Münkler 2010b, 15).

Abschließend lässt sich festhalten, dass im Hinblick auf eine angemessene Balance von Sicherheit und Freiheit der Bürger mehr erwarten darf als das bloße Einsehen des Allmächtigen, auf das Schillers Wallenstein (1799) hoffte: *„Und wenn es glückt, so ist es auch verziehn, denn aller Ausgang ist ein Gottesurteil.“*[13]

---

13 So auch Glawe 2009, 20.

3 Theorie und Methodik

Das Politikfeld Innere Sicherheit hat in den vergangenen Jahren oder gar Jahrzehnten einen tiefgreifenden Wandel erfahren (vgl. Lange 1999, 15) und gerät zunehmend in den Fokus der (sozialwissenschaftlichen) Forschung.[14] Doch gerade vor dem Hintergrund eines sehr weit reichenden Sicherheitsbegriffs und der politischen wie auch gesellschaftlichen Grundtendenz, sämtliche Aspekte als *„Sicherheitsproblem"* darzustellen, zeigt sich die Notwendigkeit einer Sicherheitsforschung *„als Wirklichkeitswissenschaft"* und eines methodischen Rahmens. Sicherheit kann nicht nur auf einzelne Faktoren reduziert werden, sondern macht eine synoptische Problemsicht unabdingbar (vgl. Siedschlag 2006, 11). Eine wissenschaftliche Arbeit wird ohne theoretische und methodische Ansätze nicht auskommen. Die Theorien sollen einen *„logischen Zugang zur Welt eröffnen"* und sich dabei erst einmal von der Praxis loslösen. Mit der Theorie soll eine objektive Erkenntnis ermöglicht werden. Aufgrund des Umfangs des *„empirischen Geschehens"* ist die Beantwortung der Realität nur theoretisch möglich. Dabei gilt es zu abstrahieren und die Methoden als Instrumente angemessen zu nutzen (vgl. Troy 2006, 353; Schülein/Reitze 2002, 221 f.). In diesem Kapitel sollen nun die verschiedenen theoretischen und methodischen Zugänge aufgezeigt werden, die dieser Arbeit zugrunde liegen.

3.1 Politikfeldanalyse

Der Begriff *„Politik"* wurde aus dem griechischen Begriff *polis*, Stadtstaat in der Antike, abgeleitet. Er entzieht sich einer finalen und einheitlichen Definition. Ausgehend von der ursprünglichen Begrifflichkeit bedeutet Politik sowohl das *„Handeln des Staates"* sowie das *„Handeln in staatlichen Angelegenheiten"* (Blum/Schubert 2009, 13; Schubert/Klein 2006, 230). Konkret bedeutet Politik in einer demokratisch verfassten Gesellschaft das Streben nach Regierungsverantwortung, die Gewinnung von Führungsfunktionen sowie ein aktives Handeln mit dem entsprechenden Einfluss staatlicher Machtansprüche (vgl. ebd.).

Daneben wurden zahlreiche theoretische und methodische Definitionen des Politikbegriffs vorgenommen, die dann explizite Sachverhalte sowie einzelne

14 Näheres zum Forschungsstand s. Kap. 1.

Aspekte nochmals akzentuieren. In der Politikwissenschaft haben sich terminologisch die englischen Begrifflichkeiten „*Policy*“, „*Politics*“ und „*Polity*“ durchgesetzt, um eine Differenzierung zu ermöglichen (vgl. Blum / Schubert 2009, 13). Unter *Policy* ist die konkrete inhaltliche Gestaltung von Politik zu verstehen. Es geht sowohl um Ergebnisse politischer Aktivitäten in den jeweiligen Politikfeldern, als auch um Fragen, wie mit politischen Maßnahmen und Programmen auf materielle und inhaltliche Problem- und Fragestellungen reagiert wird. Eine Abgrenzung verschiedener Politikfelder ist manchmal nur schwer möglich, da politische Maßnahmen oftmals verschiedene Felder betreffen oder zumindest darauf Auswirkungen zeigen. In der Wissenschaft bedarf es hierzu einer klaren Abgrenzung bzw. Definition (vgl. ebd.).

Die politischen Prozesse werden den *Politics* zugeordnet. Diese Kategorie umfasst die teils kooperativen, teils konfliktträchtigen Gestaltungsprozesse der Politikgestaltung und untersucht, wie die unterschiedlichen Interessenlagen und Meinungen zusammengeführt werden können, sich Kooperationen und Koalitionen ergeben, aber auch, wie sich durch Abstimmungen und Absprachen Interessen und Zielsetzungen durchsetzen lassen. Die relevanten Aspekte liegen im Bereich der interessen- und parteipolitischen Willensbildung, der Implementierungsphase der politisch-administrativen Ebene sowie der politisch-staatlichen Entscheidungsfindung. Es geht also explizit um die Bereiche, in denen allgemein verbindliche Entscheidungen generiert, beschlossen und dann auch umgesetzt werden (vgl. Blum / Schubert 2009, 14).

Der Bereich *Polity* fasst schließlich die Bereiche der Verfassung und politischen Ordnung zusammen und inkludiert die sich daraus ableitenden Institutionen und Strukturen. Darunter fällt das Regierungs- und Parteiensystem wie auch die politische Kultur eines Landes mit den einhergehenden Normen und Werten (vgl. ebd.).

Der englische Begriff „*Policy Analysis*“ lässt bereits erkennen, dass es sich bei der Politikfeldanalyse um konkrete und materielle Politiken handelt. Gerade dieser Punkt stellt einen markanten Aspekt der älteren Politikwissenschaft dar, die primär auf ideelle und institutionelle Aspekte politischer Ordnungen *(Polity)*, in einem späteren Schritt allerdings auch auf politische Konsens- und Konfliktprozesse *(Politics)* ausgerichtet war (vgl. Schmidt 1997, 567 f.; Blum / Schubert 2009, 14). Die politikwissenschaftliche Forschung hat lange Zeit das konkrete Handeln von Regierungen vernachlässigt. Durch die Politikfeldanalyse wurde diese Lücke dann allerdings geschlossen.

Bei der Politikfeldanalyse müssen jeweils alle drei sich bedingenden Ebenen des Politikbegriffs untersucht werden. Die Strukturen und Institutionen *(Polity)* bilden den Rahmen, innerhalb dessen sich politische Prozesse *(Politics)* überhaupt vollziehen können. Diese Prozesse können konkrete politische Inhalte

(Policy) als Bestandteil haben und ermöglichen daraus das Generieren politischer Ergebnisse (vgl. ebd., 14 f.).

Der Fokus liegt jedoch auf den Fragestellungen, was die politischen Akteure tun, warum sie es tun und was sie damit bewirken (vgl. Dye 2002, 1; vgl. Blum / Schubert 2009, 15).

Das Akteursverständnis bei der Politikfeldanalyse geht weit über die Regierungsstrukturen *(governments)* hinaus. Als politische Akteure sind sowohl Individuen (z. B. Politiker, Journalisten, Verbandsvertreter) als auch Organisationen (z. B. der Deutsche Bundestag, der Deutsche Gewerkschaftsbund, die Kassenärztliche Vereinigung) zu verstehen (vgl. Schubert / Bandelow 2003, 4). Diese Akteure handeln zweckgerichtet aber auch unter spezifischen Bedingungen. Dabei stellen die Resultate das Produkt ihrer einzelnen Entscheidungen dar. Die Akteure sind sich in der Regel ihrer Interdependenz bewusst, reagieren auf die gegenseitigen Schritte und versuchen durchaus, diese zu antizipieren (vgl. Scharpf 2006, 24).

Es geht bei der Politikfeldanalyse also um die Analyse tatsächlicher Politik. Sie erörtert die direkten Outputs von Politik und somit die konkreten und tatsächlichen Resultate politischer Entscheidungen. Dies scheint auf den ersten Blick trivial zu sein; in der Realität ist die Frage nach Ergebnissen und Inhalten von politischen Entscheidungen einer ungeheuren Komplexität geschuldet. Dennoch muss in einem ersten Schritt betrachtet werden, *wer* an diesen Prozessen beteiligt ist, *wie* politische Lösungen generiert und *was* für faktische Ergebnisse geschaffen werden. In einem weiteren, viel relevanteren Schritt geht es um die Erörterung, „*wieso, weshalb, warum*“ es zu entsprechenden Politiken gekommen ist. Die Politikfeldanalyse greift demnach die Ursachen politischer Entscheidungen auf und analysiert in einem letzten Schritt die faktischen Ergebnisse, also das *Outcome* von politischen Maßnahmen und Programmen. Dabei geht es explizit um die Frage, ob die generierte und freigesetzte Wirkung mit den politisch formulierten Absichten übereinstimmt oder ob es Abweichungen gibt (vgl. Blum / Schubert 2006, 15).

3.2 Politikfeldanalyse Innere Sicherheit

Das Politikfeld Innere Sicherheit lässt sich aus einer politikwissenschaftlichen Perspektive handlungstheoretisch bestimmen. Das Politikfeld ist gekennzeichnet durch individuelle und kollektive Akteure, die miteinander in einer regelmäßigen und interagierenden Austauschbeziehung stehen. Das Politikfeld ist somit von der System-Umwelt abgrenzbar (vgl. Lange 1999, 72).

Für das Politikfeld Innere Sicherheit und die zugrunde liegende *„Politikfeldanalyse Innere Sicherheit“* bedeutet dies konkret, dass sich das Akteurshandeln durch die drei bereits genannten analytischen Ebenen *Policy* (Programme), *Politics* (Prozesse) und *Polity* (Institutionen) darstellen lässt. Die Politikfeldanalyse Innere Sicherheit bietet somit einen weiteren Zugang zu dem Feld und ist unter politikwissenschaftlicher Betrachtung geeignet, sowohl methodologische als auch theoretische Ansätze zu entwickeln und darüber hinaus einen Zugang zu den übrigen Forschungsdisziplinen zu ermöglichen (vgl. AKIS 2002).

Analyse-Ebene	**Methodologische Ebene**	**Anschluss an benachbarte Forschungsdisziplinen / Beispiele**
Polity	Institutionenanalyse	Staats-, Polizei- und Verwaltungsrecht
Polities	Prozessanalyse	Polizeisoziologie
Policy	Programmanalyse	Kriminalpolitik

Abbildung 2: Politikfeldanalyse Innere Sicherheit (Quelle: Eigene Darstellung in Anlehnung an Lange 1999, 72)

Die politikwissenschaftliche *Institutionenanalyse*, die sich beispielsweise an verwaltungs-, staats- und polizeirechtliche Diskussionen anknüpfen lässt, konzentriert sich stark auf die institutionelle Ausdifferenzierung (vgl. AKIS 2002). Unabdingbar ist eine Verknüpfung mit der historischen Polizeiforschung (vgl. Lange 1999, 72). Betrachtet man hingegen das gesamte Politikfeld Innere Sicherheit, das weit über den Polizeibereich hinausgeht, muss eine Verknüpfung mit der Entwicklung der gesamten Sicherheitsproduktion und den beteiligten Akteuren erfolgen.

Der politikwissenschaftliche Beitrag steht in Verbindung mit föderalismus-, koalitions-, und korporatismustheoretischen Überlegungen und liegt speziell in einer *„handlungstheoretisch aufbereiteten Institutionenanalyse“* (Lange 1999,72). Der spezielle Beitrag bei der Politikfeldanalyse rekonstruiert dabei das institutionelle System der Inneren Sicherheit als ein Netzwerk oder auch Teilsystem, in dem institutionelle Akteure in klaren Interaktionsbeziehungen mit weiteren politischen Institutionen (z. B. Ministerien und Parlamenten) sowie gesellschaftlichen Akteuren (z. B. Gewerkschaften) stehen (vgl. AKIS 2002; Lange 1999, 72; Lange 2012, 324 f.).

Eine theoretisch orientierte Institutionenanalyse geht mit einer politikwissenschaftlichen Prozessanalyse einher. Institutionelles Handeln kann verstanden werden als Aushandlungsprozess, bei dem Wechselwirkungen zwischen individuellen (Wahl-) Handlungen beteiligter Akteure und handlungsbegrenzenden Systembedingungen eine Rolle spielen. Entsprechende Analysen werden anschlussfähig für andere benachbarte Forschungsdisziplinen, da verschiedene inhaltliche Anknüpfungspunkte im Speziellen für die Rekonstruktion von Problemlösungsrationalitäten vorhanden sind. (vgl. AKIS 2002). Der *„institutionenkundliche“* Beitrag der Politikwissenschaft ergibt sich aus einem breiten Verständnis des *„institutionellen Systems der Inneren Sicherheit“* (Lange 1999, 73). Es stellt sich die Frage, welche Institutionen Bestandteil des Systems der Inneren Sicherheit sind und in welcher Beziehung diese Institutionen zueinander stehen. Dabei ist dieses institutionelle System als Netzwerk zu betrachten (vgl. ebd.).

Die *Prozessanalyse* ist wiederum untrennbar mit der handlungstheoretisch ausgerichteten Institutionenanalyse verbunden. Institutionelles Handeln kann ausschließlich in Bezug auf Aushandlungsprozesse verstanden werden. Relevant sind hierbei die Wechselwirkungen von handlungsbegrenzenden Systembedingungen und individuellen (Wahl-)Handlungen innerhalb des Politikfelds. Bei einem weitreichenden Verständnis einer Prozessanalyse innerhalb des Politikfelds Innere Sicherheit sind Ergebnisse anderer Bereiche, etwa der Polizeisoziologie, zu integrieren, wobei dieser Ansatz, wiederum auf das gesamte Politikfeld angewandt, keine ausreichende Perspektive darstellt. Die Polizeisoziologie bietet zwar eine inhaltliche Anknüpfung gerade bei der Analyse von Problemlösungsrationalitäten (z. B. Leitbildern). Doch sind diese nur auf das polizeiliche Handlungsspektrum anzuwenden. Sie lassen den sonst noch sehr umfangreichen Bereich des Politikfelds Innere Sicherheit (z. B. Nachrichtendienste, Katastrophenschutz, private Sicherheitswirtschaft) außen vor. In der politikwissenschaftlichen Forschung besteht somit Bedarf an einer Fortentwicklung zu einer *„Soziologie der Inneren Sicherheit“*, wozu sowohl *„hierarchische Binnenverhältnisse“* und eine *„Instrumentalisierbarkeit für Herrschaftszwecke“* (Lange 1999, 73) als auch Rekrutierungsprozesse und eine Sozialisation von Personal des Sicherheitsbereichs zählen (vgl. ebd.).

Die politikwissenschaftliche *Programmanalyse* (Policy) untersucht die politischen Programme, die einem Aushandlungsprozess innerhalb des Politikfelds unterlegen sind, sowie die zugrunde liegende Politik zur Inneren Sicherheit.

Innerhalb des Politikfelds Innere Sicherheit lassen sich die Policy-Programme in drei exemplarische Typen aufteilen: in Programme im Bereich der Polizeipolitik, in Programme im Bereich der Kriminalpolitik und in Programme im übergreifenden Bereich der Politik der Inneren Sicherheit.

Im Bereich der Polizeipolitik sind die Programme angesiedelt, die grundsätzliche Aspekte wie die Aufbau- und Ablauforganisation behandeln oder die sich auf personelle und materielle Ressourcen konzentrieren und die Art und Weise polizeilicher Zuständigkeiten im Fokus haben. Angesiedelt sind diese Programme im

Polizeirecht (z. B. in den Polizeigesetzen) sowie in den Erlassen der Aufsichtsbehörden (Innenministerien).

Im Bereich der Kriminalpolitik subsumieren sich beispielsweise Programme, die Strategien der Strafverhütung beinhalten. Diese Programme sind in der Strafprozessordnung enthalten, im Strafrecht aber auch in Präventionsprogrammen (z. B. in Programmen gegen Drogenmissbrauch). Weiterhin finden sie sich wieder in Gesetzesprogrammen gegen Geldwäsche und organisierte Kriminalität sowie in weiteren gesetzlichen Veränderungsprozessen, die inhaltlich auf eine Verbesserung der Strafermittlung und -verfolgung abzielen (vgl. Lange 2011, 325 f.).

Dazu meint Lange (2011, 326): *„Die übergreifende innere Sicherheitspolitik umfasst einerseits die Strukturen, Kompetenzen und Strategien zur Anwendung staatlicher und gesellschaftlicher Kontrolle insgesamt, bei der in der Regel staatliche Einrichtungen legitimiert sind, Zwangsmittel einzusetzen.“* Diese finden ihren Ursprung bzw. ihre Legitimierung in den entsprechenden Behördengesetzen (vgl. ebd.).

Die Arbeit greift diesen Ansatz auf und untersucht den Prozesswandel (Politics) der Strukturen und Institutionen (Polity) der Inneren Sicherheit mit ihren politischen und gesellschaftlichen Umsetzungsstrategien und Programmen (Policy).

3.3 Prozesse – der „Policy Cycle“

Politik ist als eine *„sequentielle Abfolge von Phasen des politischen Prozesses“* (Jann / Wegrich 2003, 71) zu verstehen. Sie beginnt mit der Artikulation und Definition von Problemstellungen und endet irgendwann damit, dass politische Maßnahmen und Programme festgelegt werden. Als gemeinsamer Ausgangspunkt innerhalb der Politikfeldforschung wird Politik als *„Policy Making“* interpretiert und somit als ein Versuch, gesellschaftliche Probleme zu be- und verarbeiten (vgl. ebd., 71). Fritz W. Scharpf spricht von einem *„Prozess [...], in dem lösungsbedürftige Probleme artikuliert, politische Ziele formuliert, alternative Handlungsmöglichkeiten entwickelt und schließlich als verbindliche Festlegung gewählt werden“* (Scharpf 1973, 15).

Um die politischen Prozesse analysieren zu können, bedarf es eines konzeptionellen Rahmens. Der Policy Cycle als heuristischer Orientierungsrahmen ist wohl das dafür am häufigsten genutzte Instrument der Politikfeldforschung (vgl. Blum / Schubert 2009, 101).

Blum und Schubert (2009, 101) vergleichen den *„Policy Cycle“* mit Heuristiken, die in der Mathematik verwendet werden. Die Benutzung von Faustregeln,

Schätzwerten und weiteren Hilfsmitteln ist zulässig, um Probleme darzustellen, auch wenn das Ergebnis dadurch nicht optimal ist. Das Phasenmodell der Politiksetzung ist demnach eine Heuristik, mit der sich Erkenntnisse über die politischen Prozesse generieren lassen. Diesen heuristischen Charakter gilt es bei der Anwendung stets zu berücksichtigen (vgl. Blum / Schubert 2009, 101).

„Policy Making" erfolgt in den Phasen Agenda-Setting, Formulierung, Implementierung und Evaluierung von politischen Inhalten mit deren möglicher (zeitlicher) Beendigung (Terminierung) (vgl. Jann / Wegrich 2003, 81 f.). Es werden also erst Probleme, etwa durch gesellschaftliche oder politische Akteure (vgl. Blum / Schubert 2009, 102), definiert und auf die Agenda gesetzt, danach die politischen Inhalte formuliert, dann umgesetzt und evaluiert. Schließlich wird die Policy terminiert (vgl. Jann / Wegrich 2003, 81 f.). Ob die Policies durchgeführt werden oder nicht, ist letztendlich von den Phasen der politischen Entscheidung und der Implementierung durch Verwaltung und Politik abhängig (vgl. Blum / Schubert 2009, 102).

Das Schaubild zeigt die ideale Anordnung der entsprechenden Phasen:

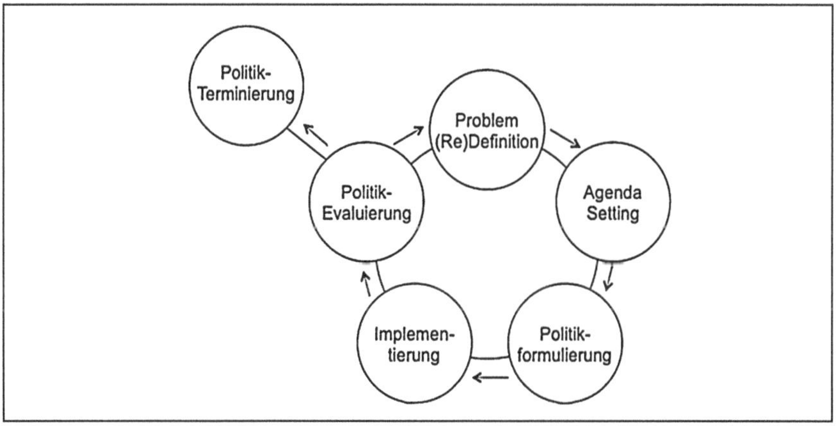

Abbildung 3: Politikzirkel (Quelle: Jann / Wegrich 2003, 82)

Die hier verwendete kreisförmige Darstellung des *„Policy Cycle"* ist ein idealtypisches Modell. Policies werden bislang nur selten einem systematischen Evaluierungsprozess unterzogen, die dann zu einer Reformulierung oder sogar Terminierung führen würden. Politikinhalte, also Policies, werden permanent formuliert, dann durchgeführt, evaluiert und/oder verändert. Dieser Prozess lässt sich jedoch nicht eindeutig abgrenzen und ist vielfältig verflochten. Prinzipiell kommt er nie zu einem Abschluss (vgl. Jann / Wegrich 2003, 81).

3.3.1 Problemwahrnehmung und Agenda Setting

Die erste Phase des politischen Prozesses lässt erkennen, dass ein Problem vorhanden ist. Die Wahrnehmung eines spezifischen Problems wird somit als Grundlage für *„Policy Making"* betrachtet. Ein (soziales) Problem muss also als solches definiert und die Notwendigkeit eines regulierendes Eingriffs öffentlicher Politik artikuliert werden (vgl. Jann / Wegrich 2003, 83). Für die Prozesse der Problemwahrnehmung gibt es allerdings eigene Gesetzmäßigkeiten und Normen. Diese können sich von Land zu Land mit ihren jeweiligen politischen Systemen unterschiedlich gestalten (vgl. Blum / Schubert 2009, 106). Wenn ein Problem als solches wahrgenommen wird, muss es in einem zweiten Schritt zur Problemverarbeitung auf die politische Tagesordnung gesetzt werden (Agenda Setting). Hierbei gilt es zwischen diversen Agenden zu unterscheiden. Innerhalb des politisch-administrativen Systems gibt es die politische und öffentliche Agenda (Fachöffentlichkeit und Massenmedien). Zudem muss zwischen der informellen Agenda innerhalb der politischen Arena sowie der formalen Agenda der politischen Entscheidungsinstanzen (Parlament, Regierung) unterschieden werden (vgl. Jann / Wegrich 2003, 83).

Sowohl die Problemwahrnehmung als auch das Agenda Setting sind politische Prozesse. Sie benötigen in Bezug auf die Auswahl, Prioritätensetzung und Strukturierung des Policy-Problems eine zentrale Vorentscheidung für die potenziellen Handlungsstrategien. Diese werden bewusst oder unbewusst getroffen (vgl. Jann / Wegrich 2003, 83). Ein Sachverhalt wird nur dann als Problem wahrgenommen, wenn nach normativen Grundsätzen eine Differenz zwischen dem Soll-Wert und dem Ist-Zustand erkennbar wird (vgl. Blum / Schubert 2009, 106).

Es entsteht oftmals der Eindruck, dass politisch nicht gehandelt wird, wenn kein offensichtliches Problem vorliegt. In der Tat ist es so, dass Problemlösungsstrategien erst dann entwickelt werden, wenn das Problem evident ist (vgl. ebd., 107). Cohen, March und Olsen (1972) haben anhand ihres *„Garbage Can"*-Modells darauf hingewiesen, dass es jedoch Lösungen gibt, die auf ihre geeigneten Probleme warten. Im deutschen Sprachgebrauch wird der Terminus des *„Schubladenmodells"* verwendet. Der theoretische Ansatz geht davon aus, dass Institutionen wie beispielsweise Ministerien viele Programme und Entwürfe für die Schublade produziert haben. Hierbei besteht ein ureigenes Interesse der Akteure, diese Programme auch anzuwenden (z. B. aus ideologischen Gründen). Wenn sich dann ein Problem (z. B. durch Medienberichterstattung oder Artikulation durch einen Interessenverband) ankündigt, können die Lösungen aus der Schublade gezogen werden[15] (vgl. Blum / Schubert

15 Der ehemalige Bundesminister des Innern, Otto Schily, musste sich des Öfteren dem Vorwurf aussetzen, dass die Programme für die ATPs bereits in den Schubladen des Innenministeriums lagen. Dieser Aspekt wird in einem späteren Kapitel noch einmal aufgegriffen.

2009, 107). Dennoch werden nicht alle Probleme, die von irgendwelchen Akteuren als solche identifiziert werden, auf die politische Agenda gesetzt (vgl. ebd.).

Während die Problemwahrnehmung und deren Definition in demokratischen Gesellschaftssystemen oftmals im öffentlichen Raum stattfinden, gestaltet sich das Agenda Setting eher in Expertenzirkeln der Ministerialbürokratie und/oder innerhalb von Interessengruppen. Die Öffentlichkeit wird in der Regel nicht involviert (vgl. Jann / Wegrich 2003, 87).

Um in die zweite Phase des Politikzyklus (Agenda Setting) überzugehen, nachdem also politische Probleme identifiziert worden sind, bedarf es einer entsprechenden Handlungsrelevanz. Die entscheidende Frage ist, wie es manchen Themen gelingt, ein Regierungshandeln herbeizuführen, während andere Themen und Probleme (möglicherweise von gleicher Relevanz) unbeachtet bleiben (vgl. Blum / Schubert 2009, 108 f.). John Kingdon hat zu dieser Phase des Policy Cycle die umfassendste Studie (1984) vorgelegt und unterstreicht, dass politische Entscheidungsträger und ihr Umfeld sich immer nur auf eine begrenzte Anzahl politischer Themen konzentrieren können und somit sehr genau selektieren, welche Themen auf die politische Agenda kommen und wer diese verankert (vgl. Blum / Schubert 2009, 109).

Dennoch darf der Selektionsprozess von Problemen nicht als eine rein rationale Angelegenheit verstanden werden. Die Chancen, eine Policy durchzusetzen, sind als weitgehend zufälliges Zusammentreffen eines *„Politik-Stroms“* (Stimmungen, politische Mehrheiten) und *„Policy-Stroms“* (vorhandene Lösungen) zu interpretieren. Die Ergebnisse sind demnach abhängig von konkreten Interessenkonstellationen der spezifischen Akteure, von Handlungskapazitäten der Institutionen, von der öffentlichen Problemwahrnehmung sowie den spezifischen Problemlösungsstrategien (Ideen) (vgl. Jann / Wegrich 2003, 84 f.; Kingdon 2003, 86). Es handelt sich dabei um einen *„Variablenkomplex“* (Jann / Wegrich 2003, 85), dessen Ausmaß von der spezifischen Situation abhängt. Somit ist die Nutzung von politischen Gelegenheitsfenstern (*„Windows of Opportunity“*), die sich für die Policy kurzfristig öffnen und wieder schließen können, letztendlich ausschlaggebend (vgl. Jann / Wegrich 2003, 84 f.; Kingdon 2003, 84 ff.).

Howlett und Ramesh (2003, 140) unterscheiden nochmals die vier mögliche Typen des Agenda Setting.

Initiative	**Öffentliche Unterstützung**	
	Hoch	*Gering*
Staatliche Akteure	(1) Konsolidierung	(3) Mobilisierung
Gesellschaftliche Akteure	(2) von außen initiiert	(4) von innen initiiert

Abbildung 4: Typen des Agenda Setting (Quelle: Howlett/Ramesh 2003, 140)

Die vier Typen gilt es im Folgenden näher zu erläutern:

(1) Die einfachste *„Problemkarriere“* (Schneider / Janning 2006, 54) ergibt sich, wenn staatliche Akteure ein Thema, das große öffentliche/mediale Unterstützung erfährt, auf die Agenda setzen (vgl. Blum / Schubert 2009, 110).
(2) Wird ein Problem von außen (beispielsweise der Umweltbewegung) an das politisch-administrative System herangetragen, handelt es sich durch die hohe öffentliche Popularität um einen Fall von Außeninitiierung (vgl. ebd.).
(3) Relativ problematisch für die *„Problemkarriere“* gestalten sich Themen, die durch staatliche Akteure eingebracht werden, allerdings (noch) keine öffentliche Popularität genießen (vgl. ebd.).
(4) Themen, die keine hohe politische Aufmerksamkeit genießen, werden im Rahmen des Gesetzgebungsprozesses relativ selten berücksichtigt. Die Agrarpolitik gehört hier zu den wenigen Ausnahmen (vgl. ebd.).

In diesem Kontext stellt sich die Frage, ob konkrete Merkmale ausgemacht werden können, die eine Relevanz für den Selektionsprozess von Problemen haben bzw. es Problemen erleichtert oder erschwert wird, auf die politische Agenda zu kommen. Im Hinblick auf strukturelle Machtverhältnisse, die öffentliche Akzeptanz und die *„Windows of Opportunity“* sind nach Ansicht von Schneider und Janning (2006, 56) folgende Faktoren ausschlaggebend, um ein Problem auf die politische Agenda zu befördern:

- Klarheit und Konkretheit (Mehrdeutigkeit versus Eindeutigkeit),
- gesellschaftliche Bedeutung (marginale versus starke gesellschaftliche Betroffenheit),
- zeitliche Relevanz (Verschiebbarkeit versus Dringlichkeit),
- Komplexität (komplex versus einfach),
- Novität (Novum versus Routineangelegenheit),
- Wertgeladenheit (geringe versus große symbolische Bedeutung).

Das bedeutet, dass beispielsweise Probleme mit marginaler gesellschaftlicher Betroffenheit lediglich geringe Chancen haben, auf die politische Agenda zu kommen; Aspekte mit hoher symbolischer Bedeutung dagegen gute Chancen haben.

3.3.2 Politikformulierung und Entscheidungsfindung

Politikformulierung
Hat es ein Problem bis zur Phase der Politikformulierung geschafft, wurden bereits einige Hürden überwunden. Es hat im politischen Raum Wahrnehmung

gefunden, verfügt über eine entsprechende öffentliche Popularität bzw. hat einflussreiche politische und/oder gesellschaftliche Vertreter. Zudem gab es möglicherweise Merkmale oder situative Ereignisse, die dem Thema zuträglich waren.

In der Phase der Politikformulierung werden nun die Ziele, die Mittel und die Wege zu der Bearbeitung des definierten Problems gestaltet (vgl. Blum / Schubert 2009, 113). Relevante Aspekte sind die klare Formulierung politischer Ziele sowie die Diskussion möglicher Handlungsmöglichkeiten (vgl. Jann / Wegrich 2003, 85). Ob dann letztendlich die Freigabe zur Implementierung erfolgen soll/ kann, wird in der Phase der Entscheidungsfindung geklärt (vgl. Blum / Schubert 2009, 113).

Bei der Politikformulierung geht es zunächst um die Einschätzung der Problemsituation, die sich als Resultat aus dem Agenda Setting ergibt, sowie die daraus abzuleitenden Handlungsalternativen und konkreten Handlungsvorschläge. Die erste Frage, die sich stellt, sind die Erfordernisse zur Problemlösung. Sollte in dieser Phase eine fehlerhafte Problemreduktion erfolgen, so kann dies dazu führen, dass falsche Ziele angestrebt werden und eine entsprechende Verbesserung der Ausgangslage nicht erfolgen kann. Für die Politikformulierungsphase ist also von großer Relevanz, von wem, wann und wie ein Problem auf die politische Agenda gesetzt wurde. Denn diese Faktoren entscheiden dann auch über die Ziele, Mittel und Wege, die in dieser Phase konkretisiert werden. Auch wenn an dieser Phase noch zahlreiche Akteure (z. B. Interessensverbände, Parteien, Wirtschaftsunternehmen) beteiligt sein können, nimmt die Anzahl in der Realität bereits ab, während insbesondere Parlament und Regierung in dieser Phase eine bedeutende Funktion beigemessen wird (vgl. Blum / Schubert 2009, 113). Wenn auch letztendlich die Entscheidung über eine entsprechende Policy von der politischen Entscheidungsinstanz (Regierung, Parlament) zu treffen ist, so geht dem in der Regel ein umfangreicher Austausch- und Verhandlungsprozess (häufig informell) voraus, bei dem Interessengruppen und Ministerialverwaltung von relevanter Bedeutung sind (vgl. Jann / Wegrich 2009, 86 f.).

In diesen Gesprächkreisen einigen sich häufig Vertreter der Ministerialbürokratie und Interessenverbänden in den informellen Austausch- und Verhandlungsgesprächen auf bestimmte Policies. Diese werden dann in der parlamentarischen Arena noch substanziell abgeändert oder umgesetzt. Dennoch ist eine substanzielle Veränderung einer Politik durch institutionelle Vetospieler[16] (z. B. Bundesrat) oder andere Akteure (z. B. Parlament) möglich (vgl. Blum / Schubert 2009, 114).

Dye (2002, 41) geht davon aus, dass innerhalb der Ministerialverwaltung die Details noch durch die Arbeitsebene und nicht durch die Leitungsebene bearbei-

16 Zum Vetospielertheorem: Schmidt 2003.

tet werden, wobei sich die Arbeitsebene der politischen Leitung anpasst: *„The details of policy proposals are usually formulated by staff members rather than their bosses, but staffs are guided by what they know their leaders want.“*

Die Politikformulierungsphase schließt mit konkreten Maßnahmen des politisch-administrativen Systems ab. Es wurden für diese Phase Steuerungsinstrumente oder Programme festgelegt, die zur Problemlösung führen sollen. Diese inhaltliche Substanz der Policy Outputs ist nochmals zu unterscheiden. Sie kann faktisch gegeben und hoch oder rein symbolischer Natur sein. Beispielhaft für eine hohe Substanz können präzise Lösungsoptionen sein. Exemplarisch für eine hohe Symbolik sind Umbenennungen von Ministerien und Behörden. In aller Regel kann nicht von *„der“* richtigen Lösung gesprochen werden. Es werden zahlreiche Handlungsalternativen diskutiert und schließlich erfolgt die Festlegung auf eine Strategie (vgl. Blum / Schubert 2009, 115).

Entscheidungsfindung

Innerhalb dieser Prozessphase werden die Entscheidungen über die entsprechend diskutierten Problemlösungen getroffen. Während in der Politikformulierungsphase noch über verschiedene Handlungsalternativen abgestimmt wird, geht es bei der Entscheidungsfindung insbesondere um die Rolle der Beteiligten innerhalb des politisch-administrativen Systems. Im Fokus steht die Frage, welche Behörde oder welches Ministerium die Verhandlungen führen soll, also auch, auf welcher Ebene dies geschieht und welche weiteren Akteure (z. B. Parteien) involviert werden müssen. Dabei wird auch der finanziellen Ausstattung eine bedeutende Rolle beigemessen (vgl. Blum / Schubert 2009, 117 f.). Die Durchsetzbarkeit von einer Handlungsoption innerhalb dieser Phase hängt klar von materiellen Ressourcen ab. Manche Policies ergeben aufgrund der Ressourcenknappheit keine durchsetzbare Option, wobei allerdings auch die Ressourcenknappheit ein Ausschlusskriterium *„politischer Unterstützung“* sein kann (vgl. Jann / Wegrich 2003, 87).

Auf prozessualer Eben spielt die Einflussverteilung zwischen den verschiedenen Akteuren innerhalb der politischen Arena eine zentrale Rolle.

Dabei geht es nicht nur explizit um die formalen Fragen der Kompetenz- und Zuständigkeitsverteilung. Auch die Machtverteilung innerhalb des politischen Systems (Zuständigkeitsverteilung zwischen Bund und Ländern, Mehrheitsverhältnisse im Bundestag und Bundesrat) muss Berücksichtigung finden (vgl. ebd., 87 f.). Wenn auch in dieser Phase der Lobbyismus eine Rolle spielt, hängt es von dem Willen der Kern-Entscheidungsträger ab, ob durch Lobbyisten ein Einfluss gewährt wird (vgl. Blum / Schubert 2009, 118).

In Hinblick auf den Politikzirkel sind dieser Abfolge alle direkten Auswahlprozesse und politischen Entscheidungen zuzuordnen, die zur politischen Entscheidung führen. Dies bedeutet jedoch nicht, dass die Entscheidungen grundsätzlich für eine Implementierung getroffen werden. Eine Entscheidung kann auch dahingehend getroffen werden, nichts zu unternehmen, und stellt dann eine so genannte *„non-decision“* dar. Dies bedeutet, dass das Thema erst gar nicht auf die politische Agenda gesetzt wird (vgl. Blum / Schubert 2009, 118).

Bestandteil der Entscheidungsfindung ist auch, wer schließlich für das weitere Vorgehen verantwortlich ist. Dabei geht es in erster Linie um die Klärung, ob eine Verordnung o. ä. ausreichend oder ob ein Gesetz notwendig ist. Reicht eine Verordnung o. ä. aus, fällt die Zuständigkeit in die Administrative. Wird allerdings ein Gesetz erforderlich, so bedingt es eine parlamentarische Beteiligung (vgl. ebd., 119 f.).

Mit der finalen politischen Entscheidung zur Umsetzung eines konkreten Programms oder einer politischen Maßnahme wird dann auch die nächste Phase des Politikzirkels, die Politikimplementierung, erreicht.

3.3.3 Politikimplementierung

Auch wenn nun die Entscheidung für eine Handlungsoption oder ein politisches Programm getroffen wurde, gewährleistet dies noch kein konkretes Handeln der benannten Institutionen im Sinne dieser Policy (vgl. Jann / Wegrich 2003, 89). Die Durchführungsphase oder die Umsetzung eines beschlossenen Programms durch eine zuständige Instanz wird Implementation genannt. Die Implementation erfolgt zumeist durch Organisationen oder Institutionen, die Teile des politisch-administrativen Apparates darstellen (vgl. Jann / Wegrich 2003, 89). Bis in die 1970er Jahre hat man verschiedene Problematiken nicht weiter diskutiert und somit diese Phase als eigenständigen Aspekt des Policy Cycle betrachtet (vgl. Blum / Schubert 2009, 123). Der Gesetzgeber hat ein Gesetz verabschiedet und das Problem war erledigt (vgl. Jann / Wegrich 2003, 90).

Erst durch evidente Probleme bei der Umsetzung von den durchgeführten Wohlfahrtsreformen hat sich die Policy-Forschung verstärkt dieser Phase zugewandt (vgl. Blum / Schubert 2009, 123). Dieser Fortschritt kann als einer der wichtigsten Aspekte der Policy-Forschung in den 1970er Jahren gewertet werden (vgl. Jann / Wegrich 2003, 90).

Bei dieser Phase ist von besonderer Bedeutung, dass das Handeln durch die politische und administrative Ebene durch Gesetze, Handlungsprogramme und Zielvorgaben nicht grundlegend steuerbar ist. Das heißt, dass in dieser Phase die politischen Programme sowie deren Intention verändert, verzögert oder sogar auch vereitelt werden können (vgl. Jann / Wegrich 2003, 90).

Kernelemente dieser Phase sind (vgl. ebd.):

- Programmkonkretisierung (Wie ist das Programm auszuführen? Durch wen erfolgt die Ausführung? Wie ist die Interpretation des Gesetzes?)
- Bereitstellung von Ressourcen (Wie gestaltet sich die Finanzverteilung? Durch welches Personal und welche Organisationseinheiten wird das Programm durchgeführt?)
- Entscheidung (Wie wird im Einzelfall entschieden?)

Insgesamt betrachtet lässt sich allerdings feststellen, dass sehr viele Faktoren auf die Implementationsphase einwirken können (vgl. Blum / Schubert 2009, 125). Implementierung ist die Phase, in der politische Absichten dann auch in konkrete und messbare Taten umgesetzt werden sollen (vgl. ebd., 123).

Die nachfolgende Phase, also die Evaluierung, richtet ein besonderes Augenmerk auf den Implementierungserfolg eines Programms.

3.3.4 Evaluierung und Terminierung

Ziel von staatlichen Aktivitäten und Policies soll ein Beitrag zu einer Lösung oder zumindest eine Verarbeitung von gesellschaftsrelevanten Problemlagen darstellen. Im Fokus der Evaluierungsphase sollen somit die erzielten Wirkungen von politischen Programmen stehen (vgl. Jann / Wegrich 2003, 92).

Ein erstes Phasenmodell nach Jones platzierte die Evaluierungsphase nach der Politikbeendigung. Nach heutigen Maßstäben wird sie allerdings davor gesetzt, da sie entweder zur Neuformulierung oder bestenfalls zur Beendigung des Politikprozesses führen soll (vgl. Blum / Schubert 2009, 126). Dies zeigt jedoch lediglich den Idealzustand auf. In der Realität ist es häufig so, dass Verantwortungsträger ein Interesse haben, wie die initiierten Maßnahmen wirken und die Instrumente greifen (vgl. ebd.). Evaluationen sind in einem besonderen Maße auch mit *„spezifischen Rationalitäten politischer Prozesse verbunden“* (Jann / Wegrich 2003, 93).

Eine unklare Zieldefinition in der politischen Wirklichkeit grenzt die Möglichkeiten von Evaluierungsprozessen ein. Eine klare Zieldefinition birgt die Gefahr des Scheiterns (z. B. das Problem der einstigen rot-grünen Bundesregierung mit der klaren Zielsetzung zur Reduzierung der Arbeitslosigkeit) (vgl. Jann / Wegrich 2003, 93).

In einem politikwissenschaftlichen Verständnis ist unter einer Evaluierung *„die Bewertung staatlicher und anderer Maßnahmen, zu deren Zwecke Maßstäbe, Standards und Methoden entwickelt werden“*, zu verstehen. *„Ziel ist es, die*

Wirkung und Zielerreichung politischer Programme zu erfassen und zu beurteilen." (Blum / Schubert 2009, 126)

Greift man noch einmal die grundlegende Fragestellung nach Dye (2002, 1) auf, was politische Akteure tun, warum sie etwas tun und was sie damit bewirken wollen, ergibt sich die klare Zielsetzung der Evaluierungsphase innerhalb des Politikzirkels. Dabei geht es um die Evaluierung von Resultaten und tatsächlichen Wirkungen (vgl. Blum / Schubert, 126), wobei noch einmal zwischen „*Output*" und „*Outcome*" differenziert werden muss.

Unmittelbare und faktische Ergebnisse von politischen Entscheidungen werden als „*Output*" verstanden. Sie geben Auskunft darüber, *was* die politischen Akteure tun. „*Outcome*" gibt hingegen Antwort darauf, was die politischen Akteure schließlich bewirken. Konkret zeigen „*Outcomes*" die Folgen der in den Politikfeldern freigesetzten Wirkungen auf. Das Problem ist allerdings, dass „*Outcomes*" nicht ausschließlich aus politischen „*Outputs*" resultieren. Sie können durch vielfältige und zum Teil unbekannte Aspekte geprägt werden. Das unterstreicht noch einmal die Tatsache, dass Politik nur begrenzt steuerungsfähig ist und sich nicht zwingend Ursachen und Wirkungen in einem rationalen Prozess abwägen lassen: Ein perfekter „*Output*" lässt sich demnach auch nicht planen (vgl. Blum / Schubert 2009, 127).

Evaluierungsprozesse führen zu unterschiedlichen Formen des politischen Lernens[17]. Sie können dabei verschiedene Auswirkungen haben – sowohl auf die Wahrnehmung von Problemen, als auch auf die anschließenden (neuen) Politikzirkel (vgl. Jann / Wegrich 2003, 93).

Neben den Möglichkeiten des politischen Lernens bietet der Evaluierungsprozess die Verbesserung und höhere Zielerreichung von politischen Programmen (vgl. Blum / Schubert 2009, 127). Administration und Politik können über die Evaluierung konkrete Erkenntnisse über die Folgen ihres Handelns gewinnen. Dabei lassen sich verschiedene Dimensionen und Kriterien zugrunde legen. Man kann den Nutzen eines Programms sowohl an dem Grad der Zielerreichung als auch an der Höhe der Kosten messen (vgl. ebd.).

Die Evaluierung schließt den Kreis des Politikzirkels. Die administrative, öffentliche, wissenschaftliche oder politische Bewertung einer entsprechenden Policy legt fest, ob der Prozess den notwendigen Erfolg mit sich gebracht hat oder ob weiterhin Defizite erkennbar sind. Sind solche noch erkennbar, wird eine Phase eröffnet, in der die Maßnahme umformuliert oder verändert wird. Der Policy Cycle wird mit der Phase der Politikdefinierung oder bereits mit der Phase der Politikformulierung wieder aufgenommen (vgl. ebd.).

17 Weiterführend zu politischem Lernen: Etheredge 1981.

Definition	Auswahl und Festlegung derjenigen sozialen Phänomene, die vom politischen System als zu bearbeitende „Probleme" betrachtet werden (auch: *issues*)	Prozess, in dem politische Ziele formuliert, alternative Handlungsmöglichkeiten entwickelt und als verbindliche Festlegung gewählt werden	Durchführung einer Policy i. d. R. mit Hilfe des politisch-administrativen Apparates; Anwendung von Gesetzen etc.	Überprüfung der direkten Wirkung (Impact) und indirekten Auswirkungen (Outcome) staatlicher/ öffentlicher Aktivitäten
Politische Fragen	Was kommt auf die politische Tagesordnung?	Was soll zukünftig geschehen? Welche politischen Ziele sollen wie erreicht werden?	Was passiert tatsächlich? Was unternehmen Regierung und Verwaltung?	War die Politik erfolgreich? Was hat sich eigentlich verändert?
Wissenschaftliche Fragen	Welche Probleme werden warum ignoriert? Unterschiedliche Modelle des Agenda Setting?	Wie kommen politische Programme und Entscheidungen zustande? Theorien der Entscheidung?	Warum scheitern politische Programme? Wirkungen unterschiedlicher Steuerungsinstrumente?	Wie kann man Wirkungen und Auswirkungen messen? Wie kommen sie zustande?
Klassische Studien	Bachrach/Baratz 1970, Downs 1972, Kingdon 1984, Nelson 1984	Lindblom 1968, Dror 1968, Rivlin 1971, Heclo 1978, Quade 1983	Pressman/Wildavsky 1973, Bardach 1977	Weiss 1972, Levine et. al. 1981, Wholey 1983
Auf Deutsch	Ruß-Mohl 1983, Braun 1998	Böhret 1970, Mayntz/Scharpf 1973, dies. 1975, Müller 1986	Mayntz 1980, 1983 Wollmann 1980, Windhoff-Héritier 1980, Hohgräwe 1992	Derlien 1976, Dieckmann 1977, Hellstern/Wollmann 1984, Vedung 1999

Abbildung 5: Die Phasen des Policy Cycle in der wissenschaftlichen Diskussion (Quelle: Jann/Wegrich 2003, 95)

Eine realistische Betrachtung im Politikfeld Innere Sicherheit lässt jedoch darauf schließen, dass Evaluierungsprozesse eher *„behördliche Erfahrungsprozesse"* und weniger kritische Analysen über Wirkung und Angemessenheit darstellen (vgl. Gusy 2007, 282 f.; Hegemann/Kahl 2012, 159).

Ein Ergebnis einer Evaluierung könnte auch die Beendigung, die sogenannte *„Terminierung"*, eines politischen Programms ergeben. Die Terminierung einer Policy kann sich u. a. durch finanzielle Engpässe oder auch durch politische

Gelegenheitsfenster (z. B. ein Regierungswechsel) ergeben. Verbunden damit sind oftmals politisch-ideologische Motive wie zum Beispiel Wahlversprechen, die eine Terminierung ergeben (z. B. Abschaffung der Studiengebühren nach dem Regierungswechsel in verschiedenen Bundesländern) (vgl. Jann / Wegrich 2003, 94).

Die Umsetzbarkeit einer entsprechenden Beendigung hängt, wie in allen anderen politischen Prozessen auch, von verschiedenen Faktoren ab. In diesem Fall ist das Kräfteverhältnis im Policy-Netzwerk ein entscheidender Faktor. Eine nicht unwahrscheinliche Möglichkeit, dass ein Terminierungsversuch scheitert, ist der Widerstand einflussreicher Akteure, die ein materielles oder politisches Interesse an dem konkreten Programm haben (z. B. bei der Steinkohleförderung). In diesem Fall kommt es nur zu einer partiell durchgeführten Terminierung bzw. einem Wandel der Policy. Somit tritt eine neue Phase des Politikzirkels ein (vgl. Jann / Wegrich 2003, 94).

3.4 Governance-Ansatz

Die Frage, die sich hier als Erstes stellt, lautet: Was versteht man unter *„Governance"*? Der Begriff findet bewusst erst an dieser Stelle und nicht bei den definitorischen Grundlagen eine Beachtung, da die Thematik explizit in diesem Kapitel untersucht werden soll. Auch wenn noch vor mehr als zehn Jahren der Begriff *„Governance"* für zahlreiche Fachleute ein Fremdwort war und die breite Öffentlichkeit nichts mit dem Begriff anfangen konnte, ist es heute umso erfreulicher zu sehen, dass sich der Begriff innerhalb des politischen Sprachgebrauchs und der Wissenschaft durchsetzen konnte (vgl. Benz / Lütz et al. 2007, 10).

Die Begrifflichkeit ist vielseitig, und in den deutschen Sozialwissenschaften findet sich keine einheitliche Definition. Allerdings lassen sich die unterschiedlichsten Definitionsansätze erkennen. Diese Problematik ist in der Sozial- und Politikwissenschaft nicht neu (vgl. Benz / Dose 2010, 13) und wurde bereits bei den definitorischen Ansätzen in einem vorhergehenden Kapitel dieser Arbeit (z. B. zum Sicherheitsbegriff) aufgegriffen. Nach Benz und Dose (2010, 13) liegt dies keinesfalls an einer *„Ungenauigkeit der Wissenschaft"*, sondern ist eher der *„Vielschichtigkeit der Gegenstände"* geschuldet. Diese zeichnen sich durch eine hohe Komplexität aus und bringen in einem Begriff ein ganzes Konstrukt zum Ausdruck, dessen Inhalt sich jedoch aus Einzelmerkmalen ergibt. Dieses Vorgehen, also verschiedene Merkmale unter einer Begrifflichkeit zu subsumieren, hat zwei Vorteile: Zum einen lässt sich ein solcher Begriff auf verschiedene Phänomene anwenden, also beispielsweise auf unterschiedliche Bereiche von

Gesellschaft und Politik. Zum anderen ist davon auszugehen, dass bei einem gleich bleibenden Kern der Gehalt unterschiedlich geprägt ist. Die Ausdehnung kann also variieren, da ja auch die unterschiedlichen Realitäten, auf die sich die Begrifflichkeit bezieht, einer Variation unterlegen sind (vgl. ebd., 14). Governance steht für alle Koordinationsformen und -mechanismen zwischen mehr oder weniger autarken Akteuren, deren Handlungen sich wechselseitig unterstützen oder beeinflussen können, also über einen bestimmten Interdependenzgrad verfügen (vgl. Benz/Lütz et al. 2007, 9). Unter dem Governance-Ansatz lässt sich insgesamt ableiten, dass Governance mehr ist *„als eine Beschreibung von Koordination kollektiven Handelns, weil auch die Mechanismen und ihre strukturelle Verankerung erfasst werden, welche koordiniertes kollektives Handeln herbeiführen“* (Benz/Lütz et al. 2007, 14).

Benz und Dose (2010, 14) werfen dabei die Frage auf, ob es nicht auch möglich sei, mit den *„klassischen“* Begriffen wie Staat, Politik, Regieren und Verwaltung zu arbeiten. Dabei könnte auch von *„Regieren“* oder *„Staatstätigkeit“* gesprochen werden, wenn die Regierung ein wirtschaftspolitisches Programm beschließt und dann in Kooperation mit den Wirtschaftsverbänden umsetzt. Wird hierbei allerdings der Begriff *„Governance“* verwendet, kann dies zwei Bedeutungen haben: Es kann zum einen *„eine neue Sicht der unveränderten Realität implizieren, womit andere Aspekte betont werden als mit den alten Begriffen“* (Benz/Dose 2010, 14). Zum anderen kann die Begrifflichkeit auch wirkliche Veränderungen zum Ausdruck bringen. Dass die Realität anders wahrgenommen und begriffen wird, liegt daran, dass die Realität auch einer Wandlung unterliegt. Schon die begriffliche Veränderung kann ein elementarer Ausdruck von Realitätsveränderung sein. Dies ist in der Regel dann der Fall, wenn die handelnden Akteure ihr Handeln mit einer neuen Begrifflichkeit beschreiben und legitimieren. Andere Akteure werden hierdurch gezwungen, mit dem eigenen Handeln den neuen Realitätsbeschreibungen nachzukommen. Ein Beispiel: Wenn eine Regierung begreiflich macht, dass die Sicherheit der Bürger über ausschließlich nationalstaatliches Handel nicht mehr gewährleistet werden kann, sondern internationale Kooperationsformen benötigt, werden die Wähler künftig andere Strategien im sicherheitspolitischen Bereich würdigen. Wird ein solcher Schritt vollzogen, dann hat sich die Realität auf Dauer diesem neuen Verständnis angepasst (vgl. Benz/Dose 2010, 14). Anzumerken ist jedoch, dass mit dem Begriff *„Governance“* keine neuen Phänomene beschrieben, sondern abgelaufene Veränderungen *„auf den Begriff gebracht“* (Benz/Dose 2010, 14 f.) werden.

Eine Beschreibung von realen Veränderungen in ihrer jeweiligen Ausprägung ist aufgrund der hohen Komplexität unrealistisch. Diese Veränderungen betreffen nicht nur den Staat, sondern auch andere wirtschaftliche und zivilgesellschaftliche Akteure. Sie finden auf lokaler, nationaler sowie internationaler Ebene statt und betreffen sowohl Institutionen/Organisationen als auch Modalitäten und die Resultate der Durchführung von öffentlichen Aufgaben. Zudem fallen sie in den unterschiedlichsten Themen- und Aufgabenfeldern unterschiedlich aus. Ohne einen Anspruch auf Vollständigkeit lässt sich auch ein analytischer Zugang eröffnen. Derzeitige Entwicklungen lassen darauf schließen, dass alte Konzepte keine ausreichende Überzeugungskraft mehr liefern (vgl. ebd., 15 f.).

Der Soziologe Ulrich Beck (1997, 115) versteht unter *„Denationalisierung"*, dass wirtschaftliche, ökologische und soziale Problemstellungen nicht mehr allein durch die einzelnen Nationalstaaten gelöst werden können. Michael Zürn (1998, 17 f.) empfiehlt gar, die Begrifflichkeit *„Globalisierung"* durch *„Denationalisierung"* im Sprachgebrauch zu ersetzen. Er betont dabei zwei Kernelemente: die Kongruenz und den Wettbewerb.

> *„Die Kongruenzbedingung für effektives Regieren ist dann verletzt, wenn der Raum, in dem Probleme entstehen, sich nicht deckt mit dem Raum, auf den sich Kompetenzen zur Problemlösung erstrecken. Man kann auch formulieren, dass externe Faktoren vorliegen."* (Benz/Dose 2010, 15)

Es lässt sich erkennen, dass die einzelnen Nationalstaaten bei Kongruenzbedingungen Einbußen bei ihrer Steuerungsfähigkeit erleiden (z. B. während der globalen Finanzkrise im Jahr 2008/2009). Verschärft wird die Problematik, wenn einzelne Nationalstaaten in einem Wettbewerb zueinander stehen. Die Analyse ist auf externe Effekte erweiterbar, die sektorale oder funktionale Grenzen überschreiten. Das zeigt sich beispielsweise bei der Sicherheitsgesetzgebung: Sicherheitsgesetze, die letztendlich vor Terrorismus schützen sollen, können Bürgerrechte massiv beeinträchtigen (vgl. Benz/Dose 2010, 16).

Grundsätzlich sprechen diese Argumente für eine Aufhebung der Trennlinie von Staat und Gesellschaft. Denn das Spezielle einer modernen Gesellschaft bzw. eines modernen Staates stellt das Zusammenwirken von Zivilgesellschaft und Staat zur Regulierung kollektiver Sachverhalte dar. Allerdings ist *„Zusammenwirken"* nicht so zu verstehen, dass kollektive Sachverhalte grundsätzlich durch eine direkte Kooperation von nicht-staatlichen und staatlichen Akteuren geklärt werden (vgl. Mayntz 2010, 39). *„Governance"* in einem modernen Staat ergibt sich heutzutage *„vielmehr aus der gleichzeitigen Existenz von Regelungsformen, die von rein staatlichen bis hin zu rein zivilgesellschaftlichen reichen"(ebd.).*

Die unterschiedlichen Regelungsformen stehen im Nationalstaat beziehungsweise in einer politisch verfassten Gemeinschaft nicht isoliert nebeneinander, sondern sind miteinander verzahnt (vgl. ebd.). Die vorgenannten Faktoren – Aufhebung der Trennung von Staat und Gesellschaft und Mehrebenenverflechtung –

sind analytisch und begrifflich explizit darzustellen (vgl. Benz/Dose 2010, 16). Dafür eignet sich der Governance-Begriff.

3.5 Multilevel Governance und Security Governance

Zunächst könnte man annehmen, dass es sich bei *„Multilevel Governance"* um eine hierarchische Ordnung handelt. Dies ist jedoch unzutreffend. Vielmehr handelt es sich um ein Mehrebenensystem (vgl. Benz 2010, 111). Die zwischenzeitlichen Analysen von Mehrebenensystemen berücksichtigen, dass neben den *„klassischen"* Regierungen auch Akteure von internationalen Organisationen oder dem privaten Sektor involviert sein können (vgl. Benz 2010, 115) und dies in aller Regel auch sind.[18] Es ist sogar kennzeichnend für einen *„kooperativen Staat"*, dass eine Vielzahl von Verhandlungssystemen und netzwerkartigen Strukturen vorhanden ist und diese sich aus nicht-staatlichen und staatlichen Akteuren zusammensetzen (vgl. Mayntz 2010, 40).

Benz (2010, 116) präzisiert das Governance-Konzept mit verschiedenen Fragestellungen, die auch für den Bereich der privaten bzw. nicht-staatlichen[19] Akteure (in dieser Arbeit) angewendet werden sollen. Er macht darauf aufmerksam, dass eine Mehrebenenpolitik immer diverse *„intra- und intergouvernementale"* Arenen durchläuft und in allen Forschungskontexten drei Merkmale immer zutreffen: Erstens bezieht sich die Ebene auf politische Einheiten, deren Organisation sich wesentlich nach territorialen Merkmalen richtet. Zweitens stehen politische Strukturen und Prozesse im Fokus des Interesses, die die unterschiedlichen Ebenen sowie Steuerungs- und Koordinationsmechanismen zusammenführen. Drittens gibt es Verknüpfungen zwischen den institutionellen Bedingungen und politischen Prozessen, die diese Ebenen verbinden.

Für Analysen und Beschreibungen von Governance im Mehrebenensystem muss eruiert werden (vgl. Benz 2010, 116),

1. welche Probleme in der Mehrebenenpolitik vorhanden sind bzw. welche Ziele und Aufgaben mit welchen Mitteln zu erreichen sind,
2. welche Akteure mit welcher Rollenverteilung und Interessenslage im Mehrebenensystem involviert sind, wie sich ihre Mitwirkung im politischen System

18 *„Multilevel Governance"* ist zutreffender als *„Mehrebenensystem"*.

19 Gerade nicht-staatliche Akteure nehmen in dem Politikfeld Innere Sicherheit eine zunehmend wichtige Rolle ein und werden in einem späteren Kapitel einer detaillierten Betrachtung unterzogen.

und wie sich die institutionelle Anbindung gestaltet, d. h., welche Abhängigkeit zu den zu vertretenden Organisationen bestehen,
3. wie sich die institutionalisierten Regeln und die spezifischen strukturellen Merkmale *innerhalb* der Ebenen sowie auf die Beziehungen *zwischen* den Ebenen auswirken, d. h., wie die inter- und intragouvernementalen Mechanismen von Governance zusammenspielen,
4. wie die politische Koordination zwischen den Ebenen erfolgt und welche Mechanismen zur Steuerung und Koordination dafür eingesetzt werden.

Wenngleich sich der Governance-Begriff möglicherweise gemäß Hegels Staatsbegriff wie *„eine Gestalt, die alt geworden ist"* (Hegel 1970, 28), verhält, so ist der Ansatz in der Sicherheitsforschung als Analyseinstrument durchaus gebräuchlich. Dabei muss ein weites Governance-Verständnis zugrunde gelegt werden, das staatlich-hierarchisches Handeln involviert. Ein enges Verständnis ist nicht anwendungsfähig, da – allen Entwicklungen zum Trotz – die Innere Sicherheit staatlichen Steuerungsmechanismen und Regularien unterworfen ist. *„Security Governance"* *k*ann jedoch als ein Analyseinstrument betrachtet werden, das *„ein theoretisches Konzept zur Erfassung sicherheitspolitischen Handelns durch interdependente Akteure"* (Frevel / Schulze 2010, 5) darstellt. Unter *„Security Governance"* kann also aus einer theoretischen Perspektive heraus verstanden werden, dass sich zur *„kollektiven Sicherheitsgewährleistung"* (Erhart 2010, 25) verschiedene Akteure aus unterschiedlicher Motivation (z. B. Erlasse, freiwillige Mitwirkung) zusammenschließen und durch ein Bündeln ihrer Ressourcen und Kompetenzen versuchen, spezifische Sicherheitsprobleme zu identifizieren, zu bearbeiten und ggf. zu lösen. Welche Kooperationsformen vorhanden sind, wie die Interessen der einzelnen Akteure vertreten werden und eine Steuerung dieser Zusammenschlüsse (im Einzelfall) funktioniert, ist noch wenig wissenschaftlich erforscht (vgl. Frevel / Schulze 2010, 5). Diese Arbeit möchte hierzu einen Beitrag leisten.

3.6 Akteurszentrierter Institutionalismus

Bereits zu Beginn der 1970er Jahren übernahmen Fritz W. Scharpf und Renate Mayntz Methoden der US-Policy-Forschung und nutzen diese für die deutsche Planungsforschung. Mit dem *„akteurszentrierten Institutionalismus"* wurde 1995 ein analytischer Rahmen der Politikfeldanalyse geschaffen (vgl. Blum / Schubert 2009, 30).

Scharpf differenziert bei dem Ansatz des akteurszentrierten Institutionalismus zwischen *„problemorientierter"* und *„interaktionsorientierter"* Policy-Forschung (vgl. Scharpf 2006, 33). Die problemorientierten Ansätze konzentrieren sich dabei auf die *„Ursachen politischer Probleme mit den möglichen politischen Lösungen sowie mit ihren wahrscheinlichen Auswirkungen auf die ursprünglichen Probleme und auf die weitere politische Umwelt" (ebd.).* Scharpf spricht von einer *„interaktionsorientierten Policy-Forschung"*, sobald eine Problemanalyse und mögliche Lösungsansätze definiert wurden (vgl. ebd). Es geht bei diesem analytischen Ansatz weniger um die Untersuchung kompletter gesellschaftlicher Strukturen. Vielmehr stehen Organisationen und kollektive Akteure (z. B. Verbände, Ministerien, Wirtschaftsunternehmen) im Fokus der Analyse. Konkret soll dabei die öffentliche Politik erklärt werden und damit auch Staatstätigkeit in einem weiteren Verständnis (vgl. Blum / Schubert 2009, 42 f.). Zunächst wäre ein Vergleich mit dem politikwissenschaftlichen Neo-Institutionalismus naheliegend. Der akteurszentrierte Institutionalismus geht jedoch weit über diesen Ansatz hinaus. Er beschränkt sich nicht allein auf politische Institutionen, sondern betrachtet die Institutionen als abhängige und unabhängige Variable, wobei ihnen dabei keine *„determinierende Wirkung"* (Mayntz / Scharpf 1995, 43) zugeschrieben wird. Vielmehr wird der Handlungsrahmen der Akteure durch den institutionellen Kontext vorgegeben. Es handelt sich dabei um eine Zusammensetzung aus rechtlichen und sozialen Regeln, die ein Handeln unabhängig von persönlichen Beziehungen ermöglicht und zwischen den Akteuren bestimmt. Dennoch gibt der Handlungsrahmen lediglich einen Handlungskorridor vor. Die Institutionen sind sowohl als unabhängige Variablen als auch als veränderbare Gebilde zu verstehen. Korporative Akteure lassen sich als *„handlungsfähige Organisationen"* beschreiben (vgl. Mayntz / Scharpf 1995, 43 ff.). In Abgrenzung zu soziologischen Theorien kann nicht die Annahme zugrunde gelegt werden, dass Politik lediglich kulturellen Normen oder auch institutionellen Regeln folgt, denn schon per Definition handelt es sich bei Politik um *„intentionales Handeln von Akteuren"* (Scharpf 2006, 74).

Der akteurszentrierte Institutionalismus hat den Anspruch, mit seiner Doppelperspektive auf Institutionen und Akteure die *„analytische Dichotomie"* (Mayntz / Scharpf 1995, 46) zu überwinden. Dabei fungiert bei Erklärungen das beobachtende Akteurshandeln stets als *„proximate cause"*, während der institutionelle Rahmen das zentrale *„remote cause"* darstellt (ebd.). Der institutionelle Rahmen definiert die Regeln. Die Einhaltung dieser Regeln kann dabei von anderen erwartet werden und ist sich selbst zuzumuten. Dieser Rahmen konstruiert die Akteure sowie die Akteurskonstellationen, beeinflusst die Handlungsorientierung, strukturiert ihre Verfügung über Handlungsressourcen und ist relevant für wichtige Handlungssituationen, mit denen einzelne Akteure konfrontiert werden. Dennoch umschließt dieser institutionelle Rahmen nicht alle Handlungsmöglichkeiten. Dies bezieht sich nicht ausschließlich auf die Tatsache, dass Normen verletzt werden können, Macht illegitim angewendet oder auch auf informelle Interaktionsmöglichkeiten ausgewichen werden kann. Eindeutig ist, dass sich die Verfügbarkeit von Ressourcen durch institutionelle Steuerung nur begrenzt regeln lässt. Das gilt im Besonderen, wenn es sich dabei um technische oder natürliche Handlungsressourcen handelt. Diese Aspekte müssen berücksichtigt werden, wenn sich der Fokus vom institutionellen Rahmen weg zu den handelnden Akteuren hin verschiebt (vgl. ebd., 49).

Die Policy-Forschung konzentriert sich zumeist auf kollektive und korporative Akteure wie Parteien, Ministerien, Gewerkschaften und internationale Organisationen und nicht um individuelle Akteure, die im eigenen Namen und Interesse handeln (vgl. Scharpf 2006, 78 f.). Die Handlungsfähigkeit von Institutionen stellt eine Variable dar. Korporative Akteure (Organisationen) und individuelle Akteure stehen in einem *„Inklusionsverhältnis"* zueinander, d. h., alle korporativen Akteure verfügen über individuelle Akteure als Mitglieder (vgl. Mayntz / Scharpf 1995, 50). Um die Interaktionsbeziehungen zwischen Akteuren zu untersuchen, wird auch auf die Spieltheorie[20] zurückgegriffen (vgl. Blum / Schubert 2009, 43). Diese stammt ursprünglich aus der Mathematik und analysiert das Verhalten mehrerer Akteure in Entscheidungssituationen. Die theoretische Forschung geht davon aus, dass der Nutzen einer Entscheidung eines Akteurs von den Entscheidungen der anderen Akteure beeinflusst wird. Die Entscheidungsträger treffen in der Regel ihre Entscheidungen nicht allein, sondern schätzen das erwartete Verhalten der anderen Akteure ein und treffen anhand der Erwartung ihre Entscheidung (vgl. ebd.).

Die Akteure, Institutionen und ihr Handeln können somit bei der Untersuchung der deutschen Sicherheitsarchitektur theoretisch eingeordnet werden. Dieser theoretische Ansatz ist weniger als Erklärungsmodell, sondern eher als eine Forschungsheuristik zu verstehen.

Es sollen dabei Zusammenhänge und Situationen zwischen den unterschiedlichen Akteuren im Sicherheitsverbund von Bund und Ländern geordnet und analysiert werden.

Der akteurszentrierte Institutionalismus lässt eine Betrachtung sowohl auf Akteure als auch Institutionen zu, die sich in unterschiedlicher Weise beeinflussen und nicht losgelöst voneinander betrachtet werden können (vgl. Mayntz / Scharpf 1995, 46). Dieser Ansatz wurde aus den genannten Gründen als Leittheorie dieser Arbeit gewählt.

20 Der Begriff geht auf Gesellschaftsspiele wie Dame oder Schach zurück. Das Verhalten der Spielteilnehmer war hierfür ausschlaggebend (vgl. Blum / Schubert 2009, 43).

3.7 Von der Theorie zur Methode

Bei der Politikfeldanalyse kann von einem *„Methoden-Pluralismus"* oder auch *„Multi-Methoden-Ansatz"* gesprochen werden. Im Umkehrschluss betrachtet hieße dies, dass die Policy-Forschung keinen *„Methoden-Determinismus"* kennt. Konkret ausgedrückt sind keine spezifisch definierbaren Arbeitsweisen oder Methoden vorhanden, die sich verbinden lassen. Kritisiert wird nicht nur, dass der Policy-Forschung ein einheitliches Theoriegerüst fehlt. Auch wird ihrer Analysemethode oft *„Unausgereiftheit"* oder *„Beliebigkeit"* vorgeworfen (vgl. Blum / Schubert 2009, 46). Die Methoden sind jedoch, wie auch der theoretische Zugang, abhängig von dem zugrunde liegenden Forschungsinteresse. Wenngleich sich die Policy-Forschung der gesamten Bandbreite des *„methodischen Instrumentenkastens"* bedient, wird mit der Theorieauswahl die passende Methode gesetzt. Die gewählte Theorie sowie die Methode stellen gemeinsam das Fundament des Forschungsansatzes (vgl. ebd., 46 f.). Um bei diesem Forschungsansatz von praktischem Nutzen zu sein, ist es wichtig, dass sich die Erkenntnisse nicht ausschließlich fallspezifisch gestalten und auf eine rein rückblickende Perspektive rekurrieren, sondern ermöglichen, dass Lehren aus einem Fall auf einen anderen Fall übertragen werden können und bestenfalls eine *„gesetzesähnliche Generalisierung mit empirischer Gültigkeit"* (Scharpf 2006, 47) erhalten. Dieses Ideal lässt sich jedoch in den Sozialwissenschaften fast nie erreichen. In der (interaktionsorientierten) Policy-Forschung ist es nahezu unmöglich (vgl. ebd.).

3.8 Methodische Grundlagen

Diese Arbeit beschäftigt sich wie zahlreiche Arbeiten innerhalb der politischen Wissenschaft mit Fragen der politischen Gestaltung und Prozessen innerhalb eines spezifischen Politikfeldes. Dabei stehen im Erkenntnisinteresse oftmals die Interaktion und Vernetzung kollektiver und individueller Akteure. Eine rein auf Literaturauswertung bezogene Analyse bietet nicht zwingend den wissenschaftlichen Erkenntnisgewinn. Gerade wenn es sich um Fragen von Machtverteilung oder Gestaltungsprozessen handelt, sind Informationen nur begrenzt verfügbar. Die Politikwissenschaft bedient sich daher – auch in ihrer methodischen Ausrichtung – menschlicher Quellen, um so die Analyse mit neuer Aussagekraft zu untermauern. Qualitative Erhebungsmethoden bekommen durch diese Tatsachen einen neuen Stellenwert innerhalb der Forschungsdisziplin (vgl. Frantz 2006, 65). Die Methode bildet also den Forschungsweg (vgl. Blum / Schubert 2009, 47).

Im Folgenden sollen die methodischen Grundlagen für das zugrunde liegende Erhebungsverfahren porträtiert werden. Drei gängige qualitative Methoden der Gesprächsführung werden im Folgenden näher und grundsätzlich betrachtet: das *„narrative"*, das *„problemzentrierte"* und das *„Experteninterview"*. Eine weitere übliche Methode als Beobachtungsmethode ist die *„teilnehmende Beobachtung"* (vgl. Mayring 2002, 66; Vogd 2006, 89). Sie soll hier ebenfalls aufgegriffen werden. Im Anschluss wird die Erhebungsmethode (Experteninterview), die dieser Arbeit zugrunde liegt, im Detail erläutert.

Es zeigt sich, dass speziell in der qualitativen Forschung der verbale Zugang, also das Gespräch, eine wichtige Rolle spielt (vgl. Mayring 2002, 66). Eine ganze Reihe weiterer Interviewtechniken sind in den Sozialwissenschaften gängig: unstrukturiertes Interview, Intensivinterview, fokussiertes Interview, Tiefeninterview, offenes Interview, qualitatives Interview und Exploration (vgl. Lamnek 2005, 330 ff.; Mayring 2002, 66).

Offenes (vs. geschlossenes) Interview	bezieht sich auf die Freiheitsgrade des Befragten	Er kann frei antworten, ohne Antwortvorgaben, kann das formulieren, was ihm in Bezug auf das Thema wichtig ist.
Unstrukturiertes (vs. strukturiertes) bzw. unstandardisiertes (vs. standardisiertes) Interview	bezieht sich auf die Freiheitsgrade des Interviewers	Er hat keinen starren Fragenkatalog, er kann Fragen und Themen je nach Interviewsituation frei formulieren.
Qualitatives (vs. quantitatives) Interview	bezieht sich auf die Auswertung des Interviewmaterials	Die Auswertung geschieht mit qualitativ-interpretativen Techniken.

Abbildung 6: Begriffsbestimmung qualitativ orientierter Interviewformen (Quelle: Mayring 2002, 66)

3.8.1 Das narrative Interview

Bei dem narrativen Interview wird eine Standardisierung und Strukturierung weitgehend unterlassen. Es wird im Wesentlichen bei handlungsbezogenen Zusammenhängen oder Forschungsarbeiten, die in einem biographischen Kontext stehen, verwendet. Der relevanteste Vertreter der konzeptionellen Entwicklung des narrativen Interviews ist Fritz Schütze (vgl. Frantz 2006, 60). Auf den ersten Blick wirkt dieses Verfahren banal. Der Interviewer muss *„lediglich"* den

Interviewten zum Erzählen animieren und das Erzählte muss im Kontext des Forschungsinteresses stehen. Der Gegenstand der Erzählung muss dem Interviewten deutlich gemacht werden. Es kann bei dem Interview interveniert werden, wenn der *„rote Faden“* verloren geht. Unklarheiten und/oder Nachfragen sind jedoch erst nach dem Erzählvorgang zulässig. Dieses sehr zeitintensive Verfahren *„basiert auf der Idee, am besonderen Einzelfall etwas über diesen Sonderfall Hinausweisendes erfahrbar zu machen und tiefer liegende Erkenntnisse zu entschlüsseln“* (ebd.).

Strukturierungsgrad der Interviewsituation	**Einzelbefragung**	**Gruppenbefragung**
wenig	Experteninterview, exploratives Interview	Gruppendiskussion
teilweise	Leitfadengespräch	Gruppenbefragung
stark	Einzelinterview	Gruppeninterview

Abbildung 7: Formen mündlicher Befragung (Quelle: Schnell et al. 2008, 323)

3.8.2 Das problemzentrierte Interview

Das *„problemzentrierte Interview“* (Witzel 1982; 1985) ist bei der methodischen Darstellung von relevanter Bedeutung. Die Interviews werden als Einzelgespräche auf der Basis eines offenen Leitfadens geführt. Diese Methode lässt zu, dass der Befragte weitgehend frei zu Wort kommen kann. Dadurch soll eine möglichst offene Gesprächsatmosphäre geschaffen werden. Im Fokus steht eine spezifische Problemstellung, die der Interviewer immer wieder aufgreift. Der Interviewer hat diese spezifische Problemstellung bereits im Vorfeld analysiert und verschiedene Aspekte erarbeitet, die im Interviewleitfaden erscheinen und im Verlauf des Experteninterviews von dem Interviewer aufgegriffen werden (vgl. Mayring 2002, 67). Als Grundlage für diese Interviewform ist das *„fokussierte Interview“* nach Merton und Kendall von 1945 zu verstehen (deutsche Version vgl. Merton/Kendall 1979). Es fand ursprünglich Verwendung für die Analyse von Beiträgen der Massenmedien. Die Forscher untersuchten Presseartikel, Filme und Rundfunksendungen auf hypothetisch relevante Elemente und erstellten anhand dieser Datenbasis einen Leitfaden. Dieser diente als Grundlage, um innerhalb des Interviews die subjektiven Erfahrungen in Bezug auf die Medienbeiträge zu untersuchen (vgl. Mayring 2002, 67). Witzel selbst definiert das *„problemzentrierte Interview“* als eine Kombination bzw. Integration diverser Methoden:

Inhaltsanalyse, Gruppendiskussion, biografische Methode, Fallanalyse und qualitatives Interview.

3.8.3 Teilnehmende Beobachtung

Die *„teilnehmende Beobachtung"*, die von Lamnek als *„qualitative Methode par excellence"* (2005, 329) bezeichnet wird, fand zunächst Anwendung und weite Verbreitung in der Kulturanthropologie und Ethnologie. Sie bot sich als geeignete Methode an, um fremde Kulturen zu erforschen (vgl. Lamnek 2010, 499). Als die Soziologie sich dann mit Subkulturen beschäftigte, wurde die *„teilnehmende Beobachtung"* auch hier etabliert, wenngleich sie anfangs als unwissenschaftlich abgetan wurde. Langfristig haben sich jedoch Arbeiten der Chicagoer Schule, die in den 1920er und 1930er Jahren des 20. Jahrhunderts entstand, durchgesetzt. Gerade bei der Erforschung von Subkulturen haben sie weitaus größere Erfolge als andere Methoden erzielt. Diese Methode empfiehlt sich auch heute noch, gerade in den nur schwer zugänglichen Forschungsfeldern, in denen die Sozialforschung neue Themen erschließt (vgl. Lamnek 2010, 498 f.).

3.8.4 Leitfadengestütztes (offenes) Experteninterview als methodische Grundlage

Bei dieser Arbeit werden unter anderem der Wandel der Bedrohungen und der einhergehende institutionelle Wandel aufgegriffen. Hierzu wurden leitfadengestützte Interviews als eine methodische Zugangsform gewählt. Im Folgenden soll daher die verwendete Methode näher untersucht werden. Witzel stellt drei vorrangige Prinzipien dar (vgl. Witzel 1982, 72; Mayring 2002, 68):

- Unter der *„Problemzentrierung"* der Interviews ist zu verstehen, dass an *„gesellschaftlichen Problemstellungen"* angeknüpft werden soll. Die objektiven Gesichtspunkte sind durch den Forscher vor der Interviewphase zu eruieren.
- Die spezifische Gestaltung muss auf einem konkreten Gegenstand abheben und kann nicht in der Übernahme von fertigen Instrumenten bestehen. Dies ist die *„Gegenstandsorientierung"* des Verfahrens.
- Die *„Prozessorientierung"* meint *„die flexible Analyse des wissenschaftlichen Problemfeldes, eine schrittweise Gewinnung und Prüfung von Daten, wobei*

Zusammenhang und Beschaffenheit der einzelnen Elemente sich erst langsam und in ständigem reflexiven Bezug auf die dabei verwandten Methoden herausschälen" (Witzel 1982, 72).

Ein weiteres elementares Merkmal für die Durchführung von Interviews ist die Offenheit des Experten (vgl. Mayring 2002, 68). Einen Vorteil offener Leitfadeninterviews sehen Schnell, Esser & Hill (2008) darin, „*dass durch die offene Gesprächsführung und die Erweiterung von Antwortspielräumen der Bezugsrahmen des Befragten bei der Fragenbeantwortung miterfasst werden kann*" (Ebd., 387). So kann nicht nur ein Erfahrungswissen, sondern auch ein Einblick in die Erfahrungshintergründe sowie die Relevanzstrukturen des Interviewexperten gewonnen werden (vgl. ebd.).

Es wurden vorab die unterschiedlichen und geläufigsten Methoden zur Datengewinnung dargestellt. Hierbei wurde deutlich, dass für das vorliegende Erkenntnisinteresse das leitfadengestützte Experteninterview besonders geeignet erscheint, weil es sich bei dieser Arbeit um eine breit aufgestellte Akteursvielfalt handelt. Da also Experten aus unterschiedlichen Institutionen zu Wort kommen, die über mannigfache Expertisen und Erfahrungshorizonte verfügen, erscheint dem Verfasser diese Methode zur Gewinnung der relevanten Daten als die geeignete Erhebungsmethode.

3.8.5 Gewinnung von Datenmaterial / Expertenrekrutierung / Stichprobenumfang

Experteninterviews erfreuen sich in der sozialwissenschaftlichen Forschung inzwischen großer Beliebtheit. Es gibt daher nur noch wenige Untersuchungen, die nicht auf das Wissen spezifischer Akteure zurückgreifen, die für das Forschungsthema von Relevanz sind. Die Interviews können auch aufwendige Erhebungsverfahren abkürzen, wenn die interviewten Experten als „*Kristallisationspunkte*" von notwendigem Insiderwissen fungieren und somit stellvertretend für eine Vielzahl von zu befragender Akteure stehen (vgl. Bogner/Menz 2009, 8). Wer ist aber als relevanter Akteur bzw. als Experte für ein Interview in Betracht zu ziehen? Der Expertenkreis ist allgemein sehr breit gefächert. In der Literatur sind hier die verschiedensten Personen aus Politik, Wirtschaft, Justiz, Verbänden, Wissenschaft aber auch Personalräten, Lehrer oder Sozialarbeiter zu finden (vgl. Meuser/Nagel 2005, 73).

Reichweite und Relevanz qualitativer Forschung sind oftmals der Kritik ausgesetzt. Eine Vollerhebung ist nahezu unmöglich, weil die Grundgesamtheit in aller Regel nicht ermittelt werden kann[21] (vgl. Frantz 2006, 63). Zielsetzung bei einer qualitativen Erhebung soll jedoch gar nicht die repräsentative Darstellung sein – die Repräsentativität spielt lediglich eine untergeordnete Rolle. Das Ziel muss vielmehr die Bandbreite sein, es gilt also *„das Set der existierenden Typen darzustellen“* (ebd.).

Die Interviewexperten für diese Arbeit wurden nach den folgenden Kriterien ausgewählt:

- Der Interviewexperte war oder ist ein Entscheidungsträger bei der Gestaltung von Strukturen und Prozessen der Politik der Inneren Sicherheit (z. B. Minister, Staatssekretär, Abteilungsleiter, Behördenleiter).
- Der Interviewexperte vertritt die Interessen einer spezifischen Berufsgruppe oder Institution (z. B. Polizeigewerkschaft oder Sicherheitswirtschaft).
- Der Interviewexperte ist aufgrund seiner beruflichen Erfahrung ausgewiesener Experte für das Politikfeld Innere Sicherheit.

An dieser Stelle wird darauf hingewiesen, dass die vorliegende Arbeit zeitgleich zu dem BMBF geförderten Forschungsprojekt *„Prioritätenbildung bei Rettungsmaßnahmen“* erstellt wurde, an dem der Verfasser beteiligt war. Bei dem Forschungsprojekt geht es um Normenbildung, Steuerung und Defizite im deutschen Katastrophenschutzsystem. Da es sich hierbei ebenfalls um eine qualitative Analyse handelt, hat der Verfasser auf explizite Datensätze, die er z. T. erhoben hat, zurückgegriffen. Diese finden sich u. a. im Kapitel zum Bevölkerungs- und Katastrophenschutz wieder und sind mit dem Zusatz *„PRI-KATS“* gekennzeichnet. Quantitative Daten wurden als Teil des Forschungsprojektes ebenfalls im Rahmen einer Forsa-Umfrage erhoben. Die Erkenntnisse finden Eingang in Kapitel 8 dieser Arbeit, das u. a. die Gewinnung von Ehrenamtlichen im Bevölkerungsschutz untersucht.[22]

Es wurden für diese Arbeit 14 Experteninterviews geführt. Zudem wurden acht weitere Datensätze aus dem Forschungsprojekt *„PRI-KATS“* für diese Arbeit genutzt.

3.8.6 Leitfadenkonzeption und Interviewdurchführung

Ein Grundprinzip für die Formulierung von Fragestellungen innerhalb der Sozialforschung stellt die Neutralität dar. Bei der Konzeption der Fragebögen sowie

21 Eine Ausnahme könnte beispielsweise eine Befragung von Frauen in politischen Spitzenämtern auf Bundesebene bilden (vgl. Frantz 2006, 63).

22 Siehe Kap. 8.

bei der Interviewsituation selbst ist darauf zu achten, dass die konkreten Fragen dem Interviewexperten keine bestimmte Antwort nahelegen. Besonders heikel sind Suggestivfragen, die in der quantitativen Sozialforschung generell unzulässig sind. In der qualitativen Sozialforschung genießen sie keinen guten Ruf, da sie dem grundlegenden Prinzip der Offenheit widersprechen (vgl. Gläser/Laudel 2006, 133). Bei der Konstruktion des Fragebogens ist darauf zu achten, dass die Fragen gut verständlich sind. Sie sollen ein Informationsbedürfnis zum Ausdruck bringen (vgl. ebd., 137). Nach Mayring (2002, 68 f.) sollte ein Interview in aller Regel aus drei relevanten Teilen bestehen. Dabei stellen 1. die *Sondierungsfragen* die allgemein gehaltenen Einstiegsfragen in die spezifische Thematik dar. Sie sollen in Erfahrung bringen, ob die Thematik für den Befragten wichtig ist und welche subjektive Relevanz sie für ihn aufweist. Die *Leitfadenfragen* (2) bilden die elementaren Fragestellungen des zu untersuchenden Themas. Dennoch wird das Interview 3. auf Situationen stoßen, die nicht Bestandteil des Leitfadens sind. Der Interviewer muss in der Lage sein, Ad-hoc-Fragen zu formulieren.

Dem Gesprächspartner soll bei dieser Form des Interviews die Möglichkeit eröffnet werden, sich in umfassendem Maße und in der ihm eigenen Geschwindigkeit zu dem Themengebiet zu äußern. Diese Form der Befragung grenzt sich somit zu anderen Befragungsformen (z. B. der polizeilichen Vernehmung oder Zeugenbefragung bei Gericht) ab (vgl. Hirschmann/Kaup 2011, 52; Gläser/Laudel 2009, 111). Die Rollen bei der Interviewführung werden dadurch bestimmt, dass der Fragende sein Informationsziel in das Interview einbringt. Um an die notwendigen Informationen des Experten zu kommen, muss der Interviewer durch seine Fragen das Gespräch steuern (vgl. Gläser/Laudel 2009, 112). Wichtig ist, dass der Befragte sich zum einen ernst genommen und zum anderen nicht ausgehorcht fühlt (vgl. Mayring 2002, 68 f.). Die Fragen sollen dennoch so zielorientiert gestellt werden, dass sie zu dem Erkenntnisgewinn der Arbeit beitragen (vgl. Gläser/Laudel 2009, 111 f.; Hirschmann/Kaup 2011, 54). Gerade auch unter der Berücksichtigung, dass bei einem qualitativen Verfahren Bedeutungskomplexe und Sinneszusammenhänge eine Rolle spielen (können), muss durch den Interviewer über verbale Einfühlung und Anpassung eine vertrauensvolle Verständnis- und Gesprächsebene hergestellt werden.

Dies bedeutet ganz konkret, dass das Interview in einem alltäglichen bzw. gewohnten Umfeld des Interviewten stattfinden sollte. Hierdurch kann über die Lebensnähe ein valider Assoziationsraum geschaffen werden. Zweitens sollte durch den Interviewer eine zurückhaltende aber interessierte Verhaltensweise an den Tag gelegt werden. Er muss zudem bei dem Forschungsgegenstand mitreden können. Die Situation sollte zwingend durch den Interviewer gestaltet werden und darf das Vertrauensverhältnis nicht gefährden. Diese Vertrauensbasis ist Grundlage für die Generierung valider Ergebnisse. Starre Vorabformulierungen sind für die Interviewsituation nicht angebracht. Der Sprachcode muss spontan an den Interviewpartner wie auch die Situation angepasst werden. Die Reihenfolge der Fragen ist der Situationslogik anzupassen. Auch wenn der Leitfaden einen entsprechenden Rahmen vorgibt, ist es dennoch notwendig, ihn an die Logik des Interviewverlaufs anzugleichen (vgl. Frantz 2006, 64 f.).

3.8.7 Analyse / Auswertung / Datenaufbereitung

Zur Auswertung von qualitativen Interviews gibt es zahlreiche Vorgehensmöglichkeiten. Drei Formen sind exemplarisch zu nennen (vgl. Lamnek 2010, 367):

1. quantitativ-statistische Auswertung,
2. interpretativ-reduktive Auswertung,
3. interpretativ-explikative Auswertung.

Die gängigste Methode ist die interpretativ-explikative Variante (vgl. ebd.). Bei der Auswertung ist ein vierstufiges Vorgehen empfehlenswert. Dabei wird in Stufe 1 die Transkription des Interviews vorgenommen. Die Stufe 2 stellt dann die Einzelanalyse dar. Diese Phase führt zur Konzentration des Datenmaterials. Auf eine explikative Analyse wird in einem strengeren Sinne verzichtet. Es werden lediglich die relevanten Textstellen der einzelnen Interviews beibehalten. Die Phase 3 stellt die generalisierende Analyse dar. Dabei blickt man über das einzelne Interview hinaus, um zu allgemein gültigen und ggf. theoretischen Erkenntnissen zu gelangen. Phase 4 dient der Kontrolle. Aufgrund der permanenten Verringerung des Datenmaterials ist eine Fremd- oder Selbstkontrolle ratsam. Um also Fehlinterpretationen zu vermeiden, sind die vollständigen Transkriptionen zum Abgleich zu nutzen (vgl. Lamnek 2010, 368 f.).

Die gewonnenen Daten werden zur Beantwortung der Fragestellung bzw. des Erkenntnisinteresses dieser Arbeit in die relevanten Kapitel integriert. Wenngleich ein großer Teil verallgemeinert wurde, finden sich an manchen Stellen wörtliche Zitate. Sie dienen dazu, einen spezifischen Sachverhalt zu unterstreichen.

Bei allen Zitaten, ob direkt oder indirekt, wird darauf geachtet, dass die in den Interviews geäußerten Aspekte keiner *„bestimmten oder bestimmbaren natürlichen Person“* (§3 Absatz 1 BDSG) zugeordnet werden können. Es erfolgt daher eine Anonymisierung der empirischen Erhebung. Die transkribierten Interviews sind lediglich dem Verfasser dieser Arbeit sowie den genannten Gutachtern zugänglich. Die Interviewexperten wurden über das Verfahren in Kenntnis gesetzt und haben ihr Einverständnis bekundet. Die Interviews sind mit *„EXP.*

INT.“ und einer dem Zufallsprinzip zugeordneten Zahl gekennzeichnet. Im Einverständnis mit dem Befragten erfolgte die Aufzeichnung mit Hilfe eines Tonbandgeräts. Die Protokolle bzw. Mitzeichnungen sind weder öffentlich zugänglich noch Bestandteil dieser Arbeit. Da die vorliegende Arbeit ein sensibles Thema behandelt, sind eine vertrauensvolle Zusammenarbeit mit den Befragten und ein verantwortungsvoller Umgang mit den gewonnenen Daten unabdingbar. Die Liste der befragten Experten findet sich im Anhang. Die namentliche Auflistung wurde durch die Experten legitimiert.

Neben den hier dargestellten Methoden liegt dieser Arbeit eine umfangreiche Dokumenten- und Literaturauswertung zugrunde.

4 Prinzipien und Aufbau Innerer Sicherheit in Deutschland

Innere Sicherheit ist Bestandteil des politischen Systems der Bundesrepublik Deutschland, das die handelnden Akteure, die Entscheidungsprozesse (Politics), die Strukturen (Polity) sowie die Inhalte bzw. (politischen) Programme (Policy) beinhaltet, die an der Produktion und Gewährleistung der Inneren Sicherheit beteiligt sind und die Innere Sicherheit als Bestandteil des politischen Systems kennzeichnen. Dabei kann das System der Inneren Sicherheit unterschiedlich verstanden werden:

1. Innere Sicherheit ist als ein Politikfeld zu verstehen, das neben den originären Akteuren der politisch-administrativen Ebene auch die gesellschaftlichen und politischen Akteure involviert (vgl. Lange 2006b, 123). Somit umfasst das System der Inneren Sicherheit sämtliche Institutionen, die einen Auftrag haben, die Fortdauer der Gesellschaft zu sichern sowie den Staat zu schützen.
2. Innere Sicherheit kann verstanden werden als die Summe und Ergebnisse (staatlichen Handelns), die das subjektive und objektive Sicherheitsgefühl der Bürger in ihrem persönlichen Umfeld prägen, und als die Maßnahmen und Instrumente, die dazu beitragen.
3. Innere Sicherheit kann als ein politisches Konzept bzw. eine Strategie interpretiert werden, die sich auf die Stabilität und Ordnung einer Gesellschaft bezieht (vgl. Feltes 2012).

Dieses Kapitel beschäftigt sich mit den Akteuren und Institutionen der Inneren Sicherheit. Im politikwissenschaftlichen Verständnis handelt es sich um eine Institutionenanalyse, durch die sich das institutionelle System der Inneren Sicherheit rekonstruierbar machen lässt[23].

Der Begriff der *„Inneren Sicherheit"* wird in diesem Kapitel zunächst als ein rein deskriptiver Begriff betrachtet. Es geht dabei nicht um die Frage, ob die Behörden und Institutionen, die mit der Produktion und Gewährleistung von Sicherheit beauftragt sind, nun wünschenswert sind oder auch nicht (vgl. Lange 2000, 237).

Im folgenden Kapitel soll die Sicherheitsarchitektur mit den dazugehörigen *„Säulen"* und den beteiligten Akteuren untersucht werden.

23 Näheres zur Politikfeldanalyse s. Kap. 3.

Dem Leser wird relativ schnell die Komplexität dieses Politikfelds verdeutlicht, zumal unzählige Akteure an der Produktion und Gewährleistung Innerer Sicherheit beteiligt sind. Die nachfolgende Darstellung des Politikfelds Innere Sicherheit sowie die Untersuchung der an der Produktion und Gewährleistung der Inneren Sicherheit beteiligten Akteure kann hier nicht in der gesamten Breite dargestellt werden.

4.1 Die Sicherheitsarchitektur der Bundesrepublik Deutschland in der Bestandsaufnahme

Die Akteure zur Produktion und Gewährleistung von Sicherheit bilden die Sicherheitsarchitektur der Bundesrepublik Deutschland. Die Diffusion der *„Sicherheitsarchitektur"* wird durch die nähere Untersuchung deutlich. Die (wissenschaftliche) Diskussion der Architektur der Inneren Sicherheit sowie der an der Sicherheitsproduktion beteiligten Akteure ist in Deutschland äußerst heterogen – einen Konsens über *„die"* Sicherheitsarchitektur scheint es nicht zu geben. Unklar ist nach wie vor, wer Akteur der bundesdeutschen Sicherheitsarchitektur ist.

Der Begriff *„Sicherheitsarchitektur"* wurde weder aus einem politik- noch einem rechtswissenschaftlichen Verständnis heraus entwickelt. In der Wissenschaft tauchte dieser Begriff erstmalig in der Dissertation von Matthias Käding auf, die dem Fachbereich Information an der Technischen Universität Berlin vorgelegt wurde.[24]

Nach einer rechtswissenschaftlichen Definition gestaltet sich Sicherheitsarchitektur[25] als

> *„das Zusammenspiel verschiedener materieller Rechtsnormen und politischer Prinzipien, Verfahren und Institutionen, mit denen Staaten Sicherheitskonzepte und die daraus abgeleiteten Sicherheitsmaßnahmen durchzusetzen versuchen, um auf die wahrgenommenen Sicherheitsbedrohungen zu reagieren"* (Krieger 2010, 127).

Grundsätzlich ist nach sicherheitspolitischen Ereignissen der Ruf nach einer Neuausrichtung der Sicherheitsarchitektur zu vernehmen. Die CDU forderte 2004 eine *„neue Sicherheitsarchitektur, die auf einer neuen Sicherheitsphilosophie beruht"* (CDU 2004, 18).

Wagt man einen Blick in die mediale Landschaft, so ist zu beobachten, dass die *„Sicherheitsarchitektur"* mit rein staatlichen Behörden – vornehmlich mit

24 So auch der Hinweis von Christoph Gusy 2012, 92 (FN 88).

25 Die Definition von Heike Krieger bezieht sich auf den Bereich der internationalen Sicherheit.

der Polizei und/oder den Nachrichtendiensten – gleichgesetzt wird. So kommt Horst Meier in einem Essay der Frankfurter Allgemeinen Sonntagszeitung (FAS) (2012, 13) unter der Überschrift *„Verhaften Sie die üblichen Verdächtigen! Der Verfassungsschutz hat die Mörder vom NSU nicht aufhalten können. Wir sollten eher über diese Institutionen [Nachrichtendienste] nachdenken als über die NPD"* zu dem Ergebnis, dass die gesamte Sicherheitsarchitektur auf den Prüfstand muss. Eine Einlassung auf die Frage, wer allerdings noch Akteur dieser Sicherheitsarchitektur sein soll, lässt der Autor aus. In dem gleichen Themenkontext proklamierte die Süddeutsche Zeitung in ihrer Ausgabe vom 3./4. Dezember 2011, die Sicherheitslandschaft in Deutschland sei ein *„Irrgarten"*, und sie verwies dabei auf die zahlreichen Behörden in Bund und Ländern sowie die verschiedenen Kooperationszentren und Aufsichts- bzw. Kontrollinstitutionen.

4.1.1 Betrachtung der Sicherheitsarchitektur in der wissenschaftlichen Diskussion

Auch die Wissenschaft definiert und bewertet die Zusammensetzung der Sicherheitsarchitektur sehr unterschiedlich.

Christoph Gusy (2012, 91) spricht von einer *„alten"* und einer *„neuen"* Sicherheitsarchitektur. In der *„alten"* Sicherheitsarchitektur wurden Gusy zufolge *„die Fragen der Sicherheit auf der Bundesebene vier unterschiedlichen Gruppen von Behörden"* zugewiesen. Zu nennen sind Polizei, Nachrichtendienste, Bundeswehr sowie Katastrophenschutz. Die *„neue"* Sicherheitsarchitektur interpretiert Gusy als *„zentrale Antwort auf die Gefahren des internationalen Terrorismus"* (ebd.). Sie zeichnet sich grundsätzlich durch eine Ausweitung von Kompetenzen und Befugnissen aus (vgl. Gusy 2012, 91). Innerhalb der *„alten"* Sicherheitsarchitektur sollte jede Stelle eine konkrete Gefahr mit den ihr zur Verfügung gestellten Befugnissen und Mitteln abwehren. Sicherheit in diesem *„alten"* Verständnis konnte somit als das *„gemeinsame Produkt der unterschiedlichen Aufgabenerfüllungen unterschiedlicher Stellen"* (Gusy 2012, 92) verstanden werden. Dieses Aufgabenverständnis gilt zwischenzeitlich als überholt. Zur Begründung heißt es, dass zwischen den Angriffsformen und den Gefahrenquellen nicht weiter unterschieden werden kann. Eine naheliegende Lösung, bewährte Strukturen der Behörden und Organisationen in den sich ergänzenden Kernkompetenzen zu stärken, eine bessere materielle und personelle Ausgestaltung vorzunehmen und eindeutige Schwachstellen zu eliminieren, wurde als Leitbild nicht akzeptiert (vgl. Gusy 2012, 92).

Heinrich Amadeus Wolff (2012, 1 ff.) kommt hingegen zu dem Ergebnis, dass Deutschland über eine *„klare"* Sicherheitsarchitektur verfügt. Wenngleich sich, so Wolff, die Sicherheitsarchitektur in den vergangenen 20 Jahren in vielen Punkten verändert hat, blieb diese Architektur in den Grundzügen konstant. Wolf sieht eine dreiteilige Gliederung der Sicherheitsarchitektur und differenziert zwischen der repressiven (Schutz der Rechtsordnung), der präventiv-polizeilichen (öffentliche Sicherheit und Ordnung) und nachrichtendienstlichen Sicherheitsgewährleistung.

Hans-Jürgen Lange betrachtet die Sicherheitsarchitektur als ein Fünf-Säulen-Modell[26]. Es sei geeignet, die vielen Facetten des Politikfelds Innere Sicherheit darzulegen, das sich in den vergangenen Jahren verstärkt ausdifferenziert habe.[27] Bestand das Politikfeld ursprünglich im Wesentlichen aus den Polizeien des Bundes und der Länder sowie den Nachrichtendiensten und einigen staatlichen Spezialbehörden, so ist es heute ein umfangreiches System mit zahlreichen beteiligten Akteuren.

Die Säulen stehen für fünf Subsysteme (vgl. Lange 2011, 327):

- die staatlichen Sicherheitsbehörden, insbesondere die Polizeien des Bundes und der Länder sowie die Nachrichtendienste,
- die kommunale Sicherheit,
- den Katastrophenschutz,
- die Sicherheitswirtschaft,
- die Unternehmenssicherheit.

Christoph Gusy zufolge zielt eine künftige bzw. *„neue“* Sicherheitsarchitektur darauf ab, dass die an der Produktion und Gewährleistung von Sicherheit beteiligten Akteure ihre spezifischen Kompetenzen und Fähigkeiten nicht nur in ihr jeweiliges Aufgabengebiet, sondern in allen sicherheitsrelevanten Bereichen einbringen sollen. *„Das alte System der Aufgabendifferenzierung soll daher abgelöst werden durch ein neues System gemeinsamer Erfüllung gemeinsamer Aufgabe.“* Eine Umsetzung der vorhandenen Forderungen ist bislang nicht erfolgt (vgl. Gusy 2012, 92).

4.1.2 Die Sicherheitsarchitektur aus der politisch-administrativen Betrachtung

Im Rahmen der empirischen Untersuchung wurden die Experten zu der Sicherheitsarchitektur befragt. Die Einschätzungen fielen sehr unterschiedlich aus.

26 Diese Arbeit folgt diesem Ansatz bei der Polity-Analyse.

27 Lange hat seinen Ansatz weiterentwickelt. 2005 unterteilte er die Sicherheitsarchitektur in drei Säulen: Polizei, Verfassungsschutz, Katastrophenschutz (vgl. Lange 2005).

Wird die Sicherheitsarchitektur an ihren Institutionen und Organisationen festgemacht, so sieht ein Interviewexperte auf Bundesebene die Behörden BND, BKA, BfV sowie BBK und THW als Kernakteure der Inneren Sicherheit. Durch eine Zusammenstellung der Akteure entstehe noch keine Architektur. Unter Architektur versteht er die Wirkungsweise der verschiedenen Akteure in spezifischen Szenarien. Gerade bei der Ausrichtung der Architektur ist oftmals der Trend erkennbar, dass der Bund mehr Kompetenzen erhält und somit eine Zentralisierung stattfindet. Dies führt häufig zu Widerständen der Länder. Die zentrale Frage, die im Kontext der Forderung nach einer *„Neuausrichtung der Sicherheitsarchitektur“* zu stellen wäre, lautet:

> *„Welche Architektur haben wir überhaupt und wie ist sie zu beschreiben? Und dann geht es um die Frage, was wir an der Architektur verändern wollen. Ich glaube, die Diskussion führt schnell zu der Frage der Kompetenzen. Da kommt man rasch zu der Überlegung, dass das der Bund machen soll. Doch was kann der Bund eigentlich besser machen?“* (EXP. INT. 6)

Interviewpartner EXP. INT. 13 sieht als Bestandteil der Sicherheitsarchitektur auf jeden Fall die Polizeien des Bundes und der Länder sowie das BBK und die im Katastrophenschutz tätigen Organisationen, *„denn sie spielen eine Rolle, wenn es darum geht, Sicherheit in einem Land zu gewährleisten“.* Zudem hält er auch die Bundeswehr für einen unverzichtbaren Akteur der Sicherheitsarchitektur: *„Wir brauchen die Bundeswehr auch im Innern, auch wenn man das nur ungern hört. Es gab bereits Situationen, in denen die Bundeswehr im Innern zum Einsatz kam.“* (EXP. INT. 13)

Der Interviewexperte vertritt die Meinung, dass der Begriff der Sicherheitsarchitektur nicht auf die Akteure begrenzt werden sollte, die über hoheitliche Befugnisse verfügen. Vielmehr sollte er *„all diejenigen einbeziehen, die in einer Situation, in der es kritisch wird [...] eine Rolle spielen können“* (EXP. INT. 13). Zu nennen seien die Verantwortlichen bei der Bewältigung von Großschadenslagen – also auch die Rettungsdienste, das THW und die Feuerwehren (vgl. ebd.).

Ein weiterer Akteur der Sicherheitsarchitektur ist das BSI. Der Interviewexperte (EXP. INT. 13) lehnt die Beteiligung privater Sicherheitsdienstleister ab: *„Eine Hinzunahme der privaten Sicherheitsdienstleister würde ich für Deutschland ausschließen. Uns fehlt es an der dafür erforderlichen Kultur und Tradition.“* (Ebd.)

Einen anderen Standpunkt vertritt Erwin Hetger[28] (2008): *„Wir sind interessiert an einer konstruktiven Zusammenarbeit mit dem privaten Sicherheitsgewerbe, das mittlerweile einen festen Platz in der deutschen Sicherheitsarchitektur einnimmt.“*

28 Bis 2009 Landespolizeipräsident von Baden-Württemberg.

Für den Interviewpartner EXP. INT. 2 sind die staatlichen Akteure (Nachrichtendienste, Polizei und Bundeswehr), die staatlichen Organisationen im Bevölkerungsschutz (BBK und THW), die Hilfsorganisationen, die Bürger und die Industrie Elemente der Sicherheitsarchitektur. Nach Ansicht des Interviewexperten EXP. INT. 10 sind auch die Behörden, die Medien, die Politiker und sogar die Täter Akteure der Sicherheitsarchitektur. Die Täter (in diesem Fall wurde die RAF genannt) könnten von den Sicherheitsbehörden als *„Lobby"* betrachtet werden. Mit wachsendem Gefahrenpotenzial durch die RAF sei das BKA personell aufgestockt worden (vgl. EXP. INT. 10). Interviewexperte EXP. INT. 6 ist der Meinung, *„dass vor jeder Neuausrichtung der Sicherheitsarchitektur die Sicherheitsarchitektur erst einmal beschrieben werden muss"*.

Das Bundesamt für Bevölkerungsschutz und Katastrophenhilfe definiert in seinem Glossar die Sicherheitsarchitektur wie folgt:

> *„Ein nationales Sicherheitssystem [Sicherheitsarchitektur] sind Einrichtungen des Staates zur Schaffung und Erhaltung der öffentlichen Sicherheit in der Bundesrepublik. Das nationale Sicherheitssystem besteht aus den vier Säulen Polizeien, Bundeswehr, Nachrichtendienste sowie Bevölkerungsschutz."* (BBK 2012b)

Es wird zudem eine Abgrenzung zur *„gesamtgesellschaftlichen Sicherheitsvorsorge"* vorgenommen, die, so das Bundesamt, *„allein den Bereich der Vorsorge betrifft und so auch private Akteure (insbesondere Bürger und Betreiber kritischer Infrastrukturen) umfasst, die vorsorgend tätig werden, ohne aber ein Teil der nationalen Sicherheitsarchitektur zu sein"* (ebd.).

Die Bundesakademie für Sicherheitspolitik (BAKS) interpretiert die Sicherheitsarchitektur folgendermaßen:

> *„Die nationale Sicherheitsarchitektur wird für den Bereich der inneren Sicherheit durch die föderale Ordnung der Bundesrepublik Deutschland bestimmt, nach der für diesen Bereich eine grundsätzliche Zuständigkeit der Länder grundgesetzlich vorgegeben ist. Zuständigkeiten des Bundes konzentrieren sich im Wesentlichen auf Koordinationsaufgaben und begrenzte (Sonder-) Zuständigkeitsbereiche (BKA, BfV und Bundespolizei)."* (BAKS 2011)

4.2 Akteurs- und Institutionenanalyse

Der Verfasser untersucht in dieser Arbeit die Sicherheitsarchitektur, die sich in der aktuelleren Literatur zur sozialwissenschaftlichen Forschung zur Inneren Sicherheit ansatzweise durchgesetzt hat (bspw. Lange 2011) und dem Verfasser vorerst schlüssig erscheint. Die Sicherheitsarchitektur ist somit in die Bereiche

1. staatliche Sicherheit (insbesondere Polizeien der Länder und des Bundes sowie die Nachrichtendienste),

2. Bevölkerungs- bzw. Katastrophenschutz,
3. kommunale Sicherheit,
4. private Sicherheitswirtschaft und
5. Unternehmenssicherheit

zu unterteilen.[29]

Jedes Segment dieser Darstellung umfasst eine ganz individuelle Akteurskonstellation, die im Zusammenwirken mit den jeweiligen prozessualen und strukturalen Merkmalen eine entscheidende Wirkung auf die Organisation und die Formulierung der Politik der Inneren Sicherheit ausübt. Die Akteurskonstellationen bilden in diesem Sinne eigene Subsysteme innerhalb des Politikfeldes Innere Sicherheit (vgl. Lange et al. 2012b, 30). Jeder Akteur bzw. jede Akteurskonstellation zeichnet sich durch spezifische Fähigkeiten, konkrete Wahrnehmungen und klare Präferenzen aus (vgl. Scharpf 2006, 86).

Streng genommen müsste nach Lange (2011, 331) noch die Säule des *„bürgerschaftlichen Engagements"* der Architektur hinzugefügt werden. Zunehmend ruft der Staat, insbesondere vertreten durch die Institutionen, die mit der Produktion und Gewährleistung der Inneren Sicherheit beauftragt sind, die Bürger dazu auf, eigene Vorsorge zu treffen, sich abzusichern und wachsam zu sein. Gegen eine weitere *„Säule"* innerhalb der Sicherheitsarchitektur spricht – folgt man der Logik der Politikfeldanalyse –, dass hier jeweils einzelne Bürger angesprochen werden und es sich somit um keine politisch organisierten und handlungsfähigen Akteure handelt, wie es in den anderen Subsystemen der Fall ist. Bürgeraktivierung und bürgerschaftliches Engagement wären aus politikwissenschaftlicher Perspektive als Policy-Programm der Politik der Inneren Sicherheit einzustufen (vgl. Lange 2011, 331).

4.3 Staatliche Sicherheit

In der öffentlichen Wahrnehmung sind es in der Regel staatliche Akteure, die für die Produktion von Innerer Sicherheit zuständig sind. Konservativen Berechnungen zufolge sind in Deutschland ca. 40 Sicherheitsbehörden auf Landes- und Bundesebene aktiv. Alle diese Institutionen agieren mit-, neben- aber auch gegeneinander sowie auf horizontaler und vertikaler Ebene (vgl. bspw. Bukow 2009; Möllers 2009, Lange/Frevel 2008). Zu den *„klassischen"* Sicherheitsbehörden kommen weitere Akteure hinzu, die ebenfalls mit sicherheitsrelevanten

29 Dieses Verständnis von Innerer Sicherheit wurde bereits mehrfach in dieser Arbeit thematisiert. Im Folgenden soll der Aufbau einer genauen Betrachtung unterzogen werden.

Aufgaben betraut sind. Allein schon die Vielzahl der Akteure, die später nochmals Berücksichtigung findet, verdeutlicht, dass es sich um ein hochkomplexes und sehr exekutiv ausgerichtetes Mehrebenensystem handelt (vgl. Bukow 2011, 28).

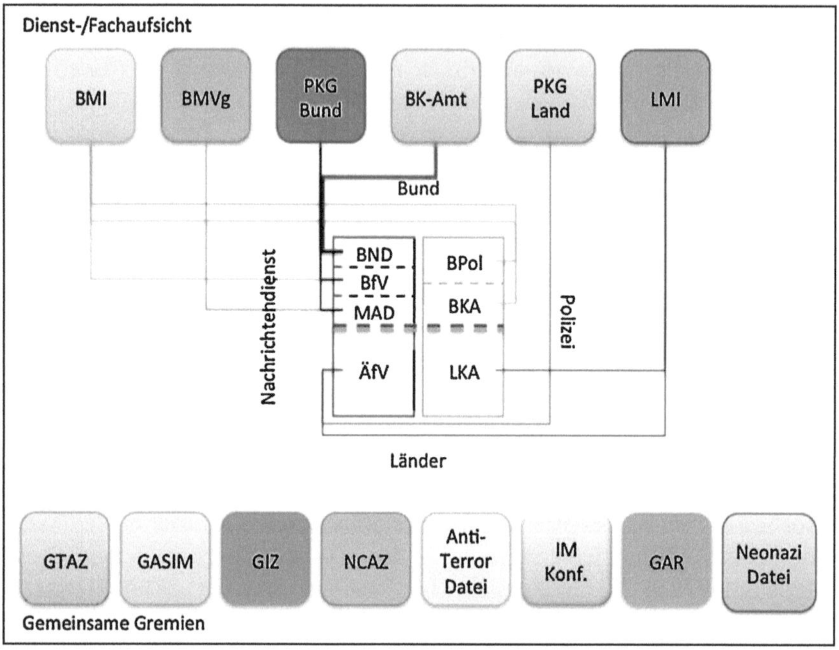

Abbildung 8: Überblick über die „Kernakteure" staatlicher Sicherheit und die Kooperationszentren[30] *(Quelle: eigene Darstellung)*

Die Akteure der staatlichen Sicherheitsbehörden sind Bestandteil des politisch-administrativen Systems.[31] Sie zeichnen sich dadurch aus, dass sie durch die Verfassung und die Organe der demokratischen Willensbildung legitimiert werden, das staatliche Gewaltmonopol auf einer rechtsstaatlichen Basis exekutiv auszuüben. Dabei steht ihnen zum Teil auch die Anwendung von unmittelbarem Zwang zu (vgl. Lange 2006, 123 f.; Möllers 2009, 137).

Nach Art. 30, 70 ff. GG sind in der Bundesrepublik Deutschland primär die Bundesländer für die Einrichtung von Sicherheitsbehörden zuständig. Geschätzte 80 % der Sicherheitsproduktion wird durch die 16 Bundesländer getätigt (vgl.

30 Diese werden in Kapitel 7 näher untersucht.

31 Wie sich Innere Sicherheit als Netzwerk gestaltet, wird in Kap. 6 detailliert beschrieben.

Wiefelspütz 2007, 32). Dennoch hat der Bund nach Art. 87 GG die Möglichkeit, eigene Sicherheitsbehörden zu unterhalten (vgl. Möllers 2009, 137).

Die beiden Polizeien des Bundes, BKA und BPol, unterstehen dem Bundesministerium des Innern (BMI). Das BMI fungiert als oberste Bundesbehörde zudem als Aufsicht für das Bundesamt für Verfassungsschutz (Abt. ÖS), das Bundesamt für Bevölkerungsschutz und Katastrophenhilfe (BBK) und die Bundesanstalt Technisches Hilfswerk (beide Abt. KM) (vgl. BMI 2012c).[32] Das BMI nimmt somit in relevanten Feldern der Inneren Sicherheit Zentralaufgaben wahr. Da das BMI auch mit der Vertretung deutscher Interessen in europäischen und internationalen Gremien beauftragt ist, koordiniert es zudem (vgl. Möllers/Ooyen 2008, 29)

- die grenzpolizeiliche Zusammenarbeit in der EU,
- die internationale und europäische kriminalpolizeiliche Kooperation, soweit sie aus polizeifachlichen Gründen nicht vom BKA wahrgenommen wird,
- die europäische Zusammenarbeit der für das Inland zuständigen Nachrichtendienste, sowie
- die bilaterale, europäische und internationale Zusammenarbeit im Bevölkerungsschutz.

Im Rahmen der öffentlichen Wahrnehmung wird das Innenministerium bzw. der Bundesminister des Innern als zentraler Akteur der Sicherheitsarchitektur gesehen: *„Zentraler Akteur ist [...] der Bundesinnenminister, weil bei ihm die Fehlentwicklungen zusammenlaufen –, und zwar ungeachtet der Frage der Zuständigkeiten der Länder oder des Bundes.“* (EXP. INT. 6)

Das heißt konkret, dass bei größeren Schadenslagen oder sicherheitspolitischen Ereignissen der Bundesminister respektive das BMI direkter Adressat von Medien und Öffentlichkeit ist – unabhängig davon, ob die Zuständigkeit nun beim Bund oder beim Land liegt (vgl. EXP. INT. 6).

32 Zuständige Fachaufsicht für das BKA ist ebenfalls die Abteilung *„Öffentliche Sicherheit“* (ÖS) im BMI. Fachaufsicht für die Bundespolizei obliegt der Abteilung *„Angelegenheiten der Bundespolizei“* (B).

Politikbereich	**Fach-/Dienstaufsicht**	**Behörde mit Sicherheitsaufgaben**
„Äußere Sicherheit“	Bundeskanzleramt Bundesministerium der Verteidigung	BND Bundeswehr MAD
„Innere Sicherheit“	Bundesministerium des Innern	BfV BKA BPol BSI BBK IBPdL THW
	Bundesministerium der Finanzen	Zollkriminalamt Zollfahndungsdienst
	Bundesministerium für Verkehr, Bau und Stadtentwicklung	Bundesamt für Güterverkehr Strom- und Schifffahrtspolizei
	Bundesministerium der Justiz	Generalbundesanwalt
	Bundesministerium für Gesundheit	Paul-Ehrlich-Institut Robert-Koch-Institut
	Bundesministerium für Umwelt, Naturschutz und Reaktorsicherheit	Bundesamt für Strahlenschutz Umweltbundesamt
	Bundesministerium für Ernährung, Landwirtschaft und Verbraucherschutz	Bundesamt für Verbraucherschutz und Lebensmittelsicherheit Bundesinstitut für Risikobewertung
	Bundesministerium für Wirtschaft und Technologie	Bundesanstalt für Materialforschung und -prüfung Bundesamt für Wirtschaft und Ausfuhrkontrolle
	Präsident des DBT	Polizei beim Deutschen Bundestag

Abbildung 9: Bundeseinrichtungen mit Sicherheitsaufgaben (Auswahl) (Quelle: In Anlehnung an Lange/Frevel 2008, 127; Möllers 2009, 140; Endreß 2009b, 50)

Die Polizeien in der Bundesrepublik Deutschland

Im Bereich der staatlichen Sicherheit sind es die Polizeien des Bundes und der Länder, die von der Öffentlichkeit am stärksten wahrgenommen werden. Die Polizeien des Bundes und der Länder sind somit zentrale Akteure der Produktion und Gewährleistung von Innerer Sicherheit. Doch nicht nur die Polizeien, auch die 16 Länderpolizeien unterscheiden sich in ihren rechtlichen Grundlagen und ihrer Ausbildungs- und Organisationsstruktur (vgl. Groß 2011). *„Die"* Polizei in Deutschland gibt es also nicht. Neben den 16 Länderpolizeien gibt es noch das Bundeskriminalamt und die Bundespolizei sowie die Polizei des Deutschen Bundestages. Aber auch das Zollkriminalamt und andere üben polizeiliche Aufgaben aus (vgl. ebd.).

Polizeien des Bundes

Im Grundgesetz der Bundesrepublik Deutschland finden sich nur wenige Aussagen zu der Polizeiorganisation. Dabei wird an die föderalistisch ausgerichtete Polizeiorganisation der Weimarer Republik und des deutschen Kaiserreichs angeknüpft. Auf Bundesebene stehen speziell das Bundeskriminalamt und die Bundespolizei im Fokus der Wahrnehmung (vgl. Groß 2011). Auch die Strom- und Schifffahrtspolizei für die Bundeswasserstraßen (nicht zu verwechseln mit den Wasserschutzpolizeien der Länder), das Luftfahrtbundesamt und die Zollverwaltung nehmen polizeiliche Aufgaben wahr. Ebenso übt der Präsident des Deutschen Bundestages mit der Polizei des Deutschen Bundestages gemäß Art. 40 Abs. 2 GG das Hausrecht und die Polizeigewalt im Bundestag und über dessen Liegenschaften aus (vgl. Möllers 2009, 137).

Bundeskriminalamt

Beim BKA handelt es sich um eine obere Bundesbehörde im Geschäftsbereich des Bundesministeriums des Innern.

Der Hauptsitz des BKA befindet sich in Wiesbaden. Weitere Standorte sind Meckenheim und Berlin. Grundlage des BKA ist das Grundgesetz. Nach Art. 73 Nr. 9a & Nr. 10 in Verbindung mit Art. 87 Abs. 1 S. 2 GG können Zentralstellen für das polizeiliche Auskunfts- und Nachrichtenwesen, für die Kriminalpolizei (vgl. Schütte 2006a, 27) und die Bekämpfung des internationalen Terrorismus eingerichtet werden.

Die Befugnisse und die Aufgaben des Amtes ergeben sich weitgehend aus dem *„Gesetz über das Bundeskriminalamt und die Zusammenarbeit des Bundes und der Länder in kriminalpolizeilichen Angelegenheiten"* (BKAG vom 07.07.1997,

BGBl. I, S. 1650), aus dem „*Gesetz zur Abwehr von Gefahren des internationalen Terrorismus durch das Bundeskriminalamt*“ und aus dem Bundespolizeigesetz (BPolG), auf welches das BKA partiell verweist. Im Wesentlichen bestehen also die Aufgaben in der Zentralstellenfunktion (mit den kriminalistischen/kriminologischen Einrichtungen und Fragen der internationalen Zusammenarbeit), im „*klassischen*“ polizeilichen Staatsschutz und in der Bekämpfung der organisierten Kriminalität. Das BKA verfügt aufgrund des Trennungsgebots[33] zwischen Polizeien und Nachrichtendiensten seit dem „*Polizeibrief*“ aus dem Jahre 1949 grundsätzlich über keine nachrichtendienstliche Befugnisse und Aufgaben (vgl. Möllers/Ooyen 2008, 28).

Das BKA als Zentralstelle des Bundes für das polizeiliche Auskunfts- und Nachrichtenwesen unterstützt die Polizeien des Bundes und der Länder bei der Verhütung und Verfolgung von Straftaten, die von erheblicher länderübergreifender oder internationaler Relevanz sind. Es sammelt dabei alle relevanten Nachrichten und wertet diese aus (vgl. Schütte 2006a, 27). Zu den weiteren Aufgaben des Amtes gehören auch der Zeugenschutz, der Schutz von Mitgliedern der Verfassungsorgane des Bundes sowie die Bekämpfung des internationalen Terrorismus (gem. Art 73 Abs. Nr. 9a GG) (vgl. Werthebach et al. 2010, 14). Zur Wahrnehmung der Aufgaben stützt sich das BKA im Wesentlichen auf das im Jahr 1972 aufgebaute elektrische INPOL-System[34], auf die regelmäßigen Lageberichte sowie die polizeilichen Meldedienste (vgl. Schütte 2006a, 27).

Im Rahmen der internationalen polizeilichen Zusammenarbeit (Interpol, Europol usw.) bildet das BKA die nationale Zentralstelle. Zur Vertiefung der polizeilichen Zusammenarbeit mit ausländischen Partnern, speziell bei Fahndungs- und Ermittlungsangelegenheiten, wurde 1983 damit begonnen, ein international ausgerichtetes System von Verbindungsbeamten zu etablieren. Die Verbindungsbeamten des BKA sind in den deutschen Auslandsvertretungen angesiedelt. Nach aktuellem Stand befinden sich 65 Beamte an 53 Standorten in 50 Staaten. (vgl. Werthebach et al. 2010, 15).

Eine eigene Ermittlungskompetenz kommt dem Amt speziell beim international organisierten Handel mit Waffen, Munition, Rauschgift, Sprengstoff oder Arzneimitteln, in Fällen von international organisierter Herstellung sowie Verbreitung von Falschgeld und bei den im Zusammenhang stehenden Taten einschließlich der international organisierten Geldwäsche zu. Originäre Ermittlungskompetenz besteht in bestimmten Fällen des internationalen Terrorismus, bei politisch motivierten Angriffen auf die persönliche Freiheit oder das Leben

33 Das Trennungsgebot wird in diesem Kapitel noch ausführlich bearbeitet.

34 INPOL = Informationssystem der Polizei. Es handelt sich um einen Verbund von Datenbanken des BKA, der BPol, der Länderpolizeien, der Zollbehörden und des Zollkriminalamtes (vgl. Mittendorf 2006, 134).

von Verfassungsorganen des Bundes, bei der Nötigung von Verfassungsorganen des Bundes sowie in besonders schweren Fällen von Computersabotage.

Das BKA nimmt darüber hinaus polizeiliche Aufgaben auf dem Gebiet der Strafverfolgung wahr, wenn eine Landesbehörde ein Gesuch stellt, der Bundesminister des Innern dies aus schwerwiegenden Gründen verfügt oder der Generalbundesanwalt einen Auftrag erteilt oder darum ersucht. Diese Auftragszuständigkeit kommt speziell dann zustande, wenn es sich um komplexe Ermittlungsverfahren handelt (z. B. in Fällen der organisierten Wirtschaftskriminalität).

2009 hat die Abteilung *„Schwere und Organisierte Kriminalität"* insgesamt 240 Ermittlungsverfahren im Kontext ihrer originären und Auftragszuständigkeit durchgeführt, davon 36 Verfahren wegen organisierter Kriminalität. Im Bereich des Staatsschutzes waren es 2009 412 Ermittlungsverfahren (vgl. ebd.).

Bundespolizei

Die Bundespolizei, die bis zum 1. Juli 2005 *„Bundesgrenzschutz"*[35] hieß, ist eine Polizei des Bundes im Geschäftsbereich des Bundesministeriums des Innern. Zu ihren Aufgaben (gem. Bundespolizeigesetz – BpolG) gehören der grenzpolizeiliche Schutz des Bundesgebietes, die Gefahrenabwehr auf dem Gebiet der Bahnanlagen, Schutzmaßnahmen von Organen des Bundes, der Schutz vor Angriffen auf die Sicherheit des Luftverkehrs, internationale Polizeieinsätze sowie die Unterstützung anderer Bundeseinrichtungen wie des Bundeskriminalamtes beim Personenschutz oder des Bundesamtes für Verfassungsschutz im Bereich der Funktechnik[36] (vgl. Schenck 2006, 36). Auch bahnpolizeiliche Aufgaben werden durch die Bundespolizei wahrgenommen. Im Bereich der Luftsicherheitsaufgaben – dem (präventiven) Schutz vor Angriffen auf den Luftverkehr – besitzt die Bundespolizei keine Strafverfolgungskompetenz (diese obliegt der zuständigen Landespolizei) (vgl. Werthebach et al. 2010, 17).

Die Struktur der Bundespolizei gliedert sich in ein Präsidium mit Sitz in Potsdam und neun Bundespolizeidirektionen sowie eine weitere Direktion der Bundesbereitschaftspolizei. Die Bundespolizei verfügt darüber hinaus über eine Bundespolizeiakademie in Lübeck. Den regionalen Bundespolizeidirektionen sind Bundespolizeiinspektionen nachgeordnet. Die Behörde wird geleitet durch einen Präsidenten und zwei Vizepräsidenten. Die BPol verfügt über die Spezialeinheit GSG 9 (vgl. BPol 2012a).

35 Innenminister Otto Schily hat den Namen an die neuen Aufgaben angepasst (vgl. Endreß 2009b, 27).

36 Nach § 10 BPolG erfasst die BPol den Funkverkehr von fremden Nachrichtendiensten, Einzelpersonen oder Personenzusammenschlüssen, die durch den Verfassungsschutz beobachtet werden, und wertet die Informationen aus (vgl. Werthebach et al. 2010, 18).

Derzeit verfügt die Bundespolizei über knapp 40.000 Mitarbeiter, von denen rund 31.500 dem Polizeivollzugsdienst angehören (vgl. Werthebach et al. 2010, 16).

Auf die Bundesbereitschaftspolizei entfallen 5.500 Polizeivollzugskräfte. Sie ist in zehn Abteilungen untergliedert und wird von der Direktion Bundesbereitschaftspolizei geführt. Durch die Bundesbereitschaftspolizei werden bundesweit Kräfte sowie Einsatz- und Führungsmittel vorgehalten, die auf diese Weise einen Beitrag zur Inneren Sicherheit leisten (vgl. BPol 2012b).

Im Kontext der Strafverfolgung nach § 12 BPolG sind die Handlungsmöglichkeiten der Bundespolizei beschränkt. Sie ist lediglich zuständig für Vergehen in den Bereichen *„Grenzschutz"* und *„Bahnpolizei"*, für Verbrechen nach § 315 Abs. 3 Nr. 1 StGB (gefährlicher Eingriff in den Bahnverkehr zur Herbeiführung eines Unglücksfalles) und nach dem Aufenthalts- und Asylverfahrensgesetz (insb. die gewerbs- und bandenmäßige Schleuserkriminalität) sowie für Vergehen und Verbrechen auf hoher See. Zudem müssen die Straftaten im räumlichen Zuständigkeitsgebiet der Bundespolizei liegen. In diesem Zusammenhang kann die Bundespolizei Ermittlungsmaßnahmen im gesamten Bundesgebiet vornehmen. Außerhalb ihres Zuständigkeitsgebiets spricht sie Maßnahmen einvernehmlich mit der Landespolizei ab (vgl. Werthebach et al. 2010, 18). Wird die Bundespolizei bei Straftaten aktiv, die nicht unmittelbar ihre Zuständigkeiten betrifft, wird das Verfahren nach dem *„ersten Zugriff"* an die zuständige Strafverfolgungsbehörde abgegeben (vgl. ebd.).

Zoll

Neben den Polizeien verfügen auch andere Akteure über eine sicherheitspolitische Relevanz. Dabei ist als *„Polizei im materiellen Sinne"* (Möllers 2009, 139) etwa die Zollfahndung als Kriminalpolizeibehörde des Zolls zu verstehen. Organisatorisch besteht sie aus einem Zollfahndungsreferat innerhalb des Bundesministeriums der Finanzen (BMF) als oberste Bundesbehörde, dem Zollkriminalamt (ZKA) als Bundesoberbehörde, dem zentralen Zollfahndungsamt, den Zollfahndungsreferaten, den acht Oberfinanzdirektionen mit ihren Zoll- und Verbrauchsteuerabteilungen als Mittelbehörden sowie den Zollfahndungsämtern als örtliche Behörden (vgl. ebd.). Die Zollverwaltung verwaltet gemäß Art. 108 GG die Zölle, die bundesgesetzlich geregelte Verbrauchssteuer einschließlich der Einfuhrumsatzsteuer, die Abgaben der Europäischen Gemeinschaften sowie das Branntweinmonopol. Sie überwacht zudem die Einhaltung der Beschränkungen und Verbote bei der Verbringung von Waren über die Grenzen. Ein weiterer Aufgabenbereich ist die Bekämpfung von Schwarzarbeit und illegaler Beschäftigung (vgl. Werthebach et al. 2010, 20). Die Zollverwaltung beschäftigt rund 33.800

Mitarbeiter[37] (vgl. BMF 2011, 19). Neben dem Zollfahndungsdienst (Zollfahndungsämter und Zollkriminalamt) nehmen auch die Hauptzollämter Aufgaben im Bereich der Kriminalitätsbekämpfung und -prävention wahr. Dabei sollen neben der Schutzfunktion für die Bürger auch die Staatseinnahmen gesichert werden. Die Präventivaufgaben werden in Form risikoorientierter Kontrollen von rund 6.400 Mitarbeitern wahrgenommen. Die mit den Kontrollen beauftragten Mitarbeiter sind befugt, erste Ermittlungsmaßnahmen in die Wege zu leiten. Die steuerstrafrechtliche Ermittlungsarbeit wird sowohl vom Zollfahndungsdienst als auch von den teilzentralisierten Straf- und Bußgeldstellen der 18 Hauptzollämter vorgenommen. Wenn es sich im verfahrensrechtlichen Sinne um eine Steuerstraftat handelt, ermitteln die Hauptzollämter selbstständig und nehmen dabei Rechte wahr, die der Staatsanwaltschaft im Ermittlungsverfahren zustehen. Die eigenständige Ermittlungsbefugnis entfällt, wenn gegen einen Beschuldigten aufgrund der Straftat ein Haft- oder Unterbringungsbefehl erlassen wird, die Staatsanwaltschaft die Ermittlungen an sich zieht oder das Hauptzollamt das Verfahren an die Staatsanwaltschaft weiterleitet (vgl. Werthebach 2010, 20).

Mit dem Gesetz über das Zollkriminalamt und die Zollfahndungsämter (ZFdG) von 2002 setzte sich die *„Verpolizeilichung“* speziell des Zollfahndungsdienstes fort. Gerade die präventive Arbeit des Zolls bei Bestehen eines strafprozessualen Anfangsverdachtes und die *„Aufgabe zur Abwehr von im Einzelfall bestimmter polizeilich geschützter Rechtsgüter und die zunehmende Bewältigung größerer Einsatzlagen“* (Thiele 2004, 185) unter Einbeziehung von polizeilichen Kräften zeigen, wie sehr sich die Aufgaben des Zollfahndungsdienstes geändert haben (vgl. ebd.). Durch das Gesetz sollte zum einen auf Entwicklungen des europäischen Integrationsprozesses (Erweiterung der EU und strukturelle Veränderungen der organisierten Kriminalität) reagiert werden, zum anderen wurde das überfällige bereichsspezifische Datenschutzgesetz implementiert (vgl. Bußmer 2006, 372).

Neben vielfältigen polizeilichen Rechten kommen dem Zoll auch unkontrollierte Rechte im Bereich der präventiven Kriminalitätsbekämpfung zu. Von besonderer Relevanz ist die seit 1992 existierende und immer wieder verlängerte Erlaubnis, präventiv den Postversand und die Telekommunikation zu überwachen, um Verstöße gegen das Kriegswaffenkontrollgesetz und Ausfuhrdelikte zu verhindern (vgl. ebd., 373 f.). Mit seinem Beschluss 1BvF 3/92 hat das Bundesverfassungsgericht eine neue gesetzliche Grundlage verlangt, die nun das ZKA nach § 23a ZFdG berechtigt, zur Verhütung von Straftaten nach dem Kriegswaffenkontrollgesetz dem Brief-, Post- und Fernmeldegeheimnis unterliegende Sendungen zu öffnen und zu überprüfen sowie den Fernmeldeverkehr zu über-

37 Stand: 31.12.2011.

wachen und aufzuzeichnen. Gleiches gilt, wenn eine erhebliche Gefahr für die öffentliche Sicherheit und Ordnung vorliegt oder die Ausfuhr von konkreten Gütern vorbereitet wird. Die Überwachungsbefugnis bezieht sich ausdrücklich nur auf Straftaten nach dem Kriegswaffenkontrollgesetz sowie auf die Gefahrenabwehr im Falle der Ausfuhr bestimmter Güter (z. B. Rüstungsgüter). Eine allgemeine Überwachung zu Zwecken der Gefahrenabwehr ist nicht vorgesehen (vgl. Schäfer 2008, 16).

Im Jahr 2011 wurden durch den Zoll 13.822 Ermittlungsverfahren in die Wege geleitet (vgl. BMF 2011, 11).

Bundesweit sind 29 *„Gemeinsame Ermittlungsgruppen Rauschgift"* (GER) vorhanden, wobei es sich um Modelle der Kooperation zwischen Polizei und Zoll handelt. Zudem unterhält der Zoll eine vertraglich geregelte *„Gemeinsame Finanzermittlungsgruppe"* und gem. Grundstoffüberwachungsgesetz eine *„Gemeinsame Grundstoff-Überwachungsstelle"* (GÜS) (vgl. Werthebach et al. 2010, 22).

Da dem Bundesministerium der Finanzen und nicht dem Bundesministerium des Innern die Dienst- und Fachaufsicht obliegt, sind die Befugnisse, die grundrechtlich bedenklichen Eingriffsrechte und die umfangreichen Kompetenzen des Zolls bei Vorfeldermittlungen weitgehend unbekannt. Schon zum gegenwärtigen Zeitpunkt verfügt der Zoll über mehr Rechte als die Polizei. Durch den Zoll lassen sich relativ unbemerkt neue Ermittlungsmethoden ausprobieren, die dann von den Polizeien übernommen werden können. Unklar ist auch eine klare Abgrenzung zu den Polizeien des Bundes und der Länder (vgl. Bußmer 2006, 375). Problematisch ist, dass der Zoll im Gegensatz zu den Polizeien primär ein finanzielles Interesse (Eintreibung von Zöllen) hat und er eben nicht die Strafverfolgung in den Fokus seines Handelns stellt.

Bundesamt für Güterverkehr[38]

Als weitere Einrichtung mit Sicherheitsaufgaben kann das Bundesamt für Güterverkehr (BAG) betrachtet werden. Mit seinem Dienstsitz in Köln handelt es sich um eine Bundesoberbehörde im Geschäftsbereich des Bundesministeriums für Verkehr, Bau und Stadtentwicklung (BMVBS). Wesentliche Aufgabe des Amtes ist die Überwachung von Kraftfahrzeugen zur Güterbeförderung auf der Straße (vgl. BAG 2012a). Es ist ferner für die Überprüfung der Einhaltung von Gefahrgutvorschriften und verkehrsrechtlichen Bestimmungen zuständig. Darüber

38 Wird an dieser Stelle etwas ausführlicher dargestellt, da das BAG exemplarisch für einen Akteur steht, der auf den ersten Blick nicht als sicherheitsrelevanter Akteur wahrgenommen wird.

hinaus führt das BAG auch Kontrollen nach dem Kriegswaffengesetz durch. Es verfügt über das Mandat, Verkehrskontrollen durchzuführen, die auch als Verbundkontrollen gemeinsam mit der Polizei durchgeführt werden. Es ist berechtigt, Bußgelder für Ordnungswidrigkeiten gegenüber in- und ausländischen Betroffenen im grenzüberschreitenden Güterkraftverkehr gemäß dem Autobahnbenutzungsgebührengesetz zu verhängen (vgl. Möllers 2009, 139).

Eine weitere sicherheitsrelevante Aufgabe ergibt sich aus dem Verkehrsleistungsgesetz (VerkLG). Das BAG ist gemäß § 7 Abs. 2 Nr. 1 VerkLG *„zuständig für die Sicherstellung von ausreichenden Verkehrsleistungen auf dem Gebiet des Straßenverkehrs"*. Maßnahmen zur Sicherstellung der Verkehrsleistung kommen dann zur Anwendung, wenn der Bedarf nicht, nicht rechtzeitig oder aber nur mit unverhältnismäßigen Mitteln abgedeckt werden kann. Die Leistungen dürfen nur dann angefordert werden, wenn die Bundesregierung die Anwendung des VerkLG feststellt. Dies kann beispielsweise im Rahmen der Amtshilfe des Bundes bei einem terroristischen Anschlag, einer Naturkatastrophe und besonders schweren Unglücksfällen erfolgen. Weitere Einsatzmöglichkeiten sind wirtschaftliche Krisenlagen, die eine Versorgung mit lebenswichtigen Gütern stören, die Unterstützung der Streitkräfte im Rahmen internationaler Einsatzverpflichtungen oder einer Zusammenarbeit mit den Vereinten Nationen.

Dabei werden durch das VerkLG drei verschiedene Leistungsarten aufgezeigt:

1. die einmalige oder wiederkehrende Beförderungsmaßnahme von Gütern oder Personen,
2. die Überlassung von Verkehrsanlagen und –mitteln zum Gebrauch, Mitgebrauch oder zu einer anderen Nutzung,
3. die Benutzung der Verkehrsinfrastruktur inkl. der Ausrüstung sowie der Kommunikations- und Informationssysteme.

Leistungspflichtig können beispielsweise Verkehrs- und Verkehrsinfrastrukturunternehmen sein. Privatpersonen können durch das VerkLG nicht verpflichtet werden (vgl. BAG 2012b). Anforderungsberechtigte Behörden sind ausschließlich das Bundesamt für Bevölkerungsschutz und Katastrophenhilfe (auch als Ansprechpartner der Hilfsorganisationen und bei Katastrophenhilfeersuchen der Länder), die Leitung der Bundesanstalt Technisches Hilfswerk, die Bundespolizei-Präsidien, das Bundesamt für Wehrverwaltung (für die Streitkräfte einschließlich der verbündeten Streitkräfte), die Bundesanstalt für Landwirtschaft und Ernährung, das Robert-Koch-Institut, das Bundesinstitut für Arzneimittel und Medizinprodukte, die Bundeszentrale für gesundheitliche Aufklärung und das Deutsche Institut für medizinische Dokumentation und Information (VerkLG § 7) (vgl. BAG 2009, 4).

Nachrichtendienste

In Deutschland gibt es drei Nachrichtendienste – Bundesnachrichtendienst, Bundesamt für Verfassungsschutz und Militärischer Abschirmdienst –, die jeweils unterschiedlichen Organen unterstellt sind und getrennt voneinander arbeiten sowie einem unterschiedlichen Aufgaben- und Rechtsverständnis unterliegen (vgl. Focus 2012).

Hauptaufgaben der Nachrichtendienste sind vor allem die Sammlung und Auswertung von Informationen, speziell von personen- und sachbezogenen Auskünften. Darüber hinaus werden Unterlagen und Nachrichten über Bestrebungen ausgewertet, die gegen die freiheitlich demokratische Grundordnung der Bundesrepublik Deutschland und die Sicherheit oder den Bestand des Bundes oder eines Bundeslandes gerichtet sind oder eine nicht rechtmäßige Beeinträchtigung der Amtsführung der Verfassungsorgane des Bundes oder eines einzelnen Landes oder ihrer Mitglieder zum Ziel haben (vgl. Möllers 2009, 147). Die Nachrichtendienste folgen, im Gegensatz zu den Polizeibehörden, dem Opportunitätsprinzip. Dies bedeutet, dass die Strafverfolgungsbehörden grundsätzlich verpflichtet sind, Straftaten zu verfolgen (Strafverfolgungszwang), was jedoch bei Nachrichtendiensten nicht zwingend der Fall sein muss. Nachrichtendienste können somit ihre Erkenntnisse zurückhalten und müssen die zuständigen Strafverfolgungsbehörden nicht informieren, wenn dies den nationalen Sicherheitsinteressen der Bundesrepublik Deutschland dient (vgl. Abou-Taam 2007, 261).

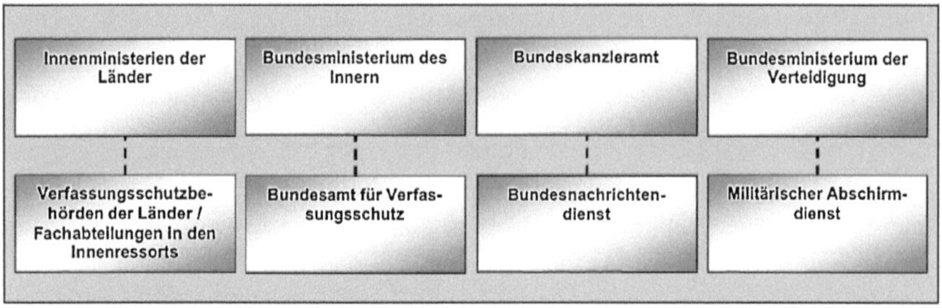

Abbildung 10: Struktur der Nachrichtendienste in der BRD (Quelle: Endreß 2009b, 30)

Das Nachrichtenwesen (im Englischen würde man den Begriff „*Intelligence*" benutzen) wird in Deutschland aus dem Bundeskanzleramt (Bundesnachrichtendienst), dem Bundesministerium des Innern (Bundesamt für Verfassungsschutz) und dem Bundesministerium der Verteidigung (Militärischer Abschirmdienst) gesteuert, wobei das Bundeskanzleramt als Zentrale dieses Prozesses gilt. Dennoch spielen auch andere Bundesressorts eine relevante Rolle, die zum „*deut-*

schen Intelligence" (Daun 2009, 60) beitragen. Zu nennen ist das Auswärtige Amt, das top down in die Steuerungsprozesse des BND eingebunden ist. Zudem spielen die deutschen Auslandsvertretungen eine relevante Rolle bei der operativen Aufklärung im Ausland. Aber auch das Bundesministerium der Justiz und das Bundesministerium für Wirtschaft und Technologie profitieren durch eine Teilnahme an den zentralen Lagebesprechungen über In- und Output des nachrichtendienstlichen Prozesses (vgl. ebd.).

Bundesnachrichtendienst

Der BND ist als Auslandsnachrichtendienst der Bundesrepublik Deutschland genau genommen dem Politikfeld der Äußeren Sicherheit zuzuordnen. Dennoch wird er in dieser Arbeit mit bearbeitet, da er Kernakteur verschiedener Kooperationszentren ist und die vorherrschenden Bedrohungslagen eine engere Verzahnung zwischen Innerer und Äußerer Sicherheitspolitik unumgänglich machen.

Die Fachaufsicht für den BND obliegt dem Bundeskanzleramt. Der Chef des Bundeskanzleramtes übernimmt die Rolle des *„Beauftragten der Regierung für die Nachrichtendienste"* und ist somit auch Dienstvorgesetzter des BND-Präsidenten. Gemeinsam mit dem Abteilungsleiter 6 des Bundeskanzleramtes (*„Koordinator der Nachrichtendienste"*) obliegt ihm die Aufsicht über den BND und die Steuerung der Dienste (vgl. ebd.). Aufgabe des BND ist es, mittels verschiedener Methoden außen- und sicherheitspolitische Informationen von Bedeutung zu erlangen und dahingehend auszuwerten, dass Gefahren und Bedrohungen für die Bundesrepublik Deutschland erkannt, abgewendet und/oder Maßnahmen zum Schutz getroffen werden können (vgl. Foertsch 2011, 3). Die Informationen dienen als Grundlage für weitreichende Regierungsentscheidungen, die die Sicherheit des Staates und der Staatsorgane gewährleisten sollen (vgl. Wieck 2011, 2).

Der BND tauscht sich mit Nachrichtendiensten anderer Länder aus und arbeitet mit folgenden nachrichtendienstlichen Instrumenten (vgl. Foertsch 2011, 13) zusammen:

- Mit Hilfe von OSINT (*„Open Sources Intelligence"*) lassen sich öffentlich zugängliche Informationen auswerten und analysieren.
- SIGINT (*„Signal Intelligence"*) bezieht sich auf die Arbeit mit technischen Hilfsmitteln (z.B.: Satelliten, Flugkörpern), dient der Erfassung und Analyse der Kommunikation und technisch wichtiger Daten (z. B. über Waffensysteme) des Gegners und soll das Eindringen in das gegnerische IT-System ermöglichen.
- HUMINT (*„Human Intelligence"*) steht für das operative Kerngeschäft des BND. Dieses Instrument generiert mit Hilfe von Agenten und Spionen die

Informationen, die weder OSINT noch SIGINT beschaffen können (vgl. ebd., 4 f.). Hier werden Informationen direkt aus der bedrohenden Struktur auch durch Personen abgeschöpft, die dieser Organisation sehr nahe stehen oder eingeschleust werden (vgl. ebd., 6).

Im Anschluss an die verschiedenen Ermittlungsmethoden erfolgt die Auswertung und Analyse dieser Daten in ihrer Gesamtheit (ebd.). Damit der BND nicht missbräuchlich genutzt wird, haben diverse Institutionen Einfluss auf die Sicherung bzw. üben eine Kontrollfunktion aus.

Die Regierung nimmt Einfluss durch die Auftragssteuerung und Ergebnisauswertung. Eine parlamentarische Kontrolle wird erstens durch die Gesetzgebung *„und besondere Verfahren bei Einschränkung der Grundrechte durch geheime nachrichtendienstliche Aktivitäten“* (Wieck 2011, 2) und zweitens durch einen Ausschuss (Parlamentarisches Kontrollgremium – PKG) gewährleistet, der im Geheimen tagt. Dennoch werden bei diesen Sitzungen keine Details zur Vorgehensweise und zu den Beschaffungswegen gegeben, da ansonsten Quellen, Agenten und Partnerdienste nicht ausreichend geschützt werden könnten. Bei Vorlage der Berichte im parlamentarischen Ausschuss werden diese kritischen Informationen geschwärzt. Ebenfalls findet eine Kontrolle durch den Rechnungshof und durch die Verwaltungsgerichte statt (vgl. ebd.). Der technische Fortschritt bietet im Gegenzug auch für den BND ein großes neues Spektrum an Möglichkeiten zur Informationsgewinnung (z. B. Cyber War, Drohnen), um aus neuen Bedrohungsstrukturen Daten zu generieren (vgl. ebd., 13). Um nicht Gegenstand der öffentlichen Diskussion zu werden, lehnt das Kanzleramt (und damit die Regierung), nach dessen festgesetzten Aufklärungsforderungen und Ermessenswegen der BND handelt, die Übernahme des politischen Risikos in immer mehr Fällen ab (vgl. ebd., 8).

Der BND legt einen derzeitigen Aufgabenschwerpunkt auf die Aufklärung von terroristischen Strukturen sowie Verbrechen der organisierten Kriminalität[39]. Im Rahmen von Bedrohungen durch *„failing states“* können auch beide Phänomene in Kombination auftreten (vgl. Foertsch 2011, 3). Die jüngste Herausforderung für die nachrichtendienstlichen Ermittlungen stellt die Bedrohung kritischer Infrastrukturen dar, die in den Fokus von Angriffen geraten könnten. Dazu sind u. a. Gefahren für die flächendeckende Stromversorgung, die Flugsicherung und die Manipulation von Informationstechnologien in einem *„Cyber War“* zu zählen (vgl. Foertsch 2011, 4).

---

39 Wenngleich dies nicht ohne Kritik zu sehen ist, da es sich hierbei um ein klassisches Feld der Polizei handelt.

Durch Globalisierung und neue Informations-/Kommunikationsmöglichkeiten entstehen neue Problematiken im nachrichtendienstlichen Arbeitsfeld (vgl. Wieck 2011, 12).

Das Manipulieren und Offenlegen geheimer Informationen von Staaten und von unzureichend geschützten digitalen Datenbanken (z. B. durch Wikileaks) rückt das Ansehen von Nachrichtendiensten und Regierung in ein negatives Licht und verunsichert zunehmend die Bevölkerung. Weiterhin birgt die Veröffentlichung heikler Informationen die Gefahr eines Reputationsverlustes der betroffenen Regierung. Das Geheimhalten von geheimen Operationen, wie dies vorher weltweit möglich war, ist nicht mehr gegeben (vgl. Wieck 2011, 11). Irritation in der Bevölkerung lösten zuletzt diverse Medienberichte aus, denen zufolge die Nachrichtendienste zahlreiche Emails mitgelesen hatten. So hieß es in einem Beitrag des STERN (2012), *„Geheimdienste scannen zig Millionen E-Mails"*. Eine Antwort der Bundesregierung auf die kleine Anfrage der Linkspartei wurde in weiten Teilen als *„geheim"* oder *„VS-Vertraulich"* eingestuft und lediglich dem Deutschen Bundestag in die Geheimschutzzelle überstellt (BT-Drs. 17/9305).

Bundesamt für Verfassungsschutz

Bei dem Bundesamt für Verfassungsschutz (BfV) handelt es sich ebenfalls um eine Bundesoberbehörde im Geschäftsbereich des Bundesministeriums des Innern mit Sitz in Köln und Berlin. Die wesentlichen Aufgaben des Amtes sind

> *„die Sammlung und Auswertung von Informationen über Bestrebungen, die gegen die freiheitliche demokratische Grundordnung, den Bestand oder die Sicherheit des Bundes oder eines Landes gerichtet sind oder eine ungesetzliche Beeinträchtigung der Amtsführung der Verfassungsorgane des Bundes oder eines Landes oder ihrer Mitglieder zum Ziel haben"* (BMI 2007, 21 f.).

Das BfV orientierte sich in seiner ursprünglichen Konzeption am britischen Nachrichtendienst MI 5. Der Bundesregierung sollte lediglich eine Institution zur Sammlung und Auswertung von Daten verfügbar gemacht werden und keine Behörde mit Zwangsanwendungsbefugnissen. Dies wurde durch den Polizeibrief vom 14. Mai 1949 an den Parlamentarischen Rat geregelt. Die am 7. November 1950 gegründete Behörde sollte keine polizeilichen Aufgaben wahrnehmen dürfen. Beamte des Dienstes sind nicht berechtigt, Verhaftungen durchzuführen, Durchsuchungen vorzunehmen und Gegenstände zu beschlagnahmen (vgl. BMI 2007, 22 f.).

Die Arbeit des BfV wird durch Gesetze legitimiert. Die Behörde ist an Vorschriften gebunden. Eine grundgesetzliche Legitimation für den BfV ergibt sich aus Art. 73 in Verbindung mit Art. 87 Abs. 1 GG. Im Gegensatz zu dem Bundesnachrichtendienst und dem Militärischen Abschirmdienst wurde der Verfassungsschutz im Grundgesetz berücksichtigt (vgl. Schütte 2006b, 23). Die gesetzlich normierten Aufgaben werden im *„Gesetz über die Zusammenarbeit des Bundes und der Länder in Angelegenheiten des Verfassungsschutzes und über das Bundesamt für Verfassungsschutz“* (BVerfSchG) geregelt.[40] Das BVerfSchG wurde allerdings zweimal einer Neufassung unterzogen: am 7. August 1972 aufgrund von vermehrten terroristischen Aktivitäten und Anschlägen und als Reaktion auf das Urteil des Bundesverfassungsgerichts vom 20. Dezember 1990 über das Recht auf informelle Selbstbestimmung (vgl. Lange/Frevel 2008, 121). Um den Aufgabenstellungen gerecht zu werden, sind Bund und Länder gemäß § 1 Abs. 2 BVerfSchG zu einer Zusammenarbeit verpflichtet. Der Verfassungsschutz ist auch zuständig für die Spionageabwehr und bekämpft nachrichtendienstliche Tätigkeiten anderer Staaten in Deutschland. Im besonderen Fokus des Amtes stehen die russischen Geheimdienste GRU (militärisch)[41] und SWR[42] (zivil) sowie die Dienste des Irans, des Iraks, Syriens und Chinas (vgl. Schütte 2006a, 23).

Der BfV ist auch für die Sicherheitsüberprüfungen von Geheimnisträgern zuständig, die in Schlüsselpositionen an sicherheitsempfindlichen Stellen sitzen (BMI 2007, 22 f.). Im Bereich des materiellen Geheimschutzes kooperiert der BfV mit dem Bundesamt für Sicherheit in der Informationstechnik (BSI) (vgl. Schütte 2006a, 23).

Mit der Einrichtung der Antiterrordatei wurden dem Verfassungsschutz neue Handlungsmöglichkeiten geschaffen. Dienste und Polizeien von Bund und Ländern wurden ermächtigt, *„mithilfe einer verfahrensrechtlichen Vereinfachung“* den Informationsaustausch zu gewährleisten sowie gemeinsame Projektdateien einzurichten (vgl. BMI 2007, 23). Das BfV unterhält Kooperationen mit anderen Nachrichtendiensten im In- und Ausland. Ein weiterer wichtiger Partner sind die Polizei- und Strafverfolgungsbehörden, sofern es die gesetzlichen Grundlagen zulassen (vgl. BMI 2007, 22 f.).

Ein relevantes Instrument der Nachrichtendienste von Bund und Ländern zur Informationssammlung und Auswertung ist das *„Nachrichtendienstliche Informationssystem“* (NADIS). Im Wesentlichen ist dieses Aktenregister für Auskünfte zuständig, ob dem Verfassungsschutz eine Person oder ein Objekt bekannt ist (vgl. Schütte 2006a, 24). Zurzeit verfügt die Datenbank über 1,2 Mio. personenbezogene Eintragungen, die zu 52,7 % Sicherheitsüberprüfungsmaßnahmen betreffen[43] (vgl. Endreß 2009b, 31). Nach Angaben des Bundesbeauftragten für

---

40 Zur Vertiefung Gusy 2011.

41 GRU, vollständig GRU GSCH VS RF: Glawnoje Raswedywatelnoje Uprawlenije, übersetzt: Hauptverwaltung für Aufklärung (beim Generalstab der Streitkräfte der Russischen Föderation) (vgl. Wikipedia 2012).

42 SWR: Slushba Vneishnei Rasvedki (vgl. Waske 2004, 36).

43 Nach SÜG: Sicherheitsüberprüfungsgesetz.

den Datenschutz und die Informationsfreiheit (BfDI) soll das System grundlegend überarbeitet werden (vgl. BfDI 2012).

Die bedeutendste Informationsquelle bei den Ämtern für Verfassungsschutz (ÄfV) bilden die Verbindungspersonen (sog. V-Männer). Sie erbringen bei der Informationsbeschaffung die interessantesten und wichtigsten Erkenntnisse. Allerdings werden weit mehr offen zugängliche Materialien ausgewertet (vgl. Borgs/Ebert 1986, 115).

Der Deutsche Richterbund steht der Befugnis des BfV zur Datensammlung und Datenvernetzung kritisch gegenüber. Hierdurch werde die Behörde zu einer Ermittlungsbehörde ohne juristische Kontrolle ausgebaut (vgl. Schütte 2006b, 25). Dabei ist jedoch zu berücksichtigen, dass der Verfassungsschutz der Aufsicht durch das BMI und den Deutschen Bundestag[44] unterliegt (vgl. BMI 2007, 24).

Militärischer Abschirmdienst

Bei dem Militärischen Abschirmdienst (MAD) mit Sitz in der Kölner Konrad-Adenauer-Kaserne handelt es sich – wie auch beim BND – um keinen klassischen Akteur der Inneren Sicherheit. Da er in dieser Arbeit mehrfach Erwähnung findet, soll er der Vollständigkeit halber an dieser Stelle ebenfalls untersucht werden.

Der MAD untersteht dem Bundesministerium für Verteidigung (BMVg) und wurde 1956 durch einen Erlass gegründet. Bis zum Jahr 1990 arbeitete er ausschließlich auf der Basis von Erlassen des Ministeriums und erhielt dann schließlich eine gesetzliche Grundlage (vgl. Lange/Frevel 2008, 122). Die Befugnisse und Aufgaben des MAD entsprechen weitgehend denen des BfV – allerdings beschränkt auf den Geschäftsbereich des Bundesministeriums der Verteidigung. Der MAD, dessen Dienststellen sich im Wehrbereich der Bundeswehr befinden, nimmt Geheim- und Sabotageschutzaufgaben wahr. Der MAD nimmt seit 2004 zudem auf besondere Anordnung des Ministeriums die Abschirmung deutscher Bundeswehrkontingente während ihrer Auslandseinsätze oder humanitärer Hilfseinsätze vor. Die Strukturdaten des MAD werden jährlich über den Verfassungsschutzbericht des BMI kommuniziert. Im Jahr 2010 verfügte das Amt über 1.180 Mitarbeiter sowie einen Etat in Höhe von rund 70 Mio. Euro (vgl. Klocke 2012, 39). Die militärische Gegenspionage fällt nicht in den Aufgabenbereich des MAD. Sie ist Aufgabe des BND. Das MAD-Personal wird ebenfalls in der Schule für Verfassungsschutz in Swisttal ausgebildet (vgl. Lange/Frevel 2008, 122 f.).

Neue Umstrukturierungsmaßnahmen wurden im April 2012 eingeleitet und sollen die Auslandstätigkeit weiter verbessern (vgl. Klocke 2012, 42 f.). Die in diesem Zuge neu gegründete Abteilung *„Einsatzabschirmung“* könnte somit

44 Parlamentarisches Kontrollgremium (PKG).

später auch zur Unterstützung von *„EU Battlegroups"* und *„NATO Response Forces"* eingesetzt werden. Ferner werden die verschiedenen Abwehrabteilungen[45] zu einer einzigen Abteilung verschmelzen und die große flächendeckende Verteilung von MAD-Standorten eine Reduktion erfahren. Die Reorganisation soll voraussichtlich 2014 abgeschlossen sein (vgl. Klocke 2012, 43).

Weitere Behörden auf Bundesebene mit Relevanz für das Politikfeld Innere Sicherheit

Als weitere Einrichtungen, die eine Relevanz für das Politikfeld aufweisen, sind das Bundesamt für Sicherheit in der Informationstechnik (BSI), das Bundesverwaltungsamt (BVA), die Bundesanstalt für den Digitalfunk der Behörden und Organisationen mit Sicherheitsaufgaben (BDBOS) sowie das Bundesamt für Migration und Flüchtlinge (BAMF) zu nennen. Hinzuzurechnen ist ferner die Polizei des Deutschen Bundestages. Sie stellt die kleinste Polizeibehörde dar und ist direkt dem Präsidenten des Deutschen Bundestages unterstellt (vgl. DBT 2012).

Zum System der Inneren Sicherheit zählt auch die Generalbundesanwaltschaft (GBA), der gegenüber dem Bundesminister der Justiz weisungsgebunden ist. Die GBA stellt die Anklage- und Verfolgungsbehörde des Bundes dar. Sie ist die einzige Staatsanwaltschaft des Bundes. Die GBA ist zuständig für Staatsschutzdelikte wie Terrorismus, Extremismus, Landesverrat und für bestimmte Fälle von Schwerstkriminalität (vgl. Lange/Frevel 2008, 125; Kastner 2006, 98 f.)

Frage des Trennungsgebotes

Damit Polizeien und Nachrichtendienste ihren Aufgaben adäquat nachkommen können, besteht die Notwendigkeit des Daten- und Informationsaustausches. Hierdurch sollen Erkenntnisse gebündelt werden. Aus sicherheitsstrategischer Perspektive liegt somit auf der Hand, dass sich die Polizeien und die Nachrichtendienste einen gegenseitigen Zugriff auf vorhandene Informationen ermöglichen (vgl. Uhrlau 2001, 17). In Deutschland wird diese Zusammenarbeit durch das Trennungsgebot geregelt. Konkret erweist sich die sicherheitsstrategische Zusammenarbeit durch die grundlegende Zurückhaltung in der Kooperation zwischen Nachrichtendiensten und Polizeibehörden als schwierig. Weitere Problemfelder der Zusammenarbeit entstehen durch das Recht auf informelle Selbstbestimmung, den föderalen Aufbau der Sicherheitsbehörden und das Rechtsstaatsprinzip mit seiner speziellen Ausgestaltung als Trennungsgebot (Martínez-Soria 2005, 3).

---

45 Die Abwehrabteilungen gliedern sich in Extremismus, Terrorismus, Spionage und Sabotage.

Das Misstrauen zwischen Diensten und Polizeien besteht sowohl auf der innerstaatlichen als auch auf der europäischen und internationalen Ebene. Hintergrund ist die grundsätzliche Befürchtung der Dienste, dass durch Weitergabe von Informationen ihre Quellen gefährdet werden könnten (vgl. ebd., 2).

Historisch gesehen geht das Trennungsgebot auf den Polizeibrief zurück, einem Schreiben der Militärgouverneure der westdeutschen Besatzungszone an den Parlamentarischen Rat vom 14. April 1949. Darin heißt es, dass deutsche Nachrichtendienste *„keine Polizeibefugnisse"* haben sollen (vgl. Kutscha 2006, 338).

Nach einem engen Begriffsverständnis handelt es sich beim Trennungsgebot lediglich um eine organisatorische Trennung zwischen den Polizeien der Länder und des Bundes und den Nachrichtendiensten (ÄfV, BND, MAD) (vgl. ebd.). Konkret bedeutet dies, dass polizeiliche und nachrichtendienstliche Aufgabenstellungen von organisatorisch getrennten Behörden wahrgenommen werden müssen. Die Nachrichtendienste dürfen somit weder Verhaftungen (vgl. Krentz 2012) und Wohnungsdurchsuchungen vornehmen noch zu Mitteln der Gewalt greifen (vgl. Wolff 2012, 6).

Wann immer es um eine Zusammenarbeit von Polizeien und Nachrichtendiensten geht, gerade wenn ereignisbezogen neue Kooperationszentren entstehen, werfen Kritiker den politischen Akteuren eine Verletzung des Trennungsgebotes vor. Auch wenn die gesetzliche Grundlage einer einfachen gesetzlichen Normierung entspricht und nicht im Grundgesetz verankert ist (vgl. Krentz 2012), kann ihm laut Martin Kutscha in Anbetracht der Ausdifferenzierung in Art. 87 Abs. 1 GG sowie vor dem Hintergrund der Entscheidung der Westalliierten auch ein Verfassungsrang zugesprochen werden (vgl. Kutscha 2006, 338).

Die Kritiker sehen allerdings eine (schleichende) Auflösung des Trennungsgebotes. Als Beispiele führen sie die gemeinsamen Zentren der Sicherheitsbehörden (GTAZ, GASIM, usw.) an. Beim GTAZ werde das Trennungsgebot als *„Gebot zur Zusammenarbeit umgedeutet"* (Pütter 2009).

Allerdings sind die Kooperationszentren nicht die ersten Einrichtungen, die das Trennungsgebot angeblich verletzen. Pütter beobachtet bereits seit den 1990er Jahren eine *„Verpolizeilichung der Geheimdienste"*, die an eine *„Vergeheimdienstlichung der Polizeien"* anschließt (ebd.). Andere Stimmen warnen, dass schon das gemeinsame Dateiensystem (INPOL) das Trennungsgebot aushöhlt. Bereits Ende der 1970er Jahre wurde bekannt, dass der damalige Bundesgrenzschutz (BGS) Daten von *„Reisenden"*, die extremistischen Gruppierungen zugerechnet wurden, an den Verfassungsschutz übermittelt hatte. Dadurch wurde es dem Verfassungsschutz ermöglicht, weitreichende Exekutivbefugnisse von Polizei, BGS etc. für eigene Zwecke zu nutzen (vgl. Kutscha 2006, 338 f.). Sowohl über den Rang in der Rechtsordnung als auch über die Entstehungsgeschichte des Trennungsgebotes ist viel geschrieben worden. Was bislang zu kurz kam, ist die Diskussion über den spezifischen Inhalt und über die Rechtsfolgen, die im Einzelnen entstehen. Unklar ist daher, *„ob neuere Entwicklungen dieses Gebot fortentwickeln oder aber fortfallen lassen“* (Gusy / Pohlmann 2007, 53).

Bislang wurde bei Fragen der Zusammenarbeit zwischen Nachrichtendiensten und Polizei auf die Zeit des Dritten Reiches verwiesen. Ob die Aufrechterhaltung des Trennungsgebotes noch zeitgemäß ist, muss kritisch untersucht werden. Zum einen hat sich die Bundesrepublik Deutschland zu einer friedliebenden und demokratiefesten Gesellschaft entwickelt, zum anderen unterliegen die Nachrichtendienste einer parlamentarischen Aufsicht, die zu Zeiten des Dritten Reiches nicht vorhanden war.

Polizeien der Länder[46]

Konkret sind also die Länder gemäß Art. 70 und 73 GG mit ihren Polizeien für die Innere Sicherheit zuständig. Die Polizeien sind keine statischen Einrichtungen, sondern unterliegen seit dem 18. Jahrhundert einer historischen Entwicklung. Als nach dem Zweiten Weltkrieg eine Neuausrichtung der Bundesrepublik Deutschland erfolgte, wurde die Polizei eindeutig dezentral ausgerichtet. In den Besatzungszonen haben dann die Besatzungsmächte die Polizeistrukturen bestimmt. Nach zahlreichen Polizeireformen ließ dieser Einfluss nach. Im organisatorischen Bereich hat sich in den 16 Bundesländern ein pluralistischer Ansatz durchgesetzt (vgl. Frevel / Groß 2008, 85).

Bei den Polizeien der Länder wird zumeist eine Unterteilung des Polizeivollzugsdienstes (PVD) in die uniformierte Schutzpolizei sowie die in der Regel zivil agierende Kriminalpolizei vorgenommen. Die Länder unterhalten die Landespolizei, ein Landeskriminalamt sowie die als Verband organisierten Bereitschaftspolizeien. Die Bereitschaftspolizeien der Länder werden insbesondere für Großeinsätze benötigt. Die Einsatzfähigkeit wird von dem Inspekteur der Bereitschaftspolizeien der Länder überwacht. Er fungiert als Beauftragter des Bundesministers des Innern (IBPdL) (vgl. Möllers 2009, 137 f.). Die Bereitschaftspolizeien der Länder verfügen über eine Einsatzstärke von rund 16.400 Polizeivollzugsbeamten. Das Aufgabenportfolio der Bereitschaftspolizeien der Länder (BPdL) beinhaltet (vgl. BMI 2012d)

– die Bewältigung von Einsatzlagen bei Gefahrenlagen im Zusammenhang mit Naturkatastrophen und besonders schweren Unglücksfällen nach Art. 35 Abs. 3 GG, bei einer drohenden Gefahr für die freiheitlich demokratische Grund-

46 Alle 16 Länderpolizeien in dieser Arbeit zu untersuchen, hätte den Umfang dieser Arbeit gesprengt. Außerdem konzentriert sich das Forschungsinteresse eher auf die Bundesebene. Zur Vertiefung empfohlen: Groß / Frevel et al. 2008.

ordnung eines Bundeslandes nach Art. 91 Abs. 2 GG oder im Verteidigungsfall nach Art. 115f GG,

- die Unterstützung anderer Länder bei der Bewältigung von besonderen Gefahrenlagen nach den Artikeln 35 Abs. 3 und 91 Abs. 2 GG und
- die Unterstützung des polizeilichen Einzeldienstes.

Der Inspekteur der Bereitschaftspolizeien der Länder fungiert als Bindeglied zwischen Bund und Ländern und *„gewährleistet die Einhaltung der Verwaltungsabkommen und damit die Kompatibilität der geschlossenen Einheiten von Bund und Ländern“* (Ebd.).

Insgesamt verrichten rund 215.000 Polizeivollzugsbeamte ihren Dienst bei den deutschen Länderpolizeien. Betrachtet man die Polizeidichte im Bundesschnitt im Vergleich zu anderen europäischen Staaten, fällt diese eher gering aus. So kommen statistisch[47] gesehen auf einen Landespolizisten 384 Einwohner. Dennoch sind in den Bundesländern Unterschiede erkennbar. Die meisten Polizeibeamten gibt es in den Stadtstaaten Berlin, Hamburg und Bremen, wobei Berlin über die höchste Polizeidichte verfügt (1:212). Dies ist darauf zurückzuführen, dass Berlin die Bundeshauptstadt ist und die Anforderungen an die Polizei (z. B. durch Demonstrationen, Staatsbesuche) höher sind (vgl. Groß 2008, 21).

In den Länderpolizeien werden dann spezifische Dienststellen für sachliche Dienstbereiche – Verkehrspolizei, Autobahnpolizei und Wasserschutzpolizei – vorgehalten, die mit sachlichen Aufgaben betraut sind. Die Schutzpolizei ist eine der uniformierten Vollzugspolizeien, die im Rahmen des allgemeinen Polizeivollzugsdiensts die Vollzugsaufgaben erfüllt, sofern nicht andere Organisationseinheiten zuständig sind. Zu den Aufgaben innerhalb des Regeldienstes der Schutzpolizei gehören z. B. die Gefahrenabwehr durch Posten- oder Streifendienst, die Verkehrslenkung, der Erstzugriff bei der Verfolgung von Straftaten oder die Verfolgung von Ordnungswidrigkeiten (vgl. Möllers 2009, 138).

Die Kriminalpolizei ist ebenfalls dem Polizeivollzugsdienst zuzuordnen. Sie ist im Wesentlichen für die Verbrechensbekämpfung zuständig, die besondere Kenntnisse, Fähigkeiten und Instrumente erforderlich macht (z. B. Spurensicherung) und spezifische Ressourcen (wie bspw. kriminaltechnische Untersuchungsstellen) vorhält. Die Kriminalpolizei wird zur Bekämpfung spezieller Deliktgruppen eingesetzt. Sie kommt bei Tötungs-, Drogen-, Sexual-, Falschgeld- und Staatsschutzdelikten sowie bei Raub und Erpressung, Wirtschaftskriminalität, beim illegalen Waffenhandel, bei qualifiziertem Diebstahl etc. zum Einsatz. Bei besonders schweren Straftaten werden zur Verbrechensbekämpfung Sonderkommissionen eingerichtet (vgl. ebd.).

47 Zahl aus dem Jahr 2008.

Landesbehörden für Verfassungsschutz

Die Landesämter für Verfassungsschutz sind obere Landesbehörden im Geschäftsbereich der Innenministerien der Länder und unterliegen somit keinem Weisungsrecht des Bundesamtes für Verfassungsschutz.

Im Zentralbereich der Länder sind die Verfassungsschutzbehörden entweder in einem eigenen Landesamt (Baden-Württemberg, Bayern, Berlin, Bremen, Hamburg, Hessen, Niedersachsen, Saarland, Sachsen, Sachsen-Anhalt und Thüringen) oder in entsprechenden Abteilungen in den Innenressorts untergebracht (Brandenburg, Mecklenburg-Vorpommern, Nordrhein-Westfalen, Rheinland-Pfalz und Schleswig-Holstein) (vgl. Abou-Taam 2007, 262). Wenngleich die Entwicklungslinien der einzelnen Landesämter in Bezug auf die Gesetzgebung und die organisatorische Anbindung unterschiedlich verliefen, sind die Aufgabenzuweisungen, die Befugnisse (speziell die *„zulässigen nachrichtendienstlichen Mittel“*) sowie die Mechanismen der parlamentarischen und politischen Kontrolle seit Jahrzehnten identisch. Ausnahmen waren z. B. die abweichende Umsetzung der *„Anti-Terror-Pakete“*, die Weigerung eines Landesamtes im Jahr 1997, *„Scientology“* zu beobachten, und der unterschiedliche Umgang der Landesämter mit der Partei *„Die Linke“*. Diese Ausnahmen sind im Einzelfall auf politische Entscheidungen zurückzuführen – Ausnahmen bestätigen bekanntlich die Regel – und müssen in einem föderalen System hingenommen werden (vgl. Murck 2009, 186 f.). Von wenigen Details abgesehen, haben alle Verfassungsschutzbehörden die gleiche gesetzliche Aufgabenstellung für die *„Sammlung und Auswertung von Informationen“*. Die Aufgaben gem. § 3 Abs. 1 BVerfSchG sind fast in allen Landesgesetzen wortidentisch (vgl. ebd.).

Auch was die Befugnisse betrifft, die der Ermittlung und Verarbeitung von Daten dienen, gibt es wenig Unterschiede. Die Führung von V-Personen bzw. vertraulichen Mitarbeitern (VM), Ermittlungen bei anderen behördlichen Einrichtungen, verdeckte Observationen sowie Befragungen etwa bei ausländerrechtlichen Verfahren sind Kernelemente nachrichtendienstlicher Tätigkeit. Weitere Befugnisse der Dienste wie Eingriffe in das Post- und Fernmeldegeheimnis (nach G-10) oder Finanzermittlungen ergänzen die Instrumentarien, wenngleich die Häufigkeit ihrer Nutzung in den Landesbehörden variiert. Die Kontrollmechanismen sind in den Ländern identisch – in allen Ländern wird in parlamentarischen Ausschüssen bzw. Kommissionen darüber entschieden, ob Maßnahmen nach G-10 oder ähnlichen Eingriffsvoraussetzungen durchgeführt werden dürfen. Zudem überprüfen die parlamentarischen Kontrollinstanzen gemäß den landesrechtlichen Vorgaben die Arbeitsergebnisse und -methoden der Landesbehörden. Auch die Landesämter nutzen das *„NADIS“*-System (vgl. ebd., 186 f.).

In den vergangenen zehn bis 15 Jahren erfolgt teilweise eine Aufgabenüberschneidung mit den Polizeibehörden, sodass durch die vorhandenen Kooperationen der Sicherheitsbehörden und den Personalaustausch[48] die Trennungslinien zunehmend unkenntlich wurden (vgl. Lange 2005, 13). Problematisch dabei ist, dass die Polizeien und Nachrichtendienste ein unterschiedliches Aufgabenverständnis haben. Obgleich Beamte des mittleren Laufbahndienstes der Landesämter an der von Bund und Ländern getragenen *„Schule für Verfassungsschutz"* (SfV) ausgebildet werden, rekrutiert sich der Personalbestand des gehobenen und höheren Dienstes aus den allgemeinen Verwaltungsstrukturen der Länder. Das führt zu einer *„Verpolizeilichung"* der Landesämter, die auch den eigenen Charakter des Verfassungsschutzes in Frage stellt (vgl. Lange/Frevel 2008, 130).

Bundeswehr als Sonderfall[49]

Die Bundeswehr als Verteidigungsarmee der Bundesrepublik Deutschland ist genaugenommen kein Akteur der Inneren Sicherheit, sondern vielmehr als Verteidigungsarmee für die Äußere Sicherheit zuständig (vgl. Schewe 2006, 40). Nach Art. 87 a GG stellt der Bund Streitkräfte zur Verteidigung auf (vgl. Schulz 2012, 47).

Die Bundeswehr darf ausschließlich in drei Fällen zu Einsätzen im Inneren eingesetzt werden (vgl. Endreß 2009b, 39):

1) im Katastrophenfall (Art. 35 Abs. 2, 3 GG)
Der Einsatz der Streitkräfte bei Katastrophen oder Großschadenslagen ist legitim, wenn der Bund gemäß Art. 35 Abs. 3 oder das geschädigte Bundesland gemäß Art. 35 Abs. 2 GG die Bundeswehr anfordert. Die eingesetzten Streitkräfte unterstehen dann der Weisungsbefugnis des entsprechenden Landes und sind an dessen Recht gebunden (vgl. ebd.). Demnach entscheidet auch die anfordernde Stelle, in welchem Umfang und mit welchem Material die Bundeswehr zum Einsatz kommen soll (vgl. Knelangen 2006, 257).

2) im Fall des inneren Notstands (Art. 87a Abs. 4 GG)
Als Voraussetzung für eine Anwendung des Inneren Notstands muss eine Gefahr für die freiheitliche demokratische Grundordnung oder den Bestand der Bundesrepublik Deutschland gegeben sein. Zudem muss nach Art. 91 Abs. 2

48 Von Polizei zu Verfassungsschutzbehörden.

49 Das Urteil des Bundesverfassungsgerichts vom August 2012 konnte hier nicht mehr berücksichtigt werden.

GG die Lage die Ressourcen der Polizeien der Länder und des Bundes überfordern. Das gilt also für Fälle, in denen die Polizeikräfte nicht mehr in der Lage sind, eine entsprechende Situation in den Griff zu bekommen. Angesichts der Gesamtstärke der Einsatzkräfte der deutschen Polizeien ist dies eine relativ utopische Annahme – wenngleich fraglich ist, ob die Ressourcen der Polizeien auch künftig noch ausreichen werden[50]. Entsprechendes könnte allerdings zur Anwendung kommen, wenn Teile der Polizei selbst Akteure ziviler Unruhen werden sollten (vgl. Schewe 2006, 41). Wenn die Voraussetzungen erfüllt sind, kann die Bundeswehr eingesetzt werden. Allerdings beschränken sich ihre Tätigkeiten auf den Schutz ziviler Einrichtungen und auf die *„Bekämpfung organisierter und militärisch bewaffneter Aufständischer“* (ebd., 42). Der Einsatz muss gemäß Art. 87a Abs. 4 GG durch einen förmlichen Kabinettsbeschluss legitimiert werden. Bundesrat und Bundestag können die Bundesregierung zur Einstellung des Einsatzes aufrufen (Art. 87a Abs. 4 GG) (vgl. Schewe 2006, 42).

3) im Spannungs- und Verteidigungsfall (Art 87a Abs. 3 GG)
Ist ein Spannungs- oder Verteidigungsfall gegeben, kann die Bundeswehr zivile Objekte schützen, sofern dies *„zur Erfüllung ihres Verteidigungsauftrags erforderlich [ist]“* oder *„zur Unterstützung polizeilicher Maßnahmen“* erfolgt (vgl. ebd.). Ein Verteidigungsfall ist gegeben, wenn das Bundesgebiet mit Waffengewalt angegriffen wird. Er wird gemäß Art. 115a Abs. 1 GG vom Deutschen Bundestag und Bundesrat festgestellt. Der Spannungsfall ist eine zwischenstaatliche Konfliktsituation, die möglicherweise zu einem Angriff auf die Bundesrepublik führen könnte. Hierfür reicht gemäß Art. 80a GG die Feststellung durch den Deutschen Bundestag (vgl. ebd.).

Das Bundesverfassungsgericht hat zudem klar geregelt, dass Einsätze außerhalb des Bundesgebietes sowie des NATO-Territoriums im Kontext von UN- oder NATO-Mandaten auch durch Art. 87 a GG abgedeckt sind (vgl. Schulz 2012, 47).

---

50 Zur Personalentwicklung bei der Polizei s. Kap. 8.

	Einsatzvoraussetzungen	Mögliche Handlungsfelder
Verteidigung und Spannungsfall, Art. 87a (3) GG	1) Feststellung des Verteidigungs- und Spannungsfalles 2) Übernahme der Aufgaben ist zur Erfüllung des Verteidigungsauftrages erforderlich	Schutz ziviler Objekte und Verkehrsregelung, sofern dies zur Erfüllung des Verteidigungsauftrages erforderlich ist Schutz ziviler Objekte zur Unterstützung polizeilicher Maßnahmen in Zusammenarbeit mit den Behörden
Regionale Katastrophenhilfe, Art. 35 (2) GG	1) Naturkatastrophe oder besonders schwerer Unglücksfall bezogen auf ein Bundesland 2) Die zuständige Landesbehörde fordert Streitkräfte an, weil zivile Organe nicht ausreichen.	Nach Genehmigung durch die durch Erlass bestimmte Dienststelle der Bundeswehr werden Streitkräfte im Rahmen der angeforderten Hilfeleistung tätig. Dabei dürfen sie, soweit dies zur Durchführung der Hilfeleistung erforderlich ist, auch hoheitliche Befugnisse ausüben.
Überregionale Katastrophenhilfe, Art. 35 (3) GG	1) Naturkatastrophe oder besonders schwerer Unglücksfall in mehr als einem Bundesland 2) Zivile Organe können die Katastrophe nicht allein bekämpfen. 3) Die Bundesregierung erteilt den Landesregierungen Weisungen zum Einsatz der Streitkräfte zur Unterstützung der Polizei.	Die Durchführung der Hilfe erfolgt in Abstimmung mit den zuständigen Polizeikräften (Streitkräfte haben die zur Durchführung der Hilfe notwendigen hoheitlichen Befugnisse). Maßnahmen der Bundesregierung sind jederzeit auf Verlangen des Bundesrates oder unverzüglich nach Beseitigung der Gefahr aufzuheben.
Innerer Notstand, Art. 87 (4) GG	1) Drohende Gefahr für den Bestand oder die freiheitliche demokratische Grundordnung des Bundes oder eines Landes 2) Das betroffene Land (bzw. die Länder) ist nicht in der Lage oder bereit, die Gefahr zu bekämpfen (Art. 91 Abs. 2 GG). 3) Polizeikräfte und Bundesgrenzschutz reichen nicht aus.	Die Bundesregierung kann beim Schutz ziviler Objekte zur Unterstützung von Polizei und Bundesgrenzschutz und bei der Bekämpfung organisierter und militärisch bewaffneter Aufständischer die Streitkräfte einsetzen. Der Einsatz ist einzustellen, wenn der Bundestag oder der Bundesrat dies verlangen.
Verwendungen im Rahmen der Amtshilfe, Art. 35 (1) GG	Die „Verwendung" verbleibt unter der Schwelle des „Einsatzes" von Art. 87a Abs. 2 GG.	Beispiele: • rein humanitäre Hilfeleistungen • Erntenothilfe • technische Hilfe Mit dem Hilfeersuchen ist keine Kompetenzerweiterung verbunden.

Abbildung 11: Einsatzmöglichkeiten der Bundeswehr im Inneren (Quelle: Eigene Darstellung in Anlehnung an Knelangen 2006, 259; Endreß 2009b, 40)

4.4 Bevölkerungs-, Zivil- und Katastrophenschutz[51] sowie Brandschutz

Das System des deutschen Bevölkerungsschutzes[52] hat sich zwischenzeitlich zu einem Subsystem der Inneren Sicherheit etabliert, obwohl es lange Zeit unklar war, ob es sich hierbei um einen Bereich innerhalb der öffentlichen Verwaltung oder der Inneren Sicherheit handelt (vgl. Lange / Endreß 2012, o. S.). Der Bevölkerungsschutz stellt eine eigene *„Säule"* der Sicherheitsarchitektur dar, weil er nicht ausschließlich staatliche Aufgaben wahrnimmt und sich aus ehrenamtlichen Helfern rekrutiert. Es vermischen sich also staatliches Handeln und zivilgesellschaftliches Engagement. Aus diesem Grund lässt sich der Bevölkerungsschutz nicht dem Subsystem der staatlichen Sicherheit zuordnen.

Der Bevölkerungsschutz ist in Deutschland zwischen den Ländern und dem Bund aufgeteilt. Die Zuständigkeit des Zivilschutzes (Verteidigungsfall) fällt nach Art. 73 Abs. 1 Nr. 1 GG in die Zuständigkeit des Bundes. Konkret müsste es sich um einen Angriffskrieg bzw. um eine unmittelbare Bedrohung gegen die Bundesrepublik Deutschland handeln. Die Zuständigkeit des Bundes (Zivilschutz) tritt zudem bei einer Freisetzung von ionisierender Strahlung und Kernenergie gemäß Art. 73 Abs. 1 Nr. 14 GG in Kraft (vgl. Lange et al. 2012b, 30).

Der Katastrophenschutz ist hingegen im Zuständigkeitsbereich der Bundesländer angesiedelt (vgl. Milberg 2010, 7). Die Länder führen sowohl das operative Krisenmanagement als auch die Ressourcenvorsorge gemäß Art. 30, 70 und 83 GG aus (vgl. Lange et al. 2012b, 30 f.). Diese Zuständigkeit obliegt ihnen auch dann, wenn mehrere Bundesländer betroffen oder gefährdet sind (vgl. Meyer-Teschendorf 2008, 29). Es handelt sich beim Katastrophenschutz um eine nicht klar abgrenzbare Aufgabe der Gefahrenabwehr. Der Katastrophenschutz besteht daher nicht aus ständigen Einsatzkräften, die einer kommunalen oder Landesbehörde unterstehen. Er unterliegt vielmehr einem Organisationsprinzip, bei dem zahlreiche Aufgabenträger und staatliche wie nicht-staatliche Akteure unter zen-

---

51 Hier wird *„Bevölkerungsschutz"* als Überbegriff für Katastrophen- und Zivilschutz verwendet.

52 Das BBK definiert Bevölkerungsschutz folgendermaßen: *„Der Bevölkerungsschutz beschreibt als Oberbegriff alle Aufgaben und Maßnahmen der Kommunen und der Länder im Katastrophenschutz sowie des Bundes im Zivilschutz."*(BBK 2012d). In der Anmerkung wird ausgeführt: *„Der Bevölkerungsschutz umfasst somit alle nicht-polizeilichen und nicht-militärischen Maßnahmen zum Schutz der Bevölkerung und ihrer Lebensgrundlagen vor Katastrophen und anderen schweren Notlagen sowie vor den Auswirkungen von Kriegen und bewaffneten Konflikten. Der Bevölkerungsschutz umfasst auch Maßnahmen zur Vermeidung, Begrenzung und Bewältigung der oben genannten Ereignisse."* (Ebd.)

traler Leitung zum Einsatz kommen, um ein Schadensereignis abzuwickeln (vgl. Möllers 2006, 144 f.).

Die Länder erhalten speziell bei der Koordination und Bereitstellung von Ressourcen und Informationen vom Bund Unterstützung (vgl. BMI 2010, 6).

Aufgrund der Heterogenität der beteiligten Akteure sind die Katastrophenschutzbehörden und Bezirksregierungen angehalten, einen Katastrophenschutzplan zu erstellen, der alle Maßnahmen, Ressourcen und Informationen enthalten muss, um im Ereignisfall entsprechend reagieren zu können (vgl. Möllers 2006, 145).

Die Länder sind Träger des unmittelbaren Katastrophenschutzes. Die Landesinnenministerien sind somit die obersten Katastrophenschutzbehörden.[53] Die Bezirksregierungen, sofern vorhanden, stellen die zweck- und rechtmäßige Wahrnehmung der Katastrophenschutzbehörden sicher. Sie üben hier eine Fachaufsicht aus. Oberste Fachaufsicht wird jedoch von den Landesinnenministerien wahrgenommen. Die Landräte bzw. kreisfreien Städte bilden die unteren Katastrophenschutzbehörden (vgl. ebd.).

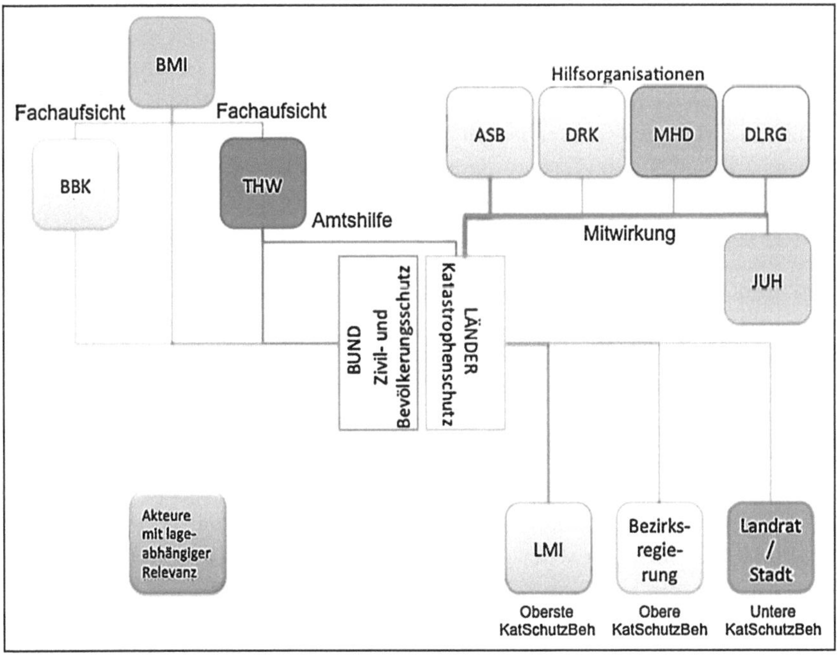

Abbildung 12: System des Bevölkerungsschutzes in Deutschland (Quelle: Eigene Darstellung)

53 Bei Stadtstaaten die Innensenate.

Die relevanten Regelungen zum Brandschutz sind in den Brandschutz- und Feuerwehrgesetzen enthalten. Diese weisen den Gemeinden die Pflichtaufgabe zu, *„drohende Brand- und Explosionsgefahren zu beseitigen, Brände zu bekämpfen sowie ausreichende technische Hilfe bei sonstigen Unglücksfällen oder Notständen zu leisten“* (BMI 2010, 8). Die Belange des Brandschutzes, des Rettungsdienstes und des Katastrophenschutzes lassen sich dabei wie in Bayern (Bayerisches Katastrophenschutzgesetz, Bayerisches Feuerwehrgesetz und Bayerisches Gesetz zur Regelung von Notfallrettung, Krankentransport und Rettungsdienst) in gesonderten Gesetzen regeln oder in einem Gesetz zusammenfassen. Als Beispiele zu nennen wären hier das Gesetz über den Brandschutz, die Allgemeine Hilfe und den Katastrophenschutz des Landes Hessen und das Hilfeleistungsgesetz der Freien Hansestadt Bremen (vgl. ebd.).

4.4.1 Krisenmanagement auf Bundesebene

Gerade bei komplexen Ereignissen ist der Staat in der Handlungspflicht. Deutschland wurde seit dem Zweiten Weltkrieg von Katastrophen[54] verschont. Wenngleich Katastrophenschutz Angelegenheit der Länder ist, hat der Bund zahlreiche Vorkehrungen für potenzielle Schadensereignisse getroffen. Das Krisenmanagement auf Ebene des Bundes ist allerdings abhängig von der konkreten Gefahren- oder Schadenslage. Entsprechend der Schadenslage erhält dann das fachlich zuständige Bundesressort die Federführung. Der Bundeskanzler kann jedoch die Koordination bzw. die Führung vor dem Hintergrund einer besonderen Bedeutung einer eingetretenen Lage übernehmen. Die Ressorts, die bei sicherheitsspezifischen Lagen betroffen sein könnten, haben entsprechende Vorkehrungen (z. B. Erreichbarkeitsregelungen, organisatorisch-technische Vorbereitungen) getroffen, um die Krisenstäbe zu besetzen. Der Krisenstab des federführenden Ressorts soll dann die Koordinierung im Bund sowie die Abstimmung mit den von der Gefahren- oder Schadenslage betroffenen Ländern übernehmen. Die anderen Ressorts sollen dafür Sorge tragen, dass Verbindungspersonen in den Krisenstab des federführend koordinierenden Ressorts entsandt werden können. Der *„Ressortkreis Nationales Krisenmanagement“* soll, unter Federführung des BMI, eine Plattform darstellen, die für die Ressortabstimmung zu organisatori-

54 Katastrophe im Wortverständnis dieser Arbeit. Demnach ist eine Katastrophe *„ein weiträumiger und über langanhaltender Zusammenbruch zentraler öffentlicher Strukturen, Systeme und Funktionen“* (Reichenbach et al. 2008, 15). Die Länder definieren Katastrophe in ihren Landesgesetzen sehr unterschiedlich. Eine einheitliche Definition ist in Deutschland nicht vorhanden.

schen, konzeptionellen und verfahrensmäßigen Themen des Krisenmanagements zuständig ist. In diesem Gremium erfolgen zudem die Koordination des interministeriellen Zusammenwirkens und die Abstimmungsverfahren zu aktuellen Planungsprozessen.

Darüber hinaus ist der Ressortkreis für die gemeinsame Erstellung von Grundsatzunterlagen (z. B. Auskunftsunterlage Krisenmanagement der Ressorts der Bundesregierung, Fähigkeitsübersicht im Krisenmanagement) zuständig und führt anlassbezogen die Koordinierung durch (vgl. BMI 2010, 10 ff.).

4.4.2 Akteure des Bevölkerungs- und Brandschutzes

Die Zuständigkeit des Bevölkerungsschutzes in Deutschland ist auf viele Akteure verteilt. Staatlicherseits wirken alle Ebenen, also Bund, Länder und Kommunen, bei dem komplexen System föderaler Zuständigkeiten innerhalb des Bevölkerungsschutzes mit (vgl. Lange et al. 2012b, 30).

Primär sind Sicherheitsproduktion und Schutz der Bürger in der Bundesrepublik Deutschland in dem Zuständigkeitsbereich staatlicher Akteure zu verorten. Dennoch sind Hilfsorganisationen Teil einer Bürgerbewegung, *„wenn auch vielleicht in einem anderen als dem ursprünglich intendierten Wortsinn“* (Cronenberg 2008, 21).

Der Bevölkerungsschutz grenzt sich eindeutig zum Subsystem der *„staatlichen Sicherheit“* ab, da es sich dabei um keine rein staatliche Aufgabenwahrnehmung handelt. Die Hilfsorganisationen mit ihren ehrenamtlichen Strukturen bilden das größte Einsatzpotenzial innerhalb des Bevölkerungsschutzes.

Die Mitwirkung der Hilfsorganisationen richtet sich gemäß ZSKG nach den jeweils landesrechtlichen Vorgaben (§ 26 ZSKG), die besagen: *„Für die Mitwirkung geeignet sind insbesondere der Arbeiter-Samariter-Bund, die Deutsche Lebensrettungsgesellschaft, das Deutsche Rote Kreuz, die Johanniter-Unfall-Hilfe und der Malteser-Hilfsdienst.“* Die Katastrophenschutzgesetze der Länder sind sehr unterschiedlich und reichen von der Verpflichtung über eine Bereitschaftserklärung, nach Bedarfslage und nach Genehmigung bis hin zu einer Beauftragung (vgl. Cronenberg 2008, 25). Das Berliner Katastrophenschutzgesetz (§ 12 Abs. 2) regelt die Mitwirkung wie folgt: *„Private Hilfsorganisationen wirken beim Katastrophenschutz mit, soweit ein Bedarf besteht, sie die Bereitschaft zur Mitwirkung schriftlich erklärt haben und die zuständige Katastrophenschutzbehörde ihrer Mitwirkung zugestimmt hat.“*

Die Aussetzung der Wehrpflicht im Jahr 2011 hat auch Auswirkungen auf die Verpflichtungsmöglichkeit im Katastrophenschutz (§ 27 Abs. 2 ZSKG).[55] Die verpflichtende Mitwirkung im Katastrophenschutz konnte bei einer der Hilfsorganisationen, der freiwilligen Feuerwehr oder dem Technischen Hilfswerk erfolgen.

Arbeiter-Samariter-Bund e. V. (ASB)

Der ASB ist eine politisch und konfessionell unabhängige Hilfs- und Wohlfahrtsorganisation. Er zählt als Zivilschutzorganisation im Sinne von Artikel 63 des Vierten Genfer Abkommens. Die Aufgaben der Organisation sind die Bereiche Erste Hilfe, Rettungsdienste (inkl. Sanitätsdienst, Bevölkerungsschutz, Krankentransport und Wasserrettung), Jugendarbeit, Kinderbetreuung, Behindertenhilfe und Sozialpsychiatrie sowie Ausbildung, Auslandshilfe und eine Reihe weiterer karitativer Dienste (wie Obdachlosen-, Sucht- und Migrantenhilfe) (ASB 2012a).

Die besonderen fachlichen Kompetenzen des ASB liegen nach eigenen Angaben im Bereich der Gefahrenabwehr von Naturereignissen, im eigenen Unwetterwarndienst für Mitglieder und Einsatzkräfte (der in Zusammenarbeit mit dem Deutschen Wetterdienst betrieben wird), in der Schadensbeseitigung und in der Betreuung von Betroffenen (medizinische und sonstige Versorgung, Bereitstellung von Unterkünften etc.) sowie in der Rehabilitationsphase (vgl. Lange et al. 2012b, 41).

Im Jahr 2010 waren 10.661 Helfer ehrenamtlich für die Organisation tätig. Des Weiteren waren 23.059 hauptamtliche Mitarbeiter beschäftigt, 1.043 Mitarbeiter im Freiwilligen Sozialen Jahr und 1.736 Zivildienstleistende für die Organisation tätig. Insgesamt sind 1.057.795 Personen Mitglieder dieser Organisation (ASB 2012b).

Bundesamt für Bevölkerungsschutz und Katastrophenhilfe (BBK)

Das Bundesamt für Bevölkerungsschutz und Katastrophenhilfe ist ebenfalls eine Bundesoberbehörde im Geschäftsbereich des Bundesministeriums des Innern. Errichtet wurde das Bundesamt am 1. Mai 2004 als Konsequenz der Elbe-Flut 2002 und den Terroranschlägen vom 11. September 2001 in den Vereinigten Staaten. Das Amt versteht sich als zentrales Organisationselement des deutschen Bevölkerungsschutzes (vgl. Möllers 2006, 147).

Dem BBK ist für alle Bereiche der zivilen Sicherheitsvorsorge, allerdings ohne operative Handlungsbefugnis gegenüber den Ländern, zuständig. Das BBK, als

55 Näheres zur personellen Entwicklung im Bevölkerungsschutz s. Kap. 8.

Servicestelle des Bundes, unterstützt die Länder bei ihrem Katastrophenschutz speziell durch finanzielle Hilfe, Koordination und Information (vgl. ebd.).

Im Bereich des Zivilschutzes nimmt das BBK folgende Aufgaben wahr (§ 1 *„Aufgaben des Zivilschutzes"* ZSKG): Selbstschutz, Warnung der Bevölkerung, Schutzbau, Aufenthaltsregelung, Katastrophenschutz, Maßnahmen zum Schutz der Gesundheit sowie Maßnahmen zum Schutz von Kulturgut. Das Amt berät und unterstützt auch die anderen Bundes- und Landesbehörden bei der Erfüllung ihrer Aufgaben (§ 4 *„Zuständigkeit des Bundes für den Schutz der Zivilbevölkerung"* ZSKG). Das Bundesamt für Bevölkerungsschutz und Katastrophenhilfe soll darüber hinaus bei Bedarf Hilfsmaßnahmen im Rahmen der Amtshilfe (Artikel 35 Abs. 1 GG) in einem oder mehreren Bundesländern koordinieren und ggf. auch Ressourcen zur Verfügung stellen (§ 16 *„Koordinierungsmaßnahmen; Ressourcenmanagement"* ZSKG). Zudem übernimmt das BBK die organisatorische Betreuung der Schutzkommission beim Bundesministerium des Innern (§ 19 *„Schutzkommission"* ZSKG) (vgl. Lange et al. 2012b, 43).

Bundesanstalt Technisches Hilfswerk (THW)

Das Technische Hilfswerk (THW) ist eine *„nicht rechtsfähige Bundesanstalt mit eigenem Verwaltungsunterbau im Geschäftsbereich des Bundesministeriums des Innern (BMI)"* (THW-Gesetz, § 1). Es wurde 1950 gegründet und hat seinen Hauptsitz in Bonn-Lengsdorf. Im Kontext seines gesetzlichen Auftrages leistet das THW technische Hilfe nach dem Zivilschutz- und Katastrophenhilfegesetz, im Ausland im Auftrag der Bundesregierung. Die Organisation wird bei Katastrophen, Unglücksfällen größeren Ausmaßes oder bei öffentlichen Notständen auf Anforderung der für die Gefahrenabwehr zuständigen Stellen aktiv. Sie hilft zudem bei der Erfüllung öffentlicher Aufgaben, soweit sie diese durch Vereinbarung übernommen hat (THW-Gesetz § 1, Abs. 2). Die gesetzlich geregelten Einsatzoptionen des THW sind die Bereiche technische Hilfe in der Infrastruktur, technische Gefahrenabwehr, Führung/Kommunikation und Logistik, technische Hilfe sowie die Versorgung der Bevölkerung zum Beispiel mit Strom und Trinkwasser (THW 2012a). Das THW unterteilt sich in acht Landesverbände, denen insgesamt 66 Geschäftsstellen und 668 Ortsverbände unterstehen (vgl. THW 2012b).

Zurzeit beschäftigt das THW 1.018 hauptamtliche Mitarbeiter im Bereich des Katastrophenschutzes. Ehrenamtlich engagieren sich rund 40.000 Menschen beim THW (vgl. Lange et al. 2012b, 46).

Deutsche Lebens-Rettungs-Gesellschaft e. V. (DLRG)

Bei der Deutschen Lebens-Rettungs-Gesellschaft (DLRG) mit Sitz in Bad Nenndorf (Niedersachsen) handelt es sich um eine gemeinnützige und selbstständige Wasserrettungs- und Hilfsorganisation. Sie ist als Zivilschutzorganisation im Sinne des Artikels 63 des 4. Genfer Abkommens anerkannt. Zu ihren Aufgaben gehören (laut Vereinssatzung) speziell die Berichterstattung über Gefahren am und im Wasser, die Ausbildung im Schwimmen und in der Selbstrettung, die Ausbildung im Rettungsschwimmen, die Weiterqualifizierung von Rettungsschwimmern für Ausbildung und Einsatz, die Organisation und Durchführung eines flächendeckenden Wasserrettungsdienstes im Rahmen und als Bestandteil der allgemeinen Gefahrenabwehr von Bund, Ländern und Gemeinden (vgl. DLRG 2012). Die Organisation hat (nach eigenen Angaben) 557.740 Mitglieder. Darunter sind 230.363 Kinder (bis zum 14. Lebensjahr), 119.142 Jugendliche (zwischen 14 und 26 Jahren) und 207.192 Erwachsene (über 26 Jahre). Außerdem sind 1.043 Organisationen (Vereine, Behörden und Unternehmen) Mitglieder des DLRG. 101.314 aktive Mitglieder arbeiteten im Jahr 2010 in den Bereichen Wasserrettungsdienst (40.558), Ausbildung (37.634), Instandhaltung und Pflege (11.109), Organisation und Verwaltung (12.013) (vgl. DLRG 2010; Lange et al. 2012b, 57).

Deutsches Rotes Kreuz e. V. (DRK)

Die Aufgaben des Deutschen Roten Kreuzes ergeben sich aus dem DRK-Gesetz (DRKG). Demnach ist das Deutsche Rote Kreuz *„die Nationale Gesellschaft des Roten Kreuzes auf dem Gebiet der Bundesrepublik Deutschland und freiwillige Hilfsgesellschaft der deutschen Behörden im humanitären Bereich"* (DRKG § 1).

Das DRK stellt als einzige Organisation Rechtssubjekt im humanitären Völkerrecht dar. Es arbeitet nach den Grundsätzen der Menschlichkeit, Unparteilichkeit, Neutralität, Unabhängigkeit, Freiwilligkeit, Einheit und Universalität (vgl. DRK 2009, 5 f.). Die Organisation untergliedert sich in den Bundesverband, 19 Landesverbände sowie den Verband der Schwesternschaften. Die darunterliegende operative Ebene bilden die 483 Kreisverbände und 34 Schwesternschaften.

In ca. 4.600 Ortsverbänden gestaltet sich schwerpunktmäßig die ehrenamtliche Arbeit. Der Bundesverband mit Standort in Berlin ist zuständig für die Auslandshilfe, die Suchdienste und die Politikberatung auf Bundes- und Europaebene und vertritt die Interessen in der weltweiten Rotkreuz- und Rothalbmondbewegung. Er gewährleistet zudem die Einhaltung der Rotkreuzgrundsätze und setzt verbandspolitische Ziele durch (vgl. DRK 2010, 46). Nach eigenen Angaben sind beim DRK 170.000 Ehrenamtliche in 8.000 Gruppen aktiv (vgl. ebd., 50).

Feuerwehr

Bei den Feuerwehren ist zwischen den Freiwilligen-, Berufs-, Werks- und Jugendfeuerwehren[56] zu unterscheiden.

Die Feuerwehren sind in Deutschland in den Bevölkerungsschutz eingegliedert. Derzeit sind 102 Berufsfeuerwehren mit ca. 28.000 Mitarbeitern (vgl. Lange et al. 2012b, 76) aktiv. Nach eigenen Angaben haben alle Feuerwehren (inkl. Jugendfeuerwehren) derzeit eine Kapazität von 1,34 Mio. Angehörigen in 34.000 Feuerwachen und Gerätehäusern (vgl. DFV 2012).

Die Berufsfeuerwehren unterscheiden sich in ihrer Organisation beträchtlich von den Freiwilligen Feuerwehren. Die Gliederung der Freiwilligen Feuerwehr orientiert sich an der spezifischen Struktur der kommunalen Gebietskörperschaft. Jede Kommune verfügt über eine (Freiwillige) Feuerwehr (vgl. Lange et al. 2012b, 77) und übt dafür die Dienst-/Fachaufsicht aus.

Die Feuerwehr-Dienstvorschrift (FwDV) 100 regelt die einheitlichen Strukturen und Prozesse auf Führungsebene (operativ-taktisch sowie administrativ-organisatorisch). Die FwDV 100 hält auch eine politisch-gesamtverantwortliche Instanz bei einem Großschadensereignis für notwendig (vgl. AFKzV 1999, 22).

Johanniter-Unfall-Hilfe e. V. (JUH)

Bei der JUH handelt es sich ebenfalls um eine freiwillige Hilfsgesellschaft gemäß Art. 26 des Genfer Abkommens. Des Weiteren ist sie als Fachverband im Diakonischen Werk der Evangelischen Kirche in Deutschland anerkannt. Sie ist zur Unterstützung des Sanitätsdienstes der Bundeswehr ermächtigt, nimmt durch Landes- bzw. Bundesgesetze zugewiesene Aufgaben wahr und ist dadurch u. a. in den Katastrophenschutz eingebunden (vgl. Lange et al 2012b, 63 f.). Bei der Organisation sind etwa 14.000 hauptamtliche und rund 30.000 ehrenamtliche Mitarbeiter tätig. Rund 1,4 Millionen Menschen fördern die Hilfsorganisation (vgl. JUH 2012). 7.675 Personen sind im Katastrophenschutz aktiv (vgl. Lange et al. 2012b, 64).

Malteser-Hilfsdienst e. V. (MHD)

Der Malteser-Hilfsdienst ist eine katholische Hilfsorganisation und zählt mit über einer Million Mitgliedern und Förderern (nach eigenen Angaben) zu den großen karitativen Dienstleistern in der Bundesrepublik Deutschland.

---

56 Der Vollständigkeit halber sind noch die Pflichtfeuerwehren zu nennen. Sie werden dann eingesetzt, wenn sich keine freiwillige Feuerwehr rekrutieren lässt. Dies kommt aber in Deutschland äußerst selten vor.

Die Organisation gliedert sich entsprechend der Strukturen der katholischen Kirche in Diözesen. Zu der Aufgabenbreite gehören neben Katastrophen- und Sanitätsdienst auch die Erste-Hilfe-Ausbildung, ehrenamtliche Sozialdienste und die Arbeit in Krisengebieten (vgl. MHD 2012). Nach eigenen Angaben verfügt die Organisation (Stand 2010) über 44.000 aktive ehrenamtliche sowie 21.221 hauptamtliche Mitarbeiter. Hinzu kommen rund eine Mio. Mitglieder und Förderer. Die Organisation ist an 700 Standorten vertreten (vgl. Lange et al. 2012b, 65).

Sonstige Akteure

Die bei der Abwicklung von Schadensereignissen involvierten Einrichtungen werden unter dem Begriff der *„nicht-polizeilichen Gefahrenabwehr"* subsumiert. Zu nennen wären auch privatwirtschaftliche Akteure wie Bau- oder Transportunternehmen und Lieferfirmen von Wärm- und Kühlmechanismen oder Zelten (vgl. Möllers 2006, 145), die sich in dieser Arbeit in ihrer Gesamtheit nicht darstellen lassen.

Der Polizei kommen im Katastrophenfall eigene Aufgaben zu (vgl. Fritzen 2010, 14), dennoch kann sie im Rahmen der Amtshilfe tätig werden (vgl. Lange et al. 2012, 74). Laut Polizeidienstvorschrift 100 (PDV 100, Ziff. 4.15.5.1 und 4.15.5.2) umfassen die Aufgaben der Polizei bei Schadenslagen primär die Warnung der Bevölkerung, das Räumen und Absperren der Gefahrenstellen und die Gewährleistung des ungehinderten Einsatzes von Kräften, Mitteln und Fahrzeugen der nicht-polizeilichen Gefahrenabwehr (vgl. Lange et al. 2012b, 74 f.). Die Maßnahmen des Katastrophenschutzes werden mit der Polizei abgestimmt.

In der Regel werden Verbindungspersonen der Polizei in den Verwaltungs- und Führungsstab des HVB entsandt (vgl. Fritzen 2010, 14).

	nicht-polizeilich	**polizeiliche Akteure**	**sonstige**
Land/Kommune	Fw, ASB, DLRG, DRK, JUH, MHD[57]	Landespolizei	
Bund	THW	Bundespolizei	Bundeswehr[58]
Privatwirtschaft			ereignisabhängig (z. B. Transportunternehmer, Infrastrukturbetreiber)

Abbildung 13: Beteiligte Akteure bei der Abwicklung von Schadensereignissen und Katastrophen (Quelle: Eigene Darstellung in Anlehnung an Fritzen 2010, 12)

57 Im Sinne ihrer Mitwirkungsverpflichtung.
58 Gem. Art 35 Abs. 2 und 3 GG.

Eine Erfassung und Systematisierung der Akteure des Bevölkerungsschutzes ist nahezu unmöglich. Jedes Schadensereignis führt, wie bereits bei der Darstellung des Bevölkerungsschutzsystems ausführlich dargelegt, zu einer spezifischen Akteurskonstellation. Der Bevölkerungsschutz zeichnet sich somit durch Heterogenität und Vielschichtigkeit aus. Anders als bei dem Subsystem *„staatliche Sicherheit"*, dessen Zuständigkeiten klar geregelt sind, hängen Zuständigkeiten und Akteurskonstellation innerhalb des Bevölkerungsschutzes von der jeweiligen Schadenslage ab. Sind beispielsweise bei einer Pandemie die Gesundheitsämter noch die relevanten Akteure, so spielen diese bei einem Stromausfall eine eher nachgeordnete Rolle. Fraglich ist jedoch, ob sich alle potenziellen Akteure dieser Rolle bewusst sind. Der Vulkanausbruch auf Island im Jahr 2010 hat klar vor Augen geführt, dass Akteure, die nicht *„klassischerweise"* dem Bevölkerungsschutz zuzuordnen sind, rasch mit äußerst dynamischen Entwicklungen konfrontiert werden, denen sie nicht gewachsen sind. Schnell sind diese einem medialen und dadurch politischen Druck ausgesetzt (vgl. Lange et al. 2012b, 119). Die Studie des Forschungsforums Öffentliche Sicherheit (Lange et al. 2012b) rät in diesem Zusammenhang, die Zuständigkeiten klarer zu definieren und das Rollen- und Aufgabenverständnis der Akteure zu stärken (vgl. ebd., 119 f.).

4.4.3 Koordination staatlichen Verwaltungshandelns bei Schadensereignissen

In der Regel werden zur Koordination der zahlreichen Organisationen und beteiligten Einsatzkräfte durch die Katastrophenschutzbehörden Einsatzleiter bestellt, denen die Leitung und Führung der Maßnahmen und Einheiten übertragen wird. Die Einsatzleiter stammen im Normalfall hauptsächlich aus den Reihen der kommunalen Feuerwehren und werden aufgrund der Verantwortungsbreite staatlicher Aufgabenwahrnehmung zu *„Ehrenbeamten der Katastrophenschutzbehörde"* ernannt, sofern sie nicht der Beamtengruppe der zuständigen Behörde angehören. Die weiteren ehrenamtlichen Helfer des Katastrophenschutzes erhalten den Status von *„Verwaltungshelfern"* (vgl. Fritzen 2010, 12 f.).

Neben den operativ-taktischen Maßnahmen des Katastrophenschutzes sind zudem strukturierte und koordinierte Vorgehensweisen der relevanten Institutionen erforderlich. Durch den Hauptverwaltungsbeamten (HVB)[59] wird ein Verwaltungsstab (Krisenstab) eingerichtet, der bei Schadensereignissen das administrativ-organisatorische Verwaltungshandeln der relevanten Institutionen

59 Der HVB ist der Leiter der Verwaltung einer Gemeinde, eines Kreises oder einer kreisfreien Stadt.

aber auch der eigenen Behörde koordiniert. Dem Verwaltungsstab gehören einerseits die Vertreter der zuständigen Behörden an, andererseits die Vertreter der Ordnungs-, Gesundheits-, Umweltschutzbehörden sowie der Polizei, der Ver- und Entsorgungsbetriebe, der Verkehrsbetriebe und der zuständigen Stellen der Öffentlichkeitsarbeit auf Ebene der Kreise und kreisfreien Städte.

Wenn der HVB nicht die Leitung des Verwaltungsstabs übernimmt, wird diese an einen politischen Beamten der Behörde delegiert. Der Austausch von Informationen und die Abstimmung von notwendigen Maßnahmen zwischen dem Führungsstab (Einsatzleitung) und dem Verwaltungsstab (Krisenstab) werden durch Verbindungspersonen sichergestellt (vgl. Fritzen 2010, 12 f.).

Durch die unterschiedlichen Ausprägungen des Katastrophenschutzes wird innerhalb des AK V versucht, möglichst kompatible und harmonisierte Strukturen zu generieren (vgl. ebd.). Ob dies bislang erfolgreich war, kann an dieser Stelle nicht beantwortet aber als kritische Frage aufgeworfen werden.[60]

4.4.4 Entscheidungsfindung bei Schadenslagen und Katastrophen

Bei Entscheidungsprozessen im Politikfeld Innere Sicherheit muss zwischen einer strukturellen Anpassung der Sicherheitsarchitektur bzw. einzelnen Strukturen und Prozessen innerhalb der Subsysteme und zwischen Entscheidungen, die dem Krisenmanagement zuzuordnen sind, differenziert werden. Bei Terroranschlägen oder Katastrophen sind die Entscheidungsträger bzw. die Leiter der relevanten Krisenstäbe in der Handlungspflicht. Bei der strukturellen Anpassung, die ein durchaus langfristiges Verfahren darstellen kann, handelt es sich zumeist um einen Verwaltungs- und Gesetzgebungsvorgang. Wie in diesem Kapitel deutlich wurde, nehmen auf solche Vorgänge zahlreiche Akteure Einfluss. Wenngleich bei Ad-hoc-Entscheidungen im (operativen) Krisenmanagement auch Verwaltungsstrukturen eine Relevanz haben, so ist der zeitliche Handlungsrahmen zumeist stark begrenzt. Weiterhin entsteht durch die Erwartungshaltung der Bevölkerung ein für die Entscheidungsträger unmittelbarer Handlungszwang. Dieser wird durch die Medienberichterstattung verstärkt.

In der Sicherheitsdiskussion fällt immer wieder der Name Helmut Schmidt. Der ehemalige Innensenator und spätere Bundeskanzler hat bei der großen Flutkatastrophe in Hamburg die Steuerung aller Einsatzkräfte inklusive der Bundeswehr übernommen. Zwar war der Einsatz erfolgreich, die Rechtmäßigkeit jedoch

60 Eine Antwort bietet möglicherweise das vom BMBF geförderte Sicherheitsforschungsprojekt *„PRI-KATS"*.

streng genommen nicht vorhanden. Problematiken ergeben sich bei Zuständigkeitsfragen, die die regulären Strukturen der polizeilichen und nicht-polizeilichen Gefahrenlagen überschreiten. Zu denken ist dabei an ein Szenario wie der 11. September 2001, eine Pandemie mit verheerenden Folgen oder eine Verseuchung mit CBRN-Schadstoffen (vgl. Meier-Klodt 2002, 12). *„Wenig verlässliche Ad-hoc-Reglungen bergen das Risiko, dass Leben und Gesundheit von Menschen unnötig gefährdet werden."* (Ebd.)

Zuständigkeiten sind nicht immer klar geregelt oder involvieren bei der Abwehr von Schadensereignissen eine Vielzahl von Akteuren (z. B. Pandemie). Wenngleich politische Entscheidungsträger sich ins mediale und öffentliche Rampenlicht stellen können, werden auch schnell Fragen der Zuständigkeit unter den Teppich gekehrt – und zwar immer dann, wenn es dem politischen Reputationsgewinn dienlich erscheint. So hatte Bundeskanzler Gerhard Schröder die Flut im Jahr 2002 – trotz nicht vorhandener Zuständigkeit – zu seinem Thema gemacht. Laut der Süddeutschen Zeitung vom 30. August 2007 leistete er damit einen erheblichen Beitrag zu seinem Wahlerfolg bei der Bundestagswahl, auch wenn er dies im Gespräch mit der Süddeutschen Zeitung vom 22. August 2002 abgestritten hat.

In der Frankfurter Allgemeinen Zeitung vom 19. August 2002 erklärte er, dass es sein Recht sei, sich ein Bild von der Lage zu machen (vgl. Krauß / Rulfs 2003, 14). Problematischer wird es für politische Entscheidungsträger, wenn Ereignisse eintreten und die Zuständigkeiten nicht klar geregelt sind (wie bei der *„Vogelgrippe"* 2005)[61], aber dennoch Entscheidungsdruck entsteht.

Eine empirische Analyse innerhalb des Forschungsprojektes *„Prioritätenbildung bei Rettungsmaßnahmen"* hat sich mit der Frage der Entscheidungs- bzw. Prioritätenfindung bei Großschadenslagen und Katastrophen auseinander gesetzt. Die Untersuchung gliedert sich in

- Regelungen und Vorschriften,
- ökonomische Einflüsse und
- Werte und Normen.

Regelungen und Vorschriften

Regelungen, die klare Prioritätensetzungen bei Entscheidungsfindungen vorsehen, sind in Deutschland nicht existent. Die Menschenrettung hat per se Vorrang vor allen anderen Maßnahmen. Dabei ist es aus Sicht der handelnden individuellen Akteure (Entscheidungsträger) nicht gewünscht, eine Regulierung vorzu-

61 Laut Stern-Meldung vom 03.09.2005: *„Pandemie-Gefahr: Deutschland ist nicht gerüstet."* (Stern 2005)

nehmen (vgl. PRI-KATS EXP. INT. 1). Problematisch wird dies allerdings bei der Sicherstellung von Gesundheitsdienstleistungen. Geregelt sind lediglich das Bundesseuchenschutzgesetz und die Vorgehensweise im Zivilverteidigungsfall. Der Gesetzgeber hat jedoch eine Reihe von Anpassungen von gesetzlichen Rahmenbedingungen vorgenommen, die im Katastrophenfall von Bedeutung sein können. Zu nennen ist beispielsweise das Transportleistungssicherstellungsgesetz.[62] Dieses ist also nicht nur im Zivilverteidigungsfall, sondern auch bei Katastrophen anwendbar (vgl. PRI-KATS EXP. INT. 2).

Bei der Abwägung von Prioritäten wird stets fokussiert, wie adäquate Hilfe für die Bevölkerung bzw. die Betroffenen geleistet werden kann. Dabei werden relevante Entscheidungen vorwiegend von operativen Einheiten vor Ort getroffen. In solchen Fällen kann es auch zu fehlerhaften Entscheidungen kommen. Dazu meint ein Interviewexperte (PRI-KATS EXP. INT. 3): *„Die Entscheidung kann am Ende falsch sein, aber sie muss getroffen werden und kann nicht durch Regularien abgenommen werden."*

Entscheidungen hängen zusätzlich von Lagebeurteilungen ab. *„Man muss die Betroffenheit gewichten, schauen, ob es sich um wirkliche oder dargestellte Betroffenheit handelt."* (PRI-KATS EXP. INT. 7)

Problematisch sieht der Interviewexperte (ebd.), dass politische Beamte bei Entscheidungen Fremdinteressen folgen bzw. Zwängen unterlegen sein könnten. Kommt es zu Entscheidungskonflikten bei Mangelressourcen, *„dann wird man zunächst versuchen, die Ressourcen gleichmäßig zu verteilen"* (PRI-KATS EXP. INT. 7), wobei die Länder die Entscheidungen an das GMLZ delegieren würden bzw. diese im Rahmen der Koordinierungsfunktion vorgenommen werden sollten (vgl. PRI-KATS EXP. INT. 6).

Ein Interviewexperte ist der Meinung, dass es keine rechtlichen Vorgaben der Prioritätensteuerung gibt. Das Problem wird jedoch weniger als Ressourcen- denn als Koordinierungsproblem wahrgenommen (vgl. PRI-KATS EXP. INT. 10).

Ökonomische Einflüsse

Bei der Entscheidungsfindung spielen auch ökonomische Einflüsse eine relevante Rolle. So hat es Fälle gegeben, in denen Hilfe aus anderen Bundesländern nicht angefordert wurde, da der Einsatz zu teuer geworden wäre (vgl. PRI-KATS EXP. INT. 4).

Das bedeutet, dass Kosten Entscheidungen beeinflussen, wenn es um Sachwerte geht, nicht aber wenn Menschenleben in Gefahr sind. Bei der Rettung von

62 Siehe dazu auch die Akteursbeschreibung *„Bundesamt für Güterverkehr"*.

Menschenleben spielen auch hohe Kosten bei der Anforderung von Ressourcen keine Rolle. So kann z. B. die Hamburger Feuerwehr jederzeit einen Betrag von 150.000 Euro abrufen (vgl. PRI-KATS EXP. INT. 1).

In einer frühen Phase (vom normalen Feuerwehreinsatz bis hin zur Katastrophe auf Kreisebene) war die Kostenfolge ein relevantes Entscheidungskriterium. Wenn Ereignisse in den öffentlichen Fokus geraten, dreht sich die Kostenrelation um. Es kommt auf Entscheidungsträgerebene zu einem eingeschränkten Effektivitätsdenken. Es wird dabei nach dem Motto *„Koste es, was es wolle"* verfahren (PRI-KATS EXP. INT. 2).

Auch im Bereich der Vorsorge sind Kosten ein relevanter Faktor (vgl. PRI-KATS EXP. INT. 2 & 1):

> *„Die Schwierigkeit ist nicht, dass fachliche Lösungen fehlen, sondern dass die Politik in der derzeitigen wirtschaftlichen Lage von der Notwendigkeit überzeugt werden muss, Mittel bereitzustellen. Am Ende entscheidet immer die Gretchenfrage an die Politik: ‚Wie viel Vorsorge wollt ihr?' Vorsorge kostet."* (PRI-KATS EXP. INT. 1)

Ein weiterer Interviewpartner (PRI-KATS EXP. INT. 19) sieht die Kostenrelevanz ebenfalls kritisch: *„Kosten spielen eine immer unsäglichere Rolle."* Dabei ist zu oftmals zu berücksichtigen, dass Entscheidungen, die früher getroffen worden wären, heute ausbleiben, da erst die Kostenfrage geklärt werden muss. *„Kostenbewusstsein ja, aber das darf nicht den fachlichen Aspekt übertrumpfen. Das wäre ein Fehler. Länder scheuen sich den Katastrophenfall auszurufen, weil dann Kosten auf sie zukommen würden." (Ebd.)*

Zudem müssten die Länder dadurch eingestehen, dass sie mit der Lage nicht zurechtkommen. *„Da schauen sie dann lieber bei der Katastrophe zu."* (Ebd.).

Werte und Normen

Den Wertevorstellungen der Entscheidungsträger liegt ein umfassendes Sicherheitsdenken zugrunde, das sich nicht ausschließlich auf den Schutz von Leib und Leben, sondern auch auf Eigentum und andere Sachwerte bezieht. *„Die Wertevorstellung wird gerade dadurch dominiert, dass gesagt wird: ‚Wir treffen faktisch gerade keine Wertentscheidung, weil wir über genügend Ressourcen verfügen'."* (PRI-KATS EXP. INT. 2)

Die Einsatzregularien sehen eine Entscheidung nicht vor, wenn Ziel- und Wertvorstellungen über das Schutzziel auseinander gehen. Auch eine Wertedebatte findet derzeit nicht statt. Hinter den Entscheidungen steht der Anspruch, einen möglichst breiten und optimalen Schutz zu gewährleisten, der jedoch aufgrund knapper werdender finanzieller Ressourcen möglicherweise bald in Frage gestellt werden muss (vgl. PRI-KATS EXP. INT. 2). Die politische Wertvorstellung folgt der Prämisse, die Mittel so einzusetzen, dass der Schaden für die Bevölkerung so gering wie möglich ist (vgl. PRI-KATS EXP. INT. 3).

Einzelne Akteure, die mit der Abwehr und Bewältigung von Schadensereignissen betraut sind (z. B. die Feuerwehr), sind der Neutralität verpflichtet. Sie müssen wertefrei handeln, dürfen also niemanden bevorzugen oder benachteiligen. In Einzelfällen bedarf es jedoch Entscheidungen, die bundeseinheitlich nach folgenden Prioritäten getroffen werden: Erstens muss der Schutz von Menschenleben, zweitens der Schutz von Tieren und dritten der Schutz von Sachwerten gewährleistet werden.

Hierarchische Abstufungen müssen durch ein politisches Mandat festgelegt werden – entweder durch eine Vorab- oder durch eine Ad-hoc-Entscheidung. Bei Einsatzlagen wird diese Entscheidung von einem Verwaltungsstab getroffen, dessen Leitung einem politischen Vertreter obliegt – zumeist dem Oberbürgermeister (vgl. PRI-KATS EXP. INT. 10).

4.4.5 Koordinationsfunktion des Bundes im Bevölkerungsschutz

Unklar ist die Frage, was die gesetzliche Neuregelung mit Blick auf die Koordinationsfunktion des Bundes bringen soll – eine empirische Untersuchung soll ein Verständnis ermöglichen.

Nach § 16 wird dem GMLZ die Koordinationsfunktion[63] zugesprochen. Dem Bund werden keine Möglichkeiten eingeräumt, auf das operative Krisenmanagement der Länder Einfluss zu nehmen.

In der Frage, was unter der Koordinierungsfunktion zu verstehen ist, gehen die Meinungen weit auseinander. Ein Interviewexperte (PRI-KATS EXP. INT. 10) versteht darunter eine Dienstleistung des GMLZ, der als einzige Einrichtung des Bevölkerungsschutzes ein einheitliches Lagebild erstellen und internationale Presseberichte über Schadensereignisse auswerten kann.

> *„Damit diese Dienstleistung funktionieren kann, muss die Bereitschaft vorhanden sein, sich von anderen etwas sagen zu lassen. Die Dienstleistung funktioniert auch nur dann, wenn sich jeder an Abmachungen hält und nicht eigenmächtig und unabgesprochen handelt (bspw. Bayern).“* (Ebd.)

Unter der klassischen Koordinierungsaufgabe versteht man die Abstimmung darüber, aus welchem Bundesland welche Ressourcen zur Unterstützung eines

63 Eine Zentralstellenfunktion im Bevölkerungsschutz, wie sie dem BKA im Bereich der Polizei zukommt, konnte bei den Ländern nicht durchgesetzt werden.

anderen Bundeslandes kommen sollen. Die übergeordnete Koordinierung muss effektiv und lösungsorientiert sein. Sie dient dem Zweck, die Einsatzleiter vor Ort zu entlasten (vgl. PRI-KATS EXP. INT. 1).

Auch künftig wird es sich kein Land leisten können, die notwendige Führungsgewalt an den Bund abzugeben. Vielmehr ist der Bund angehalten, in einem Teilbereich eine Lösung zu liefern, damit die relevanten Akteure des Landes ihrem Kerngeschäft nachgehen können (vgl. ebd.). Die Beschaffung und Verteilung von Ressourcen werden als ein Dienstleistungsangebot des Bundes an die Länder verstanden (vgl. PRI-KATS EXP. INT. 3)

Dennoch ist ein Interviewpartner der Meinung, dass sich die Koordinierung auf den operativen Bereich auswirkt, der in die Zuständigkeit der Länder fällt:

> „*Der Bund darf koordinieren, die operative Kompetenz der Länder bleibt unberührt. Bisher hat mir niemand erklären können, was eine Koordinierung ohne operative Auswirkung sein soll Das gibt es nicht! Was wir bei LÜKEX trainieren, ist eine Koordinierung mit operativer Auswirkung.*“(PRI-KATS EXP. INT. 2)

Ein weiterer Interviewpartner kommt zu dem Schluss: „*Eine Zentralisierung der operativen Einsatzfähigkeit macht keinen Sinn. Die Kompetenz liegt bei den Ländern. Die politische Abstimmung wird in jedem Fall vom Krisenstab im BMI getroffen.*“ (PRI-KATS EXP. INT. 3)

Es gibt aber auch Stimmen, die sich für eine stärkere Rolle des Bundes aussprechen:

> „*Die Bund-Länder-Koordination im Katastrophenschutz ist stark verbesserungswürdig. Jedes Land hat seine eigenen Gesetze und versucht alles selbst zu machen. Die Unterschiedlichkeit der Nomenklatur wirkt sich auch negativ aus. Der Bund sollte nicht nur eine Koordinierungsfunktion, sondern wirkliche Kompetenzen im Katastrophenschutz erhalten.*“ (PRI-KATS EXP. INT. 7)

Die Entscheidung, die Koordinierung dem Bund zu übertragen bzw. dessen Dienstleistung in Anspruch zu nehmen, kommt ausschließlich dem betroffenen Land bzw. den betroffenen Ländern zu (vgl. PRI-KATS EXP. INT. 6). Die Entscheidung würde in aller Regel die politische (vgl. PRI-KATS EXP. INT. 2) Leitungsebene des betroffenen Landes (Innenminister oder Ministerpräsident) treffen. Sie ist auch abhängig vom konkreten Selbstverständnis des betroffenen Landes (vgl. PRI-KATS EXP. INT. 7).

Unter „*Koordination*“ wird im weitesten Sinne eine Unterstützung des Bundes bei Schadenslagen verstanden, ohne dass die Länder dem Bund operative Befugnisse erteilen.

Die Frage nach der künftigen Rolle des Bundes innerhalb des Bevölkerungsschutzes kann an dieser Stelle nicht beantwortet werden. Generell lässt sich sagen, dass die Meinungen auseinander gehen. Finanziell gut ausgestattete Bundesländer werden auch künftig eine Kompetenzverschiebung verweigern. Finanziell schwache Bundesländer hingegen, die nur mit großer Kraftanstrengung einen Mindeststandard gewährleisten können, werden eine Kompetenzverlagerung und somit eine Verschiebung der Kostenzuständigkeit befürworten.

Folgt man der Logik dieser Arbeit, wird erst ein Ereignis dazu führen, dass sich Strukturen und Prozesse ändern. Ob ein mit Steuerungskompetenzen ausgestatteter Bund eine höhere Effizienz bei der Abwicklung von Schadenslagen erreichen würde, ist allerdings fraglich. Ebenso unwahrscheinlich ist, dass heutige Bedrohungslagen und mögliche Auswirkungen von Ausfällen kritischer Infrastrukturen, wenn sie mehrere Bundesländer oder gar Staaten betreffen, von den jeweiligen Bundesländern allein geschultert werden können.

4.5 Kommunale Sicherheit[64]

In der öffentlichen Wahrnehmung sind es der Bundesminister des Innern oder seine polizeilichen- bzw. nachrichtendienstlichen Einrichtungen, die für die Sicherheit auf Bundes- und Länderebene zuständig sind. Die Rolle der Kommunen wird dabei übersehen, obwohl der überwiegende Teil der *„alltäglichen“* Kriminalität in den Städten und Gemeinden stattfindet und auch dort als soziales Problem verortet wird. Ein Teil der Täter begehen ihre Straftaten am eigenen Wohnort oder in der näheren Umgebung. Zahlreiche Verbrechenspräventivmaßnahmen konzentrieren sich daher auf dieses Umfeld und können somit auch nur *„vor Ort“* greifen. Wenngleich die Kommune in ihrer formalen sicherheitspolitischen Kompetenz nur einen geringen Handlungsspielraum hat, so gilt es die kommunale Sicherheit dennoch zu berücksichtigen (vgl. Lange / Frevel 2008, 131). Die kommunale Sicherheit hat sich jedoch zwischenzeitlich zu einem eigenständigen und relevanten Bereich oder Subsystem des Politikfelds der Inneren Sicherheit entwickelt.

4.5.1 Akteure und Ansätze

Schleswig-Holstein hat im Oktober 1990 als erstes deutsches Bundesland die Einrichtung eines kriminalpräventiven Rates[65] nach skandinavischem Vorbild beschlossen. Damit erfüllte es die bereits in den 1980er Jahren formulierte Forderung nach *„Ausschüssen für Kriminalitätsvorbeugung“* (vgl. Steffen 2004, 2). Die Entscheidung zog die Einrichtung zahlreicher kommunaler Präventions-

---

64 Zur Vertiefung empfiehlt sich das vom BMBF geförderte Forschungsprojekt *„KoSiPol“*.

65 Offizieller Name: *„Rat für Kriminalitätsverhütung in Schleswig-Holstein“*.

gremien nach sich. Unter dem Aspekt der kommunalen Kriminalprävention[66] wurden u. a. runde Tische, Expertenrunden, Sicherheitsforen, Präventionsräte und Arbeitskreise initiiert (vgl. Brink 2005, 10).

Im Jahr 2004 gab es in der Bundesrepublik bereits rund 2.000 kommunale Präventionsgremien. In quantitativer Hinsicht lässt sich in den vergangenen Jahren eine durchaus positive Entwicklung ausmachen (vgl. Steffen 2004, 2). An den Gremien sind diverse Akteure beteiligt. Zu nennen sind zivilgesellschaftliche Gruppen wie beispielsweise Kirchen oder Verbände und behördliche Einrichtungen insbesondere Polizei oder Ordnungsämter. Diese Initiativen waren in ihrer Gründungszeit noch stark vom polizeilichen Engagement geprägt. Heute werden sie zunehmend durch die Kommunen koordiniert (vgl. Lange 2011, 328 f.). Die Themen reichen, je nach kommunaler Schwerpunktsetzung, von Jugendgewalt über Drogenaufklärung bis Städtebau (vgl. Brink / Kaiser 2007, 8).

Zielsetzung der Kriminalprävention ist also die *„Vorbeugung oder Verhinderung von Kriminalität“* (Heinz 2004, 3). Nüchtern betrachtet lässt sich darunter allerdings als Zielsetzung eher die Begrenzung oder Reduzierung von Kriminalität verstehen (vgl. ebd.).

Das Bundesministerium des Innern schreibt in seinem Ersten Periodischen Sicherheitsbericht, dass bis heute *„zwar durchweg die Bedeutung von Kriminalprävention für die Kriminalpolitik und die Praxis betont [wird], aber die konkrete Umsetzung eher vernachlässigt“* wird (BMI / BMJ 2001, 457).

Die Kriminalprävention, die Straftaten verhüten soll, lässt sich in drei Dimensionen unterteilen (vgl. Heinz 2004, 3):

– *Primäre Kriminalprävention*

Bei der primären Kriminalprävention soll ein möglichst breiter Bevölkerungskreis involviert werden, um so den Entstehungsbedingungen von Kriminalität Einhalt zu gebieten (z. B. durch Wertevermittlung und das Einüben gewaltfreier Konfliktlösungsmöglichkeiten in Kindergarten oder Schule) (vgl. BMI 2012a).

– *Sekundäre Kriminalprävention*

„Die sekundäre Prävention soll Kriminalität vorbeugen durch Veränderung von Tatgelegenheiten mittels gezielter Reduzierung tatfördernder Situationen“ (BMI 2012a) (z. B. technischer Mittel wie Alarmanlagen oder Wegfahrsperren) (vgl. ebd.).

66 Das Kriminologie-Lexikon Online definiert (mit Bezugnahme auf eine Publikation der Zentralen Geschäftsstelle Polizeiliche Kriminalprävention der Länder und des Bundes) die Aufgabe der kommunalen Kriminalprävention wie folgt:
„Kriminalprävention umfasst die Gesamtheit aller staatlichen und privaten Bemühungen, Programme und Maßnahmen, die Kriminalität als gesellschaftliches Phänomen oder als individuelles Ereignis verhüten, mindern oder in ihren Folgen gering halten soll.“ (Brink 2012)

– *Tertiäre Kriminalprävention*

Dabei bleibt zu beachten, „*dass Prävention der Repression überlegen ist und deshalb primäre und sekundäre Prävention aus normativen Gründen Vorrang haben vor tertiärer Prävention*“ (Heinz 2004, 2).

	Primäre Kriminalprävention	**Sekundäre Kriminal-prävention**	**Tertiäre Kriminalprävention**
Zielgruppen:			
– Täter	Allgemeinheit	Potenzielle Täter	Verurteilte
– Situationen	Allgemeine Situationen	Gefährdete Objekte	„hot spots“
– Opfer	Jeder mögliches Opfer.	Potenzielle Opfer	verletzte Opfer
Maßnahmen-beispiele:			
(potenzielle/ reale) Täter	Stärkung des Rechts- und Wertebewusstseins, positive Generalprä-vention, Beseitigung von Sozialisationsdefiziten, Aufklärung über Gefah-ren (z. B. durch ‚Dro-gendisco‘), Beseitigung von sozio-strukturellen Mängellagen	Stärkung des Rechts- und Wertebewusstseins bei Problemgruppen, negative Generalprä-vention, Hilfe/Stützung für gefährdete Personen (z. B. Familienhilfe, Erziehungsberatung, Schuldenberatung, Streetworker)	spezialpräventive Sanktionierung, Therapie, Maßnahmen der Besserung und Sicherung, Straffälligen-hilfe, / Bewährungshilfe, Resozialisierungsfonds
Situationen/ Objekte/ Tatörtlich-keiten	kriminalitätsabwehrende Architektur; übersicht-liche Örtlichkeit; Sicher-heits-TÜV; Objekt-markierung und/oder Zugriffserschwerung	Erhöhung des Tatauf-wands, Reduzierung tatfördernder Gelegen-heiten/Situationen, Erhö-hung des Entdeckungs-risikos, Verstärkung der Überwachung, Abschöp-fung des Tatgewinns	Entschärfung von Krimi-nalitätsbrennpunkten („hot spots“)
Opfer	allg. Aufklärung über Selbstschutz/Selbstver-teidigung, allg. Aufklärung von speziellen Gruppen (Kinder/Alte), Infor-mationen über allg. (technische/personale) Sicherungsmaßnahmen	Schulung gefährdeter Opfer (z. B. Taxifahrer, Bankangestellte, Flug-personal), Selbstverteidi-gungskurse, (technische/ personale) Sicherung besonders gefährdeter Personen/Objekte	Opferschutz, Opferbe-ratung, Opferbetreuung, Opferhilfe, Opferent-schädigung, Wiedergut-machung/Täter-Opfer-Ausgleich, Frauenhäuser

Abbildung 14: Dimensionen der Kriminalprävention mit dem Ziel der Verhütung von Straftaten (Quelle: Heinz 2004, 3)

Qualitativ ist die Entwicklung der kommunalen Kriminalprävention dennoch nicht grundsätzlich positiv verlaufen. Es wurden zahlreiche Papiere und Konzepte erstellt, die jedoch oft wirkungslos blieben. Weiterhin fehlt es an relevanten personellen und finanziellen Ausstattungen sowie einer demokratischen Legitimierung der Gremien (vgl. Steffen 2004, 2).

Wenngleich sich die Programme kommunaler Kriminalprävention also zu einem integralen Bestandteil der Kommunalpolitik entwickelt haben, bleibt eine *„kommunale Kriminalpolitik weitgehend Rhetorik auf strafrechtlich organisierte und definierte Kriminalitätsprävention begrenzt und im Übrigen auch staatliche Prävention“* (Albrecht 2002, 37).

4.5.2 Broken-Windows-Theorie

Wilson und Kelling kamen 1982 in ihrem Aufsatz *„Broken-Windows“* zu der Einsicht, dass die Stadt unübersichtlich geworden ist. Der soziale Zerfall wird klar erkennbar und Unordnung ist evident. Das Sicherheitsgefühl der Menschen ist gestört und kriminelle Handlungen in öffentlichen Räumen sind an der Tagesordnung. Bettler, Betrunkene, Süchtige, Prostituierte, rüpelhafte Jugendliche usw. bevölkern öffentliche Plätze, Bahnhöfe und Fußgängerzonen. Es sind nicht zwangsläufig kriminelle Personen, die eine negative Assoziation und Angst erzeugen (vgl. Wilson/Kelling 1982, 29 f.) Bei der Auflistung der *„Broken-Window-Apologeten“* (Frevel 2002, 81) wird deutlich, dass nicht ausschließlich die *„Verletzung kodifizierter Ordnungs- und Rechtsnormen, sondern auch von sozialen Soll-Normen moralischer Art oder Benimm-Regeln“* (ebd.) in das Blickfeld der *„Ordnungswächter“* geraten. Kann man aus einer quantitativen Betrachtung die Situation in den USA nicht mit der in Deutschland vergleichen, so ist das Unbehagen im städtischen Gebiet dennoch ähnlich groß (vgl. Frevel 2002, 81). Nicht selten sind und waren Rufe nach einer Neuverteilung der Verantwortungsbereiche für Kriminalitätskontrolle zu vernehmen (vgl. Albrecht 2002, 23).

4.5.3 Community Policing

Darüber hinaus sind noch weitere Kooperationsformen und -ansätze entstanden, die von Kommune zu Kommune variieren können. Ein Beispiel ist das *„Community Policing“*[67]. Dabei handelt es sich weniger um ein einheitliches Konzept,

67 Der Begriff *„Community Policing“* kann annäherungsweise mit *„gemeinwesenorientierte Polizeiarbeit“* übersetzt werden (BMI/BMJ 2001, 462).

ebenso wenig um eine konkrete Form polizeilicher Tätigkeit. Die Spannweite ist – empirisch betrachtet – groß. Sie variiert von der reinen Behauptung von Polizeibehörden, die eigene Arbeit sei *„Community Policing"*, und reicht bis hin zu Ansätzen, polizeiliche Organisationsformen und polizeiliche Aufgaben auf eine neue Basis zu stellen. Dennoch lassen sich zwei Grundpositionen ausmachen, die bei allen Ansätzen vorhanden sind: Sie unterstreichen die Tatsache, dass die enge Zusammenarbeit zwischen Polizei und Kommune von absoluter Bedeutung ist und darauf abzielt, Probleme im lokalen Bereich zu lösen bzw. Lösungsansätze zu erarbeiten (vgl. Pütter 1999).

Ergo handelt es sich bei diesem Konzept *„um die konsequente Einbeziehung der Bürgerinteressen in die kurz-, mittel- und langfristige polizeiliche Planung und in das aktuelle polizeiliche Handeln"* (BMI/BMJ 2001, 462).

Ob es sich dabei um präventive oder repressive Kriminalitätskontrolle, um Probleme im Straßenverkehr oder um andere vorwiegend nicht-polizeiliche Problemstellungen handelt, die entweder das Sicherheitsgefühl oder das Wohlbefinden der Bürger beeinträchtigen – grundsätzlich geht es um die konsequente Einbindung der Bürgerinteressen in die kurz-, mittel- und langfristigen polizeilichen Planungs- und Handlungsstrategien. Die Aktivitäten sollen die Zielsetzung haben, die objektive öffentliche Sicherheit und Ordnung und das Sicherheitsgefühl der Bevölkerung zu verbessern (vgl. ebd., 462 f.).

Unabhängig von der Frage, ob in einer Kommune die Kriminalität ein großes Problem darstellt oder ob es sich um eine eher polemisierende Debatte handelt – klar ist, dass grundsätzlich eine Gefahr der *„Überhitzung"* besteht. Aufgrund der Tatsache, dass sich Sicherheit grundsätzlich als ein *„nicht hinreichender"* Faktor darstellen lässt, Ängste und Unsicherheiten sich schnell generieren und sich konkrete Bedrohungen scheinbar konkret identifizieren lassen, *„kann eine von der Kommune und Polizei nicht mehr bedienbare Schutzerwartung erzeugt werden"* (Lange/Frevel 2008, 133).

Die Folge ist die Suche nach anderweitigem Schutz und somit ein Boom privater Sicherheitsdienstleister im (halb-)öffentlichen Raum wie Einkaufszentren oder Vierteln mit finanziell besser ausgestatteten Bewohnern.

4.6 Private Sicherheitswirtschaft

Private Sicherheitsdienste sind Firmen, die im Auftrag von anderen privaten Unternehmen, Privatpersonen oder der öffentlichen Hand Sicherheitsdienstleistungen anbieten oder Sicherheitstechnik verkaufen bzw. Eigentum und Leben fremder Personen bewachen oder durch entsprechende Techniken sicherstellen. Rechtsgrundlage ihres Handels regelt die Gewerbeordnung (vgl. Eick 2006, 247).

Was die Bewertung der privaten Sicherheitswirtschaft angeht, stehen sich Skeptiker und Befürworter gegenüber, die für mehr staatlich-private Kooperationen bzw. für eine umfangreichere Aufgabendelegation an die privaten Sicherheitsdienstleister eintreten.

Gerade Letzteres wird aus dem Bereich der privaten Sicherheitswirtschaft stark propagiert. Diese sieht durch die Tatsache, dass die IMK die private Sicherheitswirtschaft zu einem Element der Sicherheitsarchitektur erklärt hat, eine Weichenstellung durch die Politik (vgl. EXP. INT. 7).

Dennoch ist die Aufgabenübertragung sowie die Zusammenarbeit der privaten Sicherheitsunternehmen keine Neuerscheinung. Einen relevanten Wendepunkt in der historischen Entwicklung des privaten Bewachungsgewerbes ist auf die Verabschiedung des Preußischen Polizeikostengesetzes aus den Jahren 1892/95 zurückzuführen (vgl. Kirsch 2003, 259).

Wenn auch die Handlungshoheit im Bereich Gewährleistung und Produktion Innerer Sicherheit weiterhin beim Staat liegt, hat die Bedeutung von privaten Anbietern im Bereich der Inneren und Äußeren Sicherheit stark zugenommen (vgl. Frevel / Schulze 2010, 3). Im Jahr 2010 beschäftigten ca. 3.700 Sicherheitsdienstleister 170.000 Mitarbeiter und somit rund 68 Prozent der Beschäftigten der Sicherheitswirtschaft (vgl. BDWS 2011). Hinzukommen 3.000 Auszubildende für den Beruf *„Fachkraft für Schutz und Sicherheit"* sowie rund 70.000 Kurzzeit-Mitarbeiter und firmeneigene Werkschützer (vgl. Behörden Spiegel 2009, 55).

Wach- und Sicherheitsdienste						
Veränderung von Umsatz und Beschäftigung gegenüber dem Vorjahr in %						
	2006	2007	2008	2009	2010	2011
Umsatz	9,0	12,6	1,6	– 4,1	4,0	5,5
Beschäftigung	8,0	3,8	1,4	– 0,1	1,9	4,2

Abbildung 15: Veränderung von Umsatz und Beschäftigung in % gegenüber dem Vorjahr (Quelle: Dienstleistungsstatistik des Statistischen Bundesamtes)

2010 wurde in diesem Bereich ein Umsatz von ca. 4,6 Milliarden Euro erwirtschaftet (vgl. BDWS 2011). Mittlerweile bietet dieses Dienstleistungsspektrum ein breites Angebot an und hat das alte Bild von den Wach- und Schließdiensten verändert (vgl. Frevel / Schulze 2010, 3).

4.6.1 Maritime Sicherheit als neuer Markt

Im Bereich der Äußeren Sicherheit hat insbesondere der Irak-Krieg die neue Angebotspalette der privaten Branche ins Blickfeld gerückt (vgl. Schneiker 2009, 13). Als weiteres prominentes Beispiel kann der Schutz von deutschen Schiffen am Horn von Afrika genannt werden. Harald Olschok (2012, 45) schreibt dazu in einem Beitrag des Behördenspiegels, dass zwischenzeitlich 33 von 100 Reedereien private bewaffnete Sicherheitsdienste einsetzen. Im Jahr 2009 waren es lediglich zwölf Reedereien gewesen, die davon Gebrauch machten.

Umstritten ist die Grundlage bzw. gesetzliche Eindeutigkeit bewaffneter Einsätze privater Sicherheitsdienste. So fordert die SPD Bundestagsfraktion in ihrem Antrag (BT-Drs. 17/9403) u. a. eine

> *„Zertifizierung von privaten Sicherheitskräften auf der Basis der von der IMO vorgegebenen Vorläufigen Leitlinien für Schiffseigner, Schiffsbetreiber und Schiffsführer durchzuführen, um sicherzustellen, dass ausschließlich zuverlässige und ausreichend geschulte private Sicherheitskräfte zum Einsatz kommen".*

Weiterhin dringt die SPD darauf, dass die privaten Sicherheitskräfte das humanitäre Völkerrecht und menschenrechtliche Standards achten. Zur waffenrechtlichen Absicherung wird hier beantragt, *„den Erwerb und Einsatz von Kriegswaffen nach dem Kriegswaffenkontrollgesetz für private Sicherheitskräfte an Bord deutschflaggiger Handelsschiffe auch künftig nicht zu ermöglichen"* (Ebd.).

Flankiert wird der SPD-Antrag durch den BDWS. Dieser fordert von der Bundesregierung eine klare gesetzliche Regulierung und ein anerkanntes Zulassungsverfahren. Nach Ansicht des BDWS (vgl. Olschok 2012, 45) ist der allgemeine § 34a der Gewerbeordnung[68] *„für eine allseits akzeptierte Sicherheitsdienstleistung"* nicht ausreichend. Der BDWS begrüßt zwar die Absicht von Regierung und Opposition, den Einsatz privater Sicherheitsdienstleister durch eine gesetzliche Ermächtigungsgrundlage innerhalb der Gewerbeordnung zu regeln. Die Bundesregierung hat dazu eine Neufassung des § 31 angeregt. Der Vorschlag des BMWi, einen unternehmensbezogenen Ansatz im Kontext eines Zulassungsverfahrens einzuführen, wird durch den BDWS zwar als sachgerecht bewertet, stellt dadurch aber eine Abweichung von der bisherigen Systematik der Gewerbeordnung dar (vgl. ebd.). Seitens der BDWS wird der Untertitel des § 31 GewO *„Bewachung von Seeschiffen"* als *„antiquiert"* gesehen, da die neuen Tätigkeiten mit den übri-

68 Die Zuständigkeit für das Gewerberecht bzw. die private Sicherheitswirtschaft obliegt dem BMWi. Dies wird durchaus kritisch bewertet. Mit Ausnahme Österreichs ist Deutschland das einzige Land der 27 EU-Mitglieder, in dem das Wirtschaftsressort für das Sicherheitsgewerbe zuständig ist. In den anderen Staaten liegt die Zuständigkeit beim Justiz- oder Innenressort (vgl. EXP. INT. 7).

gen Aktivitäten des Bewachungsgewerbes nicht übereinstimmen. Der BDWS versucht auf die Entscheidung der Bundesregierung Einfluss zu nehmen und regt an, im § 31 GewO künftig von *„Privaten Sicherheitsdiensten auf Seeschiffen"* zu sprechen (vgl. ebd.).

Dass eine Regulierung nahezu unumgänglich ist, wird dadurch deutlich, dass zum einen der Sicherheitsmarkt permanent ansteigt – allein rund 1.700 Passagen deutscher Schiffe führen durch das Hochrisikogebiet im indischen Ozean – zum anderen heutzutage fast jeder Mensch eine Sicherheitsfirma gründen kann. Unseriösen Angeboten und Methoden wird dadurch Tür und Tor geöffnet (vgl. NDR 2012). Der BDSW plädiert dafür, dass künftig eine Zertifizierung durch das Bundesamt für Wirtschaft und Ausfuhrkontrolle (BAFA) erfolgen soll. Daneben fordert der BDSW, dass die Bundespolizei im Einvernehmen (nicht nur *„im Benehmen"*) mit dem BAFA die Zulassung eines Sicherheitsunternehmens durchführt. In diesem Zusammenhang sei es zwingend erforderlich, die angeschlossenen Subunternehmen zertifizieren zu lassen, um nicht an dieser Stelle durch Lücken die Möglichkeit für Missbrauch zu bieten (vgl. Olschok 2012, 45).

Unklarheit herrscht auch über die Zuständigkeiten sowohl im deutschen Behördenapparat (Waffenrecht, Gewerbeordnung usw.) als auch bei den Einsätzen an Bord der Schiffe. So ist zwar der Kapitän für alle Vorgänge an Bord verantwortlich, kritisch wird es aber dann, wenn es zu Schusswechseln kommt.

Auch bei deutschen Schiffen sind nicht zwangsläufig deutsche Schutztruppen (bzw. seriöse Sicherheitsfirmen) im Einsatz. Oftmals werden für diese Einsätze ehemalige Polizisten bzw. Kräfte von Spezialeinheiten auch anderer Staaten angeworben. Ob deren Rechtsverständnis und die Ausbildungsstandards grundsätzlich dem deutschen Niveau entsprechen bzw. gerecht werden, ist fraglich.

Eine weitere Unklarheit, die sowohl durch die SPD-Bundestagsfraktion als auch durch den Verband selbst auf die Agenda gebracht wurde, ist eindeutig die Problematik der Bewaffnung. Nicht alle Waffen, die zum Schutz auf den Schiffen verwendet werden, stammen aus legalen Quellen. Eine preisgünstigere Variante bietet der Einkauf in Drittstaaten. Die dort erworbenen Waffen sind in der Bundesrepublik Deutschland nicht registriert und können nach einem Einsatz problemlos beseitigt werden (vgl. NDR 2012).

4.6.2 Wahrnehmung privater Sicherheitsdienste

Wenngleich in der öffentlichen Debatte die privaten Sicherheitsdienstleister oftmals sehr kritisch gesehen werden, zeichnen die Bevölkerungsumfragen ein weniger negatives Bild. Der BDWS hat die *„Wichtigkeit privater Sicherheits-*

unternehmen in Bayern" im Rahmen einer repräsentativen Umfrage untersuchen lassen (vgl. BDWS 2012).[69] Demnach halten 10 % der Befragten die privaten Sicherheitsdienste für *„unverzichtbar"*, 25 % für *„sehr wichtig"*, 39 % für *„wichtig"*, 15 % für *„weniger wichtig"* und nur 7 % für *„unwichtig"*.[70] Die Umfrage ergab ferner, dass 8 % der Interviewten ein *„sehr positives"* Bild von den privaten Sicherheitsdiensten haben. Der Großteil der Befragten hat ein *„eher positives"* Bild, 24 % sind unterschiedlicher Meinung, 7 % haben ein eher *„negatives"* und 3 % ein *„sehr negatives"* Bild von den privaten Sicherheitsdiensten.[71]

Bei einer abschließenden Bewertung kommt der BDWS zu dem Schluss, dass bei der Erhebung die Sonderrolle Bayerns berücksichtigt werden muss und die privaten Sicherheitsdienste bei bürgerlichen Wählern eine höhere Akzeptanz erfahren. Zudem ist eine positivere Einschätzung in ländlicheren Regionen zu erkennen, was möglicherweise auf eine geringere Polizeipräsenz zurückzuführen ist. Insgesamt wird den privaten Sicherheitsdiensten ein gutes Image (> 50 % positiv, rund ¼ teils/teils, ca. 10 % negativ) bescheinigt.

4.6.3 Privatisierung von Sicherheit – Fluch oder Segen?

Die Entwicklung der privaten Sicherheitswirtschaft muss ambivalent betrachtet werden. Die Sicherheitswirtschaft hat sich zu einer Dienstleistungsbranche entwickelt, die nahezu alle Anforderungen des Marktes bedient. Im Niedrigpreissegment (Ordnerdienste, Objektschutz) hat in puncto Ausbildung und Beschäftigung in den vergangenen Jahren eine beachtliche Professionalisierung stattgefunden (vgl. Lange 2011, 329). Bei den Qualifizierungsmaßnahmen ist in den vergangenen zehn Jahren ein erheblicher Qualitätssprung zu verzeichnen. Es wurden Ausbildungsberufe geschaffen, die jährlich ca. 1.200 junge Menschen veranlassen, eine Ausbildung im privaten Sicherheitsgewerbe zu beginnen (vgl. EXP. INT. 7). Diverse Hochschulen haben bereits eigene Studiengänge für die *„Sicherheitswirtschaft"* entwickelt,[72] die auf den Bedarf der privaten Sicherheits-

69 Die Ergebnisse sind nicht für die gesamte Bundesrepublik repräsentativ. Eine bundesweite Umfrage hätte vermutlich andere Ergebnisse geliefert. Die Daten geben lediglich einen Trend wieder.

70 4 % w. n. / k. A.

71 *Zielgruppe* der Befragung: In Privathaushalten lebende, wahlberechtigte Bevölkerung in Bayern auf Basis einer mehrstufig geschichteten Zufallsstichprobe. *Erhebungsmethode*: Repräsentative computergestützte Telefonbefragung (CATI). *Anzahl* der Befragten und *Feldzeit*: N = 1.004, zwischen dem 13. und 17. Februar 2012.

72 Bspw. die deutsche Universität für Weiterbildung mit dem Studiengang *„Sicherheitswirtschaft und Unternehmenssicherheit"* (vgl. DUW 2012).

dienstleistungsbranche ausgerichtet sind. Auch das Verhältnis zwischen Sicherheitsdiensten und Polizei hat sich verbessert. Zwischenzeitlich ist es „*normal*“, wenn Polizei und private Sicherheitsdienstleister in Ordnungs-, Sicherheits- oder anderen Netzwerkpartnerschaften kooperieren (vgl. Lange 2011, 329). Derzeit[73] sind 32 Kooperationen mit rund 123 Sicherheitsunternehmen in der Bundesrepublik Deutschland vorhanden (vgl. UA FEK 2011a).

Dennoch zeigen sich bei der Betrachtung des privaten Sicherheitsgewerbes noch große Unterschiede, da es sich angesichts 170.000 Mitarbeiter um eine sehr heterogene Branche handelt. *„Die Polizei denkt in dieser Frage sehr differenziert. Überall dort, wo persönliche Kontakte vorhanden sind, und immer dann, wenn sich die Branche als leistungsfähig herausstellt, sind die Vorbehalte weg, die in den letzten Jahren vorhanden waren.“* (EXP. INT. 7)

Viele sehen die massive Zunahme von Sicherheitsdienstleistern kritisch. Die Frage ist, ob sich der Anspruch auf staatliche Gewalthoheit mit der gesellschaftlichen Realität deckt (vgl. Kirsch 2003, 3). Dabei stellt Bernhard Frevel (2007, 4) fest, dass *„Sicherheit [...] weder ein käufliches – und damit ungleich verteiltes – Gut sein [darf], noch [...]die Betonung der Sicherheit dazu führen [darf], das einzuschränken, was gesichert werden soll: die Freiheit.“*

Die Haltung der Parteien auf Bundesebene ist, ausgenommen die der SPD-Bundestagsfraktion, nicht erkennbar.

Die SPD schrieb dazu in ihrem Regierungsprogramm 2009:

> *„Sicherheit darf keine Ware werden. Es ist Aufgabe des Staates, für die Sicherheit seiner Bürgerinnen und Bürger zu sorgen. Wir brauchen diesbezüglich eine gute Ausstattung von Schulen, Polizei, Justiz und Jugendhilfe. Eine Privatisierung von staatlichen Sicherheitsaufgaben lehnen wir ab.“* (SPD 2009, 69)

Auch weiterhin wird mit einem Zuwachs an Bedeutung und Inanspruchnahme des Sicherheitsgewerbes zu rechnen sein. Zum einen wird sich der Staat zum Teil aus seinem bisherigen Tätigkeitsspektrum zurückziehen, zum anderen kann davon ausgegangen werden, dass es verstärkt zu *„Public-Private-Partnerships“* bzw. *„Police-Private-Partnerships“* kommen wird. Vor dem Hintergrund der zunehmenden Spezialisierung und Qualifizierung innerhalb der Polizeien der Länder und des Bundes ist anzunehmen, dass gerade niedrig qualifizierte Aufgaben dem Sicherheitsgewerbe übertragen werden (vgl. Eick 2006, 251).

73 Stand 2011. Weitere Informationen auch in Kap. 5.

4.7 Unternehmenssicherheit

Auf den ersten Blick mag es ungewöhnlich erscheinen, den Bereich der Unternehmenssicherheit dem Politikfeld Innere Sicherheit bzw. der Sicherheitsarchitektur zuzurechnen. Zwei Argumente sprechen eindeutig dafür. Zum einen leiten Beobachter weltgeschichtlicher Zusammenhänge wie beispielsweise Paul Kennedy sicherheitspolitische Ereignisse von weltwirtschaftlichen Entwicklungen und Verhältnissen ab (zitiert nach Kennedy 1989 in Borchert 2008, 11). Zum anderen hat sich die Unternehmenssicherheit schon lange von der klassischen Werkssicherheit verabschiedet und folgt einer eigenen Logik. Wenngleich die Übergänge zur Sicherheitswirtschaft oft fließend sind, entzieht sich die Unternehmenssicherheit der öffentlichen Diskussion und Kontrolle. Sie vollzieht sich im privaten Raum und ist daher keinem Rechtfertigungsdruck ausgesetzt (vgl. Lange 2011, 330). Ihren Interessenschwerpunkten folgend stehen die Unternehmen in aller Regel in einer engen Austauschbeziehung mit staatlichen Einrichtungen wie dem Verfassungsschutz, den Bevölkerungsschutzbehörden oder dem Bundesnachrichtendienst (s. Kap. 4.).

4.7.1 Gefährdungspotenziale für Unternehmen

Das Gefährdungspotenzial in und für Unternehmen ist nahezu grenzenlos. Das Spektrum reicht vom Produktboykott über Produktpiraterie und Wirtschaftsspionage bis hin zu Angriffen gegen Mitarbeiter und Infrastrukturen der Unternehmen sowie Personalausfällen bei Pandemien (vgl. Borchert 2008, 13). Hinzu kommen technisches und menschliches Versagen sowie Naturkatastrophen (vgl. Müller 2010, 2). Allein der Schaden durch Cyber-Kriminalität wird weltweit auf rund 50 Milliarden Euro geschätzt (vgl. N 24 2012). Nach Angaben der BITKOM stieg der Schaden allein im Jahr 2010 um 66 Prozent (vgl. BITKOM 2011).

Die Bedrohungen für deutsche Unternehmen, die im In- und Ausland tätig sind, haben sich somit in ihrer Qualität und Quantität gewandelt. Laut einer Studie von Corporate Trust (2007) hatten fast ein Fünftel (18,9 Prozent)[74] deutscher Unternehmen einen Spionagefall zu beklagen. Die eigenen Mitarbeiter sind dabei als größtes Gefahrenpotenzial anzusehen (vgl. Corporate Trust 2007, 41).

Gerade der Mittelstand, der eine beachtliche wirtschaftliche Leistung erbringt, ist den Bedrohungen in einem besonderen Maße ausgesetzt, da diese Unterneh-

74 Die Zahl dürfte zwischenzeitlich weiter angestiegen sein. Aktuellere Zahlen lagen dem Verfasser bis zum Abschluss dieser Arbeit nicht vor.

men nicht über notwendige Sicherheitsstrukturen verfügen (vgl. Corporate Trust 2010, 5).

Die Wirtschaftsspionage, also Spionagetätigkeit, die von ausländischen Nachrichtendiensten verübt wird, stellt ein zunehmendes Problem für Unternehmen dar. Es wird dabei langfristig versucht, im Ausland Erkenntnisse zu sammeln und diese über dafür eingerichtete Kanäle gezielt an die Bedarfsträger im entsprechenden Heimatland weiterzugeben. Im Gegenzug unterstützen wirtschaftliche Einrichtungen die Nachrichtendienste mit finanziellen Mitteln. Es entsteht ein Beziehungsdreieck aus Wirtschaft, Nachrichtendienst und Staat. Abhängig von dem jeweiligen Kulturkreis und der staatlichen Struktur ist dieses Beziehungsgeflecht unterschiedlich ausgeprägt.

Bei der Industriespionage handelt es sich um die *„klassische Wettbewerbsforschung"*, wobei die Konkurrenz mit dem Ziel ausspioniert wird, die eigene Marktposition zu verbessern. In der Regel wird diese Art der Spionage von Mitbewerbern durchgeführt (vgl. WKO 2011, 15 f.).

Ein neues sicherheitsrelevantes Problem für Unternehmen geht von den *„neuen Medien"* aus. Eine Studie der Hochschule Augsburg und des Landesamtes für Verfassungsschutz Bayern (LfV 2012) hat die Auswirkungen von sozialen Netzwerken auf die Unternehmenssicherheit untersucht und dabei die potenziellen Gefahren für Unternehmen herausgearbeitet. Dabei hat sich gezeigt, dass speziell für die Reputation von Unternehmen die sozialen Netzwerke eine bedeutende Rolle spielen. Gerade scheinbar unwichtige Nachrichten lassen sich über die Vernetzung von Kontakten der Mitarbeiter schnell verbreiten. Befinden sich solche Nachrichten, die einem Unternehmen nachhaltigen Schaden zufügen können, erst einmal im Internet, lassen sie sich fast nicht mehr einfangen. Herkömmliche Reaktionsmaßnahmen von Unternehmen wie Pressemitteilungen sind nahezu wirkungslos. Aber auch die Verbreitung von Viren, Malware oder das Abgreifen von Passwörtern erfolgt heute über die sozialen Netzwerke, die somit ein erhebliches Sicherheitsrisiko darstellen können (vgl. LfV 2012, 49 ff.).

Der BDI sieht die Kernbedrohungen für die deutsche Wirtschaft in den folgenden drei Bereichen (vgl. Fischer 2008, 36):

- in einer Destabilisierung von Ordnungssystemen, Absatz- und Rohstoffmärkten und Verkehrswegen, bedingt durch regionale Konflikte, Terrorismus und Extremismus,
- in Angriffen auf das Wissen der Unternehmen (Produktpiraterie, Lauschangriffe, Wirtschaftsspionage, Desinformationskampagnen, IT-Angriffe) mit einem signifikanten Anteil an Innentätern, wodurch es u. a. zu Reputationsverlusten und Schäden der Börsenwerte kommt,

– in organisierter Kriminalität, Korruption, Wirtschaftsdelikten, Betrug gegen Unternehmen, Untreue, Diebstahl, Unterschlagungen, Erpressung, Hehlerei, Bestechung.

4.7.2 Schwachstelle kritische Infrastrukturen

Gerade unter Berücksichtigung zunehmender Naturkatastrophen, Cyber-Angriffen sowie der Bedrohungen durch den internationalen Terrorismus und die organisierte Kriminalität ergibt sich die Notwendigkeit, Wirtschaftseinrichtungen bzw. Infrastrukturen, deren Ausfall zu erheblichen Beeinträchtigungen der öffentlichen Sicherheit oder der gesellschaftlichen Ordnung führen könnten, besonderen Schutzmaßnahmen zu unterziehen (vgl. BMI 2005, 6). Zu den kritischen Infrastrukturen zählen in Deutschland die Sektoren Energie, Ernährung, Finanz- und Versicherungswesen, Gesundheit, Informationstechnik und Telekommunikation, Medien und Kultur, Staat und Verwaltung, Transport und Verkehr sowie Wasser (vgl. BBK/BSI 2012a).

Problematisch ist, dass die permanente technische Innovation ein grundsätzlich hohes Schutzniveau im Bereich der Inneren Sicherheit, hohe Rechtsstandards sowie die jederzeit verfügbaren Kommunikationsmöglichkeiten Sicherheit suggerieren. Tatsächlich aber wächst durch die kontinuierlich ansteigende Abhängigkeit von kritischen Infrastrukturen (wie Telekommunikation, Energie, Wasser) auch die Verwundbarkeit moderner Gesellschaften. (vgl. Reichenbach et al. 2008, 10).

Besonders relevant sind anthropogene sowie natürliche Gefahren für die kritischen Infrastrukturen. Nicht zuletzt die Ereignisse in Fukushima haben verdeutlicht, dass sich der Ausfall entsprechender Einrichtungen katastrophal auf staatliche und gesellschaftliche Strukturen auswirken kann (vgl. BBK/BSI 2012b).

anthropogene Gefahren	**natürliche Gefahren**
Unfälle	Stürme, Tornados
Terrorismus	Hochwasser, Extremniederschläge
Systemversagen	Dürren
Sabotage, Schadprogramme	Erdbeben
Kriege	Epidemien/Pandemien

Abbildung 16: Gefahren für die kritischen Infrastrukturen (Quelle: Eigene Darstellung in Anlehnung an BBK/BSI 2012b)

Durch die Abhängigkeiten zwischen den einzelnen Sektoren (Interdependenzen) verstärkt sich das Ausfallrisiko. Dies bedeutet, dass Ausfälle in einem konkreten Sektor zu Ausfällen in anderen Sektoren führen und Dominoeffekte auslösen können. Besonders riskant sind wechselseitige Abhängigkeiten: Der Ausfall einer spezifischen Infrastruktur führt zu dem Ausfall einer anderen Infrastruktur, deren Funktionsfähigkeit aber das störungsfreie Funktionieren der zuerst kollabierten Infrastruktur bedingt. Diese Situation ist teilweise zwischen Informations- und Kommunikationstechniken sowie in bestimmten Bereichen der Energieversorgung bei längerfristigen Ausfällen zu erwarten.

In besonders dramatischen Fällen kann aus dem Dominoeffekt ein so genannter Kaskadeneffekt hervorgehen. Eine besondere Abhängigkeit besteht bei der Stromversorgung. Ihr Ausfall führt unmittelbar zu weiteren Ausfällen (z. B. Wasserversorgung). Auch künftig ist mit einer weiteren Zunahme der Abhängigkeit von kritischen Infrastrukturen zu rechnen. Künftige Energiesysteme werden zunehmend mit Informationstechnologien vernetzt (z. B intelligenten Stromnetzen), deren Funktionsfähigkeit eine zuverlässige Kommunikationstechnik voraussetzt (vgl. BBK/BSI 2012b).

Betrachtet man die Ernährungsnotfallvorsorge bei einem möglichen Stromausfall genauer, werden die Grenzen staatlicher und z. T. privatwirtschaftlicher Handlungsmöglichkeiten schnell deutlich. Der Bundesrechnungshof (BRH) schreibt in einem internen Bericht an den Haushaltsausschuss des Deutschen Bundestages[75]:

> *„Ein Gesamtkonzept zur Bewältigung von Krisen unter Einschluss der Ernährungsnotfallvorsorge liegt derzeit nicht vor. Es sind keine Krisenszenarien herausgearbeitet und dargestellt, die eine Versorgung der Bevölkerung mit Nahrungsmitteln notwendig erscheinen lassen. Auch die Schnittstellen zu anderen Versorgungsmaßnahmen (Trinkwasser, Energie und Verkehr) sind nicht hinreichend abgeklärt."* (BRH 2012)

Nach Angaben des Handelsverbands Deutschland (HDE) gehen rund 40 Millionen Menschen in Deutschland täglich einkaufen (vgl. HDE 2012). Das entspricht rund der Hälfte der Bevölkerung. Die Auswirkungen, die der Ausfall der Nahrungsmittelversorgung (z. B. Handel) mit sich bringen würde, liegen auf der Hand. Die Vorratshaltung und Selbsthilfefähigkeit in Deutschland ist schlecht ausgeprägt. Wenngleich 76 % der Bevölkerung (vgl. DRK/Emnid 2008) davon ausgehen, dass sie sich bei einem Stromausfall 14 Tage lang selbst versorgen könnten, dürfte die Realität anders aussehen. Die wenigsten Menschen sind sich der Auswirkung eines solchen Szenarios bewusst.[76]

---

75 17. Wahlperiode.

76 So auch Reichenbach et al. 2008.

5 Wandel des föderalen Sicherheitsverbundes seit 1945

Deutsche Sicherheitsinstitutionen haben seit jeher die (sicherheits-)politischen Rahmenbedingungen zum Anlass genommen, die Strukturen und Prozesse an die veränderten Rahmenbedingungen anzupassen bzw. waren bestrebt, dies zu tun.

Bereits nach der Kapitulation des Deutschen Reiches und der darauf folgenden Demilitarisierung war die Bundesrepublik Deutschland erstmals hinsichtlich möglicher Folgen eines neuen Krieges schutzlos. Mit Verabschiedung der Kontrollratsdirektive Nr. 24 vom 12. Januar 1946 wurden Luftschutzeinrichtungen in Deutschland verboten. Das Kontrollratsgesetz Nr. 2 vom 10. Oktober 1945 hatte bereits die Technische Nothilfe (als paramilitärische Organisation) aufgelöst. Dem neuen Staat waren somit sämtliche Organisationsmöglichkeiten, einen funktionierenden Bevölkerungsschutz aufzubauen, genommen. Die Vorstellung der Alliierten, funktionierende Schutzmaßnahmen zu organisieren, ließ sich angesichts der politischen Entwicklungen nicht umsetzen, und schon bald wurde über eine Wiederbewaffnung Westdeutschlands spekuliert. In Ostdeutschland entstanden 1948 kasernierte Volkspolizeieinheiten, die im Jahr 1956 den Grundstock der Nationalen Volksarme bildeten (vgl. Rosen 2008, 32).

Im Jahr der Währungsreform 1948 gab es auch Überlegungen, wie eine Verfassung in der *„Trizone"* aussehen könnte. Sollte ein starker Staat, also ein zentralistisches System, geschaffen werden, oder galt es die Selbstständigkeit der Länder, also einen föderalen Aufbau, zu stärken? Die 65 Mitglieder des Parlamentarischen Rates erarbeiteten schließlich die Verfassung für einen demokratischen und föderalen Rechtsstaat. Das am 23. Mai 1949 in Kraft getretene Grundgesetz enthielt weder Vorschriften zu der Bewältigung politisch-militärischer Krisen noch zu Verteidigungsmaßnahmen oder zum Schutz der Bevölkerung bei kriegerischen Auseinandersetzungen. Eine rechtliche Basis, die die Einrichtung einer Organisation oder Behörde mit entsprechenden Aufgaben gerechtfertigt hätte, war somit nicht gegeben. Hingegen fanden Maßnahmen zur Aufrechterhaltung der Inneren Sicherheit und des Grenzschutzes eine Berücksichtigung. Sie führten in den Folgejahren zu entsprechenden Gesetzes, die die Belange des Bundeskriminalamtes, des Verfassungsschutzes und des Grenzschutzes regelten (vgl. Franke 2008, 10).

Doch die politischen Rahmenbedingungen deuteten wenig auf eine friedliche Zukunft hin. Im Mai 1950 begann dann die *„heiße Phase"* des Kalten Krieges zwischen Ost und West (vgl. ebd., 11).

Wenngleich die Kontrollratsinitiative – Verbot zur Einrichtung von Luftschutzeinrichtungen[77] – noch bis zum 26. Mai 1952 Bestand hatte, wurde bereits 1951 damit begonnen, Luftschutzeinrichtungen wiederherzustellen. Die Vorarbeiten für den Bevölkerungsschutz waren damit in die Wege geleitet. Die Rechtsgrundlage für den Zivilschutz sowie die Wiederbewaffnung erhielt die Bundesrepublik Deutschland mit Änderung des Art. 73 Nr. 1[78] des Grundgesetzes. Zeitgleich erfolgte durch die Verträge von Bonn und Paris die Aufhebung des Besatzungsstatuts durch die Westalliierten (vgl. Rosen 2008, 33).

In Anbetracht der neuen politischen Lage und der sicherheitspolitischen Bedrohungen wurde in Deutschland ein Luftschutzhilfsdienst eingerichtet, der aus 180.000 örtlichen sowie 140.000 überörtlichen Helfern gebildet werden sollte. Die Schutzpolitik sah daneben ein Zivilschutzkorps von 200.000 nebenamtlichen Kräften und den Bau von entsprechenden Schutzräumen vor. Gerade die Aktivitäten der UdSSR[79] hatten für die Legitimation der umfangreichen Maßnahmen gesorgt. Durch die Notstandsverfassung und die Notstandsgesetze fanden die initiierten Maßnahmen ihre Grundlage. Dennoch wurde das Schutzkonzept durch die politischen Entwicklungen eingeholt. Die Anzeichen für eine Entspannung sowie die Annäherungen zwischen der BRD und der DDR führten dazu, die im Rahmen der Haushaltsverhandlungen der Jahre 1965 und 1967 aufgestellten unrealistischen Planzahlen für das Zivilschutzkorps und den Schutzraumbau drastisch zu kürzen. Letztendlich wurde das Zivilschutzkorps komplett gestrichen. Die 1970er Jahre wurden weltweit als das Jahrzehnt der Entspannungspolitik wahrgenommen. Mit dem Helsinki-Prozess ging schließlich die Auflösung des Sowjetblocks einher (vgl. Rosen 2008, 34).

5.1 Institutioneller Wandel der Nachrichtendienste

Nach 1945 wurden die *„politischen Polizeien"* verboten. Es fand eine klare Trennung (Trennungsgebot) zwischen Polizeien und den Nachrichtendiensten statt. Letztere hatten keine exekutiven Befugnisse. Auch standen ihnen keine anderen Zwangsmittel zur Verfügung (vgl. Ostheimer/Lange 2000, 167).

Die Sicherheitspolitik im Bereich der Nachrichtendienste durchlebte drei signifikante Phasen. Waren in der Phase des Kalten Krieges (1) alle Strukturen und Prozesse auf die bipolare Weltordnung und das Risiko eines Verteidigungs-

77 Kontrollratsdirektive Nr. 24 vom 1946: Verbot zur Einrichtung von Luftschutzeinrichtungen.
78 Gesetz zur Änderung des Grundgesetzes vom 26. März 1954, BGBl. Teil I, S. 45.
79 1961 hatte die UdSSR versucht, Raketen auf Kuba zu stationieren und der USA einen Militärschlag angedroht.

falles ausgerichtet, war in der Phase nach dem Wegfall (2)[80] des Bedrohungsbildes eine Neuausrichtung notwendig. Eine neue Phase (3) ergab sich dann durch die Terroranschläge vom 11. September 2001, die sich auf alle Einrichtungen der Produktion und Gewährleistung staatlicher Sicherheitspolitiken auswirkten.

5.1.1 Bundesnachrichtendienst

Der BND entstand aus der *„Organisation Gehlen"*, die ihren Sitz zunächst in Oberursel im Taunus und später in Pullach hatte (vgl. Wieck 2011, 7). Die Organisation wurde u. a. von Reinhard Gehlen im Juli 1945 in Kooperation mit den amerikanischen Streitkräften als Nachrichtendienst aufgebaut und richtete ihre Arbeit gegen die UdSSR im besetzen Deutschland (vgl. Crome 2011, 3). Gehlen diente als Chef der *„Abteilung Fremde Heere Ost"* (FHO) und bildete mit anderen Wehrmachtsoffizieren aus dem 2. Weltkrieg das *„Schlüsselpersonal"*, um Informationen über die militärischen Kräfte der UdSSR zu generieren (vgl. ebd., 2 f.).

Der BND durchlief eine Entwicklung in Zeiten des Kalten Krieges, als die Weltpolitik in zwei grundverschiedene Lager geteilt war. Abgelöst wurde dieses politische bipolare Szenario durch viele differenziert zu betrachtende weltweite Konfliktherde und den internationalen Terrorismus (vgl. Wieck 2011, 4 f.).

Im Juli 1955 wurde der BND offiziell gegründet und sein Tätigkeitsfeld durch die Bundesregierung im Oktober 1963 erweitert (vgl. Schmidt-Eenboom 2000, 188). Grundsätzlich aber ist und bleibt der BND als Deutschlands Auslandsnachrichtendienst im Einsatz. Seine Aufgabe ist es, geheime Informationen von außen- und sicherheitspolitischer Bedeutung zu generieren und zu analysieren. Der dem BND zugrunde liegende umfassende Aufklärungsauftrag macht seinen Einsatz bei Bedarf auch innerhalb Deutschlands legitim und umfasst die zivile und militärische Aufklärung (vgl. Droste 2007, 29).

Ab 1984 gliederte sich der BND in sechs Abteilungen, und erst im Jahr 1990 wurde ein Gesetz erlassen, welches das Tätigkeitsfeld des deutschen Auslandsnachrichtendienstes festlegte. Der Dienst erhielt somit erstmals eine gesetzliche Grundlage (vgl. Schmidt-Eenboom 2000, 188; Droste 2007, 22; Wieck 2011, 6).

Nach der Wende folgte in den 1990er Jahren eine Verlagerung der Interessenschwerpunkte weg von der DDR und der Sowjetunion und hin zu Mittelost, Zentral- und Ostasien sowie zum Balkan und zur Türkei (vgl. Daun 2009, 66).

Durch die veränderte Ausrichtung kam es zu einem Ausbau der operativen, taktischen und strategischen *„Intelligence-Kompetenzen"* sowie zum Ausbau der

80 Phase 2 wurde speziell durch einen Rückbau von Maßnahmen geprägt.

Zusammenarbeit mit Partnerdiensten der ehemaligen Ostblockstaaten und Russland (vgl. ebd., 67, 71).

Durch die Transnationalisierung erfolgte eine erhöhte Informationsgenerierung auf internationaler nicht staatlicher Ebene. Staatliche Systeme (z.B. Satellitentechnologie) wurden an private Anbieter verkauft und verbessert und Unternehmen generierten verstärkt Informationen auf transnationaler Ebene. Bedeutsam ist dieser Wandel für die Sicherheitsarchitektur, da sich die Abgrenzung zwischen Innerer und Äußerer Sicherheit zunehmend verringert. In diesem Rahmen verwischt die Trennlinie zwischen Polizeien und Nachrichtendiensten, da schlussfolgernd auch die nachrichtendienstlichen und strafverfolgenden Institutionen international agieren müssen. Die organisierte Kriminalität nahm bis zum Beginn der 1990er Jahre stark zu und veranlasste einige Bundesländer, ihre Verfassungen dahingehend zu ändern, die organisierte Kriminalität als politisch motiviert und somit verfassungsfeindlich einzustufen. Dadurch konnte der BND zusätzlich zu den Polizeien aktiv werden. Außerdem wurde dem BND erlaubt, über den Fernmeldeverkehr Informationen über dieses Bedrohungsfeld zu sammeln (vgl. Daun 2009, 67 f.).

2001[81] wurde im Rahmen der Umstrukturierung aufgrund der Internationalisierung die neue Abteilung 5 mit der Ausrichtung auf Terrorismus, Drogenhandel, Geldwäsche und illegale Migration gegründet. Ihre Arbeit beinhaltet die üblichen Arbeitsschritte Beschaffung, Auswertung und Weiterleitung von Informationen. Sie ist daher operativ ausgerichtet, kooperiert mit diversen staatlichen Institutionen und ausländischen Behörden und hält einen engen Kontakt zur Strafverfolgung (vgl. ebd., 69). Mit dem Terrorismusbekämpfungsgesetz, das am 9. Januar 2002 in Kraft trat, konnte der BND[82] Geld- und Kontobewegungen nachrichtendienstlich aufklären (vgl. Droste 2007, 25).

Die Terroranschläge in den USA und Europa forderten weitere Umstrukturierungen in den Schnittstellenbereichen zwischen Nachrichtendiensten und Polizei. Zu diesen neu gebildeten drei Einrichtungen zählte erstens die 2004 gegründete Abteilung zur Terrorismusbekämpfung *„P2"*. Ihr obliegt die Koordination der nationalen und internationalen Zusammenarbeit. Ebenfalls 2004 wurde das Gemeinsame Terrorabwehrzentrum (GTAZ) geschaffen, das aus einer Nachrichtendienstlichen (NIAS) und Polizeilichen (PIAS) Analysestelle besteht und den Informationsaustausch bei Lagebesprechungen und gemeinsamen Arbeitsgruppen gewährleisten soll (vgl. Daun 2009, 68). Der dritte Schritt folgte 2006 mit der Einrichtung der *„Antiterrordatei"*, die von BfV, LfV, BKA, LKA, BND, MAD,

81 Diese Schritte wurden schon vor den Terroranschlägen vom 11. September 2001 in die Wege geleitet.

82 Auch der BfV erhielt dadurch diese Möglichkeiten.

ZKA, Staatsschutzstellen und Länderpolizeien genutzt und gespeist wird. Bei der Speicherung wird die Datei in offene, erweiterte und verdeckte Informationen gegliedert (vgl. ebd.).

5.1.2 Bundesamt für Verfassungsschutz

Nach der deutschen Kapitulation hatten die alliierten Mächte jegliche politische Überwachung durch polizeiliche Dienststellen untersagt und ließen erst im Rahmen des sich zuspitzenden Ost-West-Konfliktes durch den Polizeibrief 1949 eine Änderung zu.

Polizeiliche Befugnisse für diese nachrichtendienstlich tätigen Organisationen wurden konsequent ausgeschlossen. Gegen einen guten Informationsaustausch zwischen Polizei, Justiz, BfV und ausländischen Nachrichtendiensten hatten die Alliierten wenig einzuwenden, sofern die Strukturen klar geregelt wurden (vgl. Lange / Frevel 2008, 120; Droste 2007, 12). Es sollte ein Inlandsnachrichtendienst ohne Exekutivbefugnisse nach dem britischen Vorbild des MI 5 entstehen (vgl. Droste 2007, 13).

Der BfV hat 1950 seinen Dienst aufgenommen und wurde organisatorisch an das Bundesinnenministerium angegliedert (vgl. Lange / Frevel 2008, 121).

Aufgrund der innerdeutschen terroristischen und politisch motivierten Aktivitäten durch die Baader-Meinhof-Gruppe wurde 1972 ein Gesetz verabschiedet, das den BfV mit erweiterten Befugnissen ausstattete. Auch das Grundgesetz erfuhr 1972 eine Änderung im Hinblick auf den Aufgabenbereich des BfV. Um im Feld des gewalttätigen Ausländerextremismus agieren zu können, wurde es mit neuen Befugnissen ausgestattet, die zwar nicht die deutsche freiheitliche demokratische Grundordnung gefährdeten, jedoch die auswärtigen Belange der Bundesrepublik störten (vgl. Droste 2007, 18 f.).

Neben einer sicherheitsbehördlichen Optimierung finden sich laut Hans-Jürgen Lange auch *„deutliche Parallelen zwischen den Reorganisations- und Implementationsstrategien“* (Lange 1999, 90).

Das institutionelle Gefüge der Inneren Sicherheit hat durch die Wiedervereinigung nur geringe Veränderungen erfahren (vgl. Lange 1999, 99). Lediglich das Bundesamt für Verfassungsschutz war von massiven Änderungen betroffen (vgl. Lange 1999, 103). Mit dem Tag des Beitritts wurde das Bundesrecht auf die Gebiete der ehemaligen DDR übertragen (vgl. Lange 1999, 100). Aufgrund einer Umstrukturierung nach dem Fall der Mauer wurden starke personelle Kürzungen vorgenommen und die Zahl der Abteilungen von acht auf sechs reduziert (vgl. Lange / Frevel 2008, 121).

Im Jahr 1990 wurde das Verfassungsschutzgesetz von 1950 überarbeitet. Laut Droste stellte die neue Version einen krassen Gegenentwurf dar. Sie enthält Passagen, die als Misstrauen gegenüber dem BfV interpretiert werden könnten. Der komplexe und starre Rahmen wird einer Institution, die flexibel und reaktionsschnell bleiben muss, nicht gerecht (vgl. Droste 2007, 24).

Nach den Anschlägen vom 11. September 2001 wurden dem BfV neue Befugnisse erteilt. Sie beinhalten das Einholen von Auskünften bei Kredit-, Finanz-, Luftfahrt- und Telekommunikationsunternehmen sowie Verfahrensweisen, die die Überprüfung der Mobiltelekommunikation erleichtern (vgl. Lange/Frevel 2008, 122).

Im Rahmen der Terrorismusabwehr findet auch im Verfassungsschutz eine Internationalisierung statt (vgl. Daun 2009, 70). Nach den Terroranschlägen vom 11. September 2001 hat das BfV Verbindungsbeamte in Washington und Paris angesiedelt (vgl. Daun 2009, 72). Außerdem wurde 2002 das Terrorismusbekämpfungsgesetz erlassen, das dem BfV eine Rechtsgrundlage bietet, um Geldströme und Kontobewegungen nachrichtendienstlich aufklären zu lassen und gegen Strömungen vorzugehen, die dem Gedanken der Völkerverständigung und dem friedlichen Zusammenleben der Völker zuwiderhandeln (vgl. Droste 2007, 25; vgl. Schütte 2006b, 24 f). Erweiterte Auskunftsbefugnisse erhielt der BfV ferner im Bereich Kommunikation und Reisebewegungen sowie für die Nutzung technischer Mittel zur Mobilfunkortung und zur Identifizierung von Gerät- und Kartennummern. Diese Maßnahmen erfordern eine Genehmigung des Bundesinnenministeriums. Hierfür ist ein schriftlich begründeter Antrag des Präsidenten oder seines Stellvertreters erforderlich (vgl. Schütte 2006b, 24 f).

Bis zum 11. September 2001 hatte sich das Amt schwerpunktmäßig mit den Gefahren durch Extremismus befasst (vgl. EXP. INT. 11). Es konzentrierte sich auf einzelne Personennetzwerke. Erfahrungswerte waren bereits durch die Beobachtung der „*Meliani-Gruppe*" vorhanden (vgl. EXP. INT. 11). *„Ein Risiko liegt darin, dass man der Beobachtung der organisierten Kriminalität weniger Aufmerksamkeit widmen kann, wenn man gleichzeitig, was jetzt erster Schwerpunkt ist, den internationalen Terrorismus beobachten muss."* (EXP. INT. 12)

Weitere Änderungen vollzogen sich im Bereich der Migration. Das Bundesamt für Migration und Flüchtlinge (BAMF) und die Ausländerbehörden wurden dazu verpflichtet, mögliche Kenntnisse über verfassungsfeindliche Bestrebungen an das BfV weiterzugeben (vgl. Droste 2007, 25).

Dem folgte eine personelle Aufstockung des Amtes im Jahr 2006, als die Abteilungen für Links- und Rechtsextremismus zusammengelegt wurden und eine neue Abteilung mit der Bezeichnung *„Islamismus und islamistischer Terrorismus"* gegründet wurde (vgl. Lange/Frevel 2008, 122).

5.1.3 Amt für Militärischen Abschirmdienst

Der Militärische Abschirmdienst (MAD) wurde 1956 per Erlass gegründet und untersteht dem Bundesministerium für Verteidigung (BMVg). Er entstand aus der von 1950 bis 1956 bestehenden Organisation *„Sicherheitsgruppe im Amt Blank"*, die von 1956 bis 1984 unter dem Namen *„Amt für Sicherheit der Bundeswehr"* geführt worden war und dann in *„Amt für den Militärischen Abschirmdienst"* umbenannt wurde (vgl. Lange/Frevel 2008, 122).

Der MAD ist in Köln angesiedelt und seine rechtlichen Rahmenbedingungen sind 1990 erstmals im Gesetz über den Militärischen Abschirmdienst (MADG) geregelt worden (vgl. Daun 2009, 63; vgl. Wieck 2011, 6).

Der Strukturwandel der Bundeswehr führte 1994 zu einer Umstrukturierung des MAD, die nicht nur personeller Natur war, sondern auch die neuen Bedrohungslagen berücksichtigte (vgl. Klocke 2012, 40).

Nach den Anschlägen vom 11. September 2001 und der zunehmenden Tätigkeit des MAD im Ausland wandelte sich der Schwerpunkt der operativen Tätigkeit. Fortan stand die islamisch-terroristische Bedrohung im Zentrum der nachrichtendienstlichen Abwehrarbeit. So werden Konvertiten und Islamisten überwacht, die eine Waffenausbildung durchlaufen haben und als Kämpfer an der Seite der Taliban zu einer Gefahr werden könnten (vgl. Klocke 2012, 41).

5.2 Institutioneller Wandel der Polizeien

Die Neuerungen bei den Polizeien vollzogen sich in vier Phasen[83] (vgl. Pütter 2008, 3 f.). Durch das nach 1945 in Kraft getretene Trennungsgebot zu den Nachrichtendiensten obliegt den Polizeien alleinig die Aufgabe, die öffentliche Ordnung zu sichern bzw. herzustellen. Die Nachrichtenbeschaffung fällt ausdrücklich nicht in ihr Aufgabenfeld. Dadurch wurde ausgeschlossen, dass eine einzelne Institution Exekutiv- und Überwachungsfunktionen wahrnehmen kann wie die Geheime Staatspolizei (Gestapo) vor 1945 (vgl. Ostheimer/Lange 2000, 176).

(1) Der Einfluss der Alliierten verliert durch die Konsolidierung der Bundesrepublik Deutschland an Bedeutung. Bis Mitte der 1960er Jahre wird polizeipolitisch eine Strategie der Wiederherstellung verfolgt, die im Wesentlichen darin besteht, dass die deutsche, stark staatsorientierte Polizeitradition aus der Vorkriegszeit eine Fortsetzung erfährt. Die Wiederherstellung der Weimarer Polizeistrukturen spiegelt sich in der Aufstellung geschlossener Einheiten bis zur kasernierten Ausbildung aber auch beim Polizeirecht bis hin zur Kopfbede-

83 Nimmt man die alliierte Vorgeschichte dazu, sind es fünf Phasen.

ckung (vgl. Werkentin 1984, 209). Erste Veränderungen in der Polizeistruktur erfolgten schon in den 1950er Jahren durch die Anschaffung der Funkstreifenwagen, durch welche die Fußstreifen abgeschafft werden konnten und Großreviere entstanden (vgl. Dams 2008, 13). Die 1960er Jahre blieben bis 1967 als die *„Era of good feeling"* (Fairchild 1988, 43) in der Polizeihistorie präsent. Materieller Wohlstand und innenpolitische Stabilität sorgten für einen positiven Blick der Polizeien auf die Ordnung in Westdeutschland, in der sich jedoch schon erste Anzeichen der später folgenden politischen Unruhen zeigten (vgl. Winter 2000, 205). Seit den *„Schwabinger Krawallen"* zwischen 1962 und 1965 begannen die ersten kleinen Veränderungen der polizeilichen Taktik weg vom traditionell brutalen Eingreifen hin zu einer von den Polizeireformern geforderten gewaltloseren Strategie (vgl. Winter 2000, 206 f.). Konkret bedeutete dies ein toleranteres Verhalten in neuartigen Situationen, eine mobile Pressestelle für Öffentlichkeitsarbeit und die beratende Beteiligung eines Polizeipsychologen (vgl. Winter 2000, 207). Die Effizienz der Polizei wurde durch verbesserte Kommunikationstechniken aber auch durch vermehrtes Personal und Einsatzmittel gesteigert (vgl. Winter 2000, 207).

Die in den folgenden Jahren auftretenden Studentenrevolten waren ein bisher für die Polizei unbekanntes Phänomen und unterschieden sich durch einen spontanen und unkalkulierbaren Verlauf. Sie wurden von der Staatsmacht mit Umsturzversuchen assoziiert (vgl. Winter 2000, 209). Ende der 1960er Jahre erhielt die im Grundgesetz schon seit langem legitimierte Demonstrationsfreiheit auch eine Beachtung in den Polizeistrategien. Zu den polizeilichen Aufgaben gehörte der Schutz von Versammlungen, auch wenn die Motive und Anliegen der Demonstrierenden nicht geteilt wurden, und lediglich das Vorgehen gegen einzelne Gewalttäter (vgl. Winter 2000, 210). Die bis zum Ende der 1960er Jahren erlassenen Polizeigesetze beruhen auf der *„Generalklausel des Allgemeinen Landrechts für die preußischen Staaten von 1794 und dem Preußischen Verwaltungsgesetz von 1931"* (Dams 2008, 12).

Doch erst nach dem Tod des Studenten Benno Ohnesorg durch einen Polizisten während des Schah-Besuch 1967 und der folgenden öffentlichen Debatte konnten sich die Reformer in Polizeikreisen stärker durchsetzen (vgl. Winter 2000, 208). Die zweite Phase (2) war geprägt durch die Reform der deutschen Polizei. Grundlage bildete das von der Innenministerkonferenz 1972 beschlossene *„Programm für die innere Sicherheit in der Bundesrepublik Deutschland"*. Das Programm stellte den Ausgangspunkt für weitreichende Veränderungen in den Bereichen Recht, Ausbildung und Organisation dar (vgl. Feltes 2012). Unter dem Titel *„Neue Linie"* fand eine Entmilitarisierung der Polizeien statt (z. B. Abschaffung von Granatwerfern); Strategien mit übermäßiger Gewaltanwendung wurden verworfen. Des Weiteren wurde die Polizei effektiver aufgestellt durch das Konkretisieren des polizeirechtlichen Handelns. Durch verstärkten finanziellen Einsatz wurden bessere Ausrüstungen, eine Deckung des erhöhten Personalbedarfs und Spezialausbildungen (z. B. Sondereinsatzkommando) möglich. Es fand zudem eine innerpolizeiliche Umstrukturierung statt, jedoch keine Demokratisierung der polizeilichen Strukturen (vgl. Winter 2000, 212).

1970 wurde mit Hilfe eines *„Sofortprogramms"* das Bundeskriminalamt in den Bereichen Datenverarbeitung und Kriminaltechnik gestärkt, und die Polizeien überließen dem Bundesgrenzschutz mehr Aufgaben mit dem Ziel, ihre Ressourcen besser nutzen und bei der Verbrechensbekämpfung verstärkt auftreten zu können. Ein sukzessiver Ausbau der o. g. Behörden sowie des Bundesamtes für Verfassungsschutz ist im Laufe der 1970er Jahre zu beobachten (vgl. Lange 1999, 86).

Obwohl sich die politische Kultur in diesen Jahren stark zum Liberalismus hin wandelte, blieben die politischen Institutionen der Bundesrepublik bestehen, da sie die Anforderungen durch die Studentenrevolutionen bestanden hatten (vgl. Conze 2009, 356).

Phase drei (3) umfasst den Zeitraum von Mitte der 1970er Jahre bis zur deutschen Wiedervereinigung, in dem Struktur und Aufbau grundlegend verändert wurden (vgl. Pütter 2008, 4). In den folgenden Jahren (1974–1979) wurde das zentrale Handeln der Polizei vom Thema *„innerdeutscher Terrorismus"* beherrscht (vgl. Winter 2000, 212 f.).

Die Akzeptanz der Polizei in der Bevölkerung nahm wieder zu, Diskussionen über weitere innerpolizeiliche Strategieänderungen wurden vorerst gestoppt. Gegner der Liberalisierungstendenzen und der *„Neuen Linie"* erfuhren wieder mehr Zuspruch (vgl. ebd.).

1977 erschien der erste *„Musterentwurf für ein einheitliches Polizeirecht"* zur Vereinheitlichung des in allen Bundesländern unterschiedlichen Polizeirechts, zur Integration neuer Fahndungsmethoden und zur Anpassung des rechtlichen Rahmens an die fortschreitende technische Entwicklung der Verbrechensbekämpfung (vgl. Lange 1999, 87, 92; Winter 1998, 193 f.). Durch das Projekt sollte der Informationsaustausch zwischen Nachrichtendienst und Polizei erleichtert werden. Das Trennungsgebot und der Ausschluss exekutiver Legitimation für den Nachrichtendienst blieben erhalten (vgl. Lange 1999, 92).

Mit Beginn der Wirtschaftskrise Ende der 1970er Jahre endete auch der teilweise kostspielige Erneuerungsprozess des Sicherheitsbereichs (vgl. ebd., 90). In den 1980er Jahren kam es zu einer neuen Demonstrationswelle. Die Proteste gingen vor allem von Bürgerinitiativen (z. B. für Umwelt und Frieden) und Hausbesetzern aus. Hauptstreitpunkte waren das Legalitäts-, Opportunitäts- und Verhältnismäßigkeitsprinzip (vgl. Winter 2000, 214 f.; Lange 1999, 93).

Um der in diesen Jahren wieder vermehrt laut werdenden Polizeikritik moralisch entgegenzuwirken, sollte die Identitätskrise der Polizisten mit Hilfe einer neuen *„Polizeiphilosophie"* gestärkt werden. Begünstigt wurde die veränderte Auffassung von Demokratie- und Polizeiverständnis durch eine sukzessive Verjüngung der obersten Führungsschicht der Polizeien. Speziell im Bereich des *„zivilen Ungehorsams"*, der schwerpunktmäßig von Friedensaktivisten angewandt wurde, ist seither eine größere Toleranz zu verzeichnen. Die Polizei orientierte sich ab Mitte der 1980er Jahre an grundrechts- und bürgernahen Konzepten (vgl. Winter 2000, 215 f.).

Der Wandel in der Polizei im Laufe der 1980er Jahre hatte zu einer Tendenz des *„Smooth Policing"* geführt (vgl. Behr 2000, 223). Der Fokus lag gerade in den 1980er Jahren auf dem Bereich Organisierte Kriminalität und wurde zum Hauptargument, wenn es darum ging, vorhandene Gesetze zu verschärfen und neue zu verabschieden (vgl. Lange 1999, 96 f.). Die damit verbundene sukzessive Ausweitung der polizeilichen Machtbefugnisse zeigte sich in der Prävention, die sich bis in die Bereiche des Verfassungsschutzes ausdehnte. Dieser Trend hielt bis in die 1980er Jahre an (vgl. Ostheimer/Lange 2000, 180).

Phase vier (4) erstreckt sich vom Mauerfall bis zu den Terroranschlägen vom 11. September 2001 (vgl. Pütter 2008, 4). In dieser Phase nahm die Zahl der Demonstrationen, die durch gesellschaftliche Konfliktsituationen mit großer Volksbeteiligung entstanden waren, ab. Dadurch blieb der Polizei in den 1990er Jahren mehr Raum für eine verstärkte Konzentration auf das alltägliche Geschäft (vgl. Behr 2000, 223).

Motivierte Reformationsbestrebungen im westdeutschen Polizeiapparat ebbten nach der Wiedervereinigung aufgrund der Aufbauarbeit und Verschiebung vorhandener Ressourcen in die deutschen Ostgebiete ab (vgl. ebd., 225).

Die im Zusammenhang mit der organisierten Kriminalität in den 1980er Jahren verstärkten polizeilichen Machtbefugnisse wurden in den 1990er Jahren weiter ausgebaut. 1994 erfolgte die Änderung des G-10-Gesetzes, das die Beschränkung des Brief-, Post- und Fernmeldegeheimnisses regelt. Unter dem Schlagwort *„Großer Lauschangriff"* entfachte sich eine Grundsatzdiskussion innerhalb der Parteien über die erweiterten Befugnisse der Überwachung des Fernmeldeverkehrs (vgl. Lange 1999, 104). Unter dem Schlagwort *„Prävention"* wurde eine *„vorbeugende Bekämpfung"* auch mit Hilfe von verdeckten Methoden legitimiert, was die Aufweichung der Grenzen der polizeilichen Zuständigkeiten nach sich zog (vgl. Pütter 2008, 5).

5.2.1 Bundeskriminalamt

Nach 1945 kamen durch die Alliierten unterschiedliche Polizeikonzepte in den verschiedenen Besatzungszonen zur Ausführung (vgl. Groß et al. 2008, 15 f.). Die durch die Amerikaner und Briten institutionalisierte dezentrale und kommunale Polizeistruktur bewährte sich schon nach kurzer Zeit nicht. So wurden kriminalpolizeiliche Landesämter eingerichtet, die eine zentrale Kartei führten. Die britischen Alliierten gründeten 1946 das Kriminalpolizeiamt für die Britische Zone (vgl. Klink 2008, 519).

Im Zuge des 1948 begründeten Entschlusses, aus den drei westlichen Zonen die Bundesrepublik Deutschland zu bilden, wurde auch eine Verständigung auf die polizeilichen- und nachrichtendienstlichen Behörden getroffen. Es folgte 1949 der Beschluss, die Zusammenarbeit der einzelnen durch die Länder gesteuerten Kriminalpolizeien mit dem Überbau eines Kriminalamtes zur Koordinierung auszustatten (vgl. Klink 2008, 520).

1951 wurde das Gesetz zur Errichtung des Bundeskriminalamtes (vgl. Lisken/Lange 2000, 152) verabschiedet. Das Bundeskriminalamt hat seit 1953 seinen Sitz in Wiesbaden, und das in der britischen Zone tätige Kriminalpolizeiamt für die britische Zone ging in ihm auf (vgl. Klink 2008, 521 f.). Das BKA ist seitdem *„als zentrale Polizeibehörde der Bundesrepublik, als nationales Zentralbüro, für die internationale Zusammenarbeit der Kriminalpolizei und als bedeutende Ermittlungsbehörde in herausragenden Fällen der organisierten Kriminalität, der Spionage und des Terrorismus“* (Klink 2008, 516) tätig. Es ist somit auch eine wichtige Säule zur Absicherung Deutschlands nach innen und außen (vgl. ebd.). Das Amt wurde sukzessive in den folgenden Jahren mit zusätzlichen Aufgabengebieten wie dem Personen- und Zeugenschutz sowie mit Ermittlungstätigkeiten im Auftrag des Generalbundesanwaltes ausgestattet. Um seiner Zentralstellenfunktion gerecht zu werden, wurden eine Stelle für Zentralfahndung, der Erkennungsdienst (beinhaltet die zentrale Fingerabdrucksammlung), die Kriminaltechnik und das Kriminalistische Institut für Lehre und Forschung geschaffen (vgl. Klink 2008, 521 f.).

1953 fand eine Umstrukturierung statt, wobei sich neue Abteilungen bildeten. Mit der Abteilung *„Ausland“* kam das BKA seinen internationalen Aufgaben nach, während die Abteilung *„Inland“* die bereits erläuterte Aufgabe der Koordination in Deutschland selbst übernahm (vgl. ebd., 522). Auch das BKA unterlag aufgrund der Veränderung von Bedrohungslagen einem Wandel. Während im Kalten Krieg die kommunistische Bedrohung und die *„landesverräterische Agententätigkeit“* im BKA Priorität hatten, rückten nach den Anschlägen und Attentaten der Roten-Armee-Fraktion (RAF) die aufkommenden gewalttätigen

Demonstrationen in den Blickpunkt des politischen Interesses und bewogen den damaligen Innenminister Hans-Dietrich Genscher im Rahmen eines *„Fünfjahresplans fürs Bundeskriminalamt“* zum Ausbau der Sicherheitsbehörde. 1972 legte das BKA zur Terrorismusbekämpfung im Inland ein Konzept vor, das die Unterwanderung der Logistik der Terroristen vorsah (vgl. Klink 2008, 523 f.).

Ebenfalls 1972 legten die Innenminister von Bund und Ländern das *„Programm für Innere Sicherheit“* fest, das einen Aufbau von elektronischen Datenbanken als Auskunfts- und Recherchesystem vorsah. Die 1973 noch eine Speicherkapazität von 512 Kilobyte fassenden Systeme wurden bis 1988 auf vier Anlagen mit jeweils 32 Megabyte- und zusätzlichen Festplattenspeicher erweitert. Sie wurden in den Bereichen Personenfahndung, Sachfahndung und zentraler Personenindex eingesetzt (vgl. ebd., 526). In den 1970er Jahren wurde außerdem das Personal des BKA verdoppelt (vgl. ebd., 542).

Neben den jeweils eigenständigen Systemen von Land und Bund (INPOL-Land/INPOL-Bund) besteht für die Vertragsstaaten des Schengener Durchführungsübereinkommens (SDÜ) das separate Schengener-Informationssystem (SIS)[84] als Erfassungs- und Abfragesystem (vgl. ebd., 527). 1973 wurde das BKA auch in den Bereichen der Waffen- und Falschgelddelikte tätig sowie in der Bekämpfung terroristischer Anschläge gegen Verfassungsorgane des Bundes. In den 1980er Jahren wurde der technisch-organisatorische Ausbau gefördert und eine räumliche Erweiterung der Standorte in Wiesbaden und Meckenheim vorangetrieben. Zur Optimierung der Rauschgiftbekämpfung wurden ab 1983 Verbindungsbeamte in den Drogenherkunftsländern stationiert (vgl. Lisken/Lange 2000, 152 f.).

1993 wurde die Zehnfingerabdrucksammlung, die einen essenziellen Bestandteil des Personenerkennungs-Systems bildete, abgeschafft und dafür das effizientere Automatisierte Fingerabdruck-Identifizierungs-System (AFIS) eingeführt (vgl. Klink 2008, 527).

Nach der Wiedervereinigung fiel dem BKA als weitere neue Aufgabe der Aufbau der Landeskriminalämter in den neuen Bundesländern zu (vgl. Lisken/Lange 2000, 153).

Seit Mitte 2001 ist das überarbeitete System INPOL in Betrieb und wird abschnittsweise ausgebaut (vgl. Klink 2008, 529).

In den Jahren 1975 bis 1994 war die Abteilung *„Terrorismusbekämpfung“* (TE) im BKA mit dem Schwerpunkt RAF befasst. Nach einem Abebben der linksextremen Gewalt wurde die Abteilung TE mit der Abteilung Staatsschutz (ST)

84 Laut Klink 2008 gehörten zum SIS Deutschland, Frankreich, Belgien, Niederlande, Luxemburg, Spanien, Portugal, Italien, Österreich, Griechenland, Schweden, Finnland, Dänemark, Norwegen und Island.

zusammengelegt (vgl. Klink 2008, 525). Die Zunahme der organisierten Kriminalität führte 1986 dazu, dass sich ab diesem Zeitpunkt zwei Abteilungen mit der Bekämpfung der organisierten Kriminalität beschäftigten (vgl. Klink 2008, 529 ff.). Besonders die politische und wirtschaftliche Öffnung zu den mittel- und osteuropäischen Staaten, der vereinfachte Personen(grenz)verkehr und das finanzielle Ost-West-Gefälle begünstigten die Zunahme der organisierten Kriminalität (vgl. Klink 2008, 533). Dadurch veränderte sich der Schwerpunkt der BKA-Arbeit zugunsten einer engen Zusammenarbeit mit den mittel- und osteuropäischen Staaten, die einen erfolgreichen operativen Einsatz von BKA-Verbindungsbeamten nach sich zog (vgl. Klink 2008, 533).

Das Aufkeimen rechtsextremer Gewalt in den Jahren 1992/1993 führte zur Gründung der Einsatzgruppe *„Rechtsextremismus"*. Weitere Tätigkeitsschwerpunkte waren in den 1990er Jahren Ermittlungen im Umfeld der *„Kurdischen Arbeiterpartei"* (PKK) und der islamisch-terroristischen *„Meliani-Gruppe"* (vgl. ebd., 525).

Der stetige Ausbau der Aufgabenbereiche des BKA erforderte 1994 eine Neuorganisation. Die vormals zwölf Abteilungen mit Sitz in Wiesbaden und Meckenheim wurden zu drei Hauptabteilungen umstrukturiert. Durch das 1997 in Kraft getretene neue BKA-Gesetz wurden die Strafverfolgungszuständigkeiten des BKA erweitert, darin eingeschlossen auch die Regelung der Strafverfolgung in Nachbarländern (vgl. Lisken/Lange 2000, 153).

Nach den Anschlägen vom 11. September 2001 wurde die *„Besondere Aufbauorganisation USA"* (BAO USA) mit circa 600 Mitarbeitern eingerichtet, zumal im Zuge der Ermittlungen terroristische Zellen in Hamburg entdeckt worden waren. Unter Bundesinnenminister Otto Schily wurde das BKA um circa weitere 500 Personen aufgestockt, bei denen es sich neben Kriminalbeamten auch um Spezialkräfte aus unterschiedlichen wissenschaftlichen Zweigen wie Dolmetscher und Islamwissenschaftler handelte (vgl. Klink 2008, 525; vgl. EXP. INT. 10).

5.2.2 Bundespolizei (vormals Bundesgrenzschutz)

Auch die Bundespolizei bzw. der Bundesgrenzschutz hat sich seit ihrer/seiner Gründungsphase ständigen Strukturänderungen unterzogen (vgl. Schenck 2006, 36 f.; Endreß 2009b, 27). Nach 1945 wurden die von den Alliierten besetzten Zonen durch diese selbst kontrolliert und überwacht. Die Korea-Krise zwang die USA und UdSSR dazu, ihre Streitkräfte aus Deutschland abzuziehen und die Bundesrepublik als Bündnispartner anzuerkennen. Durch den Polizeibrief von 1949 gestatteten die Alliierten die Bildung einer Sonderpolizei, aus der der

Bundesgrenzschutz hervorgehen sollte. Mit dem Gesetz von 1951 wurde eine kasernierte Bereitschaftspolizei ins Leben gerufen und damit die Gründung des Bundesgrenzschutzes vollzogen. 1953 wurde der Mitarbeiterstab von 10.000 auf 20.000 Personen aufgestockt. Bei den Neuzugängen handelte es sich hauptsächlich um ehemalige Soldaten, die zur Sicherung der innerdeutschen Grenze (der „*Demarkationslinie*“) eingesetzt wurden. In den 1956 erlassenen Gesetzen fanden schwerpunktmäßig organisatorische und dienstrechtliche Problematiken eine Klärung, da eine Vielzahl der Mitarbeiter des Bundesgrenzschutzes in die 1956 gegründete Bundeswehr wechselte (vgl. Peilert / Kösling 2008, 555 f.) [85] Dem Bundesgrenzschutz kam somit eine wichtige Rolle bei der personellen Besetzung der neu gegründeten Bundeswehr (vgl. Lange / Frevel 2008, 117) zu.

Um dem aus dieser Abwanderung resultierenden Personalmangel beim Bundesgrenzschutz zu begegnen, wurde 1961 ein Gesetz erlassen, das den Einsatz der Wehrpflichtigen auch im BGS erlaubte. Das Bundesgrenzschutzgesetz von 1972 sah für die Soldaten des BGS den Kombattantenstatus vor, da diese aufgrund ihrer Arbeit zu militärischen Handlungen ermächtigt waren und somit Gefahr liefen, Ziel gegnerischer Militäraktionen zu werden (vgl. Peilert / Kösling 2008, 556). Die Einrichtung hat sich von einer ursprünglich kasernierten paramilitärischen Organisation zu einer Polizei des Bundes gewandelt. In den 1970er Jahren fand dann eine Angleichung an die Polizeien der Länder statt.

Erst in den 1990er Jahren erhielt die Einrichtung den Status einer Strafverfolgungsbehörde mit Möglichkeiten nach § 163 StPO und übernahm bahnpolizeiliche Aufgaben (vgl. Schenck 2006, 36 f.; Endreß 2009b, 27). In diesem Rahmen wurden die 3.000 vormals bei der Bahnpolizei tätigen Personen ebenfalls dem Bundesgrenzschutz zugeführt. Durch die Wiedervereinigung Deutschlands und dem damit verbundenen Einigungsvertrag erfolgte eine erweiterte Zuständigkeit für die fünf neuen Bundesländer. Die 7.000 Angehörigen des aufgelösten DDR-Grenzschutzes gingen direkt in den Bundesgrenzschutz über. Zu diesem Zeitpunkt wurde außerdem der Kombattantenstatus aufgehoben (vgl. Peilert / Kösling 2008, 556 f.).

Zur Aufgabenreduktion kam es nach Einrichtung des EG-Binnenmarktes, die die westdeutschen Grenzkontrollen überflüssig machte.

Im Zuge weiterer Umstrukturierungen wurden die geschlossenen Einsatzverbände von einem Dienstsystem abgelöst, das die reguläre Tätigkeit von den Länderpolizeien unterstützt.

---

85 Von den damals 16.000 Mitarbeitern wechselten 9.500 zur Bundeswehr, vor allem wohl deshalb, da eine Zusicherung des vormals in der Wehrmacht innegehabten Dienstgrades garantiert wurde.

Die letzte Erweiterung der Zuständigkeiten erfolgte nach den Anschlägen vom 11. September 2001. Die neuen Luftsicherheitsaufgaben (Skymarshalls) machten eine Personalaufstockung um 1.450 Mitarbeiter erforderlich. Ferner wurde auch beim Bundesgrenzschutz das technische Equipment weiter aufgerüstet (vgl. Lange/Frevel 2008, 117). Durch das *„Anti-Terror-Paket I"* (2001) und das *„Anti-Terror-Paket II"* (2002) wurden dem Bundesgrenzschutz mit Hilfe diverser Gesetzesänderungen erweiterte Befugnisse übertragen (vgl. Möllers/Oyen 2008, 30).

Unter die von der Bundespolizei getätigten Sonderpolizeiaufgaben fallen lagebildabhängige Befragungen und die Ausschreibung grenzpolizeilicher Fahndungen und Beobachtungen sowie die Regelung von Situationen, die in grenznahen Bereichen relevant werden könnten (z.B. der Schusswaffengebrauch, die verdachtsunabhängigen Kontrollen im Grenzbereich bis zu 80 Kilometer landeinwärts) (vgl. Peilert/Kösling 2008, 557f.; Lange/Frevel 2008, 118).

Im Verlauf der Modernisierung der Polizeiausrichtung wurde das Bundesgrenzschutz-Neuregelungsgesetz erlassen. 2005 folgte die Umbenennung in Bundespolizei, die sich in zwölf Aufgabenbereiche[86] (vgl. Peilert/Kösling 2008, 557f.) gliedert.[87] Die Bundespolizei wird verstärkt im Ausland zur Stabilisierung von *„failing states"* eingesetzt (vgl. Möllers/Ooyen 2008, 27).

2008 wurde vor dem Hintergrund von Umstrukturierungsmaßnahmen der Bundespolizei in Potsdam das Bundespolizeipräsidium mit Dienst- und Fachaufsicht und polizeilich-strategischer Ausrichtung eingeführt. Die Behörde gliedert sich in neun regionale Bundespolizeidirektionen, denen wiederum 77 Bundespolizeiinspektionen unterstehen (vgl. Lange/Frevel 2008, 118). Zielsetzung dieser weiteren Reform im Jahr 2008 war die *„Straffung der Stäbe, Stärkung der operativen Ebenen, insgesamt mehr Effizienz und Effektivität"* (Lange/Frevel 2008, 118).

5.3 Wandel des Zivil- und Katastrophenschutzes

Die Gefahr von neuen kriegerischen Auseinandersetzungen wurde insbesondere auch von neutralen Akteuren gesehen. Der Schweizer Bundesrat lud Repräsentanten von 59 Staaten nach Genf ein, um über die vier vom Internationalen

86 Grenzschutz, Bahnpolizei, Luftsicherheit, Schutz von Bundesorganen, Aufgaben auf See, Aufgaben im Notstand- und Verteidigungsfall, Verwendung im Ausland, Verwendung zur Unterstützung anderer Bundesbehörden, Verwendung zur Unterstützung des BfV auf dem Gebiet der Funktechnik, Verwendung zur Unterstützung eines Landes, Verfolgung von Straftaten, Verfolgung und Ahndung von Ordnungswidrigkeiten.

87 Ausführlich siehe Kap. 4.

Komitee vom Roten Kreuz (IKRK) vorgeschlagenen Abkommen zu beraten (vgl. Franke 2008, 11). 1950 erhielt zudem Otto Lummitzsch, ein ehemaliger Offizier der Pioniertruppe im Ersten Weltkrieg und Leiter der von ihm 1919 gegründeten Technischen Abteilung[88], von dem damaligen Bundesinnenminister Gustav Heinemann den Auftrag, *„mit den Arbeiten für die Aufstellung eines zivilen Ordnungsdienstes“* (ebd.) zur *„Aufrechterhaltung der Öffentlichen Sicherheit“* (Schwierczinski 2008, 38) zu beginnen. Die Grundpfeiler des THW zum *„Einsatz freiwilliger technischer Hilfskräfte bei Notlagen“* (ebd.) waren geschaffen. Im Oktober 1951 wurde der Name *„Technisches Hilfswerk“* (THW) offiziell, und schon 1952 gründeten sich in zehn Bundesländern Landesverbände. Der organisatorische Aufbau dauerte bis 1953 an.

1957 wurde das THW, das zuvor direkt dem Bundesinnenministerium unterstellt war, dem Bundesamt für Bevölkerungsschutz angegliedert (vgl. Schwierczinski 2008, 39 f.). In der Amtszeit Hans-Dietrich Genschers (1969–1974) als Bundesinnenminister wurde das THW zwar finanziell durch die Haushaltsgelder besser gestellt, doch konnten damit die Ausstattungsdefizite nicht komplett beseitigt werden. Die durch zahlreiche humanitäre Auslandseinsätze erlangten Erfahrungen und die Optimierung der Ressourcen des THW veranlassten diverse Nachbarländer[89] dazu, Hilfsabkommen für Katastrophen- und Unglücksfälle mit der BRD abzuschließen (ebd., 43 f.).

Nach der Wiedervereinigung gründeten sich schon im Juni 1991 die ersten THW-Ortsverbände in den neuen Bundesländern, 1993 wird das THW eine selbstständige Bundesbehörde (vgl. ebd., 46). Der Bevölkerungsschutz hatte sich bis Anfang der 1990er Jahre ebenfalls an dem Bedrohungsszenario des Kalten Krieges orientiert. Der Verteidigungsfall stellte in diesem Subsystem des Politikfelds Innere Sicherheit den *„größten anzunehmenden Unfall“* dar. Darauf waren die Strukturen und Prozesse des *„klassischen Zivilschutzes“* ausgerichtet. Nach dem Ende des Kalten Krieges ist dieses System ins Wanken geraten – eine Neuorientierung war erforderlich (vgl. EXP. INT. 2). Die veränderte Sicherheitslage, die die deutsche Einheit mit sich brachte, blieb somit nicht ohne Folgen für die Policies zum Schutz der Zivilbevölkerung.

Die von Bundesinnenminister Wolfgang Schäuble[90] angestellten Überlegungen in der Denkschrift *„Künftige Strukturen im Zivilschutz“* wurden von den Ländern als unzulässige Vorgabe für deren Kompetenzen im Katastrophenschutz zurückgewiesen. Im Jahr 1992 nutzte der Deutsche Bundestag eine Rüge des Bundesrechnungshofes zum Haushaltsansatz des Zivilschutzes und forderte

88 Später dann Technische Nothilfe.
89 Es kam in dieser Hinsicht jedoch zu keinen Abkommen vom zwischen THW und DDR.
90 In seiner ersten Amtszeit als Bundesminister des Innern.

eine Neustrukturierung des Zivilschutzes. Eine *„nach vorne weisende Lösung“* (Rosen 2008, 35) hat man nicht erreichen können. Vielmehr kam am Ende ein Formelkompromiss heraus. Die Bevölkerungsschutzpotenziale des Bundes wurden weitgehend aufgelöst, die Potenziale der Länder im Katastrophenschutz erweitert. Ermöglicht wurde dies durch die Zusage des Bundes an die Länder, die Ausstattung ihres Katastrophenschutzes zu unterstützen. Die Verwendung der für vorerst zehn Jahre zugesagten Mittel richtete sich nach dem *„Königssteiner Schlüssel“*[91] und nicht nach den spezifischen Risiken der Länder (vgl. Rosen 2008, 35). Durch das Erscheinungsbild des internationalen Terrorismus hat die strukturelle und prozessuale Ausrichtung des Subsystems eine neue Dynamik erhalten.

2001 wurde das Bundesamt für Zivilschutz aufgelöst und als Abteilung 5 *„Zentralstelle für Zivilschutz“* (ZfZ) dem Bundesverwaltungsamt (BVA) angegliedert. Eine Relevanz für den Bereich wurde mangels Bedrohungslage nach dem Mauerfall nicht mehr gesehen (vgl. Franke 2008, 26 f.).

Die Anschläge vom 11. September 2001 sowie die Oder- und Elbe- Hochwasser zeigten die Verwundbarkeit der Bevölkerung auch nach der Wiedervereinigung und machten eine Umorientierung des Staates im Zivilschutz notwendig.

91 Der *„Königssteiner Schlüssel“* orientiert sich an der Einwohnerzahl.

6 Prozesse und Austauschbeziehungen im Netzwerk Innere Sicherheit

Die gesellschaftliche Ordnung, die Bedrohungen aber auch das Politikfeld Innere Sicherheit mit seinen Akteuren, Strukturen und Prozessen haben sich in den vergangenen Jahrzehnten stark gewandelt. Dies wurde in den vorherigen Kapiteln detailliert untersucht.

In diesem Kapitel werden die Politics, also die Entscheidungs- und Willensbildungsprozesse, die informell oder formell die Politik der Inneren Sicherheit bestimmen, aufgezeigt. Zudem wird erörtert, auf welcher Grundlage Strukturen konstruiert werden und wie das Politikfeld Innere Sicherheit als Netzwerk funktioniert. Wie bereits ausführlich in Kapitel 3 dargelegt, umfassen die politischen Prozesse dabei die teils kooperativen, teils konfliktträchtigen Prozesse der Politikgestaltung und untersuchen, wie die unterschiedlichen Interessenslagen und Meinungen zusammengeführt werden können, sich Kooperationen und Koalitionen ergeben und wie sich durch Abstimmungen und Absprachen Interessen und Zielsetzungen durchsetzen lassen (vgl. Blum / Schubert 2009, 14).

Aus politikwissenschaftlicher Sicht bildet das Politikfeld Innere Sicherheit ein handlungs- und systemtheoretisch bestimmbares Politikfeld, das durch ein *„Netzwerk miteinander interagierender und in regelmäßigen Austauschbeziehungen stehender (individueller und kollektiver) Akteure gekennzeichnet und dadurch von der Systemumwelt abgrenzbar ist“* (Lange 2011, 323).

In diesem Zusammenhang geht Lange (2000, 237 f.) von fünf Thesen aus, die im Kontext einer Politikfeldanalyse auch in anderen Politikfeldern vorzufinden sind. 1. Behörden und Institutionen mit dem Auftrag der Gewährleistung und Aufrechterhaltung der staatlichen und gesellschaftlichen Herrschaftsordnung sind in allen Gemeinwesen vorzufinden. 2. Behörden und Institutionen[92] zur Produktion und Gewährleistung von Sicherheit weisen intensive Formen einer Austauschbeziehung zueinander auf. Das gilt für Polizei und Staatsanwaltschaft, für das Bundesamt für Verfassungsschutz und die Landesämter für Verfassungsschutz, für das Bundeskriminalamt und die Landeskriminalämter sowie für das Bundesamt für Bevölkerungsschutz und Katastrophenhilfe und die Hilfsorganisationen.

92 Hierunter werden die Behörden und Organisationen (BOS) mit Sicherheitsaufgaben verstanden, also auch Einrichtungen der nicht-polizeilichen Gefahrenabwehr.

3. Bestimmte Einrichtungen innerhalb des politischen Systems verfügen über eine Legitimation zur Kontrolle und politischen Leitung von (Sicherheits-) Behörden. Diese verfügen über einen klaren gesetzlichen Auftrag. Zu nennen sind die Ministerien auf Bundes- und Landesebene sowie die parlamentarischen (Innen-) Ausschüsse und Kontrollgremien (PKG). 4. Es sind gesellschaftliche Akteure vorhanden, die danach streben, Einfluss auf die Leitungs- und Kontrollebene staatlicher Einrichtungen auszuüben. Zu denken ist hierbei an die politischen Parteien, die ihre Überlegungen, wie die staatliche und gesellschaftliche Ordnung auszusehen hat, umsetzen möchten. Aber auch die Mitarbeiter der Behörden und Institutionen nehmen Einfluss auf die Gestaltung ihrer Arbeitsbedingungen (z. B. Besoldung, Fortbildungen, Aufstiegsmöglichkeiten). Ihre Einflussnahme erfolgt in der Regel über die Gewerkschaften (z. B. GdP, DPolG). Adressaten der Einflussnahme sind ebenfalls die politisch-administrativen Leitungsebenen. Aber auch gesellschaftliche Gruppen, die sich etwa durch staatliche Maßnahmen ungerecht behandelt oder überwacht fühlen und dieses Unbehagen kundtun, sind hier zu nennen. 5. Diese These geht davon aus, dass die relevanten Behörden und Institutionen, die Lenkungs- und Kontrollorgane wie auch die gesellschaftlichen Akteure miteinander in Verbindung treten, um die Eigeninteressen und Perspektiven optimal vertreten zu können und gemeinsam Kompromisse zu finden (vgl. ebd.).

6.1 Netzwerk Innere Sicherheit

In Art. 20 Abs. 2 Satz 1 GG heißt es: „*Alle Gewalt geht vom Volke aus.*“ Bedenkt man, dass nach Art. 20 Abs. 2 Satz 2,2 GG die Staatsgewalt mittelbar durch die besonderen Organe der Gesetzgebung, der Rechtsprechung und der vollziehenden Gewalt ausgeübt wird, ergibt sich, dass das Gewalt- und Rechtsetzungsmonopol des Staates nicht ausschließlich den Exekutivorganen zukommt, sondern gleichwohl alle drei Gewalten betrifft, die in einer Austauschbeziehung zueinander stehen und sich gegenseitig beeinflussen. Das wird besonders beim Gesetzgebungsprozess deutlich. Zwar handeln Exekutiveinrichtungen auf einer gesetzlichen Grundlage, also auf Gesetzen, die bereits erlassen sind, haben jedoch vor deren Erlass einen Einfluss auf die Institutionen, die für den Gesetzgebungsprozess verantwortlich sind. Zudem wird durch die Judikative Einfluss auf die Gesetzgebung genommen – allen voran durch das Bundesverfassungsgericht (vgl. Möllers 2009, 133).

Das Netzwerk Innere Sicherheit lässt sich in drei Kernbereiche unterteilen: Zentralbereich, politisch-institutionelles Umfeld und korrespondierendes politisches Umfeld. Der Netzwerkbegriff ist in diesem Zusammenhang als ein Strukturmodell mit den in Verbindung stehenden Akteuren zu verstehen, die sich innerhalb des Politikfelds bewegen. Es besteht die Grundannahme, dass konkrete politisch-institutionelle Strukturmuster vorhanden sind, die eine Klassifizierung der Akteure ermöglichen (vgl. Lange 1999, 129).

Gut lässt sich an dem Beispiel der Eingriffsrechte das Modell darstellen. Während innerhalb des Zentralbereichs, der die staatlichen Sicherheitsbehörden integriert, die Akteure unmittelbar in die Freiheitsrechte der Bürger eingreifen, schafft das politisch-institutionelle Umfeld dafür die Voraussetzungen, ohne gegenüber den Bürgern direkt tätig zu werden. Das korrespondierende politische Umfeld versucht im Sinne der Eigeninteressen auf das politisch-institutionelle Umfeld Einfluss auszuüben. Dem Bürger erscheinen dabei die Akteure des Zentralbereichs, also die Institutionen, die direkt in die Grundrechte eingreifen, als Kernakteure der Inneren Sicherheit. Tatsächlich aber werden die Rahmenbedingungen von dem politisch-institutionellen Umfeld und dem korrespondierenden politischen Umfeld geschaffen (vgl. Möllers 2009, 134).

6.1.1 Zentralbereich[93]

Im Zentralbereich sind die staatlichen Sicherheitsbehörden angesiedelt. Zu nennen sind die Polizeien des Bundes (Bundeskriminalamt, Bundespolizei, der Inspekteur der Bereitschaftspolizeien der Länder), die Nachrichtendienste des Bundes (Bundesnachrichtendienst, Bundesamt für Verfassungsschutz, Militärischer Abschirmdienst), die Sonderpolizeien des Bundes (Zollkriminalamt, Bundesamt für Güterverkehr, Strom- und Schifffahrtspolizei), die Generalbundesanwaltschaft sowie die Polizei beim Deutschen Bundestag (vgl. Lange 1999, 129 f.).

Auf Landesebene sind dem Zentralbereich die Landespolizeien (Schutz- und Kriminalpolizei), die Landeskriminalämter sowie die landesspezifischen Polizeibehörden (z. B. Autobahnpolizei, Bereitschaftspolizei) und die Landesämter für Verfassungsschutz zuzuordnen. Als Sonderpolizeien sind zudem die Steuerfahndung und die Staatsanwaltschaft der Länder (Generalstaatsanwalt, leitende Oberstaatsanwälte, Staatsanwälte) beim Zentralbereich zu verorten. Es handelt sich bei den Akteuren des Zentralbereichs um die Exekutiveinrichtungen der staatlichen Sicherheitsproduktion. Ihre Befugnisse, Tätigkeiten, Entscheidungsspielräume sowie Weisungsbefugnisse – also allgemein ihre Interaktion mit der System-Umwelt – ergibt sich aus der Gesetzeslage des Bundes und der Länder (vgl. Lange 2000, 242 f.).

93 Eine deskriptive Untersuchung der Akteure hat in Kapitel 4 stattgefunden.

6.1.2 Politisch-institutionelles Umfeld

Bei den Akteuren, die dem politisch-institutionellen Umfeld zuzuordnen sind, handelt es sich um Institutionen, die gegenüber den im Zentralbereich angesiedelten staatlichen Sicherheitsbehörden eine Lenkungs-, Koordinierungs- und Kontrollfunktion wahrnehmen. Für Deutschland ergeben sich die Aufgaben und Funktionen aus der Verfassung bzw. den Gesetzen und auf EU-Ebene aus supranationalem und Völkerrecht. Aus staatsrechtlicher Betrachtung sind primär auf Bundesebene der Bundestag, der Bundesrat und ihre für Themen der Inneren Sicherheit zuständigen Ausschüsse (speziell Innen- und Rechtsausschuss) zu nennen. Auf der Landesebene sind es die gesetzgebenden Landesparlamente und deren themenspezifischen Ausschüsse.

Die Zuarbeit erfolgt durch die im Parlament vertretenen Fraktionen und ihren Arbeitsgruppen. Diese Akteure auf Bundes- und Landesebene legen nach verfassungsrechtlichen Aspekten den rechtlichen Rahmen für die Polizeigesetze, die Gesetze für die Nachrichtendienste und den Zivil- und Katastrophenschutz in Bund und Ländern fest (vgl. Möllers 2009, 135). Faktisch allerdings müssen als relevante Akteure des politisch-institutionellen Umfelds a priori die Innenministerien auf Bundes- und Länderebene gezählt werden. Sie stellen für die Polizeien, die Nachrichtendienste[94] und die Katastrophenschutzbehörden die vorgesetzten und obersten Dienststellen dar. Weiterhin kommt den Ministerien, die Bestandteil der Bundes- oder Landesregierungen sind, das Initiativrecht zu, sich federführend an sicherheitsrelevanten Gesetzesentwürfen zu beteiligen.[95]

Zudem haben sich die Innenminister der Länder unter Beteiligung des Bundesministers des Innern in der *„Ständigen Konferenz der Innenminister und -senatoren der Länder“* (IMK) zusammengeschlossen, um hier zentrale (Vor-) Entscheidungen zu Fragen der Inneren Sicherheit zu erarbeiten und zu beschließen (vgl. ebd.). Auf Grundlage der Vorbereitungen auf der administrativen Ebene trifft die IMK ihre Entscheidungen. Die Arbeitsebene, in der die jeweiligen Abteilungsleiter der Innenressorts der Länder und des Bundes vertreten sind, unterteilt sich in sechs Arbeitsgruppen (vgl. Bundesrat 2012a):[96]

- AK I – Staatsrecht und Verwaltung (unter anderem Verfassungsrecht, Ausländerrecht, Datenschutz, Verwaltungsrecht),

94 Dies bezieht sich auf die Verfassungsschutzbehörden. Die Dienstaufsicht über den BND hat das Bundeskanzleramt und über den MAD das Bundesministerium der Verteidigung.

95 z. B. Art. 76 Abs. 1 GG.

96 Im Arbeitskreis II sind zudem der Präsident des Bundeskriminalamtes sowie der Präsident der Deutschen Hochschule der Polizei (DHPol) vertreten. Im Arbeitskreis IV nimmt der Präsident des Bundesamtes für Verfassungsschutz an den Treffen teil.

- AK II – Innere Sicherheit (unter anderem Gefahrenabwehr, Bekämpfung des Terrorismus, Angelegenheit der Polizei),
- AK III – Kommunale Angelegenheiten,
- AK IV – Verfassungsschutz,
- AK V – Feuerwehrangelegenheiten, Rettungswesen, Katastrophenschutz und zivile Verteidigung,
- AK VI – Organisation, öffentliches Dienstrecht und Personal.

Von besonderer Relevanz für das Politikfeld Innere Sicherheit sind die Arbeitskreise II, IV und V.

Aufgrund der Wichtigkeit des Datenaustauschs auf nationaler und internationaler Ebene für das Politikfeld Innere Sicherheit sind die Datenschutzbeauftragten des Bundes und der Länder dem politisch-institutionellen Umfeld zuzuordnen. Aber auch die Ausbildungseinrichtungen, im Speziellen für Führungskräfte, sind hierunter zu subsumieren (vgl. Lange 1999, 130; Möllers 2009, 135).[97]

Das politisch-institutionelle Umfeld zeichnet sich also explizit dadurch aus, dass es zum Zentralbereich mit dessen Exekutiveinrichtungen in einem (i. d. R.) verfassungsrechtlich und gesetzlich geregelten Außenverhältnis steht. Dieses Außenverhältnis umfasst regelhafte und normierte Kontroll- und Entscheidungsrechte (vgl. Lange 1999, 130).

6.1.3 Korrespondierendes politisches Umfeld

In dem korrespondierenden politischen Umfeld ist diese normierte und regelhafte Interaktionsbeziehung zwischen den Akteuren nicht vorhanden (vgl. Lange 1999, 130), dennoch üben sie einen spezifischen Einfluss auf alle Ebenen des Umfeld-Modells aus (vgl. Möllers 2009, 135). Gerade dieser Einfluss manifestiert sich in den Durchsetzungsstrategien, die von den Akteuren mehr oder weniger frei gewählt werden können (vgl. Lange 2000, 243). Bei Verbänden werden diese beeinflusst durch die Ergebnisse der Personalratswahlen, durch die Mitgliederakquise und den Kapitalbestand. Dieses vorhandene Potenzial wird in korporatistischen Verhandlungen in den Gremien zur Geltung gebracht (vgl. Lange 1999,

---

97 Als wichtigste Einrichtung gilt die Deutsche Hochschule der Polizei. Hier werden Polizeibeamte durch den zweijährigen Masterstudiengang *„Master of Public Administraition – Police Management"* für den höheren Polizeidienst qualifiziert und berufsspezifisch sozialisiert. Als weitere Einrichtungen sind die Fachhochschulen für öffentliche Verwaltung (FHöV) in Bund und Ländern zu nennen. Sie werden federführend vom Innenressort gelenkt und sind nicht den Bildungsministerien unterstellt. Die FHöVs bilden auch Mitarbeiter anderer Institutionen, z. B. des Verfassungsschutzes, aus (vgl. Möllers 2009, 135).

130). Einen starken Einfluss im korrespondierenden politischen Umfeld üben die Polizeigewerkschaften aus – also die Gewerkschaft der Polizei (GdP)[98], die Deutsche Polizeigewerkschaft (DPolG) im Deutschen Beamtenbund und der Bund Deutscher Kriminalbeamter (BDK)[99] (vgl. Lange 1999, 130; Lange 2000, 243). Auf EU-Ebene werden 35 Polizeigewerkschaften aus 27 europäischen Staaten durch die European Confederation of Police (EuroCop) vertreten. Nach eigenen Angaben vertritt die Organisation die Interessen von über einer halben Million Polizeibediensteter (vgl. EuroCOP 2012). Auch andere Berufs- und Interessenverbände aus dem Politikfeld der Inneren Sicherheit sind im korrespondierenden politischen Umfeld vorhanden. Zu nennen sind im Bereich des Bevölkerungsschutzes der Deutsche Feuerwehrverband (DFV), der Arbeitskreis Naturgefahren, die Arbeitsgemeinschaft der Leiter der Berufsfeuerwehren (AGBF), die Deutsche Gesellschaft für KatastrophenMedizin e. V. (DGKM e. V.), das Deutsche Komitee Katastrophenvorsorge e. V. (DKKV e. V.), der Gesamtverband der Deutschen Versicherungswirtschaft sowie das Zukunftsforum Öffentliche Sicherheit e. V. (ZOES e. V.) (vgl. Lange et al. 2012b, 38 f.). Auch die private Sicherheitswirtschaft mit ihren Interessensverbänden macht einen Einfluss geltend. Relevante Akteure sind hier beispielsweise der Bundesverband Deutscher Detektive e. V. (BDD), der Bundesverband der Sicherheitswirtschaft e. V. (BDSW) und die Bundesvereinigung Deutscher Geld- und Werttransportunternehmen e. V. (BDGW). Auch die anderen Akteure der privaten Sicherheitswirtschaft versuchen ihren Einfluss über ihre vorhandenen Möglichkeiten geltend zu machen, da sie ein Interesse daran haben, dass staatliche Sicherheitsaufgaben an private Dienstleister abgegeben werden (vgl. Möllers 2009, 136).

Besonders signifikant ist der Einfluss der Polizeigewerkschaften. Dies liegt zum einen an der guten finanziellen und personellen Ausstattung der Einrichtungen. Zudem wird die Tätigkeit der Polizei oft höher bewertet als andere Bereiche des öffentlichen Dienstes.

Als weitere Akteure des korrespondierenden politischen Umfelds sind die Parteien zu nennen. Sie erarbeiten sicherheitspolitische Programme und versuchen, diese im politischen System der Bundesrepublik Deutschland umzusetzen. Dazu bedienen sie sich u. a. der Medien, die aus diesem Grund ebenfalls dem korrespondierenden politischen Umfeld zuzurechnen sind. Durch eine (kritische) Berichterstattung, insbesondere der überregionalen Medien, wird ein Handlungsdruck auf die politischen Entscheidungsträger erzeugt. Auf diese Weise nehmen sie Einfluss auf staatliches Handeln (vgl. Möllers 2009, 136; Lange 1999, 130).

98 Im DGB.

99 Ohne dachgewerkschaftliche Organisation.

Aber auch Wirtschaftsunternehmen, also privatwirtschaftliche Akteure, die ihre Produkte platzieren wollen (z. B. Überwachungstechnologie, Krisenmanagementsoftware), sind im korrespondierenden politischen Umfeld zu verorten. Sie nehmen entweder direkt Einfluss auf Entscheidungsträger im politisch-administrativen Umfeld oder sind über Verbände organisiert. Exemplarisch zu nennen sind der Bundesverband der Deutschen Industrie e. V. (BDI), der Bundesverband Informationswirtschaft, Telekommunikation und neue Medien e.V. (BITKOM)[100] und der Bundesverband der Deutschen Luftverkehrswirtschaft (BDL)[101].

Die Frage, ob Bürgerrechtsgruppen ebenfalls zu dem korrespondierenden politischen Umfeld zu zählen sind, ist nur schwer zu beantworten. Zum einen haben die Akteure aus dem Zentralbereich (staatliche Sicherheitsbehörden) nur ein mäßiges Interesse, diese Gruppen in korporatistische Verhandlungsprozesse einzubinden. Andererseits besteht durch das Selbstverständnis von Bürgerrechtsgruppen eine tendenziell abneigende Haltung gegenüber staatlichen Sicherheitsakteuren (vgl. Lange 1999, 131).

6.2 Interaktions- und Steuerungsformen der Akteure im Politikfeld Innere Sicherheit

In diesem Kapitel sollen nun die Interaktions-/Austauschbeziehungen und Positionen innerhalb des Netzwerks Innere Sicherheit beleuchtet werden. Dabei stehen die Positionen und Interessen der spezifischen Akteure im Mittelpunkt der Untersuchung.

Wie die Sicherheitsarchitektur der Bundesrepublik Deutschland innerhalb des Mehrebenensystems aufgebaut ist und welche Akteure bei der Produktion und Gewährleistung von Sicherheit involviert sind, wurde intensiv im vierten Kapitel dargelegt. Einleitend zu diesem Kapitel wurde Innere Sicherheit als Netzwerkmodell in seiner theoretischen Ausprägung mit den vielfältigen Interaktionsbeziehungen untersucht.

Bei dem *„Netzwerk Innere Sicherheit"* handelt es sich somit um ein Konstrukt mit vielen horizontalen und vertikalen Interaktions- und Beziehungsmustern. Über formelle und informelle Kanäle werden Informationen ausgetauscht aber auch die Interessen der jeweiligen Organisationen und Institutionen kommuniziert und vertreten. Nachfolgend sollen nun die Austauschbeziehungen sowie die offiziellen und informellen Interaktionsmuster[102] sowie deren Interessenslagen

100 Z. B. bei Fragen der IT-Sicherheit.
101 Z. B. bei Fragen der Luftsicherheit.
102 Hier zu verstehen als Austausch und Einflussnahme zwischen konkreten Akteuren.

untersucht werden, denn sie haben einen maßgeblichen Anteil an der Produktion der Politik der Inneren Sicherheit.

6.2.1 Staatliche Sicherheit

Die Governance-Strukturen des Staates sehen in konkreten Bereichen hoheitliche Handlungsfähigkeit in mehreren Ebenen der staatlichen Verwaltung vor (vgl. Mayntz 2010, 39). Traditionell waren die Kernbereiche staatlichen Handelns durch eine starke hierarchische Ordnung gekennzeichnet. Institutionen wie beispielsweise die Polizei, die bis in die 1970er Jahre getreu der Devise *„Befehl und Gehorsam"* auch nach innen geführt wurden, standen keinen oder nur wenig gesellschaftlichen Interessensgruppen gegenüber und ließen sich nur durch hierarchische Strukturen steuern (vgl. Lange 2011, 331). Zwischenzeitlich lässt sich feststellen, dass aber auch in Regelungsbereichen, die rein staatlich organisiert sind, zunehmend mehr Kooperation und Koordination stattfinden, als es das perfekte Modell einer Hierarchie vorsieht. Dieses hierarchische Prinzip wird unterbrochen durch rechtliche oder sachliche Abhängigkeiten von Akteuren, die nicht in die gleiche Hierarchiestruktur eingebunden sind. Somit entstehen horizontale Politikverflechtungen (vgl. Mayntz 2010, 39 f.). Im Politikfeld der Inneren Sicherheit mit seinen zahlreichen Akteuren und Politikverflechtungen sowie unterschiedlichen Interessenslagen ist es fraglich, ob die Begrifflichkeit der *„Hierarchie"* überhaupt noch angemessen erscheint. Gerade schon im Verhältnis zwischen Bund und Ländern, das stark auf kooperative Verfahren ausgelegt ist, erscheint die Begrifflichkeit ohnehin obsolet (vgl. Lange 2011, 331). Bei staatlichen Sicherheitsbehörden kommt wohl die Beschreibung *„kooperative Steuerung mit Instrumenten hierarchischer Führung"* (ebd.) der Wirklichkeit am nächsten.

6.2.2 Polizei, Nachrichtendienste und weitere staatliche Akteure

Viele Sicherheitskooperationen fußen auf gemeinsamen Vereinbarungen zwischen Bundes- und Landesbehörden, bi- und/oder multilateralen Vereinbarungen zwischen BKA, BPol und Zoll sowie mit anderen Behörden auf allen Ebenen (vgl. Werthebach et al 2010, 122). In den vergangenen Jahrzehnten haben sich formelle und informelle Netzwerke[103] – also Netzwerke ohne eigene Rechtsnatur – gebil-

103 Vertiefend zur Netzwerktheorie und -analyse: Stegbauer 2008.

det. In Abgrenzung zu den *„Kooperationszentren“* (bspw. GTAZ, GIZ) sind bei diesen informellen Netzwerken keine rechtlichen Grundlagen sondern lediglich Geschäftsordnungen o. ä. vorhanden.

Der Gedanke der institutionenübergreifenden Zusammenarbeit, die beispielsweise vom GTAZ betrieben wird, ist nicht neu. Am 1. April 1991 wurde Detlev Karsten Rohwedder, Chef der Treuhandanstalt, in seinem Düsseldorfer Haus erschossen. Das Attentat war das letzte der RAF gegen einen führenden Repräsentanten der Wirtschaft oder des Staates. Am 3. Mai, rund einen Monat nach dem Attentat, trat in Bonn die Innenministerkonferenz zusammen und beschloss ein Maßnahmenpaket. Ziel war der verbesserte Informationsaustausch auf Bundes- und Landesebene *„unter voller Ausnutzung des rechtlich Zulässigen“* (Stolle/Maurer 2004, 29). Die *„Erkenntnisse sämtlicher Sicherheitsbehörden und des Justizbereichs“* sollten in Lagebildern der Länder und des Bundes verwertet werden. Zudem wurde die Überwachung der RAF-Inhaftierten beschlossen. Dabei sollten die Erkenntnisse *„zügig [...] an alle zuständigen Sicherheitsbehörden“* weitergeleitet werden. Bei Personenschutzmaßnahmen sollte der rechtliche Rahmen voll ausgeschöpft werden. Hierunter fielen der Einsatz nachrichtendienstlicher Mittel der Verfassungsschutzbehörden und verdeckte Maßnahmen der Polizei (vgl. ebd.). Unter Punkt 4 der Beschlussniederschrift wird festgehalten:

> *„Die Innenminister/-senatoren der Länder nehmen zur Kenntnis, dass beim Bundeskriminalamt (BKA) eine Koordinierungsgruppe eingerichtet wird, der als weitere ständige Mitglieder Vertreter der Länder, des Bundesamtes für Verfassungsschutz (BfV) und des Generalbundesanwalts (GBA) angehören.“* (Ebd.)

Anlassbezogen wurde also die *„Koordinierungsgruppe Terrorismus“* (KGT) ins Leben gerufen, die das Thema Linksextremismus bearbeitet sollte. Die *„Arbeitsgemeinschaft Kripo“* (AG Kripo) stellt einen Gesprächskreis zwischen dem Bundeskriminalamt und den Landeskriminalämtern dar. Hier ist auch die *„Kommission Staatsschutz“* angesiedelt. Über die Jahre hat sich eine Gremienstruktur entwickelt. Dabei wurde auch der Verfassungsschutz als Zuhörer hinzugezogen. Ein Informationsaustausch auf informeller Ebene wurde somit bereits vor der Errichtung der Kooperationszentren ansatzweise sichergestellt (vgl. EXP. INT. 10).

Die Polizeien und Nachrichtendienste der Bundesrepublik Deutschland unterliegen einem unterschiedlichen Aufgabenverständnis und einer unterschiedlichen Aufgabenwahrnehmung (vgl. BMI 2012f). Der Informationsaustausch in der praktischen Umsetzung findet u. a. durch die wöchentliche Lagebesprechung beim GTAZ statt, an der die 40 Behörden, die im GTAZ vertreten sind, und auch der zuständige Sicherheitsstaatssekretär des BMI teilnehmen.

So soll sichergestellt werden, dass alle Behörden auf dem gleichen Informationsstand sind. Daneben hat das BMI Zugriff auf die Informationslage der Nachrichtendienste und des BKA (vgl. EXP. INT. 13). Auf einer höheren Eben sind zwei standardisierte Verfahren zu nennen, die einen Austausch auf einer interministeriellen Ebene gewährleisten sollen. Jeden Dienstag finden im Bundeskanzleramt zwei Lagebesprechungen unter Leitung des Kanzleramtschefs und dessen Stellvertreter statt. An der *„großen Lage"* partizipieren die Präsidenten von BND, BfV und MAD, die zuständigen Staatssekretäre aus dem AA, BMI, BMVg, BMJ und BMWi, der Leiter der Stabsabteilung II des Führungsstabes der Streitkräfte (FüS II) und Vertreter der Abteilung 6 (Nachrichtendienste) des Bundeskanzleramts. Seit dem 11. September 2001 nimmt zudem der BKA-Präsident teil und themenabhängig auch der Generalbundesanwalt. Zudem werden die Referatsleiter der Ministerien hinzugezogen, die mit den entsprechenden Tagesordnungspunkten befasst sind. In dieser *„großen Lage"* berichten die Präsidenten der Nachrichtendienste und des BKA über ihre Einschätzung zur Sicherheitslage. Der Bundeskanzler ist nicht anwesend, sondern wird im Bedarfsfall vom Kanzleramtschef über relevante Informationen in Kenntnis gesetzt. Im Anschluss findet die *„kleine Lage"* statt, woran die Präsidenten der Nachrichtendienste, der BKA-Präsident, die Staatssekretäre aus dem AA, BMI, BMVg und BMJ, der Kanzleramtschef sowie der Leiter der Abteilung 6 teilnehmen (vgl. Daun 2009, 62 f.). Bei diesem *„Closed Shop"* können auch *„sensible Aspekte"* wie *„operative Details"* besprochen werden, ohne dass die Informationen an die Außenwelt dringen (vgl. Uhrlau 2005).

Der offizielle Austausch zwischen Bund und Ländern in den Bereichen Polizei- und Verfassungsschutz erfolgt über die Arbeitskreise der Innenministerkonferenz (AK II – Polizei; AK IV – Verfassungsschutz). Eine bedeutende Rolle in der IMK spielen auch die Unterausschüsse der Arbeitskreise. So treffen beispielsweise im Unterausschuss Führung, Einsatz und Kriminalitätsbekämpfung (UA FEK) die Inspekteure zusammen und bilden hierdurch das Gremium mit den hochrangigsten Polizeivollzugsbeamten der Bundesrepublik Deutschland. Der UA FEK bearbeitet und berät polizeifachliche Angelegenheiten sowohl von strategischer als auch von taktischer Relevanz. Die Grundlagen bilden Erkenntnisse der polizeilichen Praxis. Die für die Innere Sicherheit relevanten Themen werden in die Gremienstruktur der IMK eingebracht. Auf diese Weise soll auf aktuelle und neue Einsatz- und Führungsfragen sowie Kriminalitätsphänomene länderübergreifend und zeitnah reagiert werden. Themen, die eine sicherheits- oder strategische Relevanz für die IMK haben, werden zunächst im UA FEK erörtert und dann über den Arbeitskreis II (Polizei) der Innenministerkonferenz zur Entscheidung vorgelegt (vgl. IM BW 2008, 2 f.). Die Innenministerkonferenz, als relevantes Entscheidungsgremium zwischen Bund und Ländern, vermeidet Kampf- oder sonstige Abstimmungen, die eine Mehrheit voraussetzen. Sie setzt auf ein rein konsensuales Verfahren, das häufig zu einer Einigung auf den kleinsten gemeinsamen Nenner führt (vgl. Lange 2011, 332).

Eine essenzielle Rolle der Zusammenarbeit zwischen Bundesnachrichtendienst beziehungsweise dem Bundeskanzleramt als Aufsichtsbehörde und anderen Bundesressorts wird auch durch den Erarbeitungsprozess des Auftrags- und Interessenprofils der Bundesregierung deutlich. Das streng geheime Dokument ist langfristig ausgelegt und wird alle vier bis fünf Jahre neu formuliert. Unter Federführung eines Diplomaten aus der *„Gruppe 62"* des Kanzleramtes werden die *„Aufklärungswünsche der Bedarfsträger"* (Daun 2009, 61) eingeholt und in einem nach Prioritäten angelegten Beschaffungsauftrag ausgearbeitet. Zu den Bedarfsträgern zählt das Auswärtige Amt, das Bundesministerium der Verteidigung, das Bundesministerium für Wirtschaft und Technologie und das Bundesministerium des Innern.

Dieses Verfahren wird unabhängig von möglichen Regierungswechseln durchgeführt. Die Ziele werden durch die Beamten im Kanzleramt und den jeweiligen Ressorts sichergestellt. Der Aufgabenkatalog kategorisiert sich in verschiedene Regionen und Länder sowie nach überregionalen Themenstellungen. Die regionalen Schwerpunkte sind derzeit Russland, der Balkan, die GUS-Staaten, der Nahe Osten sowie Asien – hier speziell Indien und China. Thematisch stehen der transnationale Terrorismus, die organisierte Kriminalität und die Proliferation von Massenvernichtungswaffen im Fokus (vgl. ebd.).

6.2.3 Staatliche Institutionen und Wirtschaft – Sicherheitspartnerschaften

Eine funktionierende Zusammenarbeit zwischen staatlichen und wirtschaftlichen Akteuren ist ein unerlässlicher Faktor, den Herausforderungen des 21. Jahrhunderts zu begegnen (vgl. Borchert 2008, 11). Die Steuerungsformen orientieren sich hierbei an marktökonomischen Überlegungen. Die Wettbewerbsfähigkeit ist Grundlage unternehmerischen Handels. Die Einrichtungen der Konzern- bzw. Unternehmenssicherheit können einen entscheidenden Beitrag leisten, diesen Zustand zu erhalten (vgl. Lange 2011, 333). Problematisch für deutsche Wirtschaftsunternehmen ist, dass der Schutzbedarf permanent wächst, die Sicherheitsmaßnahmen der Unternehmen aber per se auf einem minimierenden Kostenfaktor gehalten und nach Möglichkeit ausgelagert werden. In der Regel haben die Sicherheitsabteilungen Probleme, sich bei der Konzernleitung durchzusetzen, sodass sich die Arbeit auch weiterhin sehr reaktiv und defensiv gestaltet. Eine lang ausgerichtete Bedrohungsanalyse und präventive Vorgehensweise spielen eine eher nachgeordnete Rolle. Mit Ausnahme der IT-Sicherheit findet eine Einbindung von strategischen Sicherheitskonzepten in die Unternehmensstrategien nur selten statt. Ein Umdenkungsprozess in den Leitungsbereichen gestaltet sich nur sehr schleppend (vgl. Fischer 2008, 36). Dadurch können in Unternehmen erhebliche Sicherheitslücken entstehen (vgl. Müller 2010, 11).

Die Sicherheitspartnerschaft von Staat und Wirtschaft geht zurück in die Zeit, als die RAF gezielt Anschläge auf Repräsentanten der Wirtschaft (z. B. Alfred Herrhausen) verübte. Es entstand bei den Sicherheitsverantwortlichen der Unternehmen ein Bedarf an Sicherheit, staatlicher Unterstützung und Informationen über Bedrohungspotenziale und deren Auswirkungen (vgl. EXP. INT. 10).

Der Arbeitskreis für Sicherheit in der Wirtschaft (ASW) fungiert als Schnittstelle zwischen Staat und Wirtschaft. Aufgrund des Informationsbedarfs wurde zusätzlich der *„Ressortkreis Wirtschaftsschutz“* gegründet, der die zuständigen Ressorts (BMWi, BMI) unter Federführung des Bundeskanzleramtes koordiniert, die relevanten Informationen aufbereitet und diese über den ASW zurück an die Wirtschaft leitet (vgl. EXP. INT. 11).

Die Erwartungshaltung der Wirtschaft gegenüber dem Staat ist hoch. Wirtschaftsvertreter fordern eine kontinuierliche Erörterung der Sicherheitslage und die praktische Zusammenarbeit auf einer hohen politischen Ebene. Dabei könnte nach Angaben des ASW am *„Ende dieser Entwicklung [...] die Einrichtung eines nationalen Sicherheitsrates stehen unter Einschluss von Staat, Wirtschaft und Gesellschaft“* (ASW 2006, 10).

Aus einer Umfrage des ASW (2009) geht hervor, dass nur 32 % der Sicherheitsverantwortlichen in den Firmen der Meinung sind, dass die Zusammenarbeit mit den Sicherheitsbehörden *„vertrauensvoll“* ist. Rund die Hälfte der Befragten (52 %) gab an, von den Behörden zu wenig informiert zu werden und 51 % wünschen sich eine bessere Zusammenarbeit mit der Polizei. 40 % der Befragten sprachen sich zudem dafür aus, dass deutsche Nachrichtendienste zugunsten der deutschen Wirtschaft Wirtschaftsspionage betreiben sollten, so wie dies in anderen Ländern geschieht (vgl. ASW 2009).

Staatliche Sicherheitsakteure (im Speziellen die Dienste und BKA) erwarten im Gegenzug ebenfalls Informationen aus den Wirtschaftsunternehmen über Angriffe z. B. auf IT-Infrastrukturen oder Aktivitäten im Bereich der Wirtschaftsspionage. Hier bestehen jedoch Vorbehalte seitens der Unternehmen, die einen Ansehensverlust befürchten, wenn sie mit Spionage o. ä. in Verbindung gebracht werden (vgl. EXP. INT. 11).

Bei der Konkretisierung und Formulierung adäquater Maßnahmen zum Schutz kritischer Infrastrukturen (KRITIS) wird die vertrauensvolle Zusammenarbeit zwischen Staat und Betreibern als unerlässlich angesehen. Während der Staat auch weiterhin Garant für die Innere Sicherheit ist und Kommunikations- und Informationsprozesse moderiert, verfügen ausschließlich die Betreiber von KRITIS über ausreichende Detailkenntnisse ihrer Infrastrukturen und nehmen somit eine Schlüsselrolle beim Schutz dieser Einrichtungen ein. Wenngleich die Betreiber einigen Vorschriften und (z. B. bei Aktiengesellschaften) gesetzlichen Regelungen unterworfen sind, um geeignete Maßnahmen zur Absicherung ihrer eigenen Unternehmen zu treffen, haben sich dennoch Kooperationsmodelle zwischen staatlichen Einrichtungen (bspw. der Bundespolizei) und den Betreibern kritischer Infrastrukturen (z. B. den Stromversorgern) gebildet. Dadurch soll verhindert werden, dass potenzielle Täter an die *„zentralen Nervensysteme“* dieser Infrastrukturen herankommen. Dabei spielen neben der Verarbeitung der Erkenntnisse von Verfassungsschutzbehörden und BKA Videoüberwachung, verdeckte Beobachtung und (zivile) Streifen eine große Rolle (vgl. EXP. INT. 13). Von Seiten der Polizei wird jedoch eine noch intensivere Zusammenarbeit mit der Privatwirtschaft gefordert.

> *„Mit der Privatwirtschaft findet eine Zusammenarbeit nur in den seltensten Fällen statt. Da sind die Unternehmen, gerade auch bei Datenklau, nicht darauf eingestellt. Dort gibt es Defizite, insbesondere im Bereich Datenschutz, die so von der Privatwirtschaft gar nicht gesehen werden. Eine Vernetzung findet nicht statt.“* (EXP. INT. 1)

Einzelne (informelle) Beziehungen bestehen auch zwischen dem BND und den zuständigen Sicherheitsabteilungen privatwirtschaftlicher Unternehmen. Über diese Netzwerke findet ein Informationsaustausch statt, der von Sicherheitsrelevanz für die spezifischen Unternehmen und deren (Auslands-) Standorte sind. Die Diskussion läuft jenseits der Öffentlichkeit ab (vgl. Lange 2011, 333). Zwischenzeitlich führt der Bundesminister des Innern mit Vertretern der kritischen Infrastruktureinrichtungen persönliche Gespräche über Sicherheitsthemen.

6.2.4 Sicherheitswirtschaft

Die Steuerungsform im Bereich der Sicherheitswirtschaft unterscheidet sich massiv von den Steuerungsformen im Subsystem der staatlichen Sicherheit. Diese Steuerungsformen unterliegen eindeutig marktökonomischen Zwängen. Staatliche Reglementierungen sind nur vereinzelt vorhanden und arbeits-, steuer- und gewerberechtlichen Vorgaben unterworfen. Ansonsten wird durch den enormen Wettbewerb innerhalb des Sicherheitsgewerbes auf Fragen von Rekrutierung, Ausbildung und Qualitätssicherung Einfluss genommen. Ein Interesse an staatlicher Regulierung kann dann erkannt werden, wenn dies den großen und seriösen Anbietern einen Wettbewerbsvorteil verschafft und durch staatliche Maßnahmen (bspw. Reglementierung der Gewerbezulassung) die *„schwarzen Schafe“* der Branche vom Markt gedrängt werden (vgl. Lange 2011, 333).

Es findet ein regelhafter Austausch zwischen Polizeibehörden und den Innenministerien der Länder, dem BMI und der privaten Sicherheitswirtschaft statt. Dieser vollzieht sich im Bereich der Kooperationsvereinbarungen aber auch im operativen Bereich. Bei der Erarbeitung vertraglicher Grundlagen muss nicht in erster Linie die Polizeidienststelle Adressat der Vereinbarung sein. Die Kooperationsmodelle sind vielseitig (s. Abbildung 17). So sind in zahlreichen Fällen die Innenministerien Vertragspartner der entsprechenden Sicherheitsunternehmen oder die Innenministerien schließen Abkommen mit dem BDSW. Derzeit[104] gibt es 32 Kooperationen mit rund 123 Sicherheitsfirmen in der Bundesrepublik Deutschland (vgl. UE FEK 2011a). Es besteht eine Vereinbarung mit dem Bund und mit zehn Bundesländern, sechs haben keine (vgl. ebd.). Die Kooperationsverträge zwischen den Innenministerien und privaten Sicherheitsdiensten deuten darauf hin, dass die Polizei ihre Aufgabe nicht mehr ausreichend wahrnehmen kann (vgl. EXP. INT. 1). Die Gewerkschaft der Polizei fordert zumindest eine bundeseinheitliche Regelung (vgl. Witthaut 2012).

Ebene	**Bezeichnung**	**Vereinbarung mit dem BDSW**	**Vereinbarung mit Sicherheitsunternehmen**	**Anzahl Kooperationen**	**Beteiligte Unternehmen**
Strategisch (Innenministerium)	Grundsatzerklärung	Sachsen		5	22
	(Rahmen-) Vereinbarung	Niedersachsen, Schleswig-Holstein	Bundesministerium des Innern		
	Erlass	Mecklenburg-Vorpommern			
Operativ (Dienststelle)	Vereinbarung	Schleswig-Holstein, Niedersachsen, Mecklenburg-Vorpommern, Hessen, Bremen, Hamburg, Berlin	Niedersachsen, Mecklenburg-Vorpommern	17	68 ohne Bremen
	Ordnungspartnerschaft		Brandenburg, Nordrhein-Westfalen	10	33
	Kooperationspartnerschaft		Nordrhein-Westfalen		
	Kooperationen	**18**	**14**	**32**	**ca. 123**

Abbildung 17: Darstellung aller bundesweit bestehenden Kooperationen nach Zugehörigkeit, Anzahl und Ebene (Quelle: Eigene Darstellung in Anlehnung an UE FEK 2011a)

104 Stand 2011.

Nach Angaben der Projektgruppe des UE FEK 2011 (UE FEK 2011b) kommt es bei allen 32 Kooperationen zu einem regelmäßigen Informationsaustausch zwischen Polizei und Sicherheitsunternehmen. Bei 30 Kooperationsformen sind sogenannte *„Informations- und Ansprechstellen"* (IAS) vorhanden. Bei 26 Kooperationsformen finden eine Unterstützungsleistung bei sicherheitsrelevanten Fortbildungen und ein Informationsaustausch bei Großveranstaltungen statt.

Der BDSW ist als Interessenvertreter der Sicherheitswirtschaft bestrebt, das Ansehen der Sicherheitsbranche und die Leistungsfähigkeit stetig zu verbessern. Wenn die öffentliche Wahrnehmung positiv ist, wirkt sich dies positiv auf die gesamte Branche aus. Gerade auch Zertifizierungsmaßnahmen auf vorhandener gesetzlicher Grundlage führen dazu, dass das Vertrauen der Bürger, Politik, Wirtschaft und Polizei in die Sicherheitsbranche zunimmt, die Weiterentwicklung voranschreitet und somit auch die Umsätze steigen (vgl. EXP. INT. 7).

Denkbar für die private Sicherheitswirtschaft sind auch Kooperationen im Sinne einer *„Public Private Partnership"* mit Einrichtungen des Bevölkerungsschutzes. Neben der Beschaffung von Absperrgittern o. ä. ist auch eine Objektbewachung innerhalb betroffener Gebiete möglich (vgl. Stober 2008, 55).

6.2.5 Bevölkerungsschutz

Der Bund ist gegenüber den Ländern im Bevölkerungsschutz nicht weisungsbefugt. Die Steuerungsformen in diesem Subsystem der Inneren Sicherheit sind stark kooperativ ausgeprägt. Es besteht ein hoher Abstimmungsbedarf auf allen Ebenen des Systems (Kommune, Land, Bund). An dem Abstimmungs- und Steuerungsverfahren sind sowohl staatliche als auch nicht-staatliche Akteure beteiligt. Im Ereignisfall schnell und effektiv zu handeln, erzeugt in operativen Fragestellungen einen Druck auf die beteiligten Akteure.

Bei Fragestellungen der Kompetenz- und Mittelverteilung liegen jedoch zahlreiche *„Verharrungskräfte vor ebenso wie traditionelle Animositäten zwischen den beteiligten Organisationen"* (Lange 2011, 333).

Viele Abstimmungsverfahren zwischen Bund und Ländern innerhalb des Bevölkerungsschutzes laufen über den Arbeitskreis V (AK V) der IMK. Dabei spielt ganz speziell auch die Kompetenzverteilung eine Rolle, damit der Bund den Erwartungshaltungen der Länder gerecht werden kann. Ein weiterer relevanter Punkt, insbesondere für die Länder, ist die Frage der ergänzenden Ausstattung. Dabei handelt es sich derzeit um 57 Mio. Euro, die der Bund den Ländern zur Verfügung stellt. Werden jedoch Fragen diskutiert, die im Zusammenhang mit dem Klimawandel oder kritischen Infrastrukturen stehen und somit möglicherweise eine partielle Änderung der Ausrichtung erfordern, berufen sich die Länder auf die im Grundgesetz geregelte Kompetenzverteilung.

Es existieren verschiedene Kooperationen und Abstimmungen mit Akteuren der Privatwirtschaft. Gerade mit Einrichtungen kritischer Infrastrukturen wie Strom-, Wasser-, oder Verkehrswirtschaft erfolgt eine Zusammenarbeit (vgl. EXP. INT. 6). Noch nicht gelungen ist bisher der institutionalisierte Austausch von relevanten Daten (z. B. Livedaten über den aktuellen Stand der Stromversorgung in Deutschland). Gerade auch der Austausch zwischen staatlichen Institutionen und den Stromversorgern als Einrichtungen kritischer Infrastrukturen hat sich seit dem Stromausfall im Jahr 2004 stark verbessert (vgl. EXP. INT. 2). Dennoch gibt ein Interviewpartner (EXP. INT. 2) kritisch zu bedenken: *„Wir sind [...] noch nicht soweit, dass ich sagen würde, dass alle beteiligten Akteure*

Vernetzungsbereich	**Ausrichter**	**Arbeitsgruppen**	**Teilnehmer**
NRW	LKT NRW	AK Bevölkerungsschutz	Ordnungsdezernenten der Kreise
NRW/Niedersachsen		Übereinkommen über die gegenseitige Unterstützung im Tierseuchenkrisenfall	Veterinärämter der beteiligten Kreise
Regierungsbezirk Detmold	Kreise und kreisfreie Stadt Bielefeld	AG Bevölkerungsschutz OWL	Leiter Ordnungsämter, Leiter Leitstellen nach Thema, z. T. Ordnungsdezernenten
Regierungsbezirk Detmold	Bezirksbrandmeister	Kreisbrandmeistertagung	Bezirksbrandmeister, Kreisbrandmeister des Regierungsbezirks Detmold
Kreis Paderborn	Kreis Paderborn	Ordnungsamtsleiterkonferenz	Leiter Ordnungsamt Kreis, Leiter der Ordnungsämter der kreisangehörigen Städte und Gemeinden
Kreis Paderborn	Kreisbrandmeister	Wehrführertagung	Wehrführer, Leiter Kreisfeuerwehrzentrale, Leiter Ordnungsamt
Kreis Paderborn	Kreis Paderborn	Jahresgespräch mit Hilfsorganisationen	ASB, DRK, JUH, MHD, THW

Abbildung 18: Interaktion auf horizontaler und vertikaler Ebene der kommunalen nichtpolizeilichen Gefahrenabwehr am Beispiel Paderborn (Quelle: Eigene Darstellung in Anlehnung an Experteninterview)

völlig offen sind, weil ein Wirtschaftsunternehmen unter wirtschaftlichen Aspekten natürlich immer wettbewerbsfähig bleiben will und alle, die am Tisch sitzen, Konkurrenten sind."

In einem weiteren Verständnis der staatlich-privatwirtschaftlichen Zusammenarbeit erfolgt auch ein Austausch mit Arbeitgebern, die Ehrenamtliche z. B. aus dem Technischen Hilfswerk beschäftigen. Das ist von Bedeutung, da Helfer bei Einsätzen aus dem Betriebsprozess herausgenommen werden müssen, um in den Einsatz gehen zu können (vgl. EXP. INT. 6).

Alle Organisationen innerhalb des Bevölkerungsschutzes haben ein eigenes Aufgabenverständnis, eine spezifische Organisationskultur und unterschiedliche Interessen. Sie interagieren horizontal und vertikal und nehmen Einfluss auf die Akteure des (politischen) Mehrebenensystems. Sie bedienen sich dazu konkreter Netzwerke wie beispielsweise dem Deutschen Komitee Katastrophenvorsorge, dessen Vorsitzender traditionell aus der Bundespolitik kommt. Aber auch Einrichtungen wie das Zukunftsforum Öffentliche Sicherheit dient der Einflussnahme auf Politiker des Deutschen Bundestages oder auf Entscheidungsträger aus den relevanten Ministerien und privatwirtschaftliche Einrichtungen.

6.3 Diskurse und parteipolitische Positionen innerhalb des Politikfelds

Das Politikfeld Innere Sicherheit erscheint in der öffentlichen Wahrnehmung häufig als parteipolitisch dominierter Themenbereich. Das Thema eignet sich durch die relativ simple Übertragbarkeit auf die persönliche Lebenssituation und die damit verbundenen Ängste (beispielsweise vor Übergriffen auf Leben und Eigentum) sehr gut für die politische Inszenierung. Die von den Parteien präsentierten Lösungsansätze sind jedoch (beabsichtigt) nur sehr vage formuliert und auch in der Zielsetzung eher weitläufig (vgl. Lange 2000, 252). Dennoch versuchen die Parteien, ihre Vorstellungen, *„wie die gesellschaftliche und staatliche Herrschaftsordnung auszusehen hat"* (ebd., 238), einzubringen und umzusetzen.

Zahlreiche Politikfelder (z. B. Sozialpolitik) genießen bei Parlamentsabgeordneten eine große Popularität. Das lässt sich für das Politikfeld Innere Sicherheit nicht sagen. Für Politiker ist es ein eher undankbares Politikfeld, da Botschaften zumeist negativ behaftet sind (Terrorismus und Katastrophen) oder dem Bürger mitgeteilt werden muss, dass Freiheitsrechte zugunsten der Sicherheit geopfert werden. Beugt sich die Opposition Vorhaben der Regierung, wird ihr vorgeworfen, nicht genug für die Sicherheit zu tun.

Verschiedene Positionen und Diskurse lassen sich im Politikfeld Innere Sicherheit ausmachen.

1) Der konservative Diskurs

Generell ist beim Konservatismus der Staat der Gesellschaft übergeordnet. Der Staat hat Kenntnis über das Gemeinwohl und fühlt sich in der Führungs- und Aufsichtsrolle. Um das geordnete Gemeinwesen zu erhalten, bedarf es einer Kontrolle durch den Staat (vgl. Frevel 2012).

Der konservative Diskurs formuliert also die Forderung eines starken Staates. Das ursprünglich sozial ausgelegte Sicherheitsversprechen des Staates wird von einem *„Versicherheitlichungsgedanken“*[105] abgelöst. Der Staat soll dabei den Schutz seiner *„loyalen Bürger“* (Lange 2008, 71) gegen Gefahren von außen und innen garantieren. Für die soziale Sicherung muss der Bürger zunehmend eigenmächtig Vorsorge treffen. Befürworter dieser Position halten eine *„neue“* Sicherheitsarchitektur unter Berücksichtigung eines erweiterten Sicherheitsbegriffs für unerlässlich. Die Gewährleistung der Sicherheit für Staat und Gesellschaft bildet zum einen die Grundlage für Frieden und Wohlstand und stellt zum anderen eine rechtsstaatlich regulierte Freiheit dar. Die Staatsräson zeigt sich darin, dass der Staat hart durchgreift und den Gesetzen den angemessenen Respekt verschafft, wenn Gruppen oder Einzelne sich der entsprechenden gesetzlichen Werteordnung entziehen. Es gilt die Funktionsfähigkeit und die Integration der Gesellschaft zu erhalten. Dieser Diskurs war vorerst der CDU zuzuordnen. Zwischenzeitlich ist er aber auch Bestandteil der SPD. Ein Teil der sozialdemokratischen Wählerschaft fühlt sich verstärkt dann angesprochen, wenn das Gefühl der sozialen Sicherheit sinkt. Unter Otto Schily wurde schnell deutlich, dass konservative Positionen der Inneren Sicherheit nicht exklusiv Bestandteil der CDU sind. Die Wende bei der SPD wurde durch Schily vollzogen (vgl. Lange 2008, 72). Denkt man dabei an Aussagen von Schily im Spiegel-Gespräch vom 26. April 2004, bleiben keine Fragen offen: *„Die Terroristen sollten aber wissen: Wenn ihr den Tod so liebt, dann könnt ihr ihn haben. [...] Das heißt: Wer den Tod liebt und das Leben anderer in Frage stellt, der muss auch mit dem eigenen Tod rechnen.“*(Der SPIEGEL 2007)

Dennoch konnten die am Wählervotum gemessenen kurzfristigen Erfolge nicht darüber hinwegtäuschen, dass die SPD keine eigenständige Position in nichtkonservativer Ausprägung entwickelt hat (vgl. Lange 2008, 72). Der Kurs von Schäuble knüpfte an Schily an – die SPD betreibt Oppositionspolitik gegen den konservativen Sicherheitsdiskurs einer Regierung, deren Bestandteil sie war. Ein Grund, dass sich der konservative Kurs nicht radikaler durchsetzen lässt, liegt

105 Zur *„Versicherheitlichung“* siehe auch Buzan et al. 1998.

an der föderalen Architektur der Bundesrepublik Deutschland (vgl. ebd.) und der Grundgesetzgebung. Die Positionen sind in der Regel als Tendenzen der Justiz-, Innen- und Polizeipolitik zu interpretieren (vgl. Frevel 2012). Durch die vielen Arrangements zwischen Bund und Ländern entstehen oftmals Überschneidungen beispielsweise zwischen Bundes- und Länderpolizeien, unklare Kompetenzbereiche innerhalb des Verfassungsschutzverbundes, undurchsichtige und aufwendige Absprachen bei der Vertretung in europäischen Gremien. Zwangsläufig und teilweise mit gewünschter Zustimmung (meistens der kleinen und armen) Bundesländer gewinnt der Bund zunehmend an Stärke und Kompetenz. Dennoch, so Lange, ist die Konsequenz nicht ohne Ironie. Der konservative Diskurs wünscht sich den starken Staat und baut dessen Kompetenzen permanent aus, *„doch nimmt er ihm (zum Glück) durch die vielen selbst verursachten und widersprüchlichen Tendenzen vieles von der Vehemenz, die potenziell in ihm steckt“* (Lange 2012, 73).

2) Der liberale Diskus

Der Liberalismus unterstreicht die Freiheit des Einzelnen, und der Obrigkeitsstaat wird äußerst kritisch bewertet. Demnach ist der Staat mittels Gesetzen und rechtsstaatlichen Prinzipien zu kontrollieren und einzuschränken. Er hat im Sinne der Gesellschaft konkrete Schutz- und Steuerungsfunktionen zu erfüllen, die letztendlich die Freiheitsrechte der Bürger schützen sollen (vgl. Frevel 2012). Dem liberalen Diskurs gelingt es nur bedingt, eine öffentliche Aufmerksamkeit zu erzeugen (vgl. Lange 2008, 74), wenngleich die Bundesjustizministerin durch ihre Blockadehaltung bei der Vorratsdatenspeicherung viel mediale und politische Aufmerksamkeit erregt hat.

Nicht nur die FDP, auch Grüne und Teile der SPD bedienen sich dieses liberalen Diskurses, den sie allerdings unterschiedlich auslegen und zum Teil in Konkurrenz zueinander führen. Lange Zeit hat der linksliberale Flügel der FDP den Kurs bestimmt, deren Position sich zwischenzeitlich als schwierig erweist. Die Problematik besteht nicht nur darin, dass die FDP über keine namhaften und charismatischen Persönlichkeiten verfügt, die den linksliberalen Flügel adäquat im Politikfeld der Inneren Sicherheit vertreten könnten. Komplizierter wird es bei inhaltlichen Ausrichtungen und den neuen Bedingungen der Inneren und Äußeren Sicherheit. Bei Fragen der Ausrichtung oder Anpassung der Sicherheitsarchitektur muss dann auch über Aspekte gesprochen werden, die in Teilbereichen den Staat bei der Produktion und Gewährleistung von Sicherheit stärken – nicht ausschließlich wegen der potenziellen Risiken und Gefahren für die Bundesrepublik Deutschland, sondern auch, um die sehr expandierende private Sicherheitswirtschaft einer staatlichen Regulation[106] zu unterziehen. Hierbei gerät der

106 Bspw. bei der Bekämpfung der Piraterie s. Kap. 4.

linksliberale Flügel in einen Widerspruch zum mehrheitlich wirtschaftsliberalen Teil der Partei, die die Devise *„Privat geht vor Staat"* vertritt. Dieser Grundsatz reicht nicht annähernd aus, um damit die Programmatik einer liberalen Sicherheitspolitik zu erstellen. Dadurch bleibt es dann lediglich bei Kommentierungen zu Politiken, die von anderen entwickelt wurden.

Der Diskurs der Grünen ist anders. Er basiert nicht wie bei der FDP primär auf einer juristischen, sondern vielmehr auf einer zivilgesellschaftlichen Diskussionsgrundlage. Im ursprünglichen Sinne ist der Diskurs der Grünen anti-staatlich ausgerichtet, wurde jedoch innerhalb der letzten Jahre versöhnlicher und milder im Ton. Eine Abschaffung des Staates und seiner Sicherheitsbehörden steht wahrlich nicht mehr auf der parteipolitischen Agenda. Vielmehr soll der Staat davon abgehalten werden, repressiv zu handeln, die Bürgerrechte einzuschränken oder Minderheiten zu unterdrücken. In diesem Sinne müssten die Grünen eigentlich danach trachten, Einfluss auf den Staat und seine Sicherheitsbehörden zu nehmen und bei einer Regierungsbeteiligung den Innenminister zu stellen, um auf diese Weise die Politik der Inneren Sicherheit mit gestalten zu können. Das Gegenteil ist der Fall. Es hat sich in dem Politikfeld kein Grüner einen Namen gemacht, und schon der Gedanke, ein solches Fachressort zu übernehmen, löst bei Parteipolitikern Unbehagen aus (vgl. Lange 2008, 75). Die Gründe liegen auf der Hand. Für einen grünen Innenminister bestünde die Gefahr, *„seine"* Polizei gegen das eigene demonstrationsfreudige Wählerklientel einsetzen zu müssen. Dadurch würde er die eigene Partei in die alten Abspaltungskrisen und Grundsatzdiskussionen führen. Daher nimmt man davon lieber Abstand und kommentiert eher zurückhaltend ungemütliche Entscheidungen, die von anderen getroffen werden. So kann man auch bei einer Regierungsbeteiligung staatliche Maßnahmen wie beispielsweise die Anti-Terrorpakete mittragen und dies halbwegs unbeschadet überstehen. Die Opposition könnte dann wieder die konservative Sicherheitspolitik mit Pauken und Trompeten kommentieren und kritisieren.

Der in der SPD geführte liberale Diskurs ist rudimentär und mit der Position des Mehrheitsflügels der Traditionalisten und Pragmatiker unvereinbar. Dieser Flügel befürwortet einen eher konservativen Sicherheitsdiskurs und wird darin von ähnlich denkenden Wählern bestärkt (vgl. ebd., S. 75 f.).

3) Der anti-staatliche Diskurs

Bei dem *„linken"* anti-staatlichen Sicherheitsdiskurs handelt es sich um das Gegenteil des konservativen Diskurses, wenngleich beide in ihrer rhetorischen Schärfe vergleichbar sind. Während *„pro-staatliche"* Vertreter in den Sicherheitsbehörden einen Garant für Sicherheit und Freiheit sehen, vermuten Anhänger des anti-staatlichen Diskurses die Aberkennung von Freiheit. Da, wo der konservative Vertreter die Verursacher von Kriminalität und Verwahrlosung verortet, sehen dessen Widersacher die eigentlichen Opfer, die allenfalls durch die gesellschaftlichen Einflüsse so geworden sind. Präsentieren Vertreter der Regierung oder staatliche Sicherheitsinstitutionen neue Maßnahmen und Instrumente zur Verbrechensbekämpfung, sehen Anhänger des *„anti-staatlichen"* Diskurses die Schwelle zum Überwachungsstaat überschritten. Das Gute an diesem Sicherheitsdiskurs ist die Sensibilität für eine mögliche Gefährdung von Freiheitsrechten und für die Notwendigkeit, Minderheiten vor Diskriminierung zu schützen. Problematisch wird es jedoch, wenn gerechtfertigte Sicherheitsbedürfnisse der Bevölkerung als fehlgeleitete Orientierung ausgelegt werden. Zum anderen behindert eine extrem konfrontative Sprachwahl einen konstruktiven Umgang bei der Erarbeitung von Sicherheitsstrategien, wie er von den relevanten Einrichtungen oder auch den Polizeigewerkschaften praktiziert wird (vgl. Lange 2008, 73 f.).

6.4 Beispiel eines Diskurses: Bundeswehreinsatz im Inneren[107]

Als weiterer Streitpunkt ist der Einsatz der Bundeswehr im Inneren zu nennen. Eine Grundgesetzänderung wurde bereits mehrfach auf die politische Agenda gebracht. Nach Wolfgang Schäuble hat auch Innenminister Hans-Peter Friedrich eine Grundgesetzänderung für den Einsatz im Inneren angeregt. Wenngleich die Union mit ihrer Forderung allein dasteht, so Dieter Wiefelspütz (SPD) (vgl. Die ZEIT 2012a), wird die Forderung aber nicht nur im politischen Raum kontrovers diskutiert.

Die von Joachim Wieland (2004, 167) zugespitzte Frage, ob Deutschland denn nicht nur am Hindukusch, sondern künftig möglicherweise auch am Frankfurter Messeturm zu verteidigen sei, stellt offenbar eine Schlüsselfrage deutscher Sicherheitspolitik dar (vgl. Knelangen 2006, 253).

Befürworter des Einsatzes im Inneren (z. B. Unionspolitiker) – etwa zur Abwehr terroristischer Angriffe – gehen davon aus, dass die Polizeikräfte aufgrund personeller Engpässe künftig nicht mehr in der Lage sein werden, den künftigen Bedrohungen wirksam entgegenzutreten. Unterstrichen wird diese Annahme dadurch, dass Szenarien möglich sind, die das gesamte Gesellschaftssystem bedrohen (z. B. durch gezielte Angriffe auf die kritischen Infrastrukturen) und ad hoc ein massives Kräfteaufgebot erfordern. Die Befürworter eines solchen Einsatzes argumentieren, dass es nahezu grotesk wäre,

107 Des Weiteren ließe sich hier die Diskussion um die Vorratsdatenspeicherung nennen. Vertiefend dazu z. B: BMBF Sicherheitsforschungsprojekt SIRA – Sicherheit im öffentlichen Raum.

„wenn auf der einen Seite eine Gefährdung durch fehlende Kräfte in Kauf genommen würde, während auf der anderen Seite eine auf Jahre ‚arbeitslose' Bundeswehr im Inneren nicht eingesetzt werden könnte auf Grund einer Rechtslage, die man schließlich auch ändern kann" (Schulz 2012, 47).

Im Allgemeinen sind die Befürworter von Einsätzen im Inneren der Meinung, dass nicht-polizeilich ausgebildete Kräfte keine polizeilichen Aufgaben übernehmen können. Vielmehr geht es ihnen um den Schutz von zivilen Anlagen und Einrichtungen. Bereits in den 1960er Jahren hatte die Bundeswehr damit begonnen, ihre Soldaten für den Wachdienst auszubilden. Daher wäre ein Umgang mit *„Rechtsbrechern"* mit verhältnismäßigen und rechtsstaatlichen Mitteln möglich. Zugangskontrollen und der Schutz von Einrichtungen kritischer Infrastrukturen ließen sich durchaus mit der Überwachung militärischer Anlagen vergleichen. Auch bei Bedrohungen durch das Internet sei eine klare Trennung zwischen zivilen und militärischen Aufgaben nicht zwingend erforderlich. Es wird also argumentiert, dass *„vernetzte Sicherheit die umfassende Daseinsvorsorge erfordert, mit allen verfügbaren Kräften, im In- und Ausland, sodass ein Einsatz der Bundeswehr im Inneren – als Teil einer koordinierten Operation das Gebot der Stunde ist"* (Schulz 2012, 48) und zudem der Bürger eine sinnvolle Nutzung von knappen personellen Ressourcen erwarten kann (vgl. ebd.).

Die Gegner eines Bundeswehreinsatzes im Inneren wenden ein, dass gerade historische und demokratietheoretische Gründe dafür sprechen, die bestehende Rechtslage zu bewahren (vgl. ebd.; Gusy 2012, 97). Auch gibt es einige praktische Gründe, die gegen solche Einsätze sprechen. Zum einen hat die Bundeswehr einen gänzlich anderen Kernauftrag. Demnach wäre auch die Ausbildung der Soldaten auf diesen Kernauftrag auszurichten. Lediglich die Soldaten im Wachdienst werden entsprechend dem Gesetz zur Anwendung unmittelbaren Zwanges (UZwGBw) ausgebildet, sodass ausschließlich dieser enge Kreis für die Schutzaufgaben der entsprechenden Einrichtungen geeignet wäre. Zudem müsste als Voraussetzung für die Gesetzesanwendung ein für Außenstehende erkennbarer militärischer Sicherheitsbereich definiert werden. Daraus ergibt sich die Notwendigkeit, neben dem Grundgesetz auch die gesetzlichen Grundlagen zu ändern. Weiterhin müsste die Ausbildung der Soldaten soweit angepasst werden, dass sie mit polizeilichen Aufgaben betraut werden könnten. Es spricht vieles dafür, Feldjäger für solche Einsätze heranzuziehen, da sich ihr Auftrag noch am ehesten mit polizeispezifischen Aufgaben vergleichen lässt. Dagegen spricht wiederum, dass aufgrund der vorhandenen Personalressourcen die Polizei nicht nennenswert entlastet würde.

Auch die Ausrüstung der Bundeswehr ist ein gewichtiges Argument, von Einsätzen der Bundeswehr im Inneren abzusehen. Waffen und Fahrzeuge, die für einen Kriegseinsatz vorgesehen sind, würden das allgemeine Sicherheitsempfinden der Bürger eher stören und einen *„verhältnismäßigen Einsatz"* nicht zwangsläufig befördern (vgl. Schulz 2012, 48).

Erschwerend kommt die Ressourcenfrage hinzu, denn welche personellen und technischen Ressourcen bei einem Einsatz im Inland, beispielsweise im Katastrophenfall, zur Verfügung gestellt werden könnten, lässt sich nur im jeweiligen Einzelfall beantworten (zitiert nach Broemme in Endreß 2009b, 41). Gerade die Nachwuchsgewinnung gestaltet sich – u. a. bedingt durch den demografischen Wandel und die Aussetzung der Wehrpflicht[108] – schwierig (vgl. de Maizère 2012). Ob die Bundeswehr den notwendigen Personalbedarf künftig grundsätzlich abdecken kann, lässt sich an dieser Stelle nicht abschließend beantworten.

In diesem Zusammenhang stellt sich auch die Frage nach den Kapazitäten der Streitkräfte bei einer möglichen polizeilichen Aufgabenübernahme im Inneren. Angesichts der internationalen Verpflichtungen und der genannten Problemstellungen dürften die vorhandenen Ressourcen sehr limitiert sein. Das gilt auch für das häufig angeführte Argument eines möglichen Beitrags der ABC[109]-Abwehrtruppe im Inland. Bei einem großflächigen Schadensereignis mit ABC-Wirkung wäre die Bundeswehr weder vorbereitet noch ausgebildet. Hier müssten primär die Einheiten des Katastrophenschutzes tätig und deren Kapazitäten[110] ausgebaut werden (vgl. Knelangen 2006, 270 f.; Endreß 2009b, 41).

---

108 In dem Koalitionsvertrag von CDU/CSU und FDP heißt es: *„Die Wehrpflicht hatte in den letzten Jahrzehnten ihre Berechtigung und sich bewährt. Seit dem Ende des kalten Krieges haben sich die sicherheitspolitische Lage, Auftrag und Aufgabenspektrum der Bundeswehr grundlegend verändert. Diesen Veränderungen ist angemessen Rechnung zu tragen. Die Koalitionsparteien halten im Grundsatz an der allgemeinen Wehrpflicht fest mit dem Ziel, die Wehrdienstzeit bis zum 1. Januar 2011 auf sechs Monate zu reduzieren."* (CDU/CSU und FDP 2009, 124). Innerhalb der Legislaturperiode wurde im Jahr 2011 die Wehrpflicht ausgesetzt.

109 Atomar, biologisch, chemisch.

110 Hier sind bereits Tendenzen erkennbar. Das seit dem 31.12.2009 geltende Ausstattungssoll des ergänzenden Katastrophenschutzes sieht 5.046 Einsatzfahrzeuge sowie Ausstattung u. a. im Bereich von ABC-Lagen vor (vgl. BBK 2012e).

7 Anpassungsstrategien der föderalen Sicherheitsarchitektur – von der Problemdefinition bis zu den Implementierungsmaßnahmen

Einhergehend mit den veränderten Sicherheitslagen und Gefahren für die Bundesrepublik Deutschland hat sich auch die Erwartungshaltung gegenüber den für die Produktion und die Gewährleistung von Sicherheit verantwortlichen Akteuren verändert (vgl. Frevel/Schulze 2012, 222). Die Vielfalt der Akteure wurde in Kapitel 4 deutlich aufgezeigt. In Kapitel 6 wurde das Politikfeld als Netzwerkmodell dargestellt sowie die Positionen und Austauschbeziehungen der individuellen und kollektiven Akteure untersucht. In diesem Kapitel wird nun der Frage nachgegangen, wie Strukturen und Prozesse der Inneren Sicherheit an die sich wandelnde Bedrohungslage angepasst werden und wie sicherheitsrelevante Policies auf die politische oder institutionelle Agenda gelangen.[111] Die dieser Arbeit zugrunde liegende Fragestellung soll bei der Untersuchung in diesem Kapitel eine besonders relevante Rolle spielen.

7.1 Bedrohungs- und Gefahrenpotenzial für die Bundesrepublik Deutschland

Um Sicherheit zu produzieren, bedarf es einer Identifikation von Risiken und Bedrohungen: Ein Problem wird identifiziert. Wenngleich die unterschiedlichen Akteure verschiedene Wahrnehmungen von Risiken und Bedrohungen haben, bleibt die Zielsetzung der staatlichen Akteure im Politikfeld Innere Sicherheit – nämlich die Reduzierung von Unsicherheiten – oftmals identisch. Dabei kann es natürlich zu divergierenden Interessen kommen. Die Vergangenheit hat gezeigt, dass Strukturen und Prozesse der Sicherheitsarchitektur aufgrund von spezifischen Ereignissen verändert wurden. Zu nennen ist beispielsweise die Erscheinungsform des internationalen Terrorismus. Dennoch sind, wie auch im vorherigen Kapitel hervorgehoben, die identifizierten Gefahren nicht automatisch bereinigt, wenn sie die öffentliche Diskussionsarena verlassen haben. In den Strategieplanungen der Sicherheitsakteure finden sie auch weiterhin Aufmerksamkeit, allerdings mit einer unterschiedlichen Gewichtung (vgl. Lange 2008, 68).

111 Die theoretische Einordnung erfolgt in Kapitel 3.

Die Perzeptionen von Bedrohungen haben also bislang zu strukturellen (Neu-) Ausrichtungen im gesamten bundesdeutschen Sicherheitsverbund geführt. Im Kontext dieser Arbeit wurden verschiedene Risiken und Bedrohungen für die Bundesrepublik Deutschland skizzenhaft dargestellt. Im Folgenden findet nun u. a. die Auswertung der Experteninterviews Beachtung. Aufgrund einer rationalen Grundüberlegung müssten die Bedrohungslagen auch einen Wandel der Sicherheitsarchitektur herbeiführen. Inwieweit dies auch tatsächlich als Reaktion auf (offensichtliche) Gefährdungen geschieht, wird ebenfalls nachfolgend untersucht werden.

Es gibt verschiedene Einschätzungen der Interviewexperten zu Risiken und Gefährdungen, wenngleich eine Einstufung nur schwierig darstellbar ist (vgl. EXP. INT. 2). Ein Gefahrenpotenzial lässt sich in allen Bereichen der Inneren Sicherheit ausmachen (vgl. EXP. INT. 10). Eindeutig ist, dass sich seit Ende des Kalten Krieges die Sicherheitslage vollkommen verändert hat (vgl. EXP. INT. 11).

7.1.1 Islamistischer Terrorismus

Die größte Gefahr wird derzeit im islamistischen (dschihadistischen) Terrorismus gesehen (vgl. EXP. INT. 10; EXP. INT. 11; EXP. INT. 13; EXP. INT. 9; EXP. INT. 4; EXP. INT. 8; EXP. INT. 12). Im Bereich des Terrorismus ist in der Bundesrepublik Deutschland eine *„schlafende Risikosituation“* (EXP. INT. 4) vorhanden. Dieses Gefahrenpotenzial durch den dschihadistischen Terrorismus hat sich gegenüber 2001 noch erhöht (vgl. EXP. INT. 11). Ein Beispiel ist der erste erfolgreiche Anschlag[112] des Islamisten Arid Uka im Jahr 2011 auf US-amerikanische Soldaten am Frankfurter Flughafen. Die Sicherheitsbehörden, so der Interviewexperte, erhalten zunehmend Hinweise darauf, dass Europa, Mitteleuropa und auch Deutschland Angriffsziele von Dschihadisten darstellen (vgl. EXP. INT. 11). Nach Auffassung eines Experten ist es lediglich eine Frage der Zeit, wann es terroristischen Vereinigungen gelingt, einen gezielten Anschlag in Deutschland zu platzieren (vgl. EXP. INT. 13).

Es handelt sich oftmals um Tätergruppen, bei denen verschiedene Potenziale an terroristischem Gedanken- und Handlungsgut vorhanden sind. Hierbei erfolgt ein Teil der Eigenradikalisierung und -mobilisierung über das Internet. Es werden Informationen über das Web gewonnen und Kontakte geknüpft, ohne dass die potenziellen Einzeltäter von radikalen Organisationen angesprochen werden. Eine weitere Thematik ergibt sich aus dem Radikalisierungsprozess, der

---

112 So die Bewertung der Sicherheitsbehörden. Ob hierbei die Kriterien eines *„terroristischen Aktes“* erfüllt sind, ist kritisch zu bewerten.

sowohl innerhalb als auch außerhalb der Bundesrepublik Deutschland stattfindet. Hierbei erfolgt der Radikalisierungsprozess durch ein gezieltes Ansprechen von Personen. Dieser Prozess wird als relativ erfolgreich bewertet (vgl. EXP. INT. 4). Ein Gefahrenpotenzial sind also mögliche Angriffe in der Bundesrepublik Deutschland durch terroristische Akteure auf die Zivilbevölkerung. Resultierend hieraus ergeht die Forderung, dass sich außer den Strafverfolgungsbehörden und den präventiv-polizeilichen Behörden auch der Bevölkerungsschutz auf derartige Anschläge vorbereiten muss (vgl. EXP. INT. 8). Der islamistisch geprägte Terrorismus zeichnet sich dabei in einem besonderen Maße aus, da er am wenigsten durchschaubar und kontrollierbar ist. Die Kenntnisse über die Strukturen und Netzwerke der terroristischen Gruppierungen sind unzureichend (vgl. EXP. INT. 12).

Die Dienste und die Polizeien haben bislang sieben potenzielle Anschläge in der Bundesrepublik Deutschland verhindert. Dies befördert die Thematik des islamistischen Terrorismus ebenfalls in die Öffentlichkeit (vgl. ebd.). Die *„Anti-Terror-Gesetze"* sollen zu der Früherkennung der Straftaten und somit zu einer Verhinderung von Anschlägen beigetragen haben (vgl. EXP. INT. 5).

Dennoch stellt der islamistische Terrorismus nicht das entscheidende Risiko der Zukunft dar, da es sich hier weder um ein strukturelles noch um ein qualitatives Risiko für die freiheitlich demokratische Grundordnung handelt. Terroristische Akteure lassen sich möglicherweise individuell orten, sie können entweder verhaftet werden oder ihre Pläne umsetzen. Dabei ist davon auszugehen, dass in aller Regel der Schaden für Menschen und Sachgüter eher gering sein wird. Eine Gefahr für die Basis der freiheitlich demokratischen Grundordnung ist nach Ansicht eines Experten in anderen Bereichen zu erkennen. Ein erhebliches Risiko wird im Bereich der organisierten Kriminalität ausgemacht (vgl. EXP. INT. 14; EXP. INT. 5).

7.1.2 Organisierte Kriminalität

Im Bereich der organisierten Kriminalität sind, von der Öffentlichkeit kaum wahrgenommen, große Anstrengungen meist ausländischer mafiöser Organisationen in Gang, Deutschland als Planungs- und Handlungsraum zu unterwandern (vgl. EXP. INT. 14). Von der organisierten Kriminalität wird auch künftig ein enormes Gefahrenpotenzial ausgehen (vgl. EXP. INT. 5). Ein Interviewexperte vertritt die Meinung, dass die Verstrickung zwischen privaten und kriminellen Interessen und staatlichen Strukturen auf Dauer eine Gefahr für die Gesellschaftsordnung darstellen wird und das Schadensausmaß terroristische Akte, die sich in der

Regel individuell auswirken, bei weitem übertreffen kann (vgl. EXP. INT. 14). Der Cyberraum hat sich zwischenzeitlich zu einem lukrativen Instrument der organisierten Kriminalität entwickelt.

7.1.3 Cybergefahren

Eine weitere maßgebliche Entwicklung ist im Bereich der Cybergefahren zu sehen (vgl. EXP. INT. 14; EXP. INT. 2). Die Gefahr ist zum Teil deckungsgleich mit dem Bedrohungskreis[113] der organisierten Kriminalität, da sie sich gegen einzelne Staaten oder individuelle Akteure richtet. Eine Gesellschaft kann heute lahmgelegt werden, indem die entsprechenden Systeme, die heute alle vom Internet abhängig sind, penetriert oder zerstört werden (vgl. EXP. INT. 14). Die Risiken, die hiervon für die Gesellschaft ausgehen, sind derzeit in ihrem gesamten möglichen Ausmaß noch nicht ersichtlich (vgl. EXP. INT. 2). Bei der strukturellen Ausrichtung der Sicherheitsbehörden besteht noch Handlungsbedarf. Ein Interviewexperte meint dazu:

> „*Ich bin mir nicht sicher, ob wir einen qualifizierten Angriff wirklich überstehen würden. Wir waren bislang noch keinem qualifizierten Angriff in der Form ausgesetzt. Wenn das einmal der Fall sein sollte, dann würde passieren, was in solchen Fällen immer passiert: In Windeseile wird dann Geld zur Verfügung gestellt und es wird erwartet, dass in einem Jahr das nachgeholt wird, was in zehn Jahren versäumt worden ist.*“ (EXP. INT. 13)

7.1.4 Gesellschaftspolitische Entwicklungen

Ein Interviewexperte vertritt die Meinung, dass die Gefährdungspotenziale in einer gesellschaftspolitischen Fragestellung betrachtet werden müssen. Dies habe auch vor dem Hintergrund der kulturellen Entwicklung in Deutschland zu geschehen. Ereignisbezogen wird festgestellt, dass die Strukturen – in Bezug auf die gesellschaftliche Orientierung – durchaus fragil und empfindlich sind. Die Frage, die sich hieraus ergibt, ist, was getan werden muss, damit ein friedfertiges Miteinander – auch in krisenhaften Verhältnissen – gewährleistet werden kann (vgl. EXP. INT. 6). Hier besteht weiterer Forschungsbedarf.

---

113 Gemeint sind hier die Akteure bzw. Tätergruppen.

7.1.5 Komplexereignisse und sonstige Schadenspotenziale

Die letzten Jahre haben verdeutlicht, dass Bedrohungspotenziale, die ursprünglich nicht gesehen wurden, plötzlich Aktualität erhielten. Als Beispiele wären u. a. EHEC und Fukushima zu nennen. Ein relevantes Thema aus Sicht der nichtpolizeilichen Gefahrenabwehr stellen die CBRN-Gefahren und deren Kontext dar. Gesundheitliche Gefahren wie EHEC lassen sich unter biologische Gefahren subsumieren. Ein Szenario wie Fukushima ist den radiologisch-nuklearen Gefahren zuzuordnen (vgl. EXP. INT. 2). Gerade auch in Hinblick auf Vorsorgestrategien müssen diese hochkomplexen Szenarien bearbeitet werden. Denn problematisch für die staatliche Sicherheitsgewährleistung wird es dann, wenn z. B. der Strom langfristig ausfällt und Ängste befördert werden (vgl. EXP. INT. 6).

Ein weiteres großes Gefahrenpotenzial geht von hoch kontaminösen Krankheiten, sowohl im Tierseuchen- als auch im menschlichen Bereich, aus. Das Risiko terroristischer Anschläge, die häufig in der öffentlichen und politischen Arena Erwähnung finden, wird eher gering eingeschätzt (vgl. EXP. INT. 3).

7.2 Agenda-Setting im Politikfeld Innere Sicherheit

Nachfolgend soll der Prozess des Agenda-Setting bis hin zu Entscheidungsprozessen und Prioritätenbildung untersucht werden.

In Kapitel 3 wurde der Policy Cycle ausführlich untersucht. Dabei wurde festgestellt, dass in der ersten Phase des politischen Prozesses ein Problem identifiziert wird. Diese Wahrnehmung eines spezifischen Problems wird als Grundlage für *„Policy Making"* betrachtet. Ein (soziales) Problem muss als solches definiert und die Notwendigkeit eines regulierenden Eingriffs öffentlicher Politik konkret artikuliert werden (vgl. Jann / Wegrich 2003, 83). Für die Prozesse der Problemwahrnehmung – auch dies wurde bereits erörtert – sind eigene Gesetzmäßigkeiten und Normen vorhanden. Diese können sich von Land zu Land sowie von System zu System unterschiedlich gestalten (vgl. Blum / Schubert 2009, 106). Wenn ein Problem als solches wahrgenommen wird, muss es in einem zweiten Schritt für die Problemverarbeitung auf die politische Tagesordnung gesetzt werden. Innerhalb des politisch-administrativen Systems ist die politische und mediale Agenda vorhanden.

Das Agenda-Setting im Politikfeld Innere Sicherheit muss multikausal betrachtet werden. Es sind verschiedene Optionen denkbar, wie Politiken auf die Agenda und später zur Umsetzung kommen. Die Sicherheitsbehörden berichten einerseits über ihre Einschätzung der Sicherheitslage und -entwicklung. Weitere Optionen sind andererseits denkbar. So könnten Unternehmen (im Rahmen von Sicherheitspartnerschaften) individuelle politische Akteure wie beispielsweise den Bundeskanzler oder direkt den Minister ansprechen und somit eine Policy befördern. Auch die Medien haben einen Einfluss auf das Agenda Setting. Sämtliche Informationsstränge führen letztendlich zu einer Entscheidung, ob eine Policy durchgesetzt werden muss (bspw. die Einrichtung einer neuen Behörde oder einer Abteilung). Es werden jedoch auch alternative Lösungsmöglichkeiten zur Zielerreichung geprüft (vgl. EXP. INT. 8). Dennoch erfolgt im Politikfeld Innere Sicherheit das Agenda Setting weitgehend aus einem Anlass heraus (vgl. EXP. INT. 6) und ganz konkret als Reaktion auf die mediale Berichterstattung (vgl. EXP. INT. 11).

Der Interviewpartner (EXP. INT. 11) stellt das Agenda Setting in einen medialen Bezug. Es tritt ein Ereignis ein und wird dann öffentlich kommuniziert.

> *„Im Bereich der Sicherheit ist natürlich das Schlimmste, was uns passieren kann, ein Anschlag und dann die Diskussion über den Anschlag. Ich meine, die Sicherheitspakete, der sogenannte Otto-Katalog, sind ja nur deshalb gekommen, weil es eben die Anschläge vom 11. September gegeben hat und die Täter, die zwar nicht in Deutschland den Entschluss gefasst haben, im Vorfeld in Deutschland gelebt haben [...] und wir natürlich gesehen haben, dass wir bestimmte Instrumentarien brauchen."*

Im Politikfeld der Inneren Sicherheit werden immer dann unmittelbare Maßnahmen gefordert, wenn Menschen zu Schaden kamen. Dadurch grenzt sich das Politikfeld Innere Sicherheit von anderen Politikfeldern ab. Dennoch werden auch Themen ohne mediale Berichterstattung auf die politische Agenda befördert bzw. sind für die politische Agenda vorgesehen: *„Wir haben natürlich auch, ohne dass es zu solchen schrecklichen Ereignissen kommt, eine Rechtsfortentwicklung. [...] Aber ohne mediale Berichterstattung wird das Thema nicht aufgegriffen und es spielt auch in der politischen Diskussion kaum eine Rolle."* (EXP. INT. 11)

Das Ereignis in Fukushima vom 11. März 2011 konnte das Thema *„Bevölkerungsschutz"* weder auf die politische Agenda befördern, noch in den gesellschaftlichen Diskurs transportieren. Hingegen hat der Kernkraftunfall in Tschernobyl zu Veränderungen im Krisenmanagementprozess (z. B. zur Einrichtung einer interministeriellen Koordinierungsgruppe oder des gemeinsamen Lagezentrums) geführt. Auch das Elbhochwasser 2002 und die Terroranschläge vom 11. September 2001 kamen auf die politische Agenda und haben zu einer Veränderung der bundesdeutschen Sicherheitsstrukturen beigetragen (vgl. EXP. INT. 2).

7.3 Entscheidungsprozesse und Einflussfaktoren

Grundsätzlich ist der demokratische Verfassungsstaat mit seinen sicherheitspolitischen Handlungs- und Entscheidungsmechanismen sowie den damit einhergehenden Maßnahmen und Prozessen durch gesetzliche bzw. konstitutionelle Vorgaben und Normierungen reglementiert. Jedoch können nur für einen Teilbereich komplexe sicherheitspolitische Entscheidungsprozesse formal festgelegt werden. Gerade im Umgang mit Risiken und Bedrohungen und für die mit ihnen einhergehenden Entscheidungsprozesse sind häufig situative sowie informelle Faktoren wie die Persönlichkeit eines ranghohen Verfassungsorgans des Bundes, die Beziehungen zwischen den relevanten Fachressorts, Koalitionskonstellationen etc. von relevanter Bedeutung. Hinzu kommen weitere relevante Einflüsse wie parlamentarische Mehrheitsverhältnisse, Interessen von Nichtregierungsorganisationen und/oder privaten Akteursgruppen beispielsweise Wirtschaftsunternehmen. Nicht zu vergessen ist auch hier die Rolle der öffentlichen Meinung, artikuliert durch die Medien und/oder dokumentiert durch demoskopische Erhebungen (vgl. Gareis 2009, 80). Darüber hinaus sind zahlreiche *„verästelte"* Strukturen vorhanden, die sich durch die föderal aufgestellte Ordnungsstruktur und die 16 *„parteipolitisch heterogen aufgestellten Nebenregierungen"* (ebd.) ergeben. Betrachtet man die grundsätzlichen Entscheidungsfindungsprozesse im Politikfeld Innere Sicherheit, lassen sich zwei Varianten innerhalb des politischen Systems erkennen: zum einen Entscheidungsprozesse, die auf der horizontalen Achse (z. B. der Landesebene) verlaufen, zum anderen diejenigen, die auf der vertikalen Ebene (z. B. zwischen Bund und Land) stattfinden (vgl. Lange 2000, 249 f.).

Durch die identifizierten Bedrohungslagen individueller (Entscheidungsträger auf politisch-administrativer Ebene) und kollektiver Akteure (Sicherheitsbehörden) werden Entscheidungen getroffen und Maßnahmen zur Anpassung der Sicherheitsstrukturen in die Wege geleitet. Eine wissenschaftlich fundierte Untersuchung zur sicherheitspolitischen Entscheidungsfindung ist derzeit noch nicht existent (vgl. Gareis 2009, 80; Hegemann / Kahl 2012, 160 f.). In ihrem Aufsatz *„Politische Entscheidungen und das Risiko Terrorismus"* unterstreichen die Autoren Hegemann und Kahl (2012, 161), dass bislang keine Analyse zu Entscheidungsfindungen innerhalb des Politikfelds Innere Sicherheit vorliegt.[114]

Für den Bereich der Entscheidungsfindung im hier bearbeiteten Politikfeld soll diese Arbeit einen Beitrag leisten.[115] Die Policy-Forschung konzentriert sich dabei

> *„auf die Erklärung vergangener politischer Entscheidungen, um so systematisches Wissen zu gewinnen, das in der Praxis helfen könnte, realisierbare Problemlösungen zu entwickeln oder Institutionen zu entwerfen, die im Allgemeinen die Formulierung und Implementation gemeinwohlorientierter Politik begünstigen"*[116] (Fritz W. Scharpf 2006, 84 f.).

114 Oder diese nicht bekannt ist.

115 Wenngleich hier noch weiterer Forschungsbedarf besteht.

116 Näheres zum theoretischen Zugang s. Kap. 3.

Wie kommt es also konkret zu den relevanten Entscheidungen, die einen Strukturwandel oder gar maßgebliche Einschnitte in die Bürgerrechte mit sich bringen? Eine empirische Annäherung soll dies verständlich machen.

Politikzyklus[117] am Beispiel des 11. Septembers 2001		
	Maßnahme/Policy	**Akteur/Initiator**
Problemdefinition	internationaler und religiös motivierter Terrorismus mit verübten Anschlägen in den Vereinigten Staaten – eine Gefahr besteht auch für die BRD.	Terroristische Gruppierung (Al-Quaida)
Agenda-Setting	Forderung nach Gesetzen, Forderung nach mehr Kompetenzen für den Bund, Forderung nach mehr Stellen und Geldern für die Sicherheitsbehörden	Parteien (SPD, CDU, FDP, Bündnis 90/Die Grünen), Bundesministerium des Innern, Polizeigewerkschaften, Sicherheitsbehörden
Politikdurchführung	Politikformulierung für neue Gesetze, Kompetenzerweiterung der Dienste und des BKA, mehr personelle und finanzielle Ressourcen werden geschaffen.	Parlament
Implementation	Entscheidungen werden in Recht transformiert (ATPs, Einrichtung neuer Behörden und Kooperationszentren wie bspw. GTAZ). Gesetze, die in das Rechtssystem integriert werden.	Behörden (Polizeien, Dienste) und Ministerien
Evaluation	z. B. die vorgesehene Evaluierung des TBEG	Ministerium, externe Gutachter
Terminierung	Verlängerung von zeitlich befristeten Maßnahmen (Kompetenzen der Sicherheitsbehörden).	Koalitionsparteien, Parlament, Ministerien

Abbildung 19: Policy Cycle: Der 11. September 2001 und die Folgen (Quelle: Eigene Darstellung)

117 Der Politikzyklus ist ausführlich in Kapitel 3 dargestellt.

7.4 Kriterien zur Anpassung der Sicherheitsstrukturen

Einige staatliche entscheidungsrelevante Reaktionsmuster wurden bereits aufgeführt. Die Frage, die hier bearbeitet werden soll, ist, nach welchen Kriterien und Variablen die Strukturen der Inneren Sicherheit angepasst werden. Es gilt dabei jedoch zu differenzieren zwischen Entscheidungen, die beispielsweise bei der Abwehr von einem terroristischen Angriff oder einer Naturkatastrophe oder mit Blick auf Entscheidungen zur Anpassung von Strukturen und Prozessen der Politiken der Inneren Sicherheit ad hoc getroffen werden müssen.[118]

Eine weitere Differenzierung ist zwischen der politischen Entscheidungsebene – wobei darunter sowohl die Exekutive als auch die Legislative zu verstehen sind – und der Fachebene vorzunehmen. Die entsprechende Sicherheitsbehörde (Fachbehörde) hat die Aufgabe, kontinuierlich Erkenntnisse zu sammeln, sie zu bewerten und sie auf bestimmten vorgesehenen Berichtswegen und zu Berichtsanlässen der Aufsichtsbehörde kundzutun (bspw. berichtet der BND an das Bundeskanzleramt, das BKA an das BMI). Das führt dazu, dass die politische Seite kontinuierlich informiert wird, damit sie sich ihrerseits ein Bild von den Gefahrensituationen machen kann. Wie dann ihre Bewertung eingeschätzt wird, hängt von der politischen Grundeinstellung der Entscheidungsträger, der politischen Einschätzung, der nationalen und internationalen Gesamtsituation, der Mediendiskussion und den damit zusammenhängenden Strömungen ab. Diese Faktoren machen entweder ein Handeln der relevanten obersten Bundes-/Landesbehörde erforderlich oder aber erzwingen gesetzliche Korrekturen durch das Parlament (vgl. EXP. INT. 4).

Grundsätzlich kann als ein relevantes Kriterium der öffentliche bzw. mediale Druck als eine unabhängige Variable angesehen werden, die die politische Entscheidungsebene zum Handeln – also zur Anpassung der Sicherheitsstrukturen – veranlasst (vgl. EXP. INT. 10).

Es entsteht das Meinungsbild, dass *„dies meistens ereignisveranlasste Kriterien“* sind (EXP. INT. 6). Es gibt auf Bundesebene keine Strategie für die Anpassung der Strukturen und Prozesse. Tritt ein Ereignis ein, wird eine Anpassung lediglich für den Bereich vorgenommen, in dem das singuläre Ereignis Defizite aufweist. Als Beispiel kann hier die Anpassung des Waffenrechts nach dem Amoklauf in Winnenden genannt werden (vgl. EXP. INT. 6). Im Bereich des Bevölkerungsschutzes war lange Zeit die Erfahrung des Oderhochwassers 2002 handlungsleitend. Daran wurden unter anderem Koordinierungserfordernisse oder Zusammenarbeitsmechanismen zwischen Bund und Ländern festgemacht

118 Zur Entscheidungsfindung bei Katastrophen siehe Kap. 4.

(vgl. EXP. INT. 6). Findet eine Zeitlang kein Ereignis statt, kommt es oftmals zu einer (öffentlichen) Diskussion darüber, ob Maßnahmen überzogen und möglicherweise kontraproduktiv sind. Gerade unter rechtsstaatlichen Gesichtspunkten werden die Maßnahmen auf den Prüfstand gestellt. Dies war u. a. bei dem *„Kontaktsperregesetz“* im Zusammenhang mit der RAF oder auch bei den *„Anti-Terror-Paketen“* (ATP) zu beobachten (vgl. EXP. INT. 10).

Für den gesamten Bereich der Politik der Inneren Sicherheit findet also eine sehr ereignisbezogene Reaktion statt. Die Bereitschaft der Bundesländer, die Zusammenarbeit der Verfassungsschutzämter zu verbessern, war eines der reaktiven Maßnahmen in dem Bereich NSU (vgl. EXP. INT. 6). Dennoch wird es nach Angaben eines Experten, *„im Bereich der Sicherheit immer eine reaktive Politik geben, weil erst dann von den [politischen] Gegnern die fachlich notwendigen Änderungen rechtlicher Rahmenbedingungen erkannt werden“* (EXP. INT. 11).

Eine ähnliche Einschätzung kommt auch von Interviewpartner EXP. INT. 13:

> *„Im optimalen Fall sind die Hintergründe natürlich die, dass man vorausschauend schon weiß, dass die derzeit vorhandenen Strukturen den Herausforderungen, denen man sich gegenüber sieht, nicht mehr gewachsen sind. Wir wissen aus der Lebenswirklichkeit, dass die Mehrzahl der Umorganisationsfälle dann passiert, wenn sich im Nachhinein herausgestellt hat, dass die Organisationen nicht optimal aufgestellt sind. Da stellt sich die Frage, ob man sich das am Ende leisten kann. Es stellt sich auch die Frage, ob man die Expertise hat, Dinge so zu antizipieren und sich darauf einzustellen, dass man im Vorhinein schon effektiv handeln kann.“* (EXP. INT. 13)

In der praktischen Umsetzung erfolgt bei der Anpassung von Strukturen und Prozessen der Politiken der Inneren Sicherheit a priori eine Bewertung der Lage (nach einem Ereignis) durch die relevanten institutionellen Akteure (vgl. EXP. INT. 10). In der Regel geschieht dies in den nachgeordneten Geschäftsbereichen der obersten Bundesbehörden. Dabei wird ein Fragenkatalog erstellt, der die notwendigen Maßnahmen (Instrumente, notwendige gesetzlichen Vorschriften, organisatorische Umsetzungsfragen) ermitteln soll. Im Anschluss werden die Personal- und Haushaltsfragen erörtert. Bei Gesetzesvorhaben kann sich der Prozess langfristig entwickeln, da die Abstimmung innerhalb der politischen Arena (Koalitionen etc.) vorgenommen werden muss (vgl. EXP. INT. 10). Neben der medialen Reaktion richten sich die Prioritäten nach intern abgestimmten Bedrohungseinschätzungen.

Ein Experte sagte dazu mit Bezug auf den Verfassungsschutz:

> *„Wenn wir [...] von terroristischen Anschlägen ausgehen müssen, [...] dann hat die Bekämpfung des Terrorismus höchste Priorität. Nächste Priorität hat die Spionageabwehr – Angriffe gegen Firmen durch staatlich gelenkte Dienste, die zu einem Know-how-Verlust oder zu einem bedeutenden wirtschaftlichen Schaden führen würden. Das muss dann mit den jewei-*

ligen Amtsleitern besprochen oder sogar im Verfassungsschutzverbund thematisiert werden: ‚Wir machen jetzt einen neuen Schwerpunkt.'" (EXP. INT. 11)

Weiter führt der Interviewexperte aus: „*Es wurde deutlich, dass russische Dienste in letzter Zeit aktiv sind. Also müssen wir hier einen Schwerpunkt setzen.*" (Ebd.)

Ein weiterer Experte verweist auf die bereits bekannte Argumentationskette. Auf die Frage, wie die Schwerpunkte der Politik der Inneren Sicherheit verlagert werden, antwortet er:

> „*Das hängt immer davon ab, was passiert. Das ist zynisch, aber das ist so. Terrorismus ist seit dem Anschlag auf New York Thema. Wir wussten schon vorher, dass es Al-Qaida gab, wir haben schon vorher Terrorismusbekämpfung gemacht. Nur war das nicht der Schwerpunkt. Wir wissen auch, dass die organisierte Kriminalität nicht in der (notwendigen) Intensität bekämpft wird.*" (EXP. INT. 13)

Die staatlichen Reaktionen bzw. Entscheidungsfindungen funktionieren sehr reflexhaft. Es wird in erster Linie versucht, Gesetze dichter zu formulieren. Das hat vor allem damit zu tun, dass diese Maßnahmen die öffentliche Diskussion prägen. Diese Maßnahmen sind notwendig, um das „*subjektive Sicherheitsempfinden der Öffentlichkeit zu stärken und stabil zu halten*" (EXP. INT. 9).

7.5 Ableitende Problemstellungen

Wenn also mediale Berichterstattung sowie interne Bedrohungsanalysen relevante Variablen für eine Entscheidungsgrundlage darstellen, könnte davon ausgegangen werden, dass auch (ressort-) übergreifende Risikoanalysen dazu beitragen, die Sicherheitsarchitektur auszurichten bzw. Prozesse zu antizipieren. Grundsätzlich würde eine übergreifende Analyse des Gefährdungspotenzials dazu beitragen, eindeutige und zweckdienliche Maßnahmen zu initiieren (vgl. EXP. INT. 6). Diese übergreifende Analyse findet in Deutschland nicht statt (vgl. EXP. INT. 2).

Ein weiterer Interviewpartner (EXP. INT. 13) bestätigt diese Aussage:

> „*Es gibt verschiedenste Szenarien, die aufgezeigt werden, aber Risikoanalysen, die alles umfassend mit einbeziehen, fehlen. Es gibt Analysen im GTAZ, die in Lageberichte der jeweiligen Nachrichtendienste und des BKA eingearbeitet werden, die für Polizeibehörden zugänglich sind, in denen auch gewisse Punkte mit drin sind. Aber eine Risikoanalyse, die sich über das gesamte Feld polizeilicher Arbeit hinzieht, haben wir nicht.*"

Der Interviewexperte vertritt jedoch die Meinung, dass für eine potenzielle Neuausrichtung der Sicherheitsarchitektur eine Risikoanalyse notwendig ist. Problematisch erscheint ihm auch, dass die Forderungen aus dem parlamentarischen Raum nach einer neuen Sicherheitsarchitektur lediglich damit begründet werden, dass die Bundesrepublik Deutschland neuen Bedrohungen ausgesetzt ist.

> *„Was mir bei all diesen Diskussionen fehlt, sind Antworten auf die Fragen: Was sind die neuen Bedrohungen? Wie werden sie politisch eingeschätzt und gewichtet? Wie will ich mit dem vorhandenen Personal oder dem weiterhin bestehenden Einsparwillen […] das dann neu abbilden? Und welche Teile möchte ich künftig so nicht mehr bearbeitet haben? Was fehlt ist die Aufgabenkritik."*

Der Interviewexperte unterstreicht zudem, dass innerhalb der bundesdeutschen Sicherheitspolitik sehr reaktiv reagiert werde. Das Problem bei der Prävention sei jedoch, dass sie nicht messbar sei.

> *„Prävention ist gerade im politischen Bereich ein Wort, das gern in den Mund genommen wird. Was aber, wenn es an die haushaltsmäßige Umsetzung geht, die dann aber wegen der beschriebenen Nichtmessbarkeit in der Bedeutung einen Platz nach hinten rutscht?"* (EXP. INT. 13)

Interviewexperte EXP. INT. 11 vertritt ebenfalls die Meinung, dass es sich im Politikfeld immer um eine reaktive Politik handeln wird, da die politischen Gegenspieler erst nach Eintritt eines Ereignisses die Notwendigkeit von Änderungen rechtlicher Rahmenbedingungen erkennen (vgl. EXP. INT. 11).

Auch auf landes- bzw. kommunaler Ebene wird eine Anpassung von Sicherheitsstrukturen nur sehr reaktiv vorgenommen (vgl. EXP. INT. 3).

> *„Erst wenn das Kind in den Brunnen gefallen ist, werden wir alle wach – denken wir an die Loveparade. Man erkennt erst in der Zeit der Bewältigung einer Krise, und das ist eigentlich das Bedauerliche, was man alles braucht. um bei späteren Krisen besser gerüstet zu sein. Wenn aber dieses Szenario vorbei ist – und das ist das große Problem –, dann ruht sich jeder erst einmal aus, weil die Beanspruchung enorm hoch war. […] Dann schlägt das normale Leben wieder zu und man kommt nicht mehr dazu, sich mit den Erkenntnissen, die einem unter den Nägel brennen, zu befassen und die Maßnahmen zu ergreifen, die wichtig sind, um für die Zukunft besser gerüstet zu sein."*

Derselbe Experte kommt zu dem Ergebnis, dass Schadensereignisse keinen kontinuierlichen *„lessons learned"*-Prozessen unterzogen werden.

Gerade aus polizeilicher Sicht sollte der Fokus nicht zu sehr und ausschließlich auf Großschadenslagen und Komplexszenarien gelegt werden. Denn dann sei zu befürchten, dass die alltägliche Gefahrenabwehr keine ausreichende Berücksichtigung finde (vgl. EXP. INT. 1). Gerade die Polizeien der Länder mussten einen enormen Stellenabbau hinnehmen (vgl. EXP. INT. 13).[119]

119 Näheres zur personellen Situation der Akteure s. Kap. 8.

7.6 Paradigmenwechsel 11. September 2001[120]

Die *„aktuelle"* Phase, die durch das Erscheinungsbild des internationalen Terrorismus mit den Anschlägen in den Vereinigten Staaten, Madrid und London geprägt wurde, hat auch in Deutschland den signifikantesten Veränderungsprozess der Sicherheitslandschaft in der deutschen Nachkriegsgeschichte in Gang gesetzt. Besonders prägnant dabei ist, dass der Veränderungsprozess auf die gesamte föderale Sicherheitsarchitektur Einfluss nimmt. Es hat sich ein Paradigmenwechsel ergeben. Betroffen sind fast alle Bereiche bzw. Subsysteme des Politikfelds Innere Sicherheit.

Bis zur Jahrtausendwende hat der islamistische Terrorismus die Sicherheitsbehörden kaum beschäftigt. Es wurde angenommen, dass die Bundesrepublik Deutschland zwar als logistischer Rückzugsraum genutzt wurde, die Straftaten jedoch in anderen Ländern erfolgen sollten. Im Jahr 2000 musste diese Einschätzung jedoch revidiert werden, als die Sicherheitsbehörden in Frankfurt eine islamistische Gruppe mit enormem Gewaltpotenzial identifizierten und (vgl. EXP. INT. 10) bekannt wurde, dass der Anschlag mit einer Nagelbombe auf dem Straßburger Weihnachtsmarkt zum Jahreswechsel 1999/2000 in Deutschland geplant worden war (vgl. EXP. INT. 11).

Auch die umfangreichen reaktiven Maßnahmen der staatlichen Sicherheitsbehörden sind auf den 11. September 2001 zurückzuführen. Die Sicherheitsbehörden hatten die Bedrohung durch den Terrorismus bereits vor dem 11. September 2001 erkannt und beobachtet (vgl. EXP. INT. 5).

Die sicherheitspolitische Diskussion in der Bundesrepublik hat sich nach den Terroranschlägen maßgeblich verändert, und durch die Sicherheitspakete I und II der rot-grünen Bundesregierung wurden zahlreiche Kompetenzen der Sicherheitsbehörden ausgeweitet. Die Sicherheitspakete beinhalteten über 100 Gesetzesänderungen (vgl. Lange 2006a, 100).

Die nachfolgenden Bundesregierungen haben diesen Kurs beibehalten. Bei zahlreichen Diskussionen stehen die Forderungen nach einer *„neuen Sicherheitsarchitektur"*[121] im Raum, die mit einer vollständigen Umstrukturierung einhergehen. Es geht also nicht explizit um die Frage der Kompetenzverschiebungen, sondern um die Frage, ob ein kompletter *„Systemwechsel"* vorgenommen werden soll (vgl. Lange 2008, 64). Dabei lassen sich zwei Grundpositionen ausmachen: Die Forderung nach einer *„neuen Sicherheitsarchitektur"* hebt auf eine Zentralisierung der relevanten Zuständigkeiten der Inneren Sicherheit beim Bund ab.

120 Die konkreten Auswirkungen bei den einzelnen Akteuren werden auch nochmal in Kap. 5 untersucht.

121 Zur Untersuchung der Sicherheitsarchitektur s. Kap. 4.

Konkret geht es dabei um Maßnahmen, die für die Terrorbekämpfung[122] relevant sind. Die andere Position geht in die Richtung des *„erweiterten Sicherheitsbegriffs“* und meint die stärkere Verzahnung von Innerer und Äußerer Sicherheit. Denjenigen, die ein maßvolles Vorgehen empfehlen oder die gar vor einem Abbau föderaler Zuständigkeiten warnen, wird entgegnet, nicht ausreichend für den Schutz der Bevölkerung zu sorgen und den Terrorismus zu unterschätzen (vgl. ebd.). Es ergibt sich daraus eine schleichende Veränderung der vertikalen Gewaltenteilung, die sich eindeutig zu einer Kompetenzverschiebung zugunsten des Bundes auswirkt (vgl. Rudolph 2011, 52).

Eine maßgebliche Konstante in der bundesdeutschen Sicherheitsdiskussion stellt also der permanente Ruf nach einer Erweiterung der staatlichen Kompetenzen als Antwort auf die ständig *„neuen Bedrohungen“* dar (vgl. Lange et al. 2012a, 134). Den politischen Spitzenakteuren wird häufig der Vorwurf gemacht, *„Windows of Opportunity“* zu nutzen, um die Budgets der Sicherheitsbehörden in die Höhe zu treiben und Kompetenzen bzw. neue Gesetze zu schaffen (vgl. Endreß 2009b, 63). Die Terroranschläge vom 11. September 2001 haben sich, wie bereits mehrfach ausgeführt, enorm auf die Aufgabenstellungen der Sicherheitsbehörden ausgewirkt und eine rechtliche Neuausrichtung herbeigeführt. Bei der Implementierung haben sich Länder und Opposition sehr kooperativ gezeigt (vgl. EXP. INT. 5). Signifikante Gegenspielerpositionen kamen von kritischen Medien, nicht aber aus dem politischen Raum. Dennoch waren bereits vor den Terroranschlägen Tendenzen des Gesetzgebers vorhanden, die Aufgaben und Kompetenzen der Dienste auszubauen. Dem damaligen Bundesinnenminister Otto Schily hat man den Vorwurf gemacht, die Pläne für die reaktiven Maßnahmen als Antwort auf die Terroranschläge in den Vereinigten Staaten bereits in der *„Schublade“* gehabt zu haben. Wer jedoch behauptet, dass die fertigen Pläne bereits in der Schublade lagen, so Karsten Rudolph (2011, 34), *„bemüht Verschwörungstheorien“*.

Korrekt ist, dass Forderungen, die schon vor den Anschlägen erhoben worden waren, gleich mit umgesetzt wurden (vgl. ebd.). Als Beispiele lassen sich die Änderung von § 129b STGB[123] und die Abschaffung des Religionsprivilegs nennen (vgl. Lange 2006a, 100). Durch die Anschläge wurden die *„Windows of Opportunity“* genutzt und Präventionsmaßnahmen konnten ausgebaut werden. Der notwendige Konsens in Gesellschaft und Politik war somit einfach zu erreichen (vgl. Schmalenbach 2003, 445).

---

122 So konnte sich bspw. eine operative Zuständigkeit beim Bund für den Bevölkerungsschutz nicht durchsetzen.

123 § 129b: Kriminelle und terroristische Vereinigungen im Ausland; Erweiterter Verfall und Einziehung.

Der Strukturwandel der deutschen Sicherheitsarchitektur stößt sehr häufig auf Kritik von Bürgerrechtlern, Wissenschaftlern, politischen Parteien und kritischen Medien (vgl. Endreß 2009b, 63). Dennoch gibt es auch gegenteilige Meinungen, die von einer *„Selbstbehauptung des Rechtsstaats"* sprechen und die Bürger in der Pflicht sehen, möglicherweise sogar mit dem eigenen Leben für diese Selbstbehauptung einzutreten (vgl. Depenheuer 2007, 30). Der Kölner Staatsrechtler sprach aus, was einige politische Hardliner dachten oder andeuteten. In seiner *„Kampfschrift"* über *„Die Selbstbehauptung des Rechtsstaats"* plädiert er für die *„Renaissance des Politischen gegenüber dem Recht",* (Rudolph 2011, 57) wirbt für den autoritären Staat sowie die Wiederkehr des Freund-Feind-Denkens und folgt somit nicht nur der ehemaligen Bush-Administration, sondern auch dem umstrittenen Rechtsgelehrten Carl Schmitt. Depenheuer sieht im 11. September einen *„weltweiten Bürgerkrieg"* (2007, 11) und in dem *„neuen Staat"* auch eine Legitimation, das Leben seiner Bürger wieder zu opfern (vgl. Rudolph 2011, 59).

Tritt über einen gewissen Zeitraum kein Ereignis ein, gerät der Staat schnell in die Kritik, dass die Befugnisse zu weit gehen und die Einzelnen in ihren Freiheitsrechten beschnitten werden (vgl. EXP. INT. 5).

Weitere Stimmen kritisieren, dass die strukturellen Maßnahmen und die Klärung der Zuständigkeiten in Reaktion auf den 11. September 2001 unzureichend gewesen und die Chancen *(„historische Sekunde")*[124], Korrekturen an der Sicherheitsarchitektur vorzunehmen, nicht vollständig genutzt worden seien (vgl. EXP. INT. 2). Speziell habe man von der Möglichkeit, eine Zuständigkeitsabgrenzung im Bevölkerungsschutz zwischen Bund und Ländern vorzunehmen, keinen Gebrauch gemacht. Hier seien rechtlich gesehen keine Verbesserungen vorgenommen[125], sondern lediglich die Handlungsmöglichkeiten ausgedehnt worden. Ableitend daraus sollte jedoch nicht die Forderung nach einer Bundeszuständigkeit im operativen Bevölkerungsschutz verstanden werden. Vielmehr hätten die Zuständigkeiten für Koordinierungsaufgaben und Informationsmanagementfragen einer klaren rechtlichen Grundlage bedurft. Das Zivilschutz- und Katastrophenhilfegesetz (ZSKG) regelt zwar die Koordinierungsrechte des Bundes, allerdings ist die Formulierung im Gesetz so eingeschränkt, dass die Handlungsfähigkeit des Bundes nur das widerspiegelt, was verfassungsrechtlich ohnehin schon möglich ist (vgl. EXP. INT. 2).

Aber auch auf kommunaler Ebene hatte der 11. September 2001 unmittelbare Auswirkungen. Er sorgte nicht nur für die Entwicklung neuer Konzepte des Bevölkerungsschutzes (z. B. *„Neue Strategie zum Schutz der Bevölkerung"*),

124 Hierunter ist das *„Window of Opportunity"* zu verstehen.

125 Die verfassungsrechtlichen Aspekte des Bevölkerungsschutzes werden an einer anderen Stelle dieser Arbeit näher erläutert.

sondern verschaffte dem Thema Sicherheit erstmals seit der Wende wieder einen höheren Stellenwert. Es wurde mehr Geld in die Sicherheit investiert, nicht um einer kriegerischen Bedrohung zu begegnen, sondern weil man erkannte, dass die Innere Sicherheit einen relevanten Stellenwert hat (vgl. EXP. INT. 3).

> *„Der 11. September hat dazu geführt, [...], dass Bund und Land ihr Augenmerk wieder auf das Thema gerichtet haben. Die Kreise und kreisfreien Städte haben sich immer mit dem Thema [Sicherheit] befasst und haben es immer bedauert, dass nach der Wende und dem Wegfall des Ost-West-Konfliktes die Strukturen sozusagen runtergefahren wurden. Wobei man natürlich auch sagen kann: Wir brauchen sicher keinen Atombunker mehr oder Bunkeranlagen, da muss man sich schon umstellen."* (Ebd.)

7.7 Zentralisierung und Vernetzung als Strategie der Politik der Inneren Sicherheit

Das Erkennen bzw. die Perzeption von Bedrohungen durch individuelle und kollektive Akteure hat zu Entscheidungen im Politikfeld Innere Sicherheit geführt, die signifikante Auswirkungen auf die Sicherheitsstrukturen der Bundesrepublik Deutschland haben.

Bei der Untersuchung des spezifischen Inhalts der Politikprogramme zur Inneren Sicherheit muss berücksichtigt werden, dass es sich hier primär um Instrumente handelt, die einen regulativen Charakter haben. Es handelt sich also nicht primär um finanzielle Verteilungsprogramme, sondern vielmehr um die Formulierung und anschließende Durchsetzung bestimmter Normen, die ggf. unter Anwendung von unmittelbarem Zwang durchgesetzt werden sollen. Politik-Programme sind innerhalb des Politikfeldes primär durch Gesetze manifestierte Regelungen und Normierungen (vgl. Lange 2003, 232) und somit politische Handlungslogik. Diese Tatsache wurde in diesem Kapitel deutlich gemacht. Als rationale Lösung für die genannten Bedrohungslagen haben politische Entscheidungsträger die Zentralisierung und Vernetzung als Instrument für den *„Kampf gegen den Terror"* gewählt und die gesetzliche Grundlage dafür geschaffen.

Betrachtet man also die Entwicklung des Politikfelds Innere Sicherheit in der *„Post-9/11"*-Phase, wird deutlich, dass die Tendenz zu neuen Kooperationsformen im Sinne von Vernetzungsstrukturen geht. So sprach sich Innenminister Schily (2004, 7) auf der BKA-Herbsttagung 2004 dafür aus, die Netzwerke des Terrorismus mit den *„eigenen Netzwerken"* zu bekämpfen. Die Vernetzung der Sicherheitsbehörden hatte es auf die politische Agenda geschafft. Das *„Netzwerk"* steht nicht weiter für eine gemeinsame Datenbank oder einen formlosen

Gesprächskreis, sondern für breiter angelegte Sicherheitskooperationen der relevanten Institutionen (vgl. Feltes / Stegmaier 2007, 19).

Es geht darum, eine Kohärenz des Handels durch Zusammenführung vorhandener Potenziale herzustellen und die Zusammenarbeit zu verbessern (vgl. Borchert 2006, 86). Betrachtet man diese Vernetzungsansätze im Detail, so generieren sich verschiedene Überlegungen bzw. Fragestellungen. Demnach ist (erstens) zu fragen, wie sich die Sicherheitsinstitutionen unter Berücksichtigung der sich wandelnden gesellschaftlichen und politischen Prozesse miteinander arrangieren. Was, so die zweite Frage, bedeutet Sicherheit in Zeiten, die durch enorme Unsicherheiten geprägt sind, überhaupt? Drittens ist zu klären, ob das *„paradoxe Versprechen"*, Sicherheit staatlicherseits zu gewährleisten, überhaupt gehalten werden kann und ob der sicherheitspolitische Netzwerkansatz greifen kann (vgl. Feltes / Stegmaier 2007, 18 f.).

Um besonderen Lagen adäquat begegnen zu können, wurde beispielsweise für die FIFA-Weltmeisterschaft 2006 und für den Confederations Cup 2005 im Bundesministerium des Innern ein eigenes Kooperationszentrum mit *„Netzwerkcharakter"* eingerichtet – das Nationale Informations- und Kooperationszentrum (NICC). Aufgabe der Einrichtung war u. a. Informationen aus dem In- und Ausland zu sammeln, auszuwerten und in ein tägliches *„Nationales Lagebild"* einfließen zu lassen. Personell war die Einrichtung des Confederations Cups mit ca. 30 Verbindungspersonen aus Ministerien, der Sicherheitsbehörden des Bundes und der Länder, der ZIS, des THW, des BKA, des BfV, des OK WM 2006, Europol etc. besetzt (vgl. BR 2005). Eine operative Befugnis, wie ursprünglich angedacht, konnte gegen den Willen der Länder nicht durchgesetzt werden.

Wie bereits erörtert, sind zwei Tendenzen klar erkennbar: eine Zentralisierung auf Bundesebene und eine Vernetzung in gemeinsamen Kooperationszentren. Beide Elemente der Politik der Inneren Sicherheit sollen nachfolgend untersucht werden.

7.7.1 Bundeszentralisierung und Reformwillen

Eine Zielrichtung der *„neuen"* deutschen Politik der Inneren Sicherheit ist die Zentralisierung auf Bundesebene. Neben einem Ausbau der Befugnisse der Bundessicherheitsinstitutionen ist auch erkennbar, dass das Bundeskriminalamt bei schweren Kriminalitätsfällen sowie bei der Terrorbekämpfung[126] die alleinige oder zumindest die federführende Zuständigkeit hat. Fast alle Institutionen wurden oder werden derzeit einem Reformgedanken oder einer entsprechenden

126 Zentralstellenfunktion.

Prüfung unterzogen. Allerdings wurden Einzelbereiche geprüft und zu keinem Zeitpunkt Reformen der gesamten Sicherheitsarchitektur in Erwägung gezogen, wenngleich der offizielle Name der Werthebach-Kommission *„Kommission zur Evaluierung der Sicherheitsbehörden“* dies suggeriert.

Zusammenlegung der Polizeien des Bundes – eine Bundespolizeibehörde?

Mit Blick auf den Koalitionsauftrag hat der ehemalige Innenminister Thomas de Maizière in Abstimmung mit Wolfgang Schäuble eine unabhängige Kommission zur Untersuchung von Schnittstellen und Synergien der zivilen Sicherheitsbehörden (Bundeskriminalamt, Bundespolizei und Zollverwaltung) eingesetzt. Dieses Projekt knüpfte an eine frühere Diskussion des damaligen Bundesinnenministers Otto Schily an, die föderale Sicherheitsarchitektur einem Umstrukturierungsprozess zu unterwerfen und die Kompetenzen von BfV und BKA zu stärken – zu Lasten der Landesämter. Die Länder widersprachen, sodass die Diskussion eingestellt wurde (vgl. Werthebach 2004, 7). Dennoch wurde der Plan auch von der schwarz-gelben Bundesregierung[127] auf die politische Agenda gesetzt. Im Koalitionsvertrag von CDU/CSU und FDP vom 26. Oktober 2009 heißt es wörtlich:

> *„Vor dem Hintergrund der Finanzkrise und ihrer finanziellen Folgelasten ist es geboten, mit vorhandenen Ressourcen mehr zu erreichen. Wir werden daher die bestehenden Aufgaben und Zuständigkeiten der Sicherheitsbehörden in Bund und Ländern unter Wahrung der bewährten föderalen Sicherheitsarchitektur evaluieren. Dabei soll auch die Schnittstelle Zoll/Bundespolizei einbezogen werden.“* (CDU/CSU & FDP 2009, 98)

Der frühere Berliner Innensenator Eckart Werthebach[128] wurde dann durch den damaligen Innenminister de Maizière im April 2010 mit der Evaluierung beauftragt. Es entstand die *„Kommission zur Evaluierung der Sicherheitsbehörden“* (sog. *„Werthebach-Kommission“*). Die Kommission wurde von einem Beirat sowie einem Koordinierungsausschuss unterstützt. Sie kommt zu drei Grundüberlegungen. Erstens könnte die Bundespolizei um das Bundeskriminalamt (BKA) sowie und um die *„polizeivollzuglichen Aufgaben“* des Zolls erweitert werden. Alternativ könnte zweitens eine neuartige *„Bundeskriminalpolizei“ geschaffen* werden, zu der das BKA, Teile der Bundespolizei und des Zolls gehören sollen. Die dritte Lösung sieht schließlich die Bildung einer eigenständigen *„Bundesfinanzpolizei“* aus operativen Einheiten des Zolls vor. Die Schaffung

127 17. WP.

128 Weitere Kommissionmitglieder: Präsident des Bundeskriminalamtes a. D. Ulrich Kersten, Generalbundesanwalt a. D. Kay Nehm, Staatssekretär a. D. Wolfgang Riotte, Präsident des Zollkriminalamtes a. D. Karl-Heinz Matthias, Professor an der Deutschen Hochschule der Polizei Rolf Ritsert (vgl. Werthebach et al. 2010, 6).

einer Institution hätte eine kleine Lösung dargestellt. Sie sollte aus der bestehenden Bundeszollverwaltung ausgegliedert und verselbstständigt werden (vgl. WELT Online 2010).

Die Vorschläge der Kommission wurden teilweise heftig kritisiert oder grundsätzlich abgelehnt (bspw. von den Innenministern Bayerns[129] und Niedersachsens[130]).

Kritik und Zweifel kamen zudem aus der CDU-Bundestagsfraktion, von einzelnen SPD-Vertretern, der Gewerkschaft der Polizei sowie den Mitarbeitern des BKA (vgl. Freiberg 2011, 92 f.).

Wenngleich eine ganze Reihe von Doppelfunktionen in den Einrichtungen BKA, BPol und Zoll vorhanden sind, konnte die Kommission einen Großteil ihrer Empfehlungen im institutionellen Umfeld nicht durchsetzen.

> *„Herr Werthebach hat eine ganze Reihe von Punkten in seinem Bericht aufgezeigt und dargestellt. Der Bericht hatte einige Fehler oder einige Unschärfen. Es gibt 60 Punkte, die sind völlig unstreitig zwischen den Ministerien, auch zwischen den nachgeordneten Behörden, die viele Details betreffen, die auch aufgearbeitet werden."*

Weiter heißt es: *„Womit er [Werthebach] gescheitert ist, ist die Idee, eine gemeinsame Bundespolizeibehörde zu etablieren. Das ist ein Gedanke, der schon vielfach artikuliert wurde."* (EXP. INT. 13)

Dass sich die Zusammenlegung nicht durchsetzen konnte, ist auf mehrere Faktoren zurückzuführen. Zu berücksichtigen gilt, dass es sich beim BKA um eine Sonderpolizei mit eng begrenzten, gesetzlich definierten Befugnissen handelt und die Bundespolizei ebenfalls eine Sonderpolizeibehörde mit eingeschränkten gesetzlichen Möglichkeiten ist. Der grundlegende Ansatz, einen Vergleich zu einer Länderpolizei herzustellen, ist daher ungeeignet. *„Bei den Ländern ist die Situation genau umgekehrt. Die Länder haben generell sämtliche Befugnisse, die sich mit Polizei beschäftigen, und sind deshalb auch relativ autark, wie sie ihre Polizei gestalten."* (EXP. INT. 13)

Der Bund hingegen verfügt über keine generelle Polizeibefugnis und muss daher seine Behörden anders strukturieren – und genau an dieser Stelle ist einer der begangenen Fehler auszumachen. Fraglich wäre ohnehin gewesen, ob die Länder eine Bundespolizeibehörde mit über 45.000 Mitarbeitern akzeptiert hätten, die personell besser ausgestattet wäre als die Landespolizeibehörde (vgl. EXP. INT. 13).

> *„Das hätte am Ende dazu geführt, dass bei einer gemeinsamen Behörde zumindest die Gefahr bestanden hätte, dass das BKA aufgrund der Struktur der BPol, auf die man ja dann*

129 Herrmann (CSU).

130 Schünemann (CDU).

auch zugreifen kann, plötzlich regionalisiert worden wäre, was zum einen der Idee des BKA widerspricht, zum anderen aber auch die Polizeihoheit der Länder faktisch untergräbt.“

Dennoch wird die Kommission bzw. der entstandene Bericht genutzt.

> *„Werthebach hat einen wertvollen Anstoß gegeben, der auch dazu geführt hat, dass wir jetzt bei den beiden Behörden BKA und BPol in Teilbereichen weiterarbeiten, was die Frage betrifft, wo wir effektiver zusammenarbeiten und Synergien nutzen können. Da gibt es einige Bereiche, die derzeit noch einmal durchleuchtet werden. Die große Idee von der einen Bundessicherheitsbehörde – mit der ist die Kommission gescheitert. Sie hätte am Ende wahrscheinlich nicht funktioniert.“* (EXP. INT. 13)

Innenminister Friedrich hat sich nach Amtsübernahme von einer Zusammenlegung erst einmal distanziert (vgl. Freiberg 2011, 93).

Zusammenlegung BBK und THW

Wenngleich die Forderungen nach einer Aufhebung der Zweiteilung zwischen Katastrophen- und Zivilschutz des Öfteren im Raum standen und auch weiterhin eine Diskussionsgrundlage darstellen (vgl. Werthebach 2004, 8), wurden notwendige Nachjustierungen innerhalb des föderalen Systems nach den Anschlägen vom 11. September 2001 versäumt (vgl. EXP. INT. 2).

Auch eine Prüfung auf Zusammenlegung der Behörden Bundesamt für Bevölkerungsschutz und Katastrophenhilfe (BBK) und Bundesanstalt Technisches Hilfswerk (THW), beides Bundesbehörden im Geschäftsbereich des Bundesministeriums des Innern, wurde vom damaligen Innenminister Wolfgang Schäuble im Jahr 2006 in Auftrag gegeben. Durch das Bundesministerium des Innern wurde eine Projektgruppe eingerichtet, die eine mögliche Fusion des BBK mit dem operativ tätigen THW untersuchen sollte. Dabei wurden auch mögliche Einspareffekte und die behördliche Doppelarbeit beleuchtet (vgl. THW 2006). Nach massiver Intervention von Mitarbeitern der beiden Institutionen sowie der Hilfsorganisationen stellte Minister Schäuble dann in seiner Rede auf dem Dritten Deutschen Feuerwehr-Verbandstag in Büsum fest: *„Im Ergebnis habe ich mich nach Abwägung aller Gesichtspunkte entschieden, die bundeseigenen Aufgaben im Bereich des Zivil- und Bevölkerungsschutzes auch künftig durch zwei selbstständige Behörden wahrnehmen zu lassen.“* (Koschyk 2006)

Reformbestrebungen bei den Nachrichtendiensten

Die Bundesrepublik Deutschland wurde im Jahr 2011 durch die rechtsextremistischen Gewalttaten der sogenannten *„Zwickauer Zelle“*, die sich selbst als *„Nationalsozialistischer Untergrund“* (NSU) bezeichnete, aufgeschreckt. Die

Zwickauer Zelle hatte 14 Banküberfälle und zehn Morde durchgeführt und diese auf eine perverse Art aufgezeichnet und kommentiert (vgl. Bug et al. 2012, o. S.). Schnell verbreitete sich durch Politik und Medien das Wort des *„Terrorismus"* (vgl. Der SPIEGEL 2012d). Es wurde ein *„Versagen"* der deutschen Sicherheitsinstitutionen postuliert.

Flankiert von der medialen Berichterstattung bringen die politischen Parteien ihre Vorstellungen von der Politik der Inneren Sicherheit zur Geltung. Eine logische Handlungsfolge ist der Ruf nach einer *„Umstrukturierung"* (Berliner Morgenpost 2012), einer *„Zentralisierung"* (SZ 2012a), bspw. durch eine Zusammenlegung von Behörden, bis hin zu einer *„Auflösung"* (Der Tagesspiegel 2012) des Verfassungsschutzes.

Als Konsequenz hat Bundesinnenminister Friedrich eine Überprüfung der Strukturen des Verfassungsschutzes angekündigt (vgl. FAZ 2012) und sieht sich mit verschiedenen Positionen konfrontiert. Ein im Sommer 2012 auf die Agenda gebrachter Fusionsvorschlag der Landesämter von Berlin und Brandenburg wurde unisono von den zuständigen Innenministern abgelehnt (vgl. ND 2012).

Bayern hat auf die Kritik mit einer Umstrukturierungsmaßnahme reagiert und die Fachaufsichtsabteilung im Innenministerium aufgeteilt. Bislang gab es eine gemeinsame Abteilung für *„Katastrophen-, Brandschutz, Rettungswesen und Verfassungsschutz"*. Zum August 2012 hat man dann die Abteilung *„Verfassungsschutz"* eigenständig gemacht. Nach eigenen Angaben sei dies eine *„Absage an die Zentralisierung beim Bund"*(STMI 2012).

Beim Bundesamt für Verfassungsschutz tauschte man kurzerhand den Präsidenten aus und richtete eine Prüfkommission ein. Die SPD-Bundestagsfraktion fordert einen Teilumzug der Behörde nach Berlin. Die Mitarbeiter, die für den Bereich Rechtsextremismus zuständig sind, sollen in der Hauptstadt ihr Quartier beziehen. Das gilt auch für das Abwehrzentrum gegen Rechtsextremismus, das zurzeit noch in Meckenheim und in Köln operiert. Weiterhin fordert die SPD strengere Kontrollen und Vorschriften für die Ämter für Verfassungsschutz. Der Einsatz von relevanten V-Leuten soll künftig gesetzlich geregelt und strenger überwacht sowie eine Meldepflicht für die 16 ÄfV initiiert werden. Darüber hinaus soll das BfV die Möglichkeit erhalten, einzelne Fälle an sich zu ziehen (vgl. SZ 2012, 4 f.).

Wenngleich ein Schwerpunkt des Bundesamtes nun in den Bereich Rechtsextremismus verlagert wird, stellte sich bereits 2006 der damalige BfV-Präsident Fromm gegen die Verfügung des Innenministeriums, die Abteilungen Links- und Rechtsextremismus zusammenzulegen. Die Fusion der beiden Abteilungen hatte zum Ziel, Gelder und Ressourcen einzusparen, um diese gegen den islamistischen Terrorismus einzusetzen. Weiterhin spiegelte die Forderung des BMI konservative Extremismus-Theorien wider, die Links- und Rechtsextremismus gerne miteinander vermischen und darin lediglich zwei Seiten einer Medaille sehen. Das Ministerium wollte einem *„ganzheitlichen Ansatz"* gerecht werden (vgl. SZ 2012b).

Eine schon häufig und unabhängig von den derzeitigen Entwicklungen formulierte Forderung, Landesämter der Länder zusammenzulegen, wird zumeist mit dem Argument zurückgewiesen, man verliere die parlamentarische Kontrollfunktion und die Möglichkeit der (politischen) Fachaufsicht.

Durch vermeintlich unsaubere Arbeit, Pannen bei den Ermittlungen und das umstrittene V-Männer-System hat das Vertrauen der Bevölkerung in die deutschen Nachrichtendienste stark gelitten. 47% der Bürger lehnen einer aktuellen Umfrage zufolge den Verfassungsschutz ab (vgl. Focus 2012).

Deutsche Politik zur Inneren Sicherheit wird, das zeigt diese Arbeit, sehr reaktiv und anlassbezogen gestaltet – gerade bei Reformen und Strukturveränderungen der Institutionen. Nach dem Verständnis dieser Arbeit wird die Rolle des Bundesamtes für Verfassungsschutz künftig gestärkt werden – zum Nachteil der Länder.[131]

Doch auch die Frage, ob der MAD noch in die heutige Sicherheitsarchitektur passt, wird teilweise kritisch gesehen. So sagte kürzlich der FDP-Politiker Arendt gegenüber WELT Online (2012a): *„In der jetzigen notwendigen Diskussion über die Sicherheitsarchitektur gehört der MAD als Erstes auf den Prüfstand [...] Ich bin seit langem der Meinung, dass sich die Aufgabe des MAD erledigt hat und wir auf diesen Dienst verzichten können."* Rückendeckung erhält der Politiker durch seine Parteikollegin Bundesjustizministerin Leutheusser-Schnarrenberger: *„In dieser Form brauchen wie den MAD nicht mehr."*

Viele politische Akteure sehen den Dienst als ein Kind des Kalten Krieges, dessen Aufgaben schon längst andere Einrichtungen hätten übernehmen können. Bislang hat sich an dieser Ansicht wenig geändert. Die Rufe nach einer Abschaffung werden konsequent im BMVg überhört. Die Strategie des Amtes gestaltet sich so, dass man Kritiker ins Leere laufen lässt. Öffentlichkeitsarbeit war lange Zeit verboten. So hat der MAD auch nie ein *„öffentliches Gesicht"* erhalten. Dennoch sprechen sich Befürworter des Dienstes gegen eine Auflösung aus und begründen ihre Position damit, dass gerade die Abschaffung der Wehrpflicht die Bundeswehr zu einem lukrativen Arbeitgeber für Rechtsextremisten macht. Zudem könnten Salafisten die Bundeswehr als *„kostenloses Trainingslager"* nutzen. Nach eigenen Angaben identifiziert der MAD im Jahr rund 60 Bundeswehrangehörige mit extremistischer Gesinnung. In einem vertraulichen *„Abschlussbericht der Bundesregierung an das Vertrauensgremium"* vom März 2012 wird dem MAD ebenfalls Unterstützung zuteil. Weder das BfV noch der

131 Eine abschließende Betrachtung kann nicht durchgeführt werden, da der Prozess bei Fertigstellung dieser Arbeit noch anhielt.

BND, heißt es dort, könnten die *„derzeitig dem MAD zugeordneten Aufgaben mit dem vorhandenen Personal erfüllen“*. Die Auszüge des Berichts wurden von der WELT am 12. Juli 2012 veröffentlicht. In einem 33-Seiten-Dossier des Bundesrechnungshofes vom Februar 2012 wird zudem eine radikale Verkleinerung des rund 1.000 Mann starken Amtes gefordert. Die Prüfer bemängeln darin eine fehlende Effizienz des Dienstes. Zu Beginn des Berichtes heißt es: *„Endgültige Entscheidungen über die Aufgaben und Struktur des MAD sollten erst getroffen werden, wenn die Ergebnisse des NSU-Untersuchungsausschusses des Bundestages und der Bund-Länder-Kommission zur Aufarbeitung des Rechtsterrorismus vorliegen.“* (Die WELT 2012b)

Laut BRH hat es die Einrichtung nur mit einer geringen Fallzahl rechtsextremistischer Angehöriger zu tun. Deshalb sei der vom MAD stets vorgetragene Aspekt *„Aus der Truppe für die Truppe“* als vernachlässigbar anzusehen (vgl. ebd.). Inwieweit Reformbestrebungen den MAD betreffen, werden das Ergebnis des NSU-Untersuchungsausschusses und die Einschätzung der Bund-Länder-Kommission zeigen.

7.7.2 Vernetzung- und Kooperationsformen

Ein weiterer Trend der Politik der Inneren Sicherheit seit dem 11. September 2001 geht in die Richtung, gemeinsame Kooperationszentren zu schaffen und somit zu einer veränderten Zusammenarbeit im Sicherheitsbereich beizutragen (vgl. BA5). Dadurch wird an den Gedanken der Zentralisierung angeknüpft. Wenn auch mittlerweile den Einrichtungen aus verschiedenen Richtungen ein Erfolg infolge der geordneten Zusammenarbeit bei der Vereitelung von terroristischen Anschlägen auf deutschem Bundesgebiet nachgesagt wird (vgl. EXP. INT. 10), lassen sich teilweise auch in den beteiligten Sicherheitsbehörden, gerade in der Entstehungsphase der Kooperationszentren, Vorbehalte ausmachen. Dabei geht es explizit um die Befürchtung, dass Selbständigkeits- bzw. Hoheitsverluste hingenommen werden müssen (vgl. EXP. INT. 10). Für politische Entscheidungsträger wäre es jedoch fatal, nach einem terroristischen Ereignis feststellen zu müssen, eine Information übersehen zu haben, deren Auswertung zur Verhinderung geführt hätte. Ein nahtlose Informationsaustausch wird daher als unerlässlich erachtet (vgl. BA5).[132]

Auf den ersten Blick könnte man davon ausgehen, dass der Bundessicherheitsrat (BSR) ein zentrales Instrument nationaler Sicherheitspolitik darstellt. Er ist jedoch lediglich ein beratendes Gremium aus derzeit acht ständigen Mit-

132 Geprüft wird derzeit, ob ein fehlerhafter Informationsaustausch der Behörden zu möglichen Ermittlungspannen im Kontext der NSU beigetragen hat.

gliedern[133], das sich vorwiegend rüstungsexportpolitischen Fragestellungen zuwendet (vgl. Wandinger 2009, 129). In Fragen der Inneren Sicherheit spielt der BSR jedoch keine Rolle. Vielmehr wurden zahlreiche Kooperationszentren und Dateien anlassbezogen eingerichtet, die dem *„Erfolgsmodell"* (Werthebach et al. 2010, 125) des GTAZ folgen sollten. Nachfolgend sollen die Kooperationsmodelle, die einen immanenten Aspekt der Strategie deutscher Politik der Inneren Sicherheit darstellen, untersucht werden.

Antiterrordatei

Bei der Antiterrordatei handelt es sich nicht um eine eigenständige Einrichtung, sondern um ein *„Vernetzungssystem"*, das den relevanten Behörden eine Austauschmöglichkeit über spezifische Daten ermöglicht. In Planung befindet sich – als politische Forderung; die sich aus den vermeintlichen Pannen der Sicherheitsbehörden ergibt – eine *„Neonazi-Datei"*. Die Bundesregierung hat hierzu im Januar 2012, zehn Wochen nach Auffliegen der NSU, ein Gesetz verabschiedet (vgl. Der SPIEGEL 2012a). Im Sommer 2012 stimmte der Bundesrat dem Gesetz zu. Durch die Neonazi-Datei sollen künftig Ermittlungspannen vermieden werden. Die Datei soll von den Polizeien und Ämtern für Verfassungsschutz mit Daten versorgt werden. Als Vorbild dient die Anti-Terror-Datei, in die Polizeien und Nachrichtendienste bereits seit 2006 ihre Erkenntnisse über mutmaßlich gefährliche Islamisten einspeisen. Die Sammlung ist als Index und nicht als Voll-Datei angelegt. So soll das Trennungsgebot von Diensten und Polizei eingehalten werden. Daher haben die abfragenden Behörden lediglich Zugriff auf Grunddaten (Name, Geburtsdatum und Anschrift), die zur Identifizierung einer verdächtigen Person beitragen sollen. Weitere Informationen sind dann allerdings bei der Behörde erhältlich, die die Informationen eingepflegt hat (vgl. Der SPIEGEL 2012e).

Gemeinsames Abwehrzentrum gegen Rechtsextremismus

Das Gemeinsame Abwehrzentrum wurde im Dezember 2011 durch Innenminister Friedrich eröffnet und stellt eine Reaktion auf die Zwickauer Zelle dar. Das Zentrum ist auf Dauer angelegt und soll *„die Kooperation und Koordination der Sicherheitsbehörden bei der Bekämpfung von Rechtsextremismus und Rechtsterrorismus verbessern"* (BMI 2012i).

Die bislang dezentrale Ausrichtung der Behörden auf dem Gebiet des Rechtsextremismus soll nun durch einen verbesserten Informationsaustausch gestärkt

133 Der Bundeskanzler (Vorsitzender), der Chef des BK-Amts, die BM der Verteidigung, des Auswärtigen, des Innern, der Justiz, der Finanzen, für Wirtschaft und der BM für wirtschaftliche Zusammenarbeit und Entwicklung (seit 1998).

werden. Dabei sind zwei Schwerpunkte auszumachen: Zum einen soll die Zusammenarbeit zwischen den Polizei- und Verfassungsschutzbehörden, zum anderen die Kooperation zwischen Bund und Ländern verbessert werden. Dabei gilt es den Informationsfluss zu erleichtern sowie die Bekämpfungsmaßnahmen gegen Rechtsextremismus besser abzustimmen. In die Struktur fest eingebunden sind die bereits im GTAZ etablierten Analyseinstrumente NIAS und PIAS.

Die Behördenvertreter treffen sich wöchentlich am Standort Meckenheim oder Köln sowie in fest eingerichteten Arbeitsgruppen. Bei diesen Treffen sollen die relevanten Informationen (z. B. Gefährdungspotenziale, konkrete Erscheinungsformen, konzeptionelle Ansätze) ausgetauscht werden. Zudem wurde zum Dezember die Organisationseinheit „*Koordinierende Internetauswertung Rechtsextremismus*" (KIAR) eingerichtet. Dabei sollen die Internetaktivitäten der rechten Szene überwacht, ausgewertet und ggf. Strafverfahren in die Wege geleitet werden. KIAR ist organisatorisch beim BfV in Köln anhängig. Die Polizei ist ebenfalls eingebunden.

In der Aufbauphase wird das GAR mit ca. 130 bis 140 Mitarbeitern betrieben, von denen jeweils 50 Mitarbeiter aus dem BfV und BKA kommen. Geplant ist, das GAR weiter aufzustocken (vgl. ebd.).

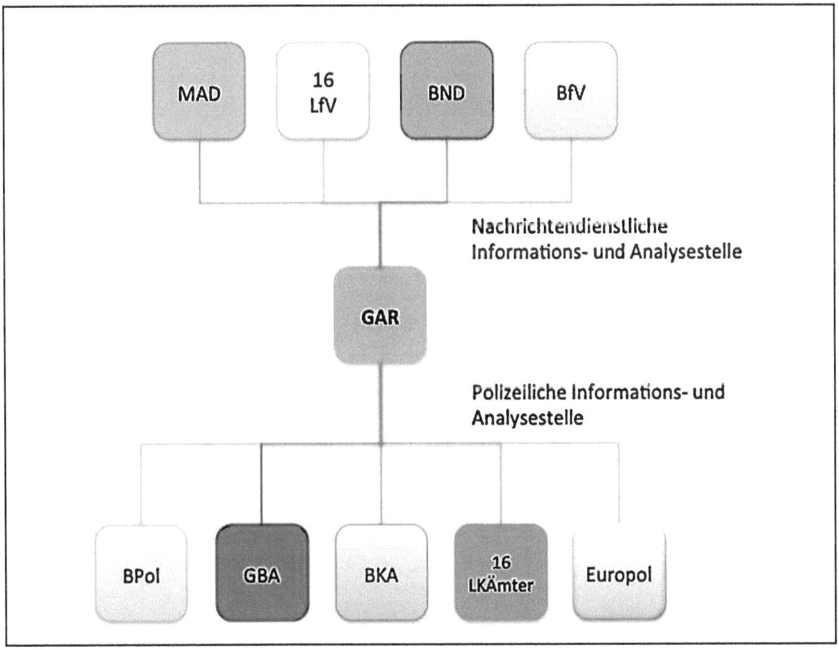

Abbildung 20: Struktur des GAR mit beteiligten Akteuren (Quelle: eigene Darstellung)

Gemeinsames Analyse- und Strategiezentrum illegale Migration

Das Kooperationszentrum wurde vom Bundesministerium des Innern in Abstimmung mit dem Bundeskanzleramt, dem Auswärtigen Amt und dem Bundesministerium der Finanzen im Jahr 2006 ins Leben gerufen (vgl. BT-Drs. 16/2420) und folgte dem Ende 2004 beim BKA eingerichteten Gemeinsamen Analyse- und Strategiezentrum Schleuserkriminalität (GASS) (vgl. Wertebach et al. 2010, 125). Als Vorbild diente das GTAZ, an dessen Erfolge man anknüpfen wollte (vgl. ebd., 126).

Das GASIM soll auf der Grundlage einer institutionenübergreifenden Kooperation fachliche Kompetenzen der relevanten Behörden zur Bekämpfung der illegalen Migration bündeln. Dabei konzentriert sich die Einrichtung auf die Sammlung der verfügbaren Erkenntnisse im Bereich der illegalen Migration, deren Analyse und Auswertung, auf die Erstellung von Lagebildern sowie auf die internationale Zusammenarbeit. Darüber hinaus beschäftigt sie sich mit den Zusammenhängen von illegaler Migration mit allgemeiner und organisierter Kriminalität, mit Missbrauch von Sozialleistungen, illegaler Beschäftigung, Initiierung und Unterstützung von Ermittlungsverfahren und soll zudem eine Frühwarnfunktion wahrnehmen (vgl. BT-Drs. 16/2420).

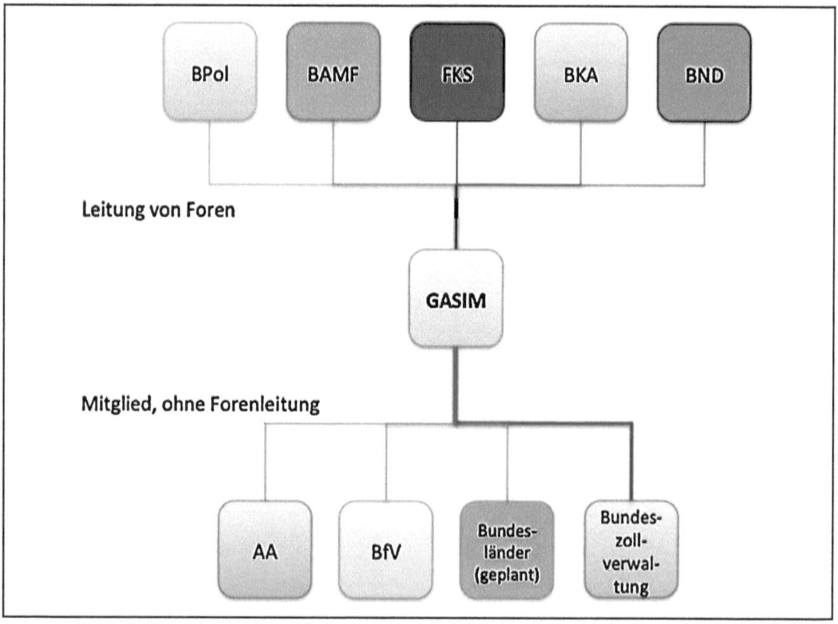

Abbildung 21: Struktur des GASIM mit beteiligten Akteuren (Quelle: eigene Darstellung)

Beteiligt sind das Bundeskriminalamt, die Bundespolizei, das Bundesamt für Migration und Flüchtlinge, die Finanzkontrolle Schwarzarbeit sowie der Bundesnachrichtendienst, das Bundesamt für Verfassungsschutz und das Auswärtige Amt (vgl. BMI 2012g). Die Zuständigkeiten und Entscheidungsbefugnisse der einzelnen Behörden bleiben dabei unberührt. Die vorhandenen rechtlichen Rahmenbedingungen werden nicht verändert. Im GASIM waren Ende 2007 40 Mitarbeiter von den relevanten Behörden eingesetzt worden (vgl. BT-Drs. 16/8482).

Kritiker sehen den Datenaustausch teilweise kritisch. Neben dem Grünen-Innenpolitiker Wieland, der im Jahr 2009 die Einrichtung als *„datenschutzrechtliches Tollhaus"* (SWR 2009) bezeichnet hatte, sieht auch der Bundesbeauftragte für den Datenschutz und die Informationsfreiheit, Peter Schaar, *„kritisch zu beurteilende Sachverhalte"* (BfDI 2011, 84). In vielen Fällen fehlte, laut Schaar, die Rechtsgrundlage für die Übermittlung von personenbezogenen Daten zwischen den Behörden. Auch der BND hätte in mehreren Fällen keine Daten an den Verfassungsschutz, die Finanzkontrolle Schwarzarbeit und das Bundesamt für Migration und Flüchtlinge übermitteln dürfen (vgl. SWR 2009). Die *„Werthebach-Kommission"* schlug in ihrem Gutachten vor, *„die Aufgaben des GASIM auf das Bundeskriminalamt zurück zu übertragen"* (Werthebach et al. 2010, 128).

Gemeinsames Internetzentrum

Bei dem GIZ handelt es sich um ein Kooperationszentrum, das die *„fachlichen, sprachlichen und technischen Kompetenzen"* des Bundesamtes für Verfassungsschutz, des Bundeskriminalamtes, des Bundesnachrichtendienstes, des Militärischer Abschirmdienstes und des Generalbundesanwaltes mit dem Ziel *„bündelt"* das Internet nach Informationen abzusuchen, die einen Hinweis auf extremistische und terroristische Aktivitäten geben könnten. Dabei konzentrieren sich die Einrichtungen speziell auf islamistische Websites, einschlägige Newsgroups, Foren und Chat-Räume und werten deren Informationsgehalt aus. Die dadurch generierten Informationen fließen in einem periodischen oder anlassbezogenen Bericht (sog. GIZ-LOG) ein und werden den Kooperationspartnern zur Verfügung gestellt (vgl. BfDI 2011, 56).

Das Bundesministerium des Innern hat mit der Anfang 2007 entstandenen Einrichtung eine Instanz schaffen wollen, die auf das Internet, das sich zum *„Leitmedium des islamistischen Terrorismus entwickelt hat"* (BMI 2012h), reagiert. Wenngleich darauf verwiesen wird, dass es sich hierbei lediglich um die Beobachtung des offenen und jedermann zugänglichen Internets handelt (vgl.

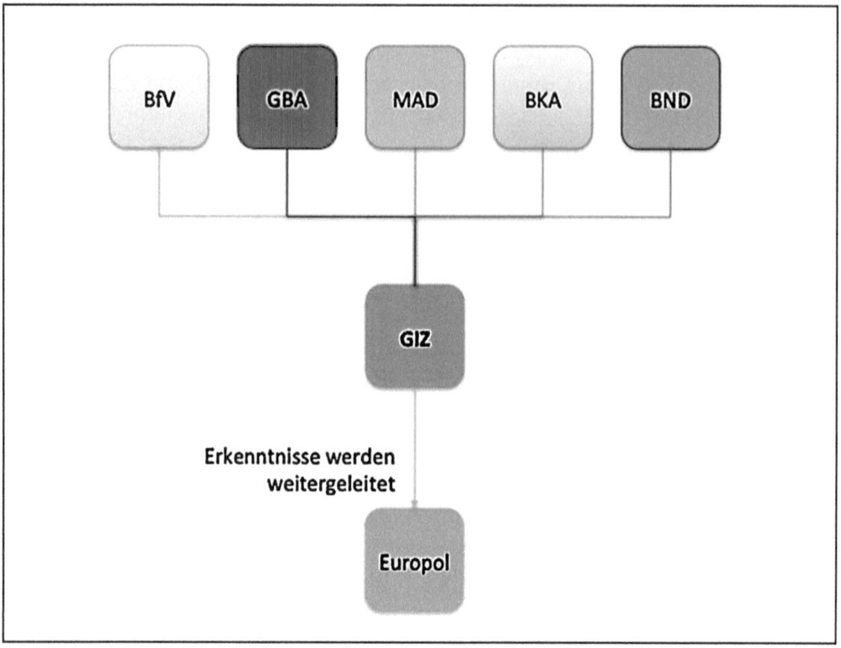

Abbildung 22: Struktur des GIZ mit beteiligten Akteuren (Quelle: eigene Darstellung)

Hanning 2012, 61), sieht der Bundesdatenschutzbeauftragte dennoch Bedarf an einer weiterführenden Rechtsgrundlage. Dadurch, dass der beteiligte

> *„Hoheitsträger im Rahmen der Anmeldung zu einem Chat oder einem Diskussionsforum fingierte, detaillierte personenbezogene […] Angaben macht, die seine Zugehörigkeit zu einer Behörde verschleiern, wird schutzwürdiges Vertrauen in Anspruch genommen"* (BfDI 2011, 53).

Das Bundesverfassungsgericht hat in seinem Urteil vom 27. Februar 2008 zur sogenannten *„Online-Durchsuchung"* (BVerfG 1 BvR 370/07) festgestellt, dass der Staat auch im Einzelfall in Chat- und Diskussionsforen personenbezogene Daten erheben darf, solange die Behörde kein schutzwürdiges Vertrauen des Betroffenen in die Motivation und Identität des Kommunikationspartners ausnutzt. In manchen Foren besteht jedoch laut Schaar die Erfordernis, Beiträge zu erstellen, um so die Diskussionen am Leben zu erhalten. Gemäß der genannten Rechtsprechung des Bundesverfassungsgerichts ist von einem Eingriff in die informationelle Selbstbestimmung auszugehen, wenn die Daten gezielt erhoben, zusammengetragen und gespeichert sowie unter Einbeziehung weiterer Daten ausgewertet werden. Und genau dieses Vorgehen entspricht der Aufgabenstellung des GIZ (vgl. BfDI 2011, 53).

Gemeinsames Melde- und Lagezentrum von Bund und Ländern

Das Gemeinsame Lagezentrum von Bund und Ländern (GMLZ) ist operatives Element des Bundesamtes für Bevölkerungsschutz und Katastrophenhilfe (BBK), verfügt allerdings über keine Weisungsbefugnis innerhalb des deutschen Krisenmanagements. Es grenzt sich stark von den anderen Kooperationszentren ab, da hier keine der klassischen Sicherheitsbehörden beteiligt ist.

Die Einrichtung des GMLZ wurde bereits am 6. Juni 2002 durch die Konferenz der Innenminister und Senatoren der Länder (IMK) als Bestandteil des *„Konzepts für eine neue Strategie zum Schutz der Bevölkerung"* verabschiedet (vgl. BBK 2012a).

Neben den Mitarbeitern des BBK ist auf Grundlage einer AK V-Entscheidung ein Ländervertreter[134] im GMLZ tätig. Darüber hinaus sind sechs *„Unterstützungskräfte"* der Hilfsorganisationen an das GMLZ abgeordnet. Grundlage für diese Abordnungsmaßnahmen sind Verträge mit den jeweiligen entsendenden Stellen (vgl. BBK 2012c).

Wenngleich der Behörde nach ZSKG (§ 16 Abs. 2)[135] eine Koordinationsfunktion[136] zugesprochen wird, ist nach wie vor unklar, wie diese koordinierende Rolle aussehen könnte.[137] Auch wenn die Akzeptanz bei den Ländern und den Hilfsorganisationen steigt, wird dem GMLZ derzeit noch keine zentrale Rolle innerhalb der Sicherheitsarchitektur zugesprochen.

Gemeinsames Terrorabwehrzentrum

Das Gemeinsame Terrorabwehrzentrum (GTAZ) wird zwischenzeitlich als Referenzprojekt einer Kooperationsplattform unterschiedlicher Behörden angesehen. Sämtliche Kooperationszentren wurden nach dem Vorbild des GTAZ geschaffen.

Für die Entstehung der Einrichtung waren ebenfalls die Terroranschläge vom 11. September 2001 ausschlaggebend. Sie führten in Deutschland zu der Überlegung, dass 38 Sicherheitsbehörden in Deutschland,

---

134 Kommunalbeamter aus Nordrhein-Westfalen.

135 *„Die Unterstützung nach Absatz 1 umfasst auch die Koordinierung von Hilfsmaßnahmen durch den Bund, wenn das betroffene Land oder die betroffenen Länder darum ersuchen. Die Festlegung, welche Maßnahmen vom Bund koordiniert werden, trifft der Bund im Einvernehmen mit dem betroffenen Land oder den betroffenen Ländern."*

136 Eine nähere Untersuchung findet sich in Kap. 4.

137 Zu diesem Ergebnis kommt auch das Forschungsprojekt PRI-KATS.

„die wir uns aufgrund des Föderalismus leisten, zwar alle nebeneinander arbeiten, manche auch miteinander, dass aber im Grunde der Link fehlt, um die Behörden zusammenzubringen. Das kann auch nicht dadurch hergestellt werden, dass man Computer- oder Datenverbünde herstellt“ (EXP. INT. 13).

Dieser Art der Kooperation liegt der Gedanke zugrunde, dass das *„persönliche Kennenlernen“* (EXP. INT. 13) alles andere ersetzt, da *„jede Information, die weitergegeben wird, immer voraussetzt, dass das entsprechende Vertrauen vorhanden ist, und Vertrauen kann sich nicht bilden durch Netzwerke in IT-gestützter Form“ (EXP. INT. 13).* Innerhalb des 2004 eingerichteten Zentrums sollen alle relevanten Informationen gebündelt, verdichtet und gemeinsam bewertet werden. Dabei sollen auch alle verfügbaren Erkenntnisquellen einbezogen werden, um so potenzielle Bedrohungsszenarien frühzeitig zu erkennen (vgl. Hanning 2012, 61). Im GTAZ arbeiten momentan 40 deutsche Behörden des Bundes und der Länder zusammen (vgl. BT-Drs. 16/9833): acht Bundesbehörden (Bundeskriminalamt, Bundesamt für Verfassungsschutz, Bundesnachrichtendienst, Militärischer Abschirmdienst, Bundespolizei, Zollkriminalamt, Bundesamt für Migration und Flüchtlinge und Generalbundesanwaltschaft) sowie 32 Landesbehörden (16 Landeskriminalämter, 16 Landesverfassungsschutzämter).

Eingebunden sind rund 200 Mitarbeiter (vgl. Krentz 2012). Bei dem GTAZ handelt es sich um keine eigenständige Behörde. Organisatorisch steht das GTAZ auf zwei Säulen: Die nachrichtendienstliche Säule wird gebildet durch die *„Nachrichtendienstliche Informations- und Analysestelle“* (NIAS) und die polizeiliche durch die *„Polizeiliche Informations- und Analysestelle“* (PIAS) (vgl. Lange / Frevel 2008, 126). Beide Bereiche sind räumlich getrennt und sollen dadurch dem Trennungsgebot nachkommen. Die tägliche Lagebesprechung soll alle relevanten Behörden über den tagesaktuellen Sachstand informieren und so einen intensiven Austausch über sicherheitspolitische Entwicklungen ermöglichen.

Für konkrete Fallbesprechungen, die den regulären Rahmen der Zusammenarbeit innerhalb der im GTAZ vertretenen Behörden übersteigt, sind verschiedene ständige Arbeitsgruppen gebildet worden. Eingebunden sind nicht nur die Verbindungspersonen, sondern auch die Fachleute der im GTAZ vertretenen Einrichtungen. Lageabhängig können auch Sonderarbeitsgruppen gebildet werden (vgl. Krentz 2012).

Wenngleich das Modell des GTAZ im sicherheitspolitischen Umfeld als Erfolgsmodell gefeiert wird,[138] gilt es einige kritische Punkte zu beachten. Die hohe Flexibilität der Einrichtung und das lose Nebeneinander verschiedener Institutionen werden oftmals als Referenzprojekt gelobt. Genau daraus kann

---

138 Beispielsweise Werthebach et al. 2010 (125): *„Das GTAZ ist ohne Frage ein Erfolgsmodell.“*

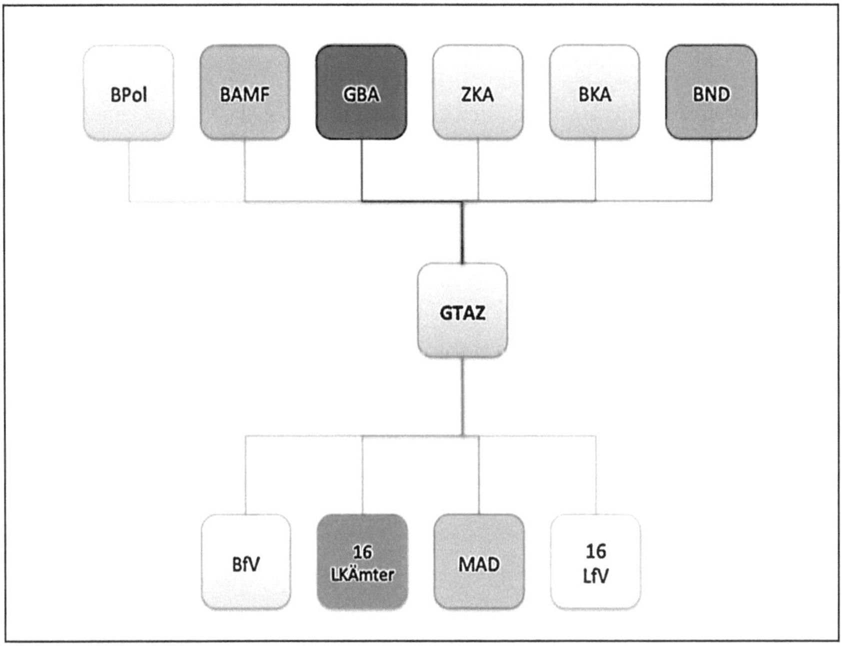

Abbildung 23: Struktur des GTAZ mit beteiligten Akteuren (Quelle: eigene Darstellung)

sich im Umkehrschluss aber auch das größte Defizit ergeben. Da kein beteiligter Akteur zur Partizipation oder gar zur Umsetzung von besprochenen Maßnahmen verpflichtet ist, lebt die Einrichtung ausschließlich von dem Willen der Beteiligten, sich an Absprachen zu halten und gemeinsam zu handeln. In der praktischen Umsetzung haben sich die Verfahren als sehr reibungsarm erwiesen. Dennoch zeigen sich Problematiken. Die Verbindungspersonen der einzelnen Behörden haben keine Möglichkeit, für ihre Institution eine verbindliche Entscheidung zu treffen. Es entstehen demnach Absprachen und Entscheidungen, die der Zustimmung der jeweiligen Behördenleitungen bedürfen. Gerade bei einem eiligen Entscheidungsbedarf kann dies schnell zu Fehlabsprachen oder Unsicherheiten führen. Praktisch wird das Problem häufig so gelöst, dass sich die Leitungsebenen der verschiedenen Behörden parallel zum GTAZ abstimmen und somit für eine einheitliche Linie zwischen Behördenleitung und Verbindungsperson sorgen (vgl. Krentz 2012).

Nationales Cyber-Abwehrzentrum / Nationaler Cyber-Sicherheitsrat

Das Internet hat sich, wie bereits mehrfach in dieser Arbeit erwähnt, zu einer maßgeblichen Bedrohung moderner Gesellschaften entwickelt. In einem Interview mit der Wochenzeitung Die ZEIT vom 9. August 2012 sagte EADS-Chef Stefan Zoller: *„15 gute Hacker können mehr Schaden anrichten als Tausende Soldaten."* (Die ZEIT 2012b)

Gerade Viren wie *„Stuxnet"* haben die politischen Entscheidungsträger alarmiert (vgl. Der SPIEGEL 2011). Im Kontext der nationalen *„Cyber-Sicherheitsstrategie"* sollen künftig (staatliche) Strukturen an die Gefährdungslage angepasst werden. Das Bundesministerium des Innern rechnet damit, dass fehlerbehaftete IT-Produkte und Komponenten, der potenzielle Ausfall von Informationsinfrastrukturen oder gar schwerwiegende Angriffe im Internet zu folgenschweren Beeinträchtigungen der wirtschaftlichen, administrativen und technischen Leistungsfähigkeit und damit der gesellschaftlichen Lebensgrundlagen Deutschlands führen können. Das BMI sieht in der Verfügbarkeit des Internets und der *„Integrität, Authentizität und Vertraulichkeit"* der darin vorhandenen Daten eine der existenziellen Fragen des 21. Jahrhunderts.

> *„Die Gewährleistung von Cyber-Sicherheit wird damit zur zentralen gemeinsamen Herausforderung für Staat, Wirtschaft und Gesellschaft im nationalen und internationalen Kontext. Die Cyber-Sicherheitsstrategie wird die Rahmenbedingungen hierfür verbessern."* (BMI 2011a, 2 f.)

In der Cyber-Sicherheitsstrategie heißt es weiterhin, dass auch künftig mit einer *„kritischen Cyber-Sicherheitslage"* zu rechnen sei (ebd., 3). Mit einem Zehn-Punkte-Programm möchte die Bundesregierung notwendige Maßnahmen ergreifen (vgl. ebd., 6 ff.). Unter Punkt 10 (*„Instrumentarium zur Abwehr von Cyber-Angriffen"*) sieht die Strategie eine Gewährleistungspflicht einer gesamtstaatlichen Sicherheitsvorsorge und somit die Notwendigkeit zur Schaffung eines mit allen relevanten Einrichtungen abgestimmten Instrumentariums für die *„Abwehr von Angriffen im Cyber-Raum"* (ebd., 12). Diesbezüglich möchte die Bundesregierung *„die Bedrohungslage regelmäßig prüfen und geeignete Schutzmaßnahmen ergreifen"* (ebd.). Möglicherweise wird dann auch die Option von Evaluierungsmaßnahmen zur Schaffung weiterer gesetzlicher Grundlagen auf Bundes- und Landesebene in Betracht gezogen (vgl. ebd.). Mit dem vom Bundeskabinett am 23. Februar 2011 eingerichteten *„Nationalen Cyber-Abwehrzentrum"* (NCAZ) (Punkt 4 der Cyber-Sicherheitsstrategie) sollte die Bundesregierung auf die Bedrohungen aus dem Internet reagieren. Das NCAZ hat im April 2011 in den Räumlichkeiten des BSI in Bonn seinen Dienst aufgenommen. Unter Federführung des BSI und unter direkter Beteiligung des BfV und BBK sind zehn Mitarbeiter damit beschäftigt, IT-Sicherheitsvorfälle zu bewerten und Handlungsempfehlungen zu erarbeiten. Es soll zudem ein Austausch von Informationen über Täterbilder und auch über Schwachstellen in IT-Produkten stattfinden. Weiterhin werden IT-Vorfälle, Verwundbarkeiten und Angriffsformen analysiert. Die beteiligten Behörden arbeiten unter Beibehaltung ihrer bisherigen gesetzlichen Befugnisse (vgl. BSI 2011).

Die Anzahl des Personals wird teilweise kritisch gesehen. Unter Berücksichtigung der Zielstellung der Bundesregierung erscheint die Reaktion auf die Bedrohungslage grotesk. Der IT-Experte Ralph Langner[139] bezeichnet die deutschen Bemühungen in einem Interview in der *„Frankfurter Rundschau"* (FR) (2011) als *„lachhaft"*. Seiner Meinung nach ist mindestens das Zehnfache an Personal notwendig. Auf die Frage, wie er die deutschen Bemühungen beurteile, antwortet er:

> *„Das ist lachhaft und im Grunde ein reines Feigenblatt. Wenn man diese Bedrohung verstehen würde, wüsste man, dass sehr viel mehr Mittel nötig sind, um dieser Bedrohung zu begegnen. Dann würden wir hier nicht über zehn Leute reden, sondern mindestens über das Zehnfache von der Besetzung her."* (FR 2011)

Ein Interviewexperte (EXP. INT. 1) bestätigt diese Aussage:

> *„Das GTAZ war ein wesentliches Kriterium, um Gefahren rechtzeitig zu erkennen. Auch das NCAZ, das jetzt eingerichtet wurde, ist ein richtiger Schritt. Doch zeigt sich auch, dass die Schritte im Kampf gegen die Cyberkriminalität klein und zaghaft sind. Wir wissen, wie sich durch das Internet die Kriminalitätserscheinungsformen verändern, aber wenn das nur 16 Personen sind, die das bundesweit machen, dann ist das ein Witz. Das wird eine der Kriminalitätserscheinungen der Zukunft sein und da sind wir nicht aufgestellt."*

Auch beim NCAZ ist ein Vernetzungsgedanke als Grundlage zu verstehen. Dabei geht die Argumentation in die Richtung, dass es sich bei *„Cyber-Sicherheit"* nicht um einen Teilbereich der Gefahrenabwehr handelt, sondern vielmehr militärische, polizeiliche und bevölkerungsschutzrelevante Aspekte einbezogen werden müssen (vgl. EXP. INT. 2).

Die involvierten Behörden sollen künftig eine gemeinsame Risikobewertung und Lösungsstrategien erarbeiten. Konzeptionell hat man sich am GTAZ orientiert. Dennoch ist der Prozess nicht ausgereift, das Zentrum noch neuartig. Dabei ist zu berücksichtigen, dass *„die Sicherheitsbehörden in Deutschland bislang nicht auf diese Gefahrenlage [Anm. Cyber] eingestellt sind"* (EXP. INT. 2) und erst noch ein Strukturierungsprozess stattfinden muss. Eine frühere Reaktion auf die Gefahren aus dem Internet fand nicht statt, da das Gefahrenbewusstsein in der Gesellschaft noch nicht vorhanden war. Das kriminelle Potenzial aus dem Internet betrifft nun auch die Bevölkerung und wird somit als Problem erkannt. Davor war es lediglich auf der *„Fachebene"* und somit nicht im gesellschaftlichen

139 Dem Experten gelang die Entschlüsselung des Virus *„Stuxnet"*.

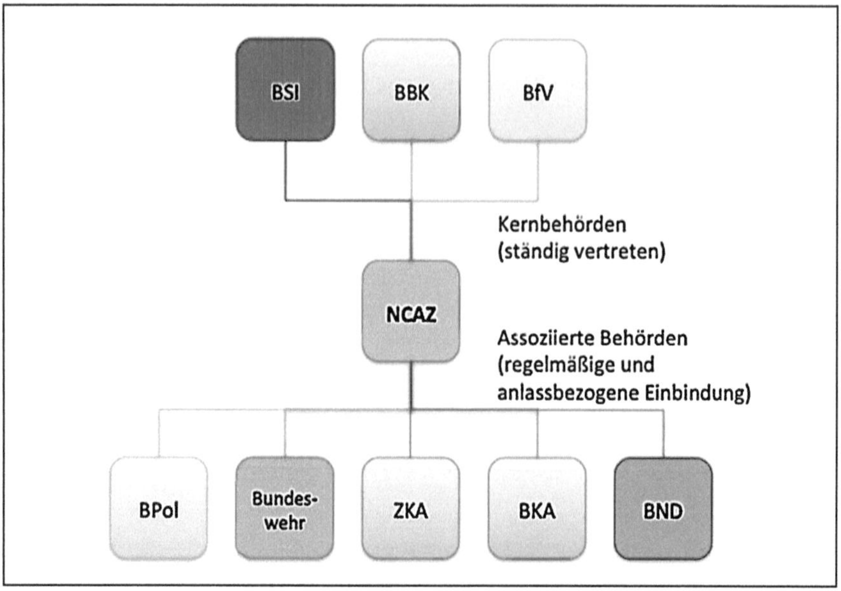

Abbildung 24: Struktur des NCAZ mit beteiligten Akteuren (Quelle: Eigene Darstellung)

Bewusstsein präsent (vgl. EXP. INT. 2). Der Aspekt, ob durch das NCAZ verfassungsrechtliche Grenzen berührt oder überschreitet werden, wird in dem Kabinettsbeschluss nicht aufgegriffen, so Der SPIEGEL (2011). Kritik kommt auch von der innenpolitischen Sprecherin der FDP-Fraktion. Sie fordert, das NCAZ erst dann einzurichten, wenn die Frage des Trennungsgebots[140] bei solchen Zentren abschließend geklärt sei. Sie sieht eine *„Vermischung"* von polizeilicher und nachrichtendienstlicher Tätigkeit. Zudem sollten Aspekte der Inneren und Äußeren Sicherheit *„nicht vermischt werden"* (Der SPIEGEL 2011). In der *„Cyber-Sicherheitsstrategie"* heißt es dagegen: *„Die Zusammenarbeit im Nationalen Cyber-Abwehrzentrum erfolgt unter strikter Wahrung der gesetzlichen Aufgaben und Befugnisse aller mitwirkenden Stellen auf der Basis von Kooperationsvereinbarungen."*

Das NCAZ ist keine eigenständige Behörde, sondern ebenfalls eine *„Kooperationsplattform"*. Es berührt weder die Zuständigkeiten der Entsendebehörden, noch kann es behördliche Aufgaben der Entsendebehörde eigenständig wahrnehmen. Die Federführung und Leitung des NCAZ obliegt dem BSI. Der Leiter der Einrichtung ist lediglich Dienstvorgesetzter der BSI-Mitarbeiter. Bei der Freigabe

140 Das Trennungsgebot wird in Kapitel 4 näher erörtert.

von Informationen herrscht das Prinzip der Einstimmigkeit, d. h., Ergebnisse wie Lageeinschätzungen und Empfehlungen werden ausschließlich gemeinsam (BSI, BfV, BBK) freigegeben.

In einem weiteren Schritt sollen das BKA, die Bundeswehr, der BND und die Industrie einbezogen werden, wenngleich das Aufgabenverständnis nicht äquivalent erscheint. So arbeitet der Verfassungsschutz eher an Abwehrstrategien. Die Bundeswehr unterhält eine Einheit, die sich im Kern auf offensive Angriffe gegen virtuelle Gegner ausrichtet. Der BND konzentriert sich auf die Infiltrierung ausländischer Computer anhand von Keyloggern und Trojanern, die relevante Informationen mitschneiden und übermitteln sollen. Angriffe durch das NCAZ sind jedoch nicht geplant (vgl. Der SPIEGEL 2011).

Nationaler Cyber-Sicherheitsrat

Mit dem Beschluss vom 23. Februar 2012 wurde auch der *„Nationale Cyber-Sicherheitsrat"* ins Leben gerufen. Durch ihn soll laut Cyber-Sicherheitsstrategie *„die Zusammenarbeit innerhalb der Bundesregierung sowie zwischen Staat und Wirtschaft unter Verantwortung der Beauftragten der Bundesregierung für Informationstechnik sichtbarer"* (BMI 2011a, 9) organisiert werden. In diesem Gremium sind neben dem Bundeskanzleramt das Auswärtige Amt, das Bundesministerium des Innern, das Bundesministerium der Verteidigung, das Bundesministerium für Wirtschaft und Technologie, das Bundesministerium der Justiz, das Bundesministerium der Finanzen und das Bundesministerium für Bildung und Forschung mit jeweils einem Staatssekretär vertreten. Weiterhin sind Vertreter der Länder in das Gremium eingebunden. Der Kreis kann anlassbezogen um die notwendigen Ressorts erweitert werden. Vertreter der Wirtschaft sind als assoziierte Mitglieder in den Prozess involviert. Daneben können auch relevante Wissenschaftler bei Bedarf hinzugezogen werden (vgl. ebd.).

> *„Der Nationale Cyber-Sicherheitsrat soll die präventiven Instrumente und die zwischen Staat und Wirtschaft übergreifenden Politikansätze für Cyber-Sicherheit koordinieren. Die Arbeit des Nationalen Cyber-Sicherheitsrates ergänzt und verzahnt die Aufgaben mit der IT-Steuerung Bund und dem IT-Planungsrat im Bereich der Cyber-Sicherheit auf einer politisch-strategischen Ebene."* (BMI 2011a, 10)

7.8 Wirkung staatlicher Sicherheitspolitik (Outcome)

Staatliche Maßnahmen zur vermeintlichen Erhöhung der Sicherheit sind breit angelegt. So gibt es Politikprogramme, strategische Instrumente und Verwaltungsreformen. Dennoch bleibt die Frage der Wirksamkeit bestehen: Erreichen diese Maßnahmen ihr Ziel? Legitimieren diese Maßnahmen eine Einschränkung von Freiheitsrechten zugunsten der Sicherheit? (vgl. Lange 2012, 122 f.) Kritisch bedenken Hegemann und Kahl (2012, 160 f.),

> *„dass sich politische Akteure bei der Auswahl und Gestaltung von Maßnahmen zur Verhinderung terroristischer Anschläge nicht durchgängig und möglicherweise auch nicht vorrangig an Erwägungen wie Wirksamkeit, Notwendigkeit, Angemessenheit und Kohärenz orientieren".*

Sie gehen zudem davon aus, dass die politischen Akteure aufgrund des Handlungsdrucks und der Ungewissheit kaum Möglichkeiten sehen, die Entscheidungen über relevante Maßnahmen an funktionalen Kriterien wie beispielsweise ihrer Wirksamkeit auszurichten (vgl. Hegemann / Kahl 2012, 163).

Betrachtet man die gesetzlich vorgeschriebene Evaluierung des Terrorismusbekämpfungsgesetzes, lassen sich auch hier verschiedene Meinungen ausmachen. Kritiker des Gesetzes werfen staatlichen Akteuren *„Etikettenschwindel, Unschärfen und kreative Gesetzesanwendung"* (Apell / Lüders 2011, 6) vor. Aber auch im Bereich der internationalen Sicherheitszusammenarbeit, gerade im Bereich der Terrorismusbekämpfung, ist nach Friedrich Schneider (2011, 200) noch Verbesserungsbedarf vorhanden, wenngleich *„wenig Hoffnung auf Besserung besteht"*, da die Politik gegen den internationalen Terrorismus nicht adäquat gestaltet wird (ebd.). Staatliche Akteure rekurrieren bei der Frage nach der Wirkung der Politiken und Instrumente zumeist auf die Fahndungserfolge und die Verhinderung von acht islamistischen Terroranschlägen in den vergangenen zehn Jahren in der Bundesrepublik Deutschland (vgl. EXP. INT. 8; Schünemann 2012). Eine wissenschaftliche Analyse über die Wirkung (Output/Outcome) staatlicher Sicherheitspolitik ist im Politikfeld Innere Sicherheit aus zwei Gründen schwierig.[141] Zum einen könnte die Offenlegung von Defiziten staatlicher Handlungsmöglichkeiten zu Taten animieren, deren Folgewirkungen sich für Staat und Gesellschaft zum Nachteil entwickeln würden. Zum anderen ist die Fehlerkultur im Politikfeld Innere Sicherheit nur sehr schwach ausgeprägt und lässt eine Analyse von Schwachstellen nur bedingt zu. Ein Interviewpartner (EXP. INT. 13) beschreibt dieses Manko mit Bezug auf die Polizei wie folgt:

> *„Ich habe schon Einsätze erlebt, die sind katastrophal in die Hose gegangen, und trotzdem sind sie in den Berichten später als wunderbar bezeichnet worden. Das hat mehrere Ursachen. Die Fehlerkultur ist in Polizeibehörden nicht sehr weit ausgeprägt und die vermeintliche Kollegialität untereinander gebietet es, dass man den anderen nicht öffentlich kritisiert [...]. Für Minister und für politische Verantwortungsträger ist es gefährlich, weil nach jedem Fehler, der irgendein Schutzmann an der Straße Z macht, sofort der Aufschrei nach Rücktritt kommt."*

141 Bereits 2005 hat Hans-Jürgen Lange eine Defizitanalyse gefordert (vgl Lange 2005, 4).

Der Interviewpartner führt zudem aus, dass auch auf Seiten der Politik kein Interesse daran besteht, dass in Berichten Versäumnisse des Ministeriums dargestellt werden, *„weil dann sofort der Minister im Spiel ist und dieser sich mit Rücktrittsforderungen konfrontiert sieht, die am Ende oft erfolgreich sind, obwohl ihm nichts anzulasten ist“* (EXP. INT. 13).

Deutlich wird dies auch am Beispiel der Loveparade am 24. Juli 2010 in Duisburg. Damals sprach Innenminister Ralf Jäger bereits kurze Zeit nach dem Unglück die Polizei von jedweder Schuld und Verantwortung frei, ohne weitere Untersuchungen abzuwarten.

Die Frage nach dem *„Outcome“* nimmt also im Politikfeld Innere Sicherheit bislang eine stark untergeordnete Rolle ein. Als klassische Handlungsfolge von Ereignissen werden Gesetze verabschiedet und damit die Probleme weitgehend *ad acta* gelegt – später fragen nur noch wenige, ob die eigentliche Zielbestimmung erreicht wurde (vgl. Lange/Frevel 2008, 143).

8 Künftige Herausforderungen und Einflussfaktoren

Alle am Prozess der Inneren Sicherheit beteiligten Akteure werden sich auch künftig in ihrer strukturellen und prozessualen Ausrichtung wandeln. Neben einem massiven Einsparungsdruck und Umstrukturierungsmaßnahmen werden auch die Europäisierung und die Internationalisierung einen erheblichen Einfluss etwa auf die Polizeien der Länder und des Bundes und den Bevölkerungsschutz nehmen. Innerhalb des Europäisierungsprozesses, der europäischen Institutionen zur länderübergreifenden Kooperation (z. B. Europol) und der justiziellen und polizeilichen Zusammenarbeit in Strafsachen bilden sich durch die dritte Säule der EU neue Sicherheitsstrukturen heraus. Zudem sind internationale Einsatzverpflichtungen (z. B. Afghanistan) – auch der Länderpolizeien – zum Aufgabenportfolio hinzugekommen. In den vergangenen Jahren hat der Kooperations- und Abstimmungsbedarf mit anderen Akteuren der Sicherheitsproduktion (z. B. Nachrichtendienste, Bundeswehr, private Sicherheitswirtschaft) zugenommen, da neue Bedrohungspotenziale (z. B. organisierte Kriminalität, Terrorismus, Cybergefahren) eine strikte Trennung zwischen Innerer und Äußerer Sicherheit nicht mehr möglich machen (vgl. Frevel/Groß 2008, 85). Darüber hinaus werden auch die zunehmende Komplexität von Schadensereignissen, vermehrt auftretende Naturkatastrophen und die Abhängigkeit von kritischen Infrastrukturen die deutsche Politik zur Inneren Sicherheit in Zeiten des demografischen Wandels herausfordern. Alle genannten Einflüsse bieten ausreichend Stoff und thematische Anknüpfungspunkte für weitere Forschungsarbeiten. Alle Herausforderungen hier intensiv zu bearbeiten, würde zweifellos den Rahmen sprengen. Daher wird der Verfasser lediglich auf das Thema *„personelle und finanzielle Entwicklung“* innerhalb des Politikfelds sowie auf die Auswirkungen des demografischen Wandels eingehen.

8.1 Finanzielle und personelle Entwicklungen innerhalb des Politikfelds

Zahlreiche Bundesländer haben bereits aufgrund der verfassungsrechtlichen Schuldenbremse begonnen, die Personalstärke der Polizei zu verringern. Auch künftig ist mit einer Reduzierung zu rechnen. Durch entsprechende Einsparmaßnahmen werden strukturelle Änderungen erforderlich werden (vgl. Seeger 2012, 6). Insgesamt verfügen die deutschen Polizeien heute über rund 214.000

Vollzugsbeamte. Somit kommen auf einen Polizeibeamten durchschnittlich 384 Bürger.[142] Bereits vor einigen Jahren (vgl. Feltes 1996) hat eine Studie darauf hingewiesen, dass es sich hierbei lediglich um ein politisches Zahlenspiel handelt, das der Realität nicht entspricht. Zu einem beliebigen Zeitpunkt steht lediglich ein Polizeibeamter je 10.000 Einwohner einsatz- und abrufbereit im Streifenwagen zur Verfügung. Gründe sind Krankheit, Aus- und Fortbildung, Schichtdienst, Abordnungen etc. (vgl. Feltes 2008, 107).[143]

	Einwohner (in 1000)	**Polizei 2008**[144]	**Polizeidichte 2008**	**Stand 2006/2007**[145]
Baden-Württemberg	10 750	24 506	1:439	1:402
Bayern	12 520	31 366	1:387	1:379
Berlin	3 432	16 171	1:212	1:162
Brandenburg	2 522	8 438	1:299	1:308
Bremen	662	2 885	1:229	1:208
Hamburg	1 772	7 842	1:226	1:231
Hessen	6 065	14 080	1:431	1:410
Mecklenburg-Vorpommern	1 664	5 440	1:306	1:287
Niedersachsen	7 947	17 953	1:443	1:449
NRW	17 934	40 034	1:448	1:456
Rheinland-Pfalz	4 028	9 294	1:433	1:445
Saarland	1 030	2 903	1:355	1:365
Sachsen	4 193	11 987	1:350	1:395
Sachsen-Anhalt	2 382	7 708	1:368	1:313
Schleswig-Holstein	2 834	6 577	1:431	1:427
Thüringen	2 268	6 536	1:347	1:361
Deutschland	**82 002**	**213 720**	**1:384**	**1:372**

Abbildung 25: Verhältnis Bürger – Polizeibeamte (Quelle: Eigene Darstellung)[146]

142 Ohne Ressourcen des Bundes.

143 Der Verfasser hat in diesem Kapitel dennoch mit den offiziellen Zahlen gearbeitet.

144 Quelle: IM NRW 2009, Länderumfrage.

145 Vgl. Groß 2008, 21.

146 Berechnung bezieht sich auf Polizeivollzugsbeamte ohne Auszubildende.

Gerade die Finanzausstattung der Sicherheitsbehörden ist ein strittiges Thema. Gelder sind knapp und verschiedene Politikfelder werden nicht selten Opfer politischer Aushandlungsprozesse. Sicherheit kostet Geld und es wäre Aufgabe der Politik, das Schutzniveau in Deutschland zu definieren. *„Das passiert aber in der Regel nicht, da sie [die Politik] dann erklären müsste, dass sie einen bestimmten Schutz nicht gewährleisten kann oder Schutzlücken entstehen.“*(EXP. INT. 13)

8.1.1 Polizeien der Länder

Bei den Länderpolizeien wurden in vergangener Zeit nahezu 10.000 Stellen gestrichen, was aus polizeilicher Sicht dazu führt, dass künftig nicht mehr alle notwendigen polizeilichen Einsatzmaßnahmen ergriffen werden können (vgl. EXP. INT. 13). Das hat nach Ansicht eines Interviewpartners zur Folge, dass in Deutschland bald eine Untergrenze erreicht sein wird und *„man nicht mehr gewährleisten kann, dass alle polizeilichen Einsatzmaßnahmen, die notwendig sind, tatsächlich gefahren werden können“* (EXP. INT. 13).

Kämen in Deutschland mehrere Großeinsätze zusammen (z. B. Castortransport, Papstbesuch), bei denen eine enorm hohe Zahl von Polizeibeamten eingesetzt werden müsste, träten die Leistungsgrenzen schnell zutage (vgl. ebd.).

> *„Wir haben in Deutschland die Situation, dass wir einen sozialen Frieden haben, und ich möchte mir nicht vorstellen, was passieren würde, wenn wir jetzt auch noch soziale Unruhen dazu bekämen wie z. B. in Frankreich, wo dann plötzlich größere Polizeikontingente zur Aufrechterhaltung der Inneren Sicherheit und Ordnung in größere städtische Gebiete reingehen müssten. Wir wären dann nicht mehr in der Lage, in Deutschland das Sicherheitsniveau zu halten, das die Bürger von uns erwarten.“*(EXP. INT. 13)

Wenn es darum geht, Grenzen der Handlungsfähigkeit aufzuzeigen, endet die Kommunikation zwischen politischen Akteuren. Sie würde die Notwendigkeit einer alternativen Haushaltspolitik in diesem Politikfeld verdeutlichen (vgl. ebd.). Welche gravierenden Auswirkungen der Personalabbau der Landespolizeien – insbesondere in Ostdeutschland – hat, illustriert Der SPIEGEL (2012c) am Beispiel der Oberlausitz in Sachsen. Die Einbruchsquote in dieser Region ist so hoch wie in keiner anderen ländlichen Region Deutschlands. Durch den Stellenabbau verlieren die Bürger das Vertrauen in staatliche Strukturen. Das hat Auswirkungen auf das gesamte gesellschaftliche Zusammenleben. So trauen sich die Menschen nicht mehr ihre Häuser zu verlassen, da sie Angst vor Einbrüchen haben. Die Landespolizei Sachsen kann ihren Schutzauftrag nicht mehr erfüllen. Die Bundespolizei muss z. T. landespolizeiliche Aufgaben übernehmen, um so ein minimales Schutzniveau aufrecht zu erhalten. Dennoch plant das Landesinnenministerium weitere Stelleneinsparungen bei der Landespolizei in Sachsen. So sollen von den ca. 14.000 Stellen 3.000 Stellen gestrichen werden. Von den 72 Revieren sollen 31 geschlossen werden.

Das Innenministerium Sachsen argumentiert allerdings, dass die *„Personalausstattung der sächsischen Polizei [...] bisher von der Bevölkerungsentwicklung abgekoppelt“* (Polizei Sachsen 2012) gewesen sei und dieser Entwicklung mit einer Reform begegnet werden müsse. Die Polizei Sachsen wird im Jahr 2020 noch über 11.280 Stellen verfügen. Der Freistaat wird nach eigenen Angaben *„auch weiterhin über eine höhere Polizeidichte verfügen als der Durchschnitt der westdeutschen Flächenländer“*. So sollen im Jahr 2020 statistisch gesehen 405 Einwohner von einem Polizeivollzugsbeamten betreut werden, während die *„Polizeidichte in den vergleichbaren Altbundesländern bei eins zu 427 liegen wird“* (ebd.). [147] Wie sich diese Zahlen berechnen, legt die sächsische Polizei nicht dar.

Die Zahl der Delikte an der Außengrenze in Sachsen – darunter Einbrüche, Diebstähle und Raubüberfälle – stieg von 2009 auf 2010 etwa um 7,9 Prozent auf 22.117 Fälle (vgl. Der SPIEGEL 2012c). Die Häufigkeit lässt sich durch die Anzahl der Delikte pro 100.000 Einwohner bemessen. An den sächsischen Ostgrenzen hat sich die Häufigkeit von Autodiebstählen in fünf Jahren mehr als verdoppelt. Ließen sich im Jahr 2006 noch 72 Tatbestände feststellen, waren es 2006 bereits 186 (vgl. ebd.). *„In einigen Grenzgemeinden werden rund sechs Mal so viele Autos gestohlen wie in Chemnitz und rund 60 Mal so viele wie im Bundesdurchschnitt.“*(ebd.)

Die Einsparpotenziale zwischen den Bundes- und Landeseinrichtungen sind stark abweichend. Die Problematik der ungleichen Stellen- und Finanzeinsparungen lässt sich auf die Terroranschläge des 11. Septembers 2001 zurückführen. Durch die Anschläge in den

Vereinigten Staaten kam es zu erheblichen Veränderungen in der Sicherheitspolitik und in der entsprechenden Bekämpfung des Terrorismus. So erhielten Policies wie die Luftsicherheit oder die Grenzkontrollen eine neue Qualität. Auch das BKA hatte eine erhebliche Aufgabenverlagerung zu verkraften. Da die Aufgaben verstärkt vom Bund wahrgenommen wurden, sind bisher dramatische Stelleneinsparungen ausgeblieben. Zum einen wurde dies mit dem Aufgabenzuwachs begründet, zum anderen verfügt der Bund im Vergleich zu den Ländern über eine adäquate Mittelausstattung. Dies wird auch bei den Tarifverhandlungen deutlich – gerade die Länder und Kommunen kommen durch die erhöhten Ausgaben in Schwierigkeiten. Die Länder haben die größten Personalkörper im Bereich Bil-

147 Der Verfasser bezweifelt diese Ausführungen.

dung (Lehrer), Justiz und Polizei. Der Stellenwert der Inneren Sicherheit ergibt sich auch aus einer politischen Stimmungslage. Gerade in den Ländern wird bei einem Abwägungsprozess eher der Bildung eine Priorität eingeräumt, da sich Bildungspolitik auch bei Wahlen besser kommunizieren lässt. Politische Akteure versprechen sich davon die Sicherung eines Wählerpotenzials. Personal bei den Polizeibehörden wird dann auf *„natürlichem Wege"* abgebaut, Stellen werden eingespart, Aufgaben extern vergeben, und Organisationen einem Umstrukturierungsprozess unterzogen, um Personal freizusetzen. Diese Prozesse führen auf Dauer zu weniger Stellen und weniger Personal bei den Polizeien der Länder. Als Ursache kann die schwierigere Haushaltslage für die Länder angeführt werden (vgl. GdP 2012).

Wagt man einen Blick nach Rheinland-Pfalz, stellt sich die Frage, wie die zahlreichen Aufgaben der Polizei mit der Haushaltssituation der Bundesländer in Einklang gebracht werden können. Im Jahr 2003 verständigten sich alle im Landtag vertretenen Parteien (SPD, CDU, Grüne und FDP) darauf, dass die Zahl von 9.014 Polizeibeamten die absolute Untergrenze sein muss, um Innere Sicherheit auf einem adäquaten Niveau gewährleisten zu können. Aufgrund der zu erwartenden Pensionierungswelle wurde in den folgenden Jahren die Personalausstattung auf 9.360 Beamte erhöht. Als 2010 aufgrund der Schuldenbremse Einsparungen im Landeshaushalt verordnet wurden, verständigte man sich fraktionsübergreifend auf die Zahl von 9.014 als Zielgröße bis 2016. Es handele sich dabei nicht um einen realen Abbau von Personal, sondern lediglich um eine Rückführung auf das 2003 vereinbarte Niveau, so Innenminister Lewentz (2012, 8). Allerdings sind in Rheinland-Pfalz derzeit etwa 1.000 Polizeibeamte nur eingeschränkt dienstfähig und stehen somit nicht ohne Weiteres für Wochenendeinsätze oder den Wechselschichtdienst zur Verfügung (vgl. ebd.). Damit ist die formulierte Zielsetzung obsolet.

Die häufig vorgebrachte Argumentation, dass durch die geringer werdende Bevölkerung auch der Bedarf an Polizeikräften sinkt und somit auch Stellen des PVD eingespart werden können, greift nur bedingt.[148] Richtig ist, dass der derzeitige Trend einen Rückgang der bundesdeutschen Bevölkerung aufweist, der sich allerdings nicht flächendeckend vollzieht. Da die Polizei stark föderal organisiert ist, bedarf es einer konkreten Betrachtung der jeweiligen Bundesländer.

148 Ausführlich zum demografischen Wandel s. Kap. 8.

8.1.2 Die Polizeien des Bundes und der Verfassungsschutz

Entgegen ursprünglicher Pläne, das Budget der Bundespolizei jährlich anzuheben, um etwa Gehaltserhöhungen zu finanzieren, wird sich die Behörde künftig zu Einsparungen gezwungen sehen. Nach derzeitigen Planungen stehen der Einrichtung im Jahr 2015 insgesamt 66 Millionen Euro weniger zur Verfügung als 2011. Das Budget schrumpft von 2,404 auf 2,338 Milliarden Euro. Die Gewerkschaft der Polizei (GdP) warnt bereits, dass der Sparkurs zu *„massiven Einschränkungen im Bereich der Inneren Sicherheit und bei der Terrorbekämpfung an den Grenzen"* führen wird. (Focus 2011).

Nach Angaben eines internen Vermerks der GdP sollen bei der Bundespolizei insgesamt 625 Stellen im PVB-Bereich wegfallen. Laut der GdP-Bundespolizei ist dies *„ein erstmaliger Vorgang in der Geschichte des Bundesgrenzschutzes bzw. der Bundespolizei"*(GdP 2011, auf Anfrage). Ein Interviewpartner übt in diesem Zusammenhang Kritik am Parlament (EXP. INT. 13). Durch parlamentarische Entscheidungen, die etwa die Luftfrachtkontrolle[149], betreffen, gerät die Bundespolizei unter Druck, Aufgaben mit den vorhandenen finanziellen und personellen Ressourcen wahrzunehmen.

> *„Uns fehlen die sachlichen-, personellen- und finanziellen Mittel dazu. Der Haushaltsausschuss ist derzeit nicht wirklich bereit, uns diese Mittel zur Verfügung zu stellen. Das bedeutet, dass, wenn man die Aufgabe bekommt, andere Aufgaben zurückgefahren werden müssen. Das ist nicht wünschenswert."* (EXP. INT. 13)

In den Haushaltsjahren 2002 und 2003 erfolgte auch beim Bundeskriminalamt eine Stellen- und Mittelzuweisung durch das *„Anti-Terror-Paket I"* und das *„Terrorismusbekämpfungsgesetz"*. So wurde die finanzielle und personelle Ausstattung des BKA verstärkt, um die *„Instrumente zur Bekämpfung des internationalen Terrorismus [zu] verbessern"* (BKA 2012). Im Jahr 2011 verfügte das Amt über 5.272 Mitarbeiter[150] (vgl. Destatis 2011), von denen etwa die Hälfte Kriminalbeamte sind. Das Haushaltsvolumen für das Jahr 2012 liegt bei rund 397 Mio. Euro (vgl. BMI 2012b). Dennoch ließ sich bereits seit den 1990er Jahren, also vor den Terroranschlägen vom 11. September 2001, ein Personalzuwachs ausmachen (vgl. Möllers/Ooyen 2008, 30). Zwischenzeitlich ist allerdings auch beim BKA ein Stellenabbau erkennbar, der sich voraussichtlich weiter fortsetzen wird.

---

149 Bereits seit längerer Zeit ist bekannt, dass es hier Sicherheitslücken gibt. U. a. machen Polizeigewerkschaften darauf aufmerksam. Z. B. http://www.bundespolizeigewerkschaft.de/warchiv/archiv2010/032af59e3c0a28106.html. Innerhalb des Parlaments herrscht weitgehend Einigkeit darüber, dass die Aufgabe von der BPol übernommen werden soll.

150 Laut BMI (2012b) sind es im Jahr 2012 noch 5.025 Beschäftigte.

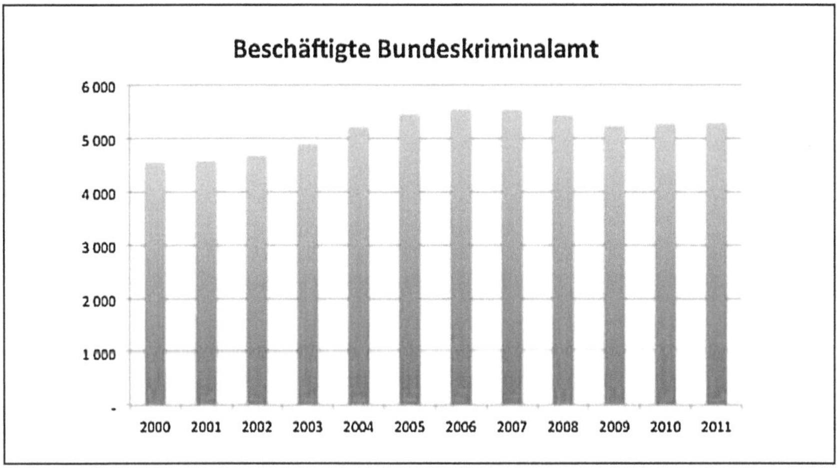

Abbildung 26: Personalentwicklung beim BKA (Quelle: Eigene Darstellung in Anlehnung an Destatis 2011)

Aufgrund der Bedrohungslage durch den islamistischen Terrorismus konnte auch das Bundesamt für Verfassungsschutz einen Zuwachs seines Budgets verzeichnen. Im Jahr 2008 erfolgte eine Erhöhung auf 163,2 Mio. Euro und für das Haushaltsjahr 2009 war sogar ein Budget von 181,8 Mio. Euro vorgesehen (vgl. Behördenspiegel 2008, 44). Der Zuschuss aus dem Bundeshaushalt im Jahr 2011 betrug 186,6 Euro (2010: 174.3 Euro). Das Bundesamt für Verfassungsschutz hatte im Jahr 2011 2.701 (2010: 2.641) Mitarbeiter (vgl. BMI 2011c, 9). Das Amt beschäftigt ca. 2.700 Mitarbeiter[151] (vgl. BMI 2011c, 9).

Anzahl Mitarbeiter	Bundesland
über 300	Bayern (größtes Amt mit über 400 Mitarbeitern), Baden-Württemberg, Nordrhein-Westfalen
über 200	Niedersachsen, Hessen
deutlich über 100	Sachsen, Berlin, Rheinland-Pfalz, Hamburg
ca. 100 oder weniger	Bremen (47), Saarland (83), Mecklenburg-Vorpommern, Schleswig-Holstein, Sachsen-Anhalt, Thüringen, Brandenburg

Abbildung 27: Strukturdaten der Ämter für Verfassungsschutz (Quelle: Eigene Darstellung in Anlehnung an Geiger 2012, 3)

151 Stand 2011. Im Jahr 2010 waren es 2.641 Bedienstete (vgl. BMI 2011c, 9).

Im Haushaltsjahr 2008[152] waren in den Landesbehörden für Verfassungsschutz über 5.500 Stellen, davon ca. 2.900 bei den Landesämtern, besetzt. Die Zahl variiert zwischen 40 bis über 400 in den einzelnen Behörden und richtet sich weitgehend nach der Bevölkerungszahl eines Bundeslandes. Der Personalbestand hat sich gegenüber 2001 um ca. 20 Prozent erhöht (vgl. Murck 2009, 187).

8.1.3 Helferpotenziale im Bevölkerungsschutz

Etwas komplexer gestaltet sich die Personalsituation beim Bevölkerungsschutz, da er keine rein staatlichen Aufgaben wahrnimmt.[153] Der Bevölkerungsschutz fußt auf ehrenamtlichem Engagement. Das bundesdeutsche System des Bevölkerungs- und Katastrophenschutzes ist gut aufgestellt und verfügt im Vergleich zu anderen Ländern, die viel häufiger von Großschadenslagen und Katastrophen heimgesucht werden, über größere personelle und materielle Ressourcen (vgl. EXP. INT. 2). Wenngleich das Bundesministerium des Innern von ca. 1,78 Mio. ehrenamtlich engagierten Helfern in den Feuerwehren und Hilfsorganisationen spricht (vgl. BMI 2012e), ist diese Zahl kritisch zu sehen, da keine einheitlichen Erhebungsmöglichkeiten über die Zahl von einsatzfähigen ehrenamtlichen Helfern im Bevölkerungsschutz[154] in Deutschland vorhanden sind (vgl. Lange et al 2012b, 121).[155]

152 Eine aktuellere Zahl konnte nicht ermittelt werden.

153 Aufgrund der Komplexität soll die Untersuchung an dieser Stelle ausführlich erfolgen.

154 Eine statistische Erfassung von freiwilligen Feuerwehrleuten findet nach Erkenntnissen des Verfassers über den Deutschen Feuerwehrverband statt.

155 Der AK V hat zwischenzeitlich eine zentrale Erhebung von Helferdaten beschlossen. Wie diese Erhebung methodisch erfolgen wird und bis wann dieses Verfahren abgeschlossen ist, ist noch unklar.

Organisationen	Angaben des BMI	Eigene Recherche
Freiwillige Feuerwehren	ca. 1,2 Mio.	1.041.978[156]
Hilfsorganisationen	insg. 500.000	ASB: 10.661[157]
		DLRG: 40.558[158]
		DRK: 170.000[159]
		JUH: 7.675
		MHD: ca. 44.000[160]
Technisches Hilfswerk	76.000	40.290[161]
Gesamt	1,776.000	1,355.162

Abbildung 28: Ehrenamtliche Potenziale im Bevölkerungs- und Brandschutz

Schon bei der groben Übersicht ist eine enorme Diskrepanz bei der Darstellung von Helferzahlen erkennbar. Es ist davon auszugehen, dass das BMI bei der Berechnung des Personalstands etwa beim Technischen Hilfswerk auch *„Reserve-, Jung- und Althelfer“* berücksichtigt hat. Diese beziffern sich mit Stand 2011 allein auf 42.586 Helfer. Eine weitere Problematik ergibt sich aus der Mitwirkung von Helfern in mehreren Hilfsorganisationen. Statistisch werden diese jedoch bei sämtlichen Organisationen geführt, können im Einsatzfall aber lediglich bei einer Organisation tätig werden. Die Gesamtzahl der einsatzfähigen und ausgebildeten Helfer dürfte somit weit unter der in dieser Arbeit ermittelten Zahl (1,355 Mio.) liegen. Auch wenn der AK V das BBK mit der Ermittlung einer realistischen Zahl beauftragt hat, ist fraglich, ob überhaupt ein politisches Interesse an einem wirklichkeitsgetreuen Überblick besteht.

156 Jahresstatistik 2008. Ohne Berufs- und Jugendfeuerwehr (vgl. DFV 2008, 253).

157 Lange et al. 2012b, 41.

158 Bezieht sich auf den Bereich *„Wasserrettungsdienst“* (vgl. Lange et al. 2012b, 57), der am ehesten dem Bereich Bevölkerungsschutz zuzuordnen ist. Kinder und Jugendliche finden bei der quantitativen Darstellung keine Berücksichtigung, da es sich nicht um einsatzfähige Helfer handelt.

159 Nach Angaben des Generalsekretariats handelt es sich hierbei um eine grobe Schätzung. Eine Abfrage erfolgte durch das Forschungsprojekt *„PRI-KATS“*.

160 Ebd.

161 THWin vom 26.04.2011, auf Anfrage.

8.1.4 Ehrenamtliches Engagement und Helfergewinnung

Wie im vorhergehenden Kapitel ausführlich dargestellt, basiert das System des deutschen Bevölkerungsschutzes zu einem großen Teil auf einem ehrenamtlichen Engagement. Die Gewinnung von Helfern für die Hilfsorganisationen und die freiwilligen Feuerwehren wird zunehmend zum Problem. Gründe sind die Aussetzung der Wehrpflicht, eine erhöhte Mobilitätsanforderung seitens der Arbeitgeber, eine stärkere Einbindung junger Menschen in das Berufsleben sowie die Auswirkungen des demografischen Wandels. Eine repräsentative Umfrage[162] der Universität Witten/Herdecke (Lange et al. 2011) hat dargelegt, dass 4 % der sich in Deutschland ehrenamtlich engagierenden Menschen bei einer Organisation des Bevölkerungs- oder Brandschutzes aktiv sind.

Nach Angaben der Bundesregierung (vgl. BMFSFJ 2009, Vorwort) sind 23 Millionen Menschen in Deutschland ehrenamtlich engagiert. Nach dem Freiwilligensurvey[163] der Bundesregierung (vgl. ebd., 7) unterteilt sich das Engagement in vier Kernbereiche. Zu dem *„sehr großen Bereich"*, zählt das Engagement in *„Sport und Bewegung"* mit 10,1 %, zum *„großen Bereich"* das Engagement in *„Schule/Kindergarten"*[164] oder in *„Kultur/Musik"*. Der Bereich *„Feuerwehr/Rettungsdienste"* fällt bei dem Freiwilligensurvey in den *„mittleren Bereich"* mit 3,1 %, der Engagementbereich *„Justiz/Kriminalitätsprobleme"* in den *„kleineren Bereich"* mit 0,7 % (vgl. ebd., 7).

Grundsätzlich engagieren sich Menschen in der Bundesrepublik Deutschland überwiegend, *„weil es Spaß macht"* (82 %), weil sie an einer *„sinnvollen Sache"* mitwirken (80 %) oder die Gesellschaft mitgestalten (74 %) wollen. Der Erwerb von *„wichtigen Qualifikationen"* (18 %) sowie *„Ansehen und Einfluss"* (12 %) spielen eine untergeordnete Rolle. Lediglich 3 % der Befragten gaben an, dass *„materielle Anreize"* (bspw. LKW-Führerschein) für das Engagement ausschlaggebend waren.

44 % der Befragten üben kein ehrenamtliches Engagement aus. Als Hauptgrund nannten sie *„fehlende Zeit"* (71 %). 11 % der Befragten gaben an, zu einem früheren Zeitpunkt ehrenamtlich tätig gewesen zu sein. Die Aufgabe ihres Ehrenamtes begründeten 32 % mit *„Zeitmangel", 10 %* mit *„fehlender Anerkennung"*, 8 % mit *„Umzug"*, 6 % mit *„gesundheitlichen"* und 5 % mit *„altersbedingten Gründen"* (vgl. Wendekamm/Endreß 2012, 28 f.).

162 N = 1.001.

163 N = 20.005.

164 6,9 %

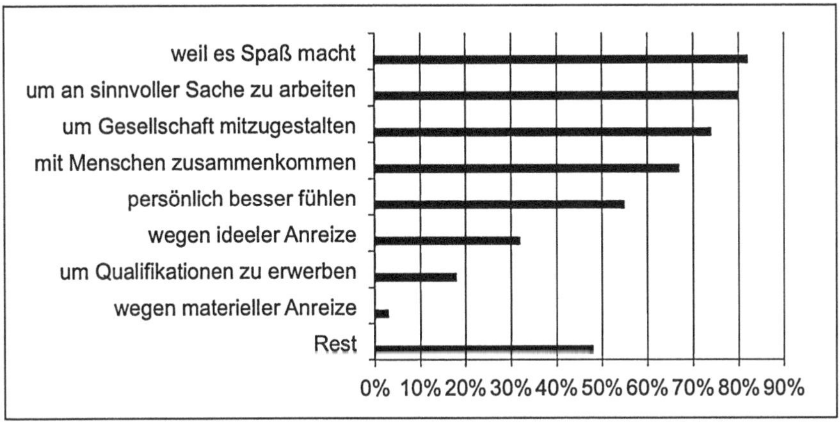

Abbildung 29: Gründe für ehrenamtliches Engagement in Deutschland – allgemein (Quelle: Wendekamm/Endreß 2012, 30)

Gründe für und gegen ein Engagement im Bevölkerungs- und Brandschutz

Die Mehrheit der Befragten, die bei einer Organisation des Bevölkerungs- oder Brandschutzes tätig sind, gab an, bei einer freiwilligen Feuerwehr (64 %) tätig zu sein. Das Rote Kreuz folgte mit 16 %.[165]

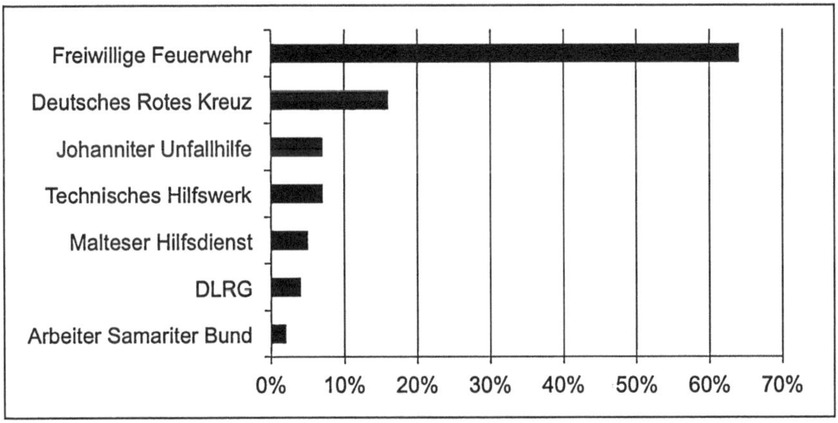

Abbildung 30: Tätigkeitsfelder der Befragten (Quelle: Ebd., 29)

165 Diese Prozentangaben können durch die geringen Fallzahlen lediglich Tendenzen angeben.

Auf die Frage, warum Menschen sich in Hilfsorganisationen engagieren, gaben sie *„Tradition“* oder *„den Wunsch zu helfen“* an. Aber auch *„soziale Gründe“*, also der Wunsch, anderen Menschen zu begegnen, gab den Ausschlag, einer Hilfsorganisation beizutreten.

Bei der Erhebung wurde explizit untersucht, wie Menschen künftig für ein ehrenamtliches Engagement in einer Organisation des Bevölkerungs- oder Brandschutz gewonnen werden können. Ein Anreiz für ein Engagement in einer entsprechenden Organisation stellt beispielsweise eine *„ideelle Motivation“* (46 %) dar. 32 % der Befragten erklärten, dass sie mehr Informationen über die Organisationen und die ehrenamtlichen Tätigkeiten benötigten.[166]

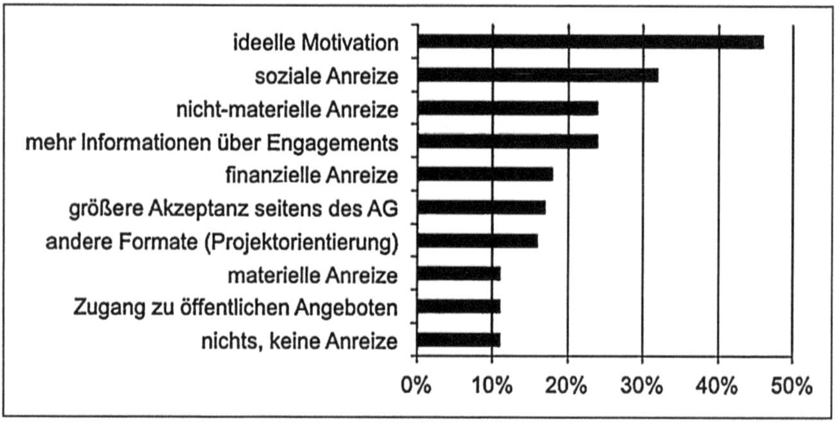

Abbildung 31: Mögliche Anreize für ein Engagement im Bevölkerungs- oder Brandschutz (Quelle: Ebd., 30)

Diejenigen, die nicht einer Organisation des Bevölkerungs- oder Brandschutzes angehören, wurden befragt, bei welcher Organisation sie sich ein Engagement vorstellen könnten. 42 % der Befragten nannten das DRK. Über ein Drittel der Befragten (38 %) würde ein Engagement beim THW in Betracht ziehen. Ein unerwartetes Bild zeichnete sich bei den Feuerwehren ab. Hier konnten sich lediglich 28 % der Befragten ein Engagement vorstellen. Dies ist speziell vor dem Hintergrund erstaunlich, dass der größte Teil der Menschen, die ehrenamtlich im Bevölkerungs- und Brandschutz tätig sind, dieses Engagement bei der Feuerwehr ausüben (vgl. Wendekamm / Endreß 2012, 29). Aus der Gruppe der Befragten, die kein Ehrenamt bekleiden, lehnte ca. ein Fünftel (22 %) ein Engagement bei einer Organisation des Bevölkerungs- oder Brandschutzes ab. Generell konnten sich

166 Antworten von Befragten, die nicht in einer Organisation des Bevölkerungs- oder Brandschutzes tätig sind.

aber 39 % vorstellen, in einem anderen Bereich tätig zu werden. Für die Hälfte (56 %) der Befragten, die sich nicht ehrenamtlich engagieren, kam eine ehrenamtliche Tätigkeit auch nicht in Betracht.

Für die künftige Aufgabenbewältigung bei Katastrophen und schweren Unglücksfällen könnte der Fall eintreten, dass die Bevölkerung oder spezifische Berufsgruppen zu spontaner Hilfe herangezogen werden müssen.[167] 45 % der Befragten wären bereit, im Katastrophenfall mitzuwirken. 18 % würden diese spontane Mitwirkung jedoch ablehnen. Rund ein Drittel (34 %) der Befragten wäre nur unter bestimmten Umständen zu einer Mitwirkung bereit.

27 % der Befragten wären bereit, spontan zu helfen, wenn eine konkrete Notsituation vorläge. Bei einer Katastrophe im unmittelbaren Umfeld wären 16 % zu einer spontanen Hilfeleistung bereit. 12 % würden aus geringen Zeitressourcen und 9 % aus Gesundheitsgründen für spontane Hilfeleistungen nicht zur Verfügung stehen (vgl. ebd.; Lange 2011 et al.).

8.2 Auswirkungen der demografischen Entwicklung auf die Innere Sicherheit[168]

Der demografische Wandel wird sich künftig auf die Bevölkerungsentwicklung, die Alters- und Geschlechterstruktur, die ethnische Zusammensetzung, die regionale Verteilung der Bevölkerung sowie alle Lebensformen auswirken. Ganz konkret wird der demografische Wandel durch die Entwicklung der Zahl der Geburten, der Sterbefälle und der Wanderungsbilanz bestimmt (vgl. BMI 2011b, 11).

Die demografische Entwicklung nimmt einen signifikanten Einfluss auf alle Bereiche des öffentlichen Lebens und somit auch auf das Politikfeld Innere Sicherheit. Demografische Analysen und deren Ergebnisse stellen eine relevante Grundlage für Planungsentscheidungen dar. Diskussionen und Diskurse finden in einem politisch stark aufgeladenen Raum statt und bedürfen daher der sorgfältigen Prüfung potenzieller Interpretationsrisiken (vgl. Frevel/Bredthauer 2010, 11). Zudem ist zu berücksichtigen, dass demografische Hypothesen weitgehend auf deskriptive Erkenntnisse rekurrieren und selbst bei seriöser Betrachtung *„nicht zum Status eines Naturgesetzes aufschließen"* (ebd.).

167 In Österreich gibt es bspw. eine Datenbank *„Team Österreich"*, in der sich Menschen für spontane Hilfe registrieren lassen können und im Bedarfsfall vom Österreichischen Roten Kreuz alarmiert werden (vgl. Team Österreich 2012). In Deutschland laufen ähnliche Überlegungen durch das DRK.

168 Zur Vertiefung empfohlen Grünheid 2008.

Die Bundesregierung hat im Jahr 2012 die *„Demografiestrategie"* (vgl. BMI 2012) vorgestellt. Merkwürdigerweise fanden die Themenfelder Innere oder Öffentliche Sicherheit hier keine Berücksichtigung.[169]

8.2.1 Auswirkungen auf Kriminalität und Sicherheit

Hinsichtlich der Auswirkungen des demografischen Wandels auf die Sicherheit der Bundesrepublik Deutschland lassen sich zwei Tendenzen erkennen: Auswirkungen durch den Veränderungsprozess der gesellschaftlichen Altersstrukturen sowie Auswirkungen der Migration – sowohl der Binnen- als auch Außenwanderungen (vgl. Grünheid 2008, 57). Aber auch im Bereich der Personalentwicklung der Sicherheitsakteure werden die demografischen Tendenzen nicht ohne Konsequenzen bleiben (vgl. Binias 2012).

Auswirkungen der Zuwanderung aus dem Ausland

Gerade im Bereich des Terrorismus wird ein Zusammenhang von Zuwanderung und Kriminalitätsentwicklung gesehen. Dabei ist explizit zu berücksichtigen, dass eine Gleichsetzung von Migration und Kriminalität oder gar Terrorismus grundsätzlich nicht erfolgen kann. Zum einen ist lediglich ein sehr geringer Anteil von Migranten im Umfeld des Terrorismus zu verorten (der Großteil von Menschen mit Migrationshintergrund distanziert sich davon). Zum anderen können Terroristen auch mit einem Touristenvisum in die Bundesrepublik einreisen. Mit den Anschlägen vom 11. September 2001 wurde westlichen Staaten ein bisher eher unbekanntes Muster aufgezeigt: Selbstmordanschläge mit hohen Opferzahlen, internationale Verstrickungen bei der Planung der Anschläge sowie stark fundamentalistische Zielsetzungen. Auch Einwanderer der zweiten und dritten Generation stellen eine Zielgruppe für Anwerbungsversuche verfassungsfeindlicher Organisationen oder entsprechende Aktivitäten dar. Hiergegen kann nur eine wirkungsvolle Integration in die Gesellschaft und eine Identifikation mit dem neuen Heimatland entgegenwirken, wenngleich die Anschläge in Großbritannien sowie die vereitelten Attentate in Deutschland gezeigt haben, dass dies nicht zwingend der Fall sein muss. Bei den Tätern handelte es sich um Personen, die vermeintlich gut in die Gesellschaft integriert waren.

Ein zweiter Zusammenhang ergibt sich aus der illegalen Zuwanderung, ein dritter aus der Kriminalität von zugewanderten ausländischen Personen. Im

169 Der Demografiebericht der Bundesregierung von 2011 hingegen sieht das Thema *„Öffentliche Sicherheit"* vor.

Jahr 2006 besaßen 22% aller polizeilich ermittelten Tatverdächtigen nicht die deutsche Staatsbürgerschaft. Ein Großteil von Menschen mit Migrationshintergrund befindet sich in einem Spannungsfeld unterschiedlicher Kulturen, was sie möglicherweise für kriminelle Handlungen anfällig macht (vgl. Grünheid 2008, 59).

In ihrem zweiten Periodischen Sicherheitsbericht (BMI/BMJ 2006, 409f.) schreiben die Verfasser, dass die Identitätsentwicklung besonders dann kritisch verläuft, wenn

> *„junge Menschen wiederholt auf Vorurteile und Diskriminierungen stoßen, mit diesen nicht produktiv umgehen können, sondern aus der Balance geraten und am Ende auf krisenhafte Verschärfungen zusteuern. Daraus kann sich ein ausgeprägter sogenannter innerer Kulturkonflikt entwickeln.“*

Von spezieller Bedeutung für die Entwicklung der Jugendkriminalität sind Personen, deren Männlichkeitsvorstellungen stark ausgeprägt sind. Zu dieser Gruppe zählen besonders Menschen mit türkischem, jugoslawischem oder russischem Migrationshintergrund (vgl. Grünheid 2008, 59).

Auswirkung der veränderten Altersstrukturen

In Bezug auf den Zusammenhang zwischen der veränderten Altersstruktur der Bevölkerung und der Kriminalitätsentwicklung lassen sich drei relevante Schwerpunkte ausmachen:

1) die Entwicklung der Opferstrukturen,
2) die Entwicklung der Täter und Deliktstruktur,
3) die Entwicklung der Kriminalitätsängste (vgl. ebd., 60).

Entwicklung der Opferstrukturen

Die polizeiliche Kriminalstatistik erfasst Opfer lediglich bei bestimmten Straftatengruppen, sodass sich folgendes Bild ergibt (vgl. BMI 2011d, 23):

- Männliche Opfer wurden zumeist bei Raub, Mord und Totschlag, Körperverletzung und Straftaten gegen die persönliche Freiheit registriert.
- Menschen ab 60 Jahre wurden, ausgenommen in Fällen von Mord und Totschlag sowie Raub (zumeist Handtaschenraub), verhältnismäßig selten als Opfer erfasst.
- Erwachsene Opfer in der Altersgruppe 21 bis 60 Jahre überwogen eindeutig bei Straftaten, die gegen die persönliche Freiheit gerichtet waren, bei Tötungsdelikten und Körperverletzungen.

- Von Sexual- aber auch Raubdelikten waren Jugendliche (14 bis unter 18 Jahre) überdurchschnittlich betroffen.

Bei allen relevanten Straftatengruppen wurde 2011 ein Rückgang der Opferzahlen registriert (BMI 2011d, 23):

- Körperverletzung = -0,1 % (2010: 608.096 Opfer),
- Raubdelikte = -0,2 % (2010: 54.643 Opfer),
- vollendeter Mord und Totschlag = -2,0 % (2010: 2.601 Opfer),
- Straftaten gegen die persönliche Freiheit = -2,5 % (2010: 221.858 Opfer),
- Straftaten gegen die sexuelle Selbstbestimmung = -9,5 % (2010: 15.781 Opfer).

Bei der Betrachtung der Opferstrukturen lässt sich feststellen, dass entgegen der weit verbreiteten Annahme ältere Menschen *„eher seltener Opfer von Gewaltstraftaten werden als zum Beispiel jugendliche und junge erwachsene Männer“* (Grünheid 2008, 64).

Obwohl die Forschung noch am Anfang steht, kann davon ausgegangen werden, dass Kriminalitätsgefährdungen im höheren Lebensalter sowie in der häuslichen Umgebung z. B. bei der Pflege von älteren Menschen zunehmen wird. Es ist absehbar, dass folgende Faktoren diesen Prozess künftig beeinflussen werden (vgl. Görgen 2005; Grünheid 2008, 64):

- Überlastung der Pflegeperson,
- gestörte familiäre Beziehungen bereits vor Beginn der Pflegetätigkeit,
- psychische Störungen sowie Abhängigkeit von Medikamenten und Suchtmittel der Pflegeperson,
- unzureichende Unterstützung der Pflegepersonen sowie deren soziale Isolation.

Wenngleich nach aktuellem Wissensstand die These von der *„Unumkehrbarkeit des demografischen Wandels“* (Frevel / Bredthauer 2010, 21) keineswegs Bestand hat, lässt sich in den vergangenen Jahren eine niedrigere Geburtenrate beobachten. Einhergehend damit sind auch die familiären Netzwerke kleiner geworden. Daher stehen für häusliche Pflege auch zunehmend weniger Familienangehörige zur Verfügung. Die Entwicklung lässt eine verstärkte Nachfrage nach stationären und ambulanten Pflegeeinrichtungen erkennen. Dieser Bedarf und die hohen Kostenfaktoren für Pflegeeinrichtungen werden die Schwarzarbeit in dem Bereich verstärken.

Davon ausgehend, dass ältere Menschen künftig häufiger Opfer von kriminellen Handlungen werden, sind einige Faktoren zu berücksichtigen, die diesen Trend vermutlich begünstigen werden (vgl. Grünheid 2008, 65):

- Gerade bei eingeschränkter Mobilität werden zeitgemäße Kommunikationsmittel verstärkt auch von älteren Menschen genutzt werden. Jüngere Senioren nutzen schon heute die vielfältigen Möglichkeiten des Internets. Es ist zu erwarten, dass das Internet erhöht als Instrument krimineller Aktivitäten gegen Senioren genutzt werden wird.
- Auch ein Anstieg von Betrugsversuchen über das Telefon ist zu erkennen (bspw. *„Enkeltrick"*). Gerade wenn ältere Menschen sozial und familiär isoliert leben und dadurch das Einsamkeitsgefühl ansteigt, sind sie anfälliger für entsprechende kriminelle Machenschaften.
- Aufgrund des Anstiegs alleinstehender und finanziell gut gestellter Pflegebedürftiger wird auch die Zahl der gesetzlich bestellten Betreuer zunehmen. Gerade bei größeren Vermögenswerten der zu betreuenden Menschen steigt auch der Anreiz zu kriminellen Handlungen.

Entwicklung der Täter und Deliktstruktur

Ein Rückgang von jungen Menschen auf der einen Seite und ein Zuwachs von älteren Menschen auf der anderen Seite werden zwangsläufig Auswirkungen auf Täter- und Deliktstruktur haben. Entsprechend der 11. Koordinierten Bevölkerungsvorausberechnung wird die Bevölkerung in Deutschland von 82,3 Mio. (Jahr 2006) auf ca. 68,7 Mio. Menschen im Jahr 2050 schrumpfen (vgl. Giebel/Kemme 2010, 71). Selbst wenn es gelingen sollte, das Geburtenniveau zu erhöhen, wären die Auswirkungen erst langfristig ersichtlich (vgl. Grünheid 2008, 65). Folgende Bereiche werden somit für das Politikfeld Innere Sicherheit relevant sein (vgl. ebd., 61):

- Der Anteil der Menschen, die nach weit verbreiteter Meinung das *„höchste Kriminalitätsrisiko"* darstellen – junge arbeitslose männliche Personen mit geringem Einkommen und niedrigem Bildungsabschluss – wird sich zahlenmäßig verringern. Die Anzahl junger Menschen wird geringer; zugleich sinkt die Zahl der Menschen im erwerbsfähigen Alter, sodass mit einem Rückgang der Arbeitslosigkeit zu rechnen ist.
- Es kann davon ausgegangen werden, dass sich in einer alternden Gesellschaft auch andere Deliktstrukturen herausbilden werden.
- Auch der Strafvollzug wird sich auf ältere Häftlinge einstellen müssen.
- Das Rettungswesen und der Katastrophenschutz werden mit einem erhöhten Einsatzaufkommen rechnen müssen – bei einer geringer werdenden Zahl von Hilfskräften.

Bislang sind ältere Menschen im Bereich der Kriminalität eher als Opfer denn als Täter auszumachen. Es wird allerdings davon ausgegangen, dass Straftaten von älteren Menschen mit Rücksicht auf das hohe Alter und des Bagatellcharakters seltener zur Anzeige gebracht werden. Die derzeitige Bevölkerungsentwicklung wird nicht ohne Folgen für die Gesamtzahl von Straftaten bleiben, die von älteren Menschen begangen werden. Gerade bei Eigentumsdelikten sowie Delikten im Straßenverkehr unterliegen ältere Menschen einer besonderen Auffälligkeit (vgl. Grünheid 2008, 62). Dem Kriminologen Laubenthal (2005, 7) zufolge bringt das Altern einen neuen sozialen Status mit sich, der mit einer sozialen Ausgliederung einhergeht, die neue Verhaltensanforderungen an die Betroffenen stellt.

> *„Das Ausscheiden aus dem Erwerbsleben reduziert die materielle Sicherheit; berufliches Ansehen; Kontakte zu anderen Menschen am Arbeitsplatz entfallen. Hinzu kommt ein Übermaß an Freiheit, deren Einteilung und Gestaltung dem Einzelnen nun selbst obliegt und die – wenn er nicht in einem Familienverband oder in einem Heim lebt – mit einer Verringerung der informellen Selbstkontrolle einhergeht."*

Kommt der Betroffene nicht oder nicht vollständig mit dieser Situation zurecht, kann dies zu einem abweichenden Verhalten beitragen (vgl. ebd., 7).

Entwicklung der Kriminalitätsängste

Verschiedene Befragungen (z. B. Allensbach-Umfragen, Wohlfahrtssurvey) haben gezeigt, dass das Sicherheitsgefühl in der Bundesrepublik Deutschland zunimmt und die Kriminalitätsängste zurückgehen. Heute liegt die Kriminalitätsfurcht in Deutschland unter dem EU-15-Durchschnitt, während sie bis Mitte der 1990er Jahre noch über dem Durchschnitt rangierte. Dabei ist zu differenzieren zwischen der Furcht, Opfer einer Straftat zu werden (Viktimisierungserwartung), der persönlichen Angst vor Kriminalität und der Sorge über die allgemeine Kriminalitätsentwicklung (Kriminalitätssorgen). Alle Fragen werden in den einschlägigen Forschungsbereichen segmentiert untersucht und in Bezug auf die Altersschichten der Gesellschaftsstruktur unterschiedlich bewertet (vgl. Grünheid 2008, 60 f.). So kommt das LKA NRW zu folgendem Ergebnis:

> *„Mit dem Alter steigt die Furcht vor Straßenraub, Wohnungseinbruch, Kfz-Diebstahl und -Aufbruch sowie vor Sachbeschädigungen kontinuierlich an. Im Gegensatz dazu sinkt die Kriminalitätsfurcht mit dem Alter bei Fahrraddiebstahl. Die Furcht vor Sexualstraftaten sinkt ebenfalls mit dem Alter bei Frauen deutlich. Hinsichtlich des Alters gibt es demnach keinen generellen Zusammenhang mit Kriminalitätsfurcht, vielmehr variiert dieser ebenfalls mit der Deliktsform."* (LKA NRW 2006, 30)

Lediglich bei Handtaschendiebstählen sind ältere Menschen – explizit Frauen – stärker betroffen als jüngere. Die vergleichsweise höheren Kriminalitätsängste lassen sich darauf zurückführen, dass sich ältere Menschen – wenn sie Opfer einer Straftat werden – verletzlicher fühlen als jüngere Menschen. Zudem können sie die einhergehenden Erfahrungen und Ängste schlechter verarbeiten als jüngere Menschen (vgl. Grünheid 2008, 61).

8.2.2 Auswirkungen auf die Personalgewinnung[170] im Politikfeld Innere Sicherheit

Selbst wenn in einigen Deliktfeldern auch künftig ein Kriminalitätsrückgang zu erwarten ist, stellt sich die Frage, ob mit einer potenziellen Abnahme der Kriminalität auch der Polizeibedarf sinkt. Diese Frage ist eindeutig mit *„Nein"* zu beantworten. Anhand von fünf Aspekten kann diese Antwort begründet werden (vgl. Giebel / Kemme 2010, 92 f.):

Die Polizei nimmt verstärkt Aufgaben wahr, die aus gesellschaftspolitischer Sichtweise unabdingbar sind.

1) Dabei ist die Funktion des *„Sozialarbeiters"* zu nennen (z. B. Jugendkontaktbeamte der Polizei). In den letzten Jahren hat man sich stark auf den Bereich der Jugendkriminalität und die Präventionskonzepte konzentriert. Beispielsweise wurden in Sachsen-Anhalt mit Einführung der neuen Polizeistruktur der Aufgabenbereich *„Jugendkriminalität"* in allen Polizeirevieren und Revierkommissariaten geschaffen.
2) In Teilen der Bevölkerung lässt sich ein fremdenfeindlicher Trend beobachten. Die Taten der NSU haben dies erneut verdeutlicht.

   > *„Die schwierige wirtschaftliche Situation, die Zuschreibung fehlender Kompetenz gegenüber den bisherigen politisch Verantwortlichen und das Nichtvorhandensein einfacher Lösungen wird diese Neigung zu einfachen Weltanschauungen, scheinbar klar erkennbaren Ursachen und Verursachern sowie Lösungen verstärken."* (Ebd.)

   Die Polizei muss daher Ressourcen zur Bekämpfung politisch-motivierter Kriminalität (PMK) einsetzen (vgl. ebd.). Dass es sich hier nach wie vor um ein großes Problemfeld handelt, verdeutlicht auch der Verfassungsschutzbericht 2011. Beim Verfassungsschutz wurden für das Jahr 2011 insgesamt 30.216 (2010: 27.180) politisch motivierte Straftaten registriert (vgl. BMI 2011c, 26). Gerade in den neuen Bundesländern ist ein rechtsextremes Verhalten besonders ausgeprägt. Nimmt man Sachsen-Anhalt als Beispiel, so lässt sich hier eine enorme Zunahme von politisch-motivierter Kriminalität ausmachen.
3) Das Sicherheitsgefühl in Deutschland ist gut und in den vergangenen Jahren stärker geworden. Jedoch lässt sich speziell bei älteren Menschen eine höhere

170 Der Bereich *„Bevölkerungsschutz"* wird aufgrund seiner sehr spezifischen Struktur gesondert untersucht.

Kriminalitätsfurcht ausmachen. Gerade bei einem größeren Anteil älterer Menschen wird sich die Kriminalitätsfurcht wieder verstärken. Die Betroffenen werden an die Politik appellieren, für mehr Sicherheit zu sorgen (vgl. Giebel/Kemme 2010, 92).

4) Die Gewalt gegen Polizeivollzugsbeamte nimmt dramatisch zu. Nach Erkenntnissen des nordrhein-westfälischen Landeskriminalamtes ist die Zahl der im Dienst verletzten Polizisten im Vergleich zum Vorjahr um acht Prozent auf ca. 1.900 Personen angestiegen. Insgesamt wurden im Jahr 2011 rund 9.800 Beamte angegriffen. Die Zahl der identifizierten Tatverdächtigen beläuft sich dabei auf ca. 6.000 Personen (vgl. Der SPIEGEL 2012b). In einem Schreiben an seine Polizeipräsidentin schrieb ein Duisburger Wachdienstleiter, dass das Risiko für die Beamten, Opfer eines Angriffs zu werden, auch deshalb ansteige, weil wegen der *„katastrophalen Personalsituation"* grundsätzlich mit dem Minimum an Kräften gearbeitet werden müsse. (Ebd.)
5) Die polizeiliche Arbeit muss an neue qualitative Veränderungen angepasst werden. Straftaten, die unter Einbeziehung des Internets begangen werden, steigen rapide an und werden sich auch künftig weiter ausbreiten. Auch im Bereich der Ausländerkriminalität lässt sich ein qualitativer Wandel ausmachen, auf den durch die Polizei zu reagieren ist. Migrationsprozesse und die einhergehende Integration von Menschen mit Migrationshintergrund rufen sicherheitspolitische Probleme hervor. Gerade bei der Jugendgewaltkriminalität ist die soziale Benachteiligung von Jugendlichen mit Migrationshintergrund besonders auffällig. Hier wird deutlich, dass die Polizei künftig verstärkt präventiv tätig werden muss (vgl. Giebel/Kemme 2010, 93).

Das Problem, dass auch künftig ein kontinuierlicher Bedarf an Polizeikräften besteht, der jedoch aufgrund von Sparzwängen nicht gedeckt werden kann, wird durch den demografischen Wandel verschärft. Wenngleich die Gesamtbevölkerungszahl sinkt, wird der Alterungsprozess der Gesellschaft anhalten. Der Anteil der Personen im Rentenalter wird sich bis zum Jahr 2030 voraussichtlich verdoppeln. Einher gehen Phänomene wie eine zunehmende Urbanisierung und Landflucht, sinkende Schulabgängerzahlen und ein ansteigender Fachkräftemangel. Die Polizei befindet sich als öffentlicher Arbeitgeber schon jetzt in einem Konkurrenzkampf mit der Wirtschaft um qualifizierte Arbeitskräfte bzw. Schulabgänger (vgl. Seeger 2012, 6). Der Anteil der jungen Menschen unter 20 Jahren, die die potenzielle Zielgruppe für Polizei, Bundeswehr und Hilfsorganisationen darstellen, hat sich von knapp über 30% am Ende der 1960er Jahre auf derzeitig 20% verringert. Der Anteil an der Gesamtbevölkerung wird nach derzeitigen Berechnungen bei ca. 15% liegen. Bereits in den vergangenen Jahren haben sich deutliche Veränderungen der Altersstrukturen im Bereich der Polizei und

Bundeswehr ausmachen lassen, wenngleich der Anteil der älteren Mitarbeiter in diesen Kernbereichen deutlich geringer ist als in anderen Bereichen der öffentlichen Hand (vgl. Grünheid 2008, 66). Fraglich ist, ob die Sicherheitsinstitutionen künftig den notwendigen (auch in Bezug auf Qualifikation) Personalbedarf abdecken können. Die Frage kann nicht abschließend beantwortet werden. Hier besteht weiterer Forschungsbedarf.

8.2.3 Auswirkungen im Rettungswesen, Brand- und Bevölkerungsschutz

Der Rettungsdienst fällt unter die Zuständigkeit der Länder. Traditionell wird er im föderalen System sehr unterschiedlich geregelt. In den Bundesländern besteht auch eine konzeptionelle und, systembedingt, eine unaufhebbare Bindung zwischen Katastrophenschutz und Rettungsdienst. „*Zur Wahrung der inneren Sicherheit ist der Erhalt dieses Verbundsystems zwingend notwendig.*“ (Bundesrat 2012b, 6)

Der Bürger hat in Deutschland einen gesetzlich garantierten Anspruch auf eine hilfsfristorientierte, flächendeckende und bedarfsgerechte qualifizierte und notärztliche Hilfe, „*die dem jeweiligen Stand des medizinischen Wissens und der Technik entspricht und rund um die Uhr an jedem denkbaren Ort sicherzustellen ist*“ (vgl. Zylka-Menhorn 2008, o. S.).

Die Versorgungsstrukturen der Bundesrepublik Deutschland werden sich allerdings nicht auf diesem hohen Niveau aufrechterhalten lassen. Dafür sind neben den finanziellen Engpässen in vielen Kliniken auch ein zunehmendes Einsatzvolumen, soziale Strukturänderungen, ein ansteigender Ärztemangel und ganz konkret der demografische Wandel verantwortlich zu machen (vgl. Gauger 2011, 7). Bedingt durch den Alterungsprozess der Gesellschaft wird mit einem erhöhten Einsatzaufkommen zu rechnen sein. Trotz der rückläufigen Bevölkerungszahl werden gerade Notarztalarmierungen zunehmen. Nach derzeitigen Berechnungen werden sie bis zum Jahr 2050 auf 2,15 Mio. ansteigen. Dies entspricht einer Rate von 28,59 Alarmierungen pro 1.000 Einwohner (vgl. Behrendt/Runggaldier 2009, 48 f.).

Eine flächendeckende und schnelle Versorgung (d. h. innerhalb der gesetzlichen Rettungsfrist) der Bevölkerung durch Rettungskräfte oder auch freiwillige Feuerwehren speziell in wenig besiedelten Gebieten Ostdeutschlands wird in absehbarer Zeit nicht mehr möglich sein. Gerade auch die freiwilligen Hilfsorganisationen und Feuerwehren werden künftig mit neuen Problemlagen konfrontiert werden. Neben dem bereits aufgezeigten erhöhten Hilfebedarf älterer Menschen kommt es zu einer Verringerung der Hilfskräfte. Dies ist nicht ausschließlich dem demografischen Wandel geschuldet. Viele (insb. junge) Menschen möchten keine Verpflichtungen eingehen, unterliegen einer erhöhten Mobilitätsanforderung seitens der Arbeitgeber oder wandern aus ländlichen Gebieten in die Ballungsräume ab. Es bedarf somit neuer Strukturen, die ein gewisses Hilfsniveau auch künftig noch sicherstellen können. Hierbei sind gerade dünn besiedelte Bereiche einer konzentrierten Betrachtung zu unterziehen (vgl. Endreß / Eitner 2011, 6 ff.).

9. Diskussion und Fazit

Die gesellschaftlichen Strukturen der Bundesrepublik Deutschland befinden sich in einem Wandel. Neben diesem Prozess, der durch eine starke Internationalisierung und Technisierung geprägt ist, verändern sich auch die Anforderungen an die Sicherheit der pluralistischen Gesellschaft. Durch die gesellschaftlichen Veränderungen sind die handelnden Akteure gefordert, die Sicherheitsstrukturen und -prozesse soweit anzupassen, dass die Unsicherheit so gering wie möglich zu halten ist und der Schutz von Leben, Eigentum und Wertgütern gewährleistet werden kann. Diese Arbeit hat sich diesem Transformationsprozess zugewandt.

Einige Aspekte derzeitiger Trends lassen sich wie folgt zusammenfassen:

a) Die Risiken und Bedrohungen für die Bundesrepublik Deutschland haben sich auch vor dem Hintergrund bi- und multilateraler Verpflichtungen gewandelt und unterliegen auch künftig einer immensen Dynamik.
b) Risiken und Bedrohungen lassen sich nur eingeschränkt vorhersehen, müssen jedoch – speziell aus Sicht der Bürger – möglichst vermieden oder bei Eintritt unmittelbar eingedämmt werden. Gelingt es den (politischen) Entscheidungsträgern nicht, die kalkulierbaren Risiken zu verringern oder die möglichen Katastrophen in den Griff zu bekommen, dann kann dies zur Beendigung von (politischen) Karrieren oder gar zur Delegitimation des Staates führen.[171]
c) Die an (staatliche) Sicherheitsstrukturen geknüpften Erwartungen sind enorm. Gleichzeitig sind das Selbsthilfepotenzial und die Eigenvorsorge innerhalb der Bevölkerung nur sehr eingeschränkt vorhanden. Zudem bleibt zu berücksichtigen, dass staatliche Ressourcen und Handlungsmöglichkeiten begrenzt sind. Beispielsweise werden Einsparmaßnahmen bei den Landespolizeien oder die Auswirkungen des demografischen Wandels künftig dazu führen, dass das Sicherheitsniveau in Deutschland in dem gewohnten Maße nicht aufrechterhalten werden kann. Eine fehlende systematisierte Aufgabenkritik aller Bereiche und die mangelnde Fehlerkultur im Politikfeld werden diesen Trend verschärfen.

171 So auch Kloepfer 2012, 6.

9.1 Zusammenfassung

Die vorliegende Arbeit wurde in neun thematische Kapitel untergliedert. Dabei erfolgte in **Kapitel 1** die Einführung und Darlegung der Forschungsfrage. Die Dimensionen des Sicherheitsbegriffs, der in einer pluralistischen Gesellschaft einem permanenten Wandel unterlegen ist, fanden dabei besondere Beachtung. Die Anforderungen an die Sicherheit wurden genauestens beschrieben. Im **2. Kapitel** wurden die staatstheoretischen Abhandlungen von Hobbes, Locke und Weber erörtert und es wurde die sich daraus ableitende Frage diskutiert, welche Formate von Sicherheit in der heutigen Zeit als ideal betrachtet werden können. Es hat sich gezeigt, dass Sicherheit ein eher theoretisches Konstrukt darstellt, das nie erreicht werden kann. In **Kapitel 3** wurden die methodischen und theoretischen Ansätze, die dieser Arbeit zugrunde liegen, dargelegt. Vor diesem Hintergrund hat der Verfasser das Modell des *„Policy Cycle“* einer genaueren Untersuchung unterzogen, um zu prüfen, in wieweit es dem Politikfeld der Inneren Sicherheit gerecht wird. Die Frage konnte an dieser Stelle nicht abschließend beantwortet werden. Kritisch anzumerken ist jedoch, dass das Phasenmodell nicht zwingend die Realität darstellen kann. Näher untersucht wurden auch der Governance-Ansatz mit seinen unterschiedlichen Ausprägungen sowie der akteurszentrierte Institutionalismus. In **Kapitel 4** wurde die Sicherheitsarchitektur auf den Prüfstand gestellt. Zu Beginn des Kapitels erfolgte die Auseinandersetzung mit den unterschiedlichen Erwartungen, die Wissenschaft und politische Administration an diese föderale Architektur stellen. Die Untersuchung ergab, dass sich in dieser Frage kein gemeinsames Verständnis durchgesetzt hat. Eine Normierung konnte sich weder in der Wissenschaft noch in der politischen Administration durchsetzen. Die Betrachtung erfolgt grundsätzlich entweder stark akteurs- oder stark strukturzentriert. Erstaunlich ist weniger, dass Einrichtungen wie das Bundesamt für Güterverkehr nicht als Teil der Sicherheitsstruktur wahrgenommen werden. Umso so mehr überrascht, dass ausgerechnet *„prominente“* institutionelle Sicherheitsakteure wie der Zoll übersehen werden. Ohne ein gemeinsames und übergreifendes Verständnis sind auch die Forderungen nach einer Neuausrichtung *„der“* Sicherheitsarchitektur kritisch zu bewerten. Die Akteursanalyse zeigt deutlich, wie komplex das Politikfeld Innere Sicherheit aufgebaut ist und wie viele Akteure an der Produktion und Gewährleistung von Sicherheit beteiligt sind. Fraglich ist, ob sich alle Akteure, ob staatlich oder nichtstaatlich, ihrer Rolle in einem ausreichenden Maße bewusst sind. Gerade vor dem Hintergrund komplexer Schadensereignisse wie einem potenziell großflächigen Ausfall von Versorgungsinfrastrukturen muss dies nach Ansicht des Verfassers in Frage gestellt werden. Hier besteht noch weiterer Forschungsbedarf.

Das **5. Kapitel** knüpft an das vorhergehende Kapitel an und bietet einen historischen Überblick über die Anpassungsprozesse deutscher Sicherheitsstrukturen seit 1945. Dabei stehen im Forschungsinteresse die Polizeien, die Nachrichtendienste sowie der Bevölkerungsschutz. Die Polizeien des Bundes und der Länder sowie die Verfassungsschutzbehörden waren in den letzten Jahrzehnten ähnlichen Entwicklungen ausgesetzt. Es ließ sich eine klare Abfolge von *„wahrgenommenen Sicherheitsrisiken"* (Lange 2008, 68) feststellen, die sich letztendlich signifikant auf die Ausrichtung der Sicherheitsarchitektur auswirkten. Nach dem linksgerichteten Terrorismus der Roten-Armee-Fraktion in Deutschland folgte dann in den 1980er Jahren das Problem der organisierten Kriminalität, das für die Ausrichtung der Sicherheitsbehörden für einige Jahre von maßgeblicher Relevanz war. Es folgte der Rechtsextremismus Mitte der 1990er Jahre, der die Agenda und die öffentliche Diskussion über die Innere Sicherheit stark geprägt hat. Die zuvor genannten Gefahren blieben bestehen, auch wenn sie die öffentliche Diskussionsarena verlassen haben. In sicherheitspolitischen und polizeilichen Strategieplanungen waren sie auch weiterhin vorhanden (vgl. Lange 2008, 68). Anders als der islamistische Terrorismus war der Extremismus kein neues Phänomen in Deutschland. Einen Höhepunkt erreichte der Rechtsextremismus 1990 nach der Wende mit dem sprunghaften Anstieg fremdenfeindlicher Angriffe. Dem gegenüber ging die linksextremistische Gewalt infolge des Niedergangs der Roten-Armee-Fraktion[172] und der revolutionären Zellen zurück. Die rechtsextremistische Gewalt äußerte sich auch durch Übergriffe auf Wohnheime und Asylunterkünfte (z. B. Rostock, Mölln, Lichtenhagen, Solingen). Die Verbrechen der NSU waren von einer Ausprägung, die selbst die Sicherheitsbehörden überrascht hat, obwohl es in der Vergangenheit gewaltbereite Gruppierungen wie die *„Hepp-Kexel-Gruppe"* gab. Diese Gruppierung verübte Anschläge auf amerikanische Soldaten im Rhein-Main-Gebiet. Die Sicherheitsbehörden gingen seinerzeit von einer linksextremistischen Gruppierung mit Feindbild USA aus. Weitere bekannte Gruppierungen waren die Wehrsportgruppe Hoffmann und die Aktionsgruppe um Rechtsanwalt Röder (vgl. EXP. INT. 10). Die Professionalität des *„neuen"* Rechtsextremismus, die durch die Aufdeckung der NSU im Jahr 2011 erkennbar wurde, hatte man in diesem Maße nicht vermutet. Eine institutionelle Anpassung der sicherheitspolitischen Strukturen an die spezifischen *„Phänomene"* wurde stets vorgenommen. So reagiert das BKA seit jeher auf extremistische Erscheinungsformen. Die Strukturen des Staatsschutzes sind als Reaktion auf die RAF entstanden. Zudem wurden Instrumente wie die *„Häft-*

172 Erklärte schließlich 1998 ihre Selbstauflösung.

lingsüberwachung", die *„beobachtende Fahndung"* (heute: polizeiliche Beobachtung) oder die Rasterfahndung[173] initiiert (vgl. EXP. INT. 10).

In einer logischen Konsequenz untersucht das **6. Kapitel** dann die Frage, wie die Austauschprozesse der spezifischen handelnden Akteure im Politikfeld Innere Sicherheit funktionieren und welche Interessen sie verfolgen. Dabei wurde die Schwierigkeit – gerade aus Sicht des Staates als Kernakteur der Inneren Sicherheit – herausgearbeitet, das Politikfeld mit all den unterschiedlichen Verästelungen und Interessenlagen im Mehrebenensystem zu steuern und eine rechtsstaatliche Kontrollfunktion auszuüben. Fragen der Steuerungsmechanismen werden bei künftigen Veränderungsprozessen der föderalen Sicherheitsarchitektur zu berücksichtigen sein. Wie gestaltet sich die Anpassung der Sicherheitsstrukturen in der Bundesrepublik Deutschland und wie werden die Strukturen und Prozesse der sich verändernden Bedrohungslage angepasst? Diese stark im Fokus des Forschungsinteresses stehende Fragestellung wird in **Kapitel 7** eruiert. Der Verfasser ist sich durchaus bewusst, dass die Abfrage und Bewertung von Risiken und Bedrohungen – auch durch Entscheidungsträger auf politischer und administrativer Ebene – durchaus subjektiven Kriterien folgen. Eine objektive Bewertung von Risiken und Bedrohungen ist jedoch für das Politikfeld Innere Sicherheit nicht oder nur theoretisch möglich. Auch fehlen geeignete Instrumente, die eine objektive Bewertung vorhandener Risiken- und Bedrohungen zulassen. Hans-Jörg Albrecht (2011, 116) kommt zu einem ähnlichen Ergebnis. Laut seinen Ausführungen *„besteht kein Konsens darüber, welches Bedrohungspotenzial in veränderten und neuen Kriminalitätsformen enthalten ist und ob und wie sich dadurch die Sicherheitslage verändert"*. Das hat seiner Meinung nach damit zu tun, *„dass es bis heute nicht gelungen ist, einen überzeugenden Maßstab für die objektive Sicherheit zu entwickeln"*(ebd.).

Der Verfasser wollte mit seiner Abfrage der Perzeption von Risiken und Bedrohungen die Handlungsrationalitäten nachvollziehbar machen und untersuchen, welche Variablen Einfluss darauf nehmen, dass ein Problem als solches identifiziert und auf die politische oder institutionelle Tagesordnung gesetzt wird. Dabei ist ersichtlich, dass zwar diverse Aspekte im Politikfeld Innere Sicherheit als Probleme identifiziert wurden, jedoch immer nur einige wenige auf die politische Agenda gelangten. Findet ein Problem eine hohe Medienwirksamkeit, nehmen auch die Chancen zu, dass es auf die politische Agenda gesetzt wird. Während man seit dem 11. September 2001 die Zusammenarbeit der Sicherheitsbehörden – insbesondere durch Kooperationszentren – verstärkt hat und inzwischen den Ansatz verfolgt, Bedrohungspotenziale möglichst frühzeitig zu erkennen, ist die Fokus-

173 Wurde auch wieder nach den Anschlägen vom 11. September 2001 verwendet.

sierung auf die organisierte Kriminalität und den (Links-)Extremismus[174] eher rückläufig (vgl. EXP. INT. 6). Dennoch wird innerhalb der Behörden versucht, dem Gefährdungspotenzial gerecht zu werden.[175] Dabei ist zu berücksichtigen, dass den zuständigen Behörden immer nur ein gewisses Potenzial an Ressourcen zur Verfügung steht und diese Ressourcen dann adäquat verteilt werden müssen. Die Sicherheitsbehörden sind demnach angehalten, Schwerpunkte/Prioritäten zu setzen. Dies hat zur Folge, dass Ressourcen umverteilt werden müssen und nicht alle Bereiche mit gleicher Intensität bearbeitet werden können. Der 11. September 2001 aber auch der Kampf gegen den Rechtsextremismus und die Bemühungen um Cyber-Sicherheit machen aus staatlicher Sicht einen erhöhten Abstimmungsbedarf erforderlich, der weitgehend auf Bundesebene koordiniert[176] wird (vgl. EXP. INT. 6).

Die befragten Experten vertreten die Auffassung, dass ein terroristischer Anschlag auf das Bundesgebiet der Bundesrepublik Deutschland nicht die demokratische Grundordnung bzw. die gesellschaftliche Ordnung gefährden würde, auch wenn der islamistische Terrorismus als größtes Gefährdungspotenzial für die Bundesrepublik Deutschland betrachtet wird. Der Verfassungsschutzbericht 2011 unterstreicht diese Annahme (vgl. BMI 2011c).

Ergo: Die Gefahr eines Anschlags wird als hoch eingeschätzt. Obwohl nichtterroristisch motivierte Ereignisse wie der mögliche Ausfall der Stromversorgung oder der Kollaps des Internetsystems weitaus dramatischere Auswirkungen auf das Gesellschafts- und Wirtschaftssystem hätten, sind präventive Vorkehrungen hinsichtlich dieser Erscheinungsformen unzureichend. Stattdessen wurden permanent Maßnahmen gegen den internationalen Terrorismus implementiert. Die Strukturen müssen künftig besser auf den Bereich der Cyber-Sicherheit ausgerichtet werden. Im Bereich der polizeilichen Kontrolle des virtuellen Raumes bestehen noch Defizite, auf die nicht ausreichend reagiert wurde (vgl. EXP. INT. 13).

Kritisch zu bewerten bleibt, dass keine übergreifende Risikoanalyse stattfindet und die Informationen über Risiken und Bedrohungen nicht zentral gesammelt und aufbereitet werden. Diese Untersuchung zeigt ferner, dass es keine einheitliche Bewertung und somit keine Aussage über die konkreten Gefährdungen gibt. Die Akteure bewerten, spezifisch ihrer Aufgabenwahrnehmung, sehr subjektiv. So stellen für einen individuellen Akteur, der im Bevölkerungsschutz tätig ist,

---

174 Die Thematik Rechtsextremismus befindet sich auf der politischen Agenda – bedingt durch die NSU.

175 Das BKA hat bspw. die Organisationseinheit *„Strategische Planung und Früherkennung“* eingerichtet. Hier sollen künftige sicherheitspolitische Entwicklungen analysiert werden.

176 Zu den Kooperationszentren siehe Kap. 7.

Naturkatastrophen eine größere Gefahr dar als die Spionagetätigkeiten fremder Nachrichtendienste.

In Deutschland sind rund 40 unabhängige Behörden mit Staatsschutz- und Verfassungsschutzaufgaben[177] betraut, die sich nur mit geringem Erfolg zu koordinieren versuchen (vgl. Werthebach 2004, 8). Weitere Sicherheitsakteure kommen hinzu und wurden z. T. in Kapitel 4 untersucht. Daneben agieren z. B. noch die Zentrale Unterstützungseinheit des Bundes aus BKA, BPol und BfS, das Maritime Lagezentrum mit Standort in Cuxhaven und 66 gemeinsame und auf Dauer eingerichtete Ermittlungsgruppen zur Bekämpfung der grenzüberschreitenden Kriminalität (Länder- und Bundespolizei). Zu nennen wären ferner zahlreiche Vereinbarungen zwischen Bund und Ländern. Darüber hinaus lassen sich die in Kapitel 7 dargestellten Kooperationszentren und Verbunddateien nennen. Ob der gute Wille, das Trennungsgebot auch künftig aufrechtzuerhalten, fortbestehen wird, scheint vor dem Hintergrund zunehmender *„Anbauten"* fraglich (vgl. Lange / Frevel 2008, 126). Die Frage kann an dieser Stelle nicht abschließend beantwortet werden. Die Vielzahl von Behörden schafft jedoch neue Problematiken. Die Sicherheitsarchitektur ist auch weiterhin unübersichtlich und weitgehend zersplittert. Daraus ergeben sich nachteilige Folgen hinsichtlich der Effizienz der Aufgabenbewältigung. Es lässt sich darüber hinaus feststellen, dass mehr *„Nahtstellen"* zwischen den Akteuren die Bearbeitung einer konkreten Aufgabe (z. B. der Beobachtung des Rechtsextremismus) erschweren. Zudem wächst auch die Gefahr eines mangelnden Überblicks gerade bei länderübergreifenden Aktionen der Sicherheitsakteure (vgl. Geiger 2012, 1).

Trotz vielfacher *„Kooperationszentren"* ist es in Deutschland bislang nicht gelungen, eine Einheit zu schaffen, *„wo ressortübergreifend in strategischer Perspektive konzeptionelle Grundlagen und Strategien sowie politische Leitlinien entwickelt werden"* (Glawe 2009, 18).

Wenngleich zahlreiche Reformbemühungen und Kompetenzerweiterungen der Sicherheitsinstitutionen in Erkenntnislage des internationalen Terrorismus in die Wege geleitet wurden und andauern, sind bislang institutionelle Anpassungen im Bereich der oberen und obersten Bundesbehörden kaum vorgenommen worden. Das mag daran liegen, dass auf den ersten Blick ausreichend ressortübergreifende Abstimmungsgremien zur Verfügung stehen. Zu nennen wären beispielsweise der Staatssekretärsausschuss für Nachrichtenwesen und Sicherheit, die Nachrichtendienstliche Lage im Bundeskanzleramt, der Ressortkreis Zivile Krisenprävention oder die ressortübergreifende Koordinierungsgruppe. Gerade beim Bundeskanzleramt ist eine Struktur vorhanden, die das ideale Prinzip für

177 Laut Hans-Jürgen Lange sind in Bund und Ländern 59 Sicherheitsbehörden existent (vgl. DBT 2012).

interministerielles Handeln verkörpert. Die vorhandenen Institutionen werden dennoch nicht konsequent *„im Sinne einer interessengeleiteten gesamtstaatlichen Strategie und Politikentwicklung genutzt“* (Glawe 2009, 19).

Nur ansatzweise wurden aus Parlament und Regierung Stimmen hierzu erhoben (vgl. ebd.).[178] Dabei wurde sporadisch über die Schaffung eines *„Nationalen Sicherheitsrates“* (CDU/CSU 2008) nachgedacht (vgl. Gareis 2009, 93). Meier-Kloth (2002, 12) hält eine übergeordnete Behörde wie den US-amerikanischen *„National Security Council“* (NSC), der direkt dem Präsidenten untersteht, für Deutschland für ungeeignet. Zum einen sieht er eine mangelnde Bereitschaft, eine entsprechende Instanz zu etablieren, zumal der Erfolg fraglich wäre, zum anderen wäre eine solche Institution nicht mit der Verfassungslogik vereinbar. Länderverfassungen und Grundgesetz lassen es nicht zu, dass eine Bundesbehörde unmittelbar in Bereiche der staatlichen Ordnung eingreift. Weiterhin basiert das deutsche Regierungssystem auf dem Ressortprinzip (Art. 65, Satz 2 GG). Dem Bundeskanzler sind also im Gegensatz zum US-Präsidenten recht enge Grenzen bei der Koordinierungsrolle in Ausübung der Richtlinienkompetenz gesetzt. Dem Bundeskanzler wird beispielsweise die Oberbefehlsgewalt über die Streitkräfte ausschließlich im Verteidigungsfall übertragen (Art. 115b GG) (vgl. Meier-Kloth 2002, 12 f.).

Den Vorschlag, den Bevölkerungsschutz in strategische Überlegungen einzubeziehen, brachte der FPD-Innenpolitiker Hartfrid Wolff im Jahr 2012 auf die parteipolitische Agenda. Bedingt durch die Katastrophe in Japan sah man auch Handlungsbedarf für eine Aufwertung des deutschen Bevölkerungsschutzes auf Bundesebene. Gefordert wurde ein *„Inspekteur für den Bevölkerungsschutz“*. Die Idee des Urhebers impliziere einen Staatsvertrag zwischen Bund und Ländern. Geschaffen werden sollte eine Stelle, die eine koordinierende und bündelnde Funktion ausübt sowie bessere Voraussetzungen etwa in der Ausstattung oder in der Ausbildung der Ehrenamtlichen schafft (vgl. Behörden-Spiegel 2012). Eine übergreifende Reform oder Schnittstellenbereinigung erscheint als unumgänglich.

Eine gesellschaftliche Debatte kommt bei all den geführten Diskursen nicht zustande. Es sind vielmehr diverse Einzeldiskurse, die innerhalb von Experten-

---

178 *„CDU will Außenpolitik im Kanzleramt bündeln“*, Meldung von WELT Online vom 01.08.2005; Klaeden, in: Borchert (Hrsg.), Zu neuen Ufern, S. 84 ff.; Meckel / Weigel, Aufruf zur Bildung einer Enquete-Kommission zur Reform der Sicherheitspolitik vom 22.11.2005; *„Aufbruch und Erneuerung – Deutschlands Weg ins 21. Jahrhundert“*, Koalitionsvereinbarung von SPD und Bündnis 90 / Die Grünen, November 1998; CDU/CSU-Fraktion im Deutschen Bundestag, Gesamtsicherheitskonzept für Deutschland, vorgestellt am 07.05.2008 in Berlin; Adam / Herrmann, *„Strategiepapier: Ein gemeinsames Konzept für Katastrophenschutz und Heimatverteidigung“*, Klausurtagung AGV, 2005.

kreisen geführt werden. Die mediale Aufmerksamkeit spielt dabei eine relevante Rolle und entscheidet auch über den Verbleib eines Ereignisses auf der Agenda. Der Takt wird von schnell wechselnden Ereignissen vorgegeben, sei es ein Terroranschlag, eine Schlägerei am Bahnhof oder ein dramatischer Mord. Die relevanten Akteure halten dabei an ihren jeweiligen Positionen fest (vgl. Lange 2008, 76) und suchen nach Verantwortlichen (vgl. Stegner 2008, 151).

Das **8. Kapitel** wirft die Frage künftiger Anforderungen an die handelnden Akteure auf. Sie alle aufzugreifen hätte den Rahmen dieser Arbeit gesprengt. Daher sollten speziell finanzielle und personelle Entwicklungen sowie die Auswirkungen des demografischen Wandels exemplarisch für die mannigfaltigen Beeinflussungen untersucht werden. Deutlich wurde dabei, dass die finanzielle Entwicklung einen massiven Einfluss auf die Produktion und Gewährleistung von Innerer Sicherheit mit ihren beteiligten Subsystemen ausübt. In Zukunft wird sich diese Entwicklung weiter zuspitzen. Ob die derzeitige Haushalts- und Personalpolitik im Politikfeld adäquat gestaltet wird, um dieser Entwicklung zu begegnen, ist kritisch zu bewerten. Fakt ist, dass sich das Sicherheitsniveau verschlechtern wird. In einigen Teilen Deutschlands sind die Auswirkungen bereits deutlich erkennbar. Neben den aufgezeigten Problematiken wird auch der demografische Wandel zu einer Verschärfung der Situation beitragen. Intensiv wurde in diesem Kapitel untersucht, welche Faktoren durch diese Entwicklung künftig beeinflusst werden. Eine relevante Herausforderung wird sich dadurch auch speziell für den Bevölkerungsschutz und die Rekrutierung von Ehrenamtlichen ergeben. Ob das starke Ehrenamtssystem auf Dauer beibehalten werden kann, ist zu bezweifeln und wirft die beiden Fragen auf, ob möglicherweise künftige Segmente der bislang weitgehend ehrenamtlichen Strukturen teilprofessionalisiert werden müssen und wie die Bevölkerung, die nicht institutionalisiert im Ehrenamt mitwirkt, besser in das Sicherheitssystem eingebunden werden kann.

In **Kapitel 9** zieht der Verfasser nun Bilanz und nimmt eine abschließende Bewertung vor.

9.2 Generelle Erkenntnisse

Die Kapitel leisten jeweils einen spezifischen Beitrag zum Forschungsinteresse dieser Arbeit. Ableitend aus der Fragestellung wurden eingangs vier Arbeitshypothesen aufgestellt, die zur abschließenden Beantwortung der Forschungsfrage beitragen sollen.

Deutsche Politik zur Inneren Sicherheit gestaltet sich reaktiv. Die politischen Interessen folgen einer konservativen-, liberalen oder einer anti-staatlichen

Haltung, wobei bei den *„bürgerlichen Parteien"* die Trennschärfe weitgehend fehlt. Klare Positionen, Strategien und Programme zur Inneren Sicherheit sind nur marginal vorhanden. Die Parteiprogramme sind generell in diesem Punkt mehrheitlich zurückhaltend formuliert, um Kritik vorzubeugen bzw. keine falschen Erwartungen zu wecken. Wenngleich neben der Bildungspolitik die Innere Sicherheit das noch letzte verbleibende Politikfeld in der Handlungshoheit der Länder darstellt, sind Versprechen einer besseren Bildungspolitik einfacher und wahlwirksamer zu vermitteln. Im Umkehrschluss bedeutet dies, dass die begrenzten finanziellen Ressourcen der Länder zugunsten der Bildung und zum Nachteil der Inneren Sicherheit eingesetzt werden.

Es sind keine (ressort-) übergreifende Mechanismen, Strukturen und Instrumente vorhanden, die Bedrohungs- und Risikopotenziale für die Bundesrepublik Deutschland antizipiert behandeln. Demnach werden Strukturen und Prozesse der Inneren Sicherheit in aller Regel den eingetretenen Ereignissen angepasst. Die empirische Untersuchung dieser Arbeit verdeutlicht, dass die öffentliche Meinung, artikuliert durch die mediale Berichterstattung, eine ausschlaggebende Rolle spielt. Das bedeutet konkret, dass erst dann maßgebliche Entscheidungen für neue Strukturen und Prozesse getroffen werden, wenn ein Ereignis eintritt und durch die Medien ein Handlungsdruck auf politische Entscheidungsträger entsteht. Politische Handlungsrationalitäten gestalten sich in Form von Gesetzen und Erlassen. Unabhängig davon, ob ein Ereignis in die Zuständigkeitshoheit eines Landes oder des Bundes fällt, Adressat der öffentlichen Wahrnehmung ist der Bundesminister des Innern als zentraler Akteur der deutschen Sicherheitspolitik. Die Reaktionen auf sämtliche Ereignisse seit dem 11. September 2001 gestalten sich in der Form, dass dem Bund weitere Befugnisse zum Nachteil der Länder übertragen werden und ein politischer Lösungsansatz in Form einer neuen Verbunddatei (z. B. *„Neonazi-Datei"*) oder eines *„Kooperationszentrums"* (z. B. GTAZ, GAR, NCAZ) präsentiert wird. Die Kompetenzen und die Ressourcen ergeben sich aus dem öffentlichen Druck. Verbleibt ein Problem lange auf der öffentlichen Agenda, sind die staatlichen Reaktionen stark ausgeprägt (z. B. sind die Maßnahmen gegen Rechtsextremismus sehr weitreichend, da ein immenser öffentlicher Druck vorhanden ist. Die Maßnahmen gegen Cyber-Kriminalität fallen dagegen dürftiger aus, da das Problem nicht die gleiche öffentliche Wahrnehmung erfährt).

Bei der ständigen Zentralisierungstendenz auf Bundesebene bleibt zu eruieren, ob der Bund tatsächlich die Aufgaben besser erfüllen kann als die Länder.

Wenn also ein öffentlicher Druck entsteht, der politische Akteure zum Handeln veranlasst, ist eine sachgerechte Ausrichtung der Sicherheitsstrukturen nicht möglich. Dieser Umstand ist kritisch zu bewerten, da dadurch der Ansatz, Abwehrstrategien für alle Gefahren zu entwickeln, obsolet erscheint. Eindeutig ist auch, dass man sich weder in den *„Welten der Sicherheit“* noch in den *„Kulturen des Risikos“* (Münkler 2010a, 13) auf alle Eventualitäten vorbereiten kann. *„Das Unerwartete erwarten“* müsste daher die Devise in einem effektiven Sicherheitsmanagement lauten. Zudem bleibt festzustellen, dass man mit bloßem Nachjustieren von Nuancen den heutigen Bedrohungspotenzialen nicht begegnen kann.[179]

Die Frage, die es kritisch zu stellen gilt, ist, ob eine effektive und effiziente Politik zur Inneren Sicherheit noch zu gewährleisten ist, wenn immer neue Einrichtungen und Verbunddateien entstehen. Dies wird meist mit dem Argument der *„Vernetzung“* begründet.

Wenngleich der Verfasser dem Vernetzungsbegriff eine exponierte Stellung einräumt und ihm gar einen Platz im Titel dieser Arbeit zubilligt und das Vernetzungsprinzip in vielen Aufsätzen positiv bewertet wird, kommt es in den relevanten Ressorts jedoch fast nie zur Anwendung– geschweige denn in ausreichendem Maße zwischen den Akteuren der Inneren und Äußeren Sicherheit. Es hat sich ein Modewort deutscher Sicherheitspolitik entwickelt (Stichwort *„Vernetzte Sicherheit“*). Es gilt den nachhaltigen Nutzen der derzeitigen Vernetzung kritisch zu hinterfragen.

Diese Arbeit zeigt, dass es sich bei dem Konzept der *„Vernetzung“* weitgehend um Worthülsen handelt, das in der täglichen Praxis nicht gelebt wird. Viel zu unterschiedlich sind die Organisationskulturen der beteiligten Akteure, viel zu präsent die eigenen Interessen der Entscheidungsträger und viel zu groß die Sorge um die eigenen Ressourcen. Dies zeigt sich speziell bei Informationen über potenzielle Aggressoren oder wenn mit Zuständigkeitsverlusten gerechnet werden muss. Die Kooperationszentren mögen hier einen Beitrag zum Positiven leisten; von einer *„vernetzten Sicherheit“* im Sinne von Kooperation auf allen relevanten Ebenen kann jedoch keine Rede sein. Wie sollte dies auch möglich sein? Die deutsche Sicherheitslandschaft mit all ihren beteiligten staatlichen und nicht-staatlichen Akteuren ist viel zu heterogen und unübersichtlich. Ein Netzwerk setzt einen Netzknoten voraus, der in Deutschland nicht vorhanden ist. Wenngleich Hobbes, Locke und Weber ein unterschiedliches Staatsverständnis hatten, kommt nach ihrem Verständnis für eine solche Aufgabenwahrnehmung ausschließlich der Staat in Frage. Die Handlungshoheit für Innere Sicherheit lag schon immer in staatlicher Hand. Das wird (und muss) auch so bleiben. Vielmehr ist die Frage des Gestaltungswillens zu berücksichtigen. Kann der Staat seinen Sicherheitsauftrag auch weiterhin erfüllen? Und mit welchen Mitteln will er das tun? Hier besteht noch dringender Handlungs- und Abstimmungsbedarf. Zudem gestalten sich die Überlegungen bezüglich der Einrichtung eines Netzknotens

179 Zu einem ähnlichen Schluss kommt auch Münkler 2007.

deutscher Sicherheitspolitik nicht ohne Schwierigkeiten. Läge es auf der Hand, dem Bundesministerium des Innern eine solche Rolle zu übertragen – gerade schon vor dem Hintergrund, dass es per legem die weitesten Befugnisse hat –, käme es zu Unstimmigkeiten mit den Ländern und anderen Bundesressorts, die sich ebenfalls mit sicherheitsrelevanten Fragestellungen (AA, BMG, BMVg, BMWi usw.) beschäftigen. Die Einrichtung einer solchen Instanz könnte auch im Verantwortungsbereich des Bundeskanzleramts liegen und in der Abteilung 6 untergebracht werden. Alle anderen Ressorts müssten einer solchen Maßnahme zustimmen, und auch die Länder müssten bei einem solchen Vorgang involviert werden. Folgt man aber dem Ressortprinzip, muss dieser Gedanke wieder verworfen werden. Die erstgenannte Möglichkeit – die direkte Verortung beim Bundesminister des Innern – wäre somit die realistischere Maßnahme.

Risiken und Bedrohungen werden in Deutschland weder zentral noch einheitlich bewertet. Der Grund dafür ist ernüchternd und simpel zugleich: Es fehlen die geeigneten Instrumente. Hatte man bis 2006 durch den *„Periodischen Sicherheitsbericht"* zumindest eine wissenschaftliche Analyse der Kriminalitätsentwicklung, fehlt heute eine gemeinsame Bewertung der zuständigen Akteure. Eine objektive Bewertung der vorhandenen Bedrohungspotenziale für die Bundesrepublik Deutschland vorzunehmen – und die ressortübergreifenden Sicherheitsstrategien abzuleiten – erscheint geradezu abwegig. Neben dem fehlenden gemeinsamen Verständnis von Sicherheitsarchitektur ergibt sich aus dieser Tatsache das nächste Problem. Folgt man den Argumenten der Befürworter einer Neuausrichtung, stellt man sehr schnell fest, dass es keine Antwort auf die Frage gibt, gegen welche Gefahren und Bedrohungen *„die"* Sicherheitsarchitektur ausgerichtet ist. Deutschland verfügt über zahlreiche Institutionen auf Bundes- und Landesebene. Neben den gesetzlich legitimierten Einrichtungen kommen diverse formelle und informelle Netzwerke auf allen Ebenen hinzu. Dennoch ist es bislang nicht gelungen, eine Instanz zu schaffen, die sowohl eine einheitliche Bewertung vorhandener Risikopotenziale vornimmt, noch konzeptionelle und politische Grundlagen deutscher Politik zur Inneren Sicherheit erarbeitet.

Wenngleich einige der Institutionen (z. B. das BKA) vereinzelte Risikoanalysen durchführen und an die vorgesetzten Behörden berichten, unterliegt der Anpassungsprozess den Einschätzungen der Entscheidungsträger. Ein Grund ist, dass die Sicherheitsakteure nur über begrenzte personelle und finanzielle Ressourcen verfügen. Diese gilt es bestmöglich einzusetzen. Wie die Mittel dann letztendlich verwendet werden, hängt von der politischen Interessenlage und vielen anderen weitreichenden Faktoren ab (z. B. dem bereits aufgeführten medialen Druck). Demnach lässt sich feststellen, dass nicht alle Bedrohungspotenziale mit einer gleichen Intensität bekämpft werden können. Seit dem 11. September 2001 hat der islamistische Terrorismus *„Hochkonjunktur"*, obwohl die Auswirkungen eines terroristischen Angriffs die Grundfesten der Bundesrepublik Deutschland mit ihrem politischen System nicht erschüttern könnten. Strukturen der organisierten Kriminalität, Bedrohungen durch das Internet oder die Vulnerabilität kritischer Infrastruktureinrichtungen, die eine geringere öffentliche Wahrnehmung erfahren aber ein enormes Schadenspotenzial in sich bergen, können demnach nicht mit der notwendigen Intensität bearbeitet werden.

Zu Beginn dieser Arbeit ist der Verfasser von der Prämisse ausgegangen, dass es staatlichen Institutionen bislang nicht gelungen ist, eine einheitliche Analyse von Risiko- und Bedrohungsfaktoren aller Bereiche der Inneren Sicherheit zu erstellen, um so ein mögliches Schadenspotenzial bzw. Schadensausmaß für die Gesellschaft, die Strukturen der Inneren Sicherheit und Ordnung und die Auswirkungen auf den Wirtschaftsstandort Deutschland zu untersuchen. Diese Annahme impliziert, dass es durchaus möglich ist, Risiko- und Bedrohungspotenziale mit den entsprechenden Instrumentarien zu identifizieren und einzugrenzen. Sie ist auch im politisch-administrativen Umfeld weit verbreitet, und die handelnden Akteure auf allen Entscheidungsebenen des politischen Mehrebenensystems sind sowohl von der Richtigkeit als auch von der Objektivität ihrer Entscheidungen bei Anpassungsprozessen von Sicherheitsstrukturen grundlegend überzeugt.

Bei der Bewertung von Bedrohungsszenarien für die BRD spielen allerdings auch die politische Couleur, die Wertegebundenheit, die öffentliche Wahrnehmung und viele andere Faktoren eine entscheidende Rolle. Eine für die Gestaltung der Politik zur Inneren Sicherheit wesentliche Fragestellung lautet also, wie die relevanten Akteure die Bedrohungen wahrnehmen und welche weiteren Variablen einen Einfluss auf die Akteure ausüben. Dabei ist nochmals zwischen den verschiedenen Subsystemen und dem politischen sowie administrativen Bereich zu differenzieren.

Umsetzungsstrategien bzw. Politiken zur Inneren Sicherheit lassen sich in der Regel nur dann durch- und umsetzen, wenn die entsprechenden Policies die verschiedenen Phasen des Politikzirkels durchlaufen haben und somit das sicherheitspolitische Problem identifiziert und auf die politische Agenda gesetzt wurde. Die empirische Analyse der Arbeit verdeutlicht, dass dadurch eine angemessene Reaktion auf spezifische Bedrohungslagen in der praktischen Umsetzung nicht erfolgen kann.

Der Verfasser dieser Arbeit kommt im Verlauf seiner Untersuchung zu der Erkenntnis, dass die Sicherheitsstrukturen vielfach politischen Interessen bzw. der Wahrnehmung der handelnden Akteure unterworfen sind. Weniger *„prominente“* Probleme innerhalb des Politikfelds und gravierende Bedrohungen lassen sich demnach nicht mit der notwendigen Intensität bearbeiten. Bei all den heterogenen Gefährdungslagen mit den vielen Verästelungen der föderalen Sicherheitsarchitektur wird eine konsistente Policy auch künftig nicht möglich sein.

Die derzeitige Entwicklung birgt zwei Gefahren. Zum einen werden durch die *„neuen"* Bedrohungen und die damit einhergehende, einseitige Ausrichtung der Sicherheitsstrukturen alltägliche Bereiche der polizeilichen und nicht-polizeilichen Gefahrenabwehr vernachlässigt. Auch wenn oftmals postuliert wird, dass Deutschland eines der sichersten Länder der Welt sei (vgl. Hanning 2012, 65), kann ein solches Maß an Sicherheit nur dann aufrecht erhalten werden, wenn die alltägliche Gefahrenabwehr auf einem stabilen Niveau gehalten wird. Die zweite Problematik ist die Vernachlässigung von Komplexität. Aufgrund der Tatsache, dass in Deutschland eine sehr reaktive Politik der Inneren Sicherheit betrieben wird, kommt der Präventionsgedanke eher zu kurz. Geschuldet ist dies dem Umstand, dass Prävention Geld kostet und sich Entscheidungsträger möglicherweise für entsprechende Präventivmaßnahmen rechtfertigen müssten. Sie geraten dadurch in ein Spannungsfeld: Tritt ein Ereignis ein, ohne dass Vorkehrungen getroffen wurden, werden die Entscheidungsträger dafür (u. a. bei Wahlen) zur Verantwortung gezogen. Investieren die Entscheidungsträger Steuergelder für Vorsorgemaßnahmen, werden sie der Verschwendung bezichtigt, da ja *„eh nichts passiert"*.

Dennoch kann die vorliegende Untersuchung als ein Plädoyer für eine integrative und präventive Politik zur Inneren Sicherheit verstanden werden. Der Bedarf einer integrativen Politik zur Inneren Sicherheit liegt auf der Hand. Wenngleich ein vernetzter Ansatz damit einhergeht, so wäre darüber hinaus eine stärkere Berücksichtigung aller *„Sicherheitsfaktoren"* notwendig. Nur so kann der eingangs formulierte Anspruch, Sicherheit als gesamtgesellschaftliche Aufgabe zu gestalten, umgesetzt werden. In diesem Zusammenhang ist auch eine sinnvolle Migrations-, Sozial- und Familienpolitik zu sehen, die einen Beitrag zur Inneren Sicherheit leisten kann.

Sicherheit gesamtgesellschaftlich zu gestalten, erfordert auf der einen Seite einen starken Staat, der in einem sorgfältig austarierten Verhältnis von Freiheit und Sicherheit verantwortungsvoll mit seinen ihm übertragenen Machtbefugnissen umgeht. Auf der anderen Seite ist eine engagierte Zivilgesellschaft gefragt. Sicherheit gestaltet sich nicht nur durch Amtsträger mit Zwangsbefugnissen. Nur durch ehrenamtlich engagierte Menschen z. B. in den Hilfsorganisationen und freiwilligen Feuerwehren, die Elemente der Sicherheitsarchitektur sind, lässt sich auf Dauer ein adäquates Schutzniveau erhalten. Dieses Schutzniveau ist in Teilen der Republik schon jetzt nicht mehr zu gewährleisten. Durch die ehrenamtliche Einbindung von Menschen, auch explizit aus sozial schwächeren Schichten, in zivilgesellschaftliche Gruppen, kann die Persönlichkeit und somit die Demokratiefestigkeit gestärkt werden. Extremistische Neigungen können dadurch schon frühzeitig eliminiert werden.

Wenngleich hier für einen präventiven Ansatz mit objektiven Bewertungskriterien geworben wird, ist dem Verfasser klar, dass sich viele Szenarien nicht vorhersehen lassen. Selbst der beste Nachrichtendienst kann nicht alle Täterstrukturen erfassen und nicht alle Informationen zusammenbringen. So muss in den *„Kulturen des Risikos"* mit der Option möglicher Schadensereignisse gerechnet werden. Es gilt also das Unerwartete zu erwarten.

In der Erkenntnis, dass in der Wissenschaft Zweifel nicht verwerflich sondern tugendhaft sind,[180] erlaubt sich der Verfasser an dieser Stelle eine selbstkritische Reflexion über dieser Arbeit. Die Ergebnisse müssen vor dem Hintergrund methodischer Einschränkungen betrachtet werden. Selbst bei gründlicher Auswertung von qualitativen Erhebungen konnte weder das gesamte Themenspektrum berücksichtigt, noch eine uneingeschränkte Objektivität gewährleistet werden. Es ist innerhalb der Arbeit nicht gelungen, dass Politikfeld Innere Sicherheit mit allen beteiligten Akteuren im Detail darzustellen. Zum einem hätte dies den Rahmen dieser Arbeit gesprengt, zum anderen fehlt in der Forschung zur Inneren Sicherheit ein Gesamtüberblick über die Akteure in den Subsystemen der Sicherheitsarchitektur. Hier besteht weiterer Forschungsbedarf.

Diese Arbeit hat sich mit der Sicherheitsarchitektur der BRD auseinander gesetzt. Das System der Inneren Sicherheit zeichnet sich dabei durch Komplexität und Vielschichtigkeit aus. Der Verfasser konnte manche Bereiche bzw. Subsysteme des Politikfelds nur ansatzweise und sicherlich nur sehr oberflächlich anreißen. Im Fokus dieser Untersuchung stehen eindeutig die staatliche Sicherheit, der Bevölkerungsschutz und die *„Vernetzlichungstendenzen"* von Bundesinstitutionen. Der Verfasser ist sich der Bedeutung der anderen Bereiche z. B. der kommunalen Sicherheit oder Unternehmenssicherheit bewusst. Diese Bereiche bieten ausreichend Stoff für weitere Forschungsarbeiten. Der ein oder andere Leser mag auch, speziell wenn es um die wichtige Abwägungsfrage von Sicherheit und Freiheit geht, kritisch anmerken, dass als Interviewpartner ein starker Fokus auf (ehemalige) Repräsentanten staatlicher Einrichtungen und weniger auf (kritische) zivilgesellschaftliche Akteure gelegt wurde. Das entspricht auch der Tatsache. Die Bedeutung der genannten Abwägungsfrage, die hier nur ansatzweise thematisiert wurde, soll dadurch keine Abwertung erfahren. Mit Bezug auf die zugrunde liegende Forschungsfrage erschien das angewandte Verfahren dem Verfasser jedoch schlüssig.

180 So auch Bundespräsident Gauck bei seiner Festrede auf der DFG Jahresversammlung am 4. Juli 2012 in Dortmund (vgl. DFG 2012).

9.3 Ausblick und Handlungsempfehlungen

Es stellt sich abschließend die Frage, warum Defizite nicht konkret angegangen werden, wenn sie doch evident sind. Die Antwort ist ernüchternd und simpel zugleich: Es werden sich erst wieder Änderungen in Nuancen ergeben, wenn etwas in Deutschland passiert. Dabei sind zwei Szenarien denkbar. Das **positive Szenario** geht von einem intelligenten Staat aus, der verantwortungsvoll mit seinen Befugnissen umgeht. Dieser Staat muss nicht alles über seine Bürger wissen. In diesem Staat werden die Bürger in das Sicherheitsdenken und die Sicherheitsstrategien involviert. In diesem Staat leben Menschen, die sich in zivilgesellschaftlichen Gruppen für die Belange ihrer Mitmenschen einsetzen. Risiken werden ernst genommen, aber auch die Tatsache wird akzeptiert, dass es eine allumfassende Sicherheit nicht geben kann bzw. dass sie nur ein theoretisches Konstrukt darstellt. Die Informationen werden fachkundig bewertet und vor allem gebündelt. Mit potenziellen Bedrohungen werden keine Ängste geschürt und keine politischen Ambitionen untermauert. Auch wenn die föderalen Zuständigkeiten respektiert werden, gibt es eine zentrale Stelle, die eine Bewertung der objektiven Risiken vornimmt. Der Bund stimmt sich dazu in diesem föderalen System mit den Ländern ab. Dieser Staat mit seinen relevanten Akteuren handelt transparent. Er nutzt seine Instrumente, beispielsweise die Nachrichtendienste, um gesellschaftspolitische Prozesse zu antizipieren. Dabei leisten diese Akteure u. a. eine wichtige gesellschaftspolitische Aufgabe, indem sie extremistische und terroristische Tendenzen erkennen und für alle relevanten Bereiche (z. B. Schulen, Lehrkörper) als Ansprechpartner zur Verfügung stehen. In diesem Sinne werden Ressourcen gleichmäßig verteilt und unterliegen nicht den Konjunkturen. Es wird dabei eine integrative Politik zur Inneren Sicherheit gestaltet. Fragen der Migrations- und Familienpolitik, der Demografie und des bürgerschaftlichen Engagements fließen in Überlegungen zur Gestaltung von Sicherheit als gesamtgesellschaftliche Aufgabe ein und finden Berücksichtigung. In einem sorgfältig ausgewogenen Verhältnis von Sicherheit und Freiheit können die Bürger in Sicherheit leben.

Der schwache Staat ist der natürlich Antipode und bildet das **negative Szenario**. Dieser Staat mit seinen für die Sicherheit relevanten Akteuren möchte alles wissen und dürfen. Er versucht unabdingbar alle Risiken auszuschließen und vermittelt seinen Bürgern das Gefühl der absoluten Sicherheit. Dieser Staat missachtet föderale Zuständigkeiten und sieht im Bund den einzigen kompetenten Sicherheitsakteur. Daher verschiebt er alle Zuständigkeiten auf Bundesebene und schafft immer mehr Zentren in Reaktion auf alle eintretenden Sicherheitsereignisse. Er ist ein ausschließlich reaktiv handelnder Staat. Er verliert schnell die Übersicht über all seine geschaffenen Einrichtungen, die zum Zweck der politischen Legitimation geschaffen wurden. Informationen werden hier zwar zu allen möglichen Tätergruppen und zu sämtlichen Ereignissen ausgetauscht, aber nicht gebündelt. Dieser Staat verfügt über eine Sicherheitsarchitektur, in der die einzelnen Subsysteme nebeneinander arbeiten. Jeder der beteiligten Akteure versucht hier seine Kompetenzen auszubauen und die personellen, informellen und finanziellen Ressourcen zu hüten und bestenfalls im eigenen Interesse Kompetenzen zu erweitern. Die nachrichtendienstlichen Akteure in dieser Sicherheitsarchitektur betrachten ihre gewonnenen Informationen als Schatz und behandeln sie als solchen. Dieser Staat ist nicht transparent. Er sieht nur einzelne Bedrohungsfelder, die sich je nach Ereignis ändern. Eine präventive Politik zur Inneren Sicherheit gibt es nicht. Bedingt durch einseitige Sicherheitspolitik wird sich in diesem Staat trotz uneingeschränkter Sicherheitsversprechen ein adäquates Sicherheitsniveau nicht aufrechterhalten lassen. Komplexe Ereignisse werden nicht weiter berücksichtigt. Dafür wären Präventivmaßnahmen notwendig, die politische Entscheidungsträger gegenüber ihren Wählern nicht rechtfertigen können oder wollen.

Diese beiden Szenarien sind Extrembeispiele. Die Realität dürfte dazwischen liegen und von vielen Variablen abhängen. Ganz bestimmt werden dabei u. a. die zunehmende Europäisierung, die Technisierung, der gesellschaftliche Wandel und die politische Kultur eine Rolle spielen. Es kann davon ausgegangen werden, dass sich die Zukunft der Inneren Sicherheit auch ereignisabhängig gestalten wird. Treten also sicherheitsrelevante Szenarien (Terroranschläge, Katastrophen usw.) auf, werden sich künftig die Strukturen auch daran reaktiv ausrichten. Die entscheidende Frage wird sein, wie verantwortungsvoll die relevanten Entscheidungsträger auf die Gefahrenlagen reagieren werden. Gesetze als die einzige Handlungsoption zu verstehen und die Strukturen in Nuancen anzupassen, wird aber den sicherheitspolitischen Herausforderungen in Zukunft nicht gerecht werden.

Welche Konsequenz für das Politikfeld Innere Sicherheit ergibt sich aus der dargestellten Erkenntnis und welche Handlungsempfehlungen sind an Staat und Gesellschaft zu richten?

Vernetzung der Akteure verbessern

Zahlreiche Akteure sind mit Fragen der Inneren Sicherheit beauftragt. Dabei werden spezifische Felder sehr segmentiert bearbeitet. Wenngleich Sicherheit ein elementares Grundbedürfnis ist, werden Fragen der Sicherheit in den Parlamenten auf Landes- und Bundesebene nicht ausreichend berücksichtigt bzw. nicht angemessen bearbeitet.

In dieser Arbeit wurde der Vernetzungsbegriff kritisch hinterfragt. Es wurde dargelegt, dass unter Vernetzung im Politikfeld Innere Sicherheit zumeist neue Formen der institutionellen Zusammenarbeit zu verstehen sind. Im Sinne einer adäquaten Vernetzung müsste die Zusammenarbeit aller an der Sicherheitsproduktion beteiligten staatlichen und nicht-staatlichen Akteure und die Kenntnisse und Fähigkeiten der beteiligten Institutionen verbessert werden. Eine Bestandsaufnahme bzw. Identifikation der relevanten Akteure stellt dabei eine erste notwendige Maßnahme dar. Eine segmentierte Bearbeitung der spezifischen Themenfeldern wird der zunehmenden Komplexität des Politikfelds angesichts finanzieller und personeller Engpässe nicht gerecht werden. Die Akteure müssen sich demnach künftig besser koordinieren und Synergien effizienter nutzen. Dabei stellt sich die Frage nach künftigen Herausforderungen. Auf welche Risiken sind demnach die künftigen Sicherheitsstrukturen auszurichten?

Risiken einheitlich analysieren und kommunizieren

Ein einheitliches Bild über vorhandene Risiken und Bedrohungen ist nicht vorhanden. Das hat diese Arbeit deutlich gemacht. Die deutsche Sicherheitspolitik reagiert erst, wenn Ereignisse eintreten. Es empfiehlt sich künftig Risiken und Bedrohungen einheitlich zu analysieren und die Prozesse und Strukturen der Inneren Sicherheit vorausschauend zu gestalten. Eine zentrale Stelle auf Bundesebene (z. B. im Bundesministerium des Innern oder dessen Geschäftsbereich) könnte die relevanten Informationen aller Themenfelder der Inneren Sicherheit bündeln, bewerten und entsprechende Anpassungsprozesse initiieren. Bei dieser Art präventiver Sicherheitspolitik sind einerseits der gesellschaftliche Wandel (z. B. durch demografische Veränderungen), andererseits sicherheitsrelevante Fragestellungen in anderen Politikfeldern (z. B. Sozial- und Migrationspolitik) einzubeziehen. Der antizipierende präventive Ansatz ist dem derzeitigen reaktiven Ansatz vorzuziehen.

Die Politik muss klar kommunizieren, was der Staat leisten kann und wo seine Grenzen bei der Gewährleistung und Produktion Innerer Sicherheit sind. Die politischen Spitzenakteure sollten ferner über die Folgen politischen Handelns aufklären.

Komplexität berücksichtigen

Kritisch zu bewerten ist, dass aufgrund einzelner Bedrohungen wie dem internationalen Terrorismus und dem Rechtsextremismus Bundeseinrichtungen gestärkt werden, jedoch die alltägliche Gefahrenabwehr aus dem Blickfeld gerät. Künftig gilt es der Komplexität potenzieller Schadensereignisse mehr Beachtung zu schenken. Durch die stetige Zunahme und Abhängigkeit von kritischen Infrastruktureinrichtungen steigt auch die Gefahrenanfälligkeit für das gesellschaftliche System. Diese Einrichtungen sollten eindringlich dazu aufgefordert werden, umfassende Vorsorgemaßnahmen zu treffen. Darüber hinaus muss der Bevölkerung klar kommuniziert werden, dass staatliche Handlungsmöglichkeiten bei Ausfällen der kritischen Infrastrukturen begrenzt sind. Ob die rechtsstaatliche Ordnung bei einem langfristigen Ausfall der Strom- oder Wasserversorgung aufrechterhalten werden kann, ist fraglich. Es gilt somit die Eigenvorsorge der Bevölkerung zu stärken. Dies könnte beispielsweise in Form von Kampagnen durch staatliche Einrichtungen oder auch der privatwirtschaftlichen Unternehmen geschehen.

Angemessene Haushalts- und Personalpolitik betreiben

Die Akteure der Inneren Sicherheit müssen sich auf eine kontinuierliche Haushaltspolitik verlassen können. Dabei wird es unumgänglich sein, in den jeweiligen Institutionen eine Aufgabenkritik vorzunehmen und die Fehlerkultur der Akteure zu verbessern. Es ist zu eruieren, welche Aufgaben staatliche Akteure künftig zu bewältigen haben und welche Mittel dafür notwendig sind. Gesellschaftliche Veränderungen sind verstärkt zu berücksichtigen. Gerade den Herausforderungen des demografischen Wandels und der Konkurrenz bei der Gewinnung der *„klugen Köpfe“* werden sich auch die Akteure der Inneren Sicherheit zu stellen haben. Es gilt weitere Anreize zu schaffen, damit das Politikfeld der Inneren Sicherheit ein attraktiver Arbeitsplatz bleibt. Zudem bedarf es im Subsystem des Bevölkerungsschutzes alternativer Modelle (z. B. teilprofessionalisierter Strukturen), um den Schutz der Bevölkerung gewährleisten zu können. Der Staat mit seinen handelnden Akteuren sollte sicherstellen, dass den Personen, die sich für den Schutz der Inneren Sicherheit und der Bevölkerung hauptberuflich oder ehrenamtlich engagieren, eine größere Anerkennung zuteil wird.

Künftige Ausrichtung der Sicherheitsarchitektur

Es stellt sich die Frage nach einer künftigen Sicherheitsarchitektur, die sich bislang den verschiedenen Reformversuchen entzogen hat. Es muss davon Abstand genommen werden, die Strukturen auf einzelne Bedrohungen auszurichten. Eine zeitgemäße Ausrichtung dieser Architektur darf sich darüber hinaus nicht darauf beschränken, neue Schaubilder von Behörden zu skizzieren. Vielmehr ist ein gesellschaftlicher Konsens erforderlich, wie das Schutzniveau bzw. die Schutzziele aussehen sollen. Das kann nur durch die Politik kommuniziert werden. Wie sicher ist sicher genug und was kann der Staat leisten, um einem gesellschaftlichen Sicherheitsanspruch gerecht zu werden? Wo sind die Grenzen des staatlichen Handelns? Der Staat sollte nicht Sicherheit suggerieren und sich allumfassende Verantwortlichkeiten zuschanzen. Dem Bürger wird dadurch ein Bild vermittelt, dem der Staat und seine handelnden Akteure schon aufgrund mangelnder Ressourcen nicht gerecht werden können: eine allumfassende Sicherheit produzieren und gewährleisten zu können. In diesem Zusammenhang wäre zu empfehlen, die föderale Sicherheitsarchitektur an die Erfordernisse des 21. Jahrhunderts anzupassen. Im Kontext eines sich verändernden Sicherheitsverständnisses müsste in einem ressortübergreifenden Ansatz die Frage der Sicherheitsrelevanz diskutiert werden. Wie könnte dieser Ansatz im Sinne eines gemeinsamen Sicherheitsverständnisses unter Nutzung der Kompetenzen der beteiligten Akteure bearbeitet werden? Am Ende sollte eine gemeinsame Einschätzung vorliegen, wie die Bundesrepublik Deutschland mit ihren Sicherheitsstrukturen im Hinblick auf vorhandene Bedrohungsszenarien aufgestellt ist und in welchen Bereichen der Sicherheitsarchitektur Anpassungsbedarf besteht. Dabei gilt es auch die Frage des bürgerschaftlichen Engagements zu berücksichtigen. Den Bürgern sind in diesem Kontext die vorhandenen Risiken und Bedrohungen und nachdrücklich die Grenzen staatlicher Handlungsoptionen vor Augen zu führen. Auf diese Weise könnte die präventive Sicherheit und das Selbsthilfepotenzial gestärkt werden.[181]

Bislang wurde der Burger – ebenso in der wissenschaftlichen Betrachtung – weitgehend ausgeklammert. Auch die privatwirtschaftlichen Einrichtungen, die zum Teil den kritischen Infrastrukturen zuzurechnen sind, wurden bislang zu wenig als Akteure der Sicherheitsarchitektur begriffen. Daraus ergibt sich die Frage, ob diese Einrichtungen sich selbst als relevante Akteure begreifen.

Resultierend aus der dargelegten Argumentation ist die Sicherheitsarchitektur der Bundesrepublik Deutschland als ein Zusammenwirken unterschiedlicher staatlicher und nicht-staatlicher Akteure zu verstehen, die jeweils über einen spezifischen sicherheitsrelevanten Auftrag verfügen und die in einem ständigen Austausch mit den für sie relevanten Akteuren stehen. Es wird dringend empfohlen, diese Austauschbeziehungen zu intensivieren.

Bei allen Angelegenheiten und Fortentwicklungen innerhalb des Politikfelds Innere Sicherheit bedarf es der Einbeziehung der Länder, da sich Maßnahmen ohne deren Unterstützung nicht umsetzen lassen. Die Länder müssen ihre Möglichkeiten transparent aufzeigen. Sind die Länder im Allgemeinen oder im Einzelnen künftig nicht mehr in der Lage, sich verschiedenen Herausforderungen zu stellen, dann ist es höchstwahrscheinlich sinnvoller, Einrichtungen einzelner Länder zusammenzulegen oder Kompetenzen an den Bund abzutreten – sofern der Bund über ausreichende Ressourcen verfügt. Es ist sicherlich nicht sinnig,

181 So auch die Forderung von EXP. INT. 6.

den Bund als Finanzier verschiedener Maßnahmen zu verstehen (z. B. einer ergänzenden Ausstattung im Bevölkerungsschutz), bei Schwachstellen (z. B. im Rahmen der NSU-Morde) an ihn zu verweisen und sich schließlich sämtlichen Reformen zu verweigern. Die Reformverweigerung der beteiligten Akteure muss zwingend aufgegeben werden, soll der Anpassungsprozess der Sicherheitsarchitektur Erfolg haben.

10 Abbildungsverzeichnis

11 Abkürzungsverzeichnis

AA	Auswärtiges Amt
ABC	Atomar, biologisch, chemisch
Abs.	Absatz
Abt.	Abteilung
a. D.	außer Dienst
AFIS	Automatisiertes Fingerabdruck-Identifizierungs-System
AFKzV	Ausschuss Feuerwehrangelegenheiten, Katastrophenschutz und zivile Verteidigung
AG	Arbeitsgemeinschaft
AGBF	Arbeitsgemeinschaft der Leiter der Berufsfeuerwehren
AGV	Arbeitsgruppe Verteidigung
AK	Arbeitskreis
AK I	Arbeitskreis I der Innenministerkonferenz (Staatsrecht und Verwaltung)
AK II	Arbeitskreis II der Innenministerkonferenz (Polizei)
AK III	Arbeitskreis III der Innenministerkonferenz (Kommunale Angelegenheiten)
AK IV	Arbeitskreis IV der Innenministerkonferenz (Verfassungsschutz)
AK V	Arbeitskreis V der Innenministerkonferenz (Bevölkerungs-, Katastrophen- und Brandschutz)
AK VI	Arbeitskreis VI der Innenministerkonferenz (Organisation, öffentliches Dienstrecht und Personal)
AKIS	Interdisziplinärer Arbeitskreis Innere Sicherheit
ASW	Arbeitskreis für Sicherheit in der Wirtschaft
ATP	Anti-Terror-Paket
ÄfV	Ämter für Verfassungsschutz
BAFA	Bundesamt für Wirtschaft und Ausfuhrkontrolle
BAG	Bundesamt für Güterverkehr
BAMF	Bundesamt für Migration und Flüchtlinge
BAO	Besondere Aufbauorganisation
BBK	Bundesamt für Bevölkerungsschutz und Katastrophenhilfe

BDBOS	Bundesanstalt für den Digitalfunk der Behörden und Organisationen mit Sicherheitsaufgaben
BDD	Bund Deutscher Detektive e. V.
BDGW	Bundesvereinigung Deutscher Geld- und Werttransportunternehmen e. V.
BDI	Bundesverband der Deutschen Industrie e. V.
BDK	Bund Deutscher Kriminalbeamter
BDL	Bundesverband der Deutschen Luftverkehrswirtschaft
BDSG	Bundesdatenschutzgesetz
BDWS	Bundesverband der Sicherheitswirtschaft
BF	Berufsfeuerwehr
BfDI	Bundesbeauftragter für den Datenschutz und die Informationsfreiheit
BfS	Bundesamt für Strahlenschutz
BfV	Bundesamt für Verfassungsschutz
BGBl.	Bundesgesetzblatt
BITKOM	Bundesverband Informationswirtschaft, Telekommunikation und neue Medien e.V.
BKA	Bundeskriminalamt
BKAG	Gesetz über das Bundeskriminalamt und die Zusammenarbeit des Bundes und der Länder in kriminalpolizeilichen Angelegenheiten
BK-Amt	Bundeskanzleramt
BMF	Bundesministerium der Finanzen
BMFSFJ	Bundesministerium für Familie, Senioren, Frauen und Jugend
BMG	Bundesministerium für Gesundheit
BMI	Bundesministerium des Innern
BMJ	Bundesministerium der Justiz
BMVBS	Bundesministerium für Verkehr, Bau und Stadtentwicklung
BMVg	Bundesministerium für Verteidigung
BMWi	Bundesministerium für Wirtschaft und Technologie
BMZ	Bundesministerium für wirtschaftliche Zusammenarbeit und Entwicklung
BND	Bundesnachrichtendienst
BOS	Behörden und Organisationen mit Sicherheitsaufgaben
BPdL	Bereitschaftspolizeien der Länder
BPol	Bundespolizei
BPolG	Bundespolizeigesetz

BR	Bundesregierung
BRH	Bundesrechnungshof
BRD	Bundesrepublik Deutschland
BSI	Bundesamt für Sicherheit in der Informationstechnik
BT-Drs.	Drucksache des Deutschen Bundestages
BVA	Bundesverwaltungsamt
BVerfSchG	Gesetz über die Zusammenarbeit des Bundes und der Länder in Angelegenheiten des Verfassungsschutzes und über das Bundesamt für Verfassungsschutz
BW	Baden-Württemberg
CDU	Christlich Demokratische Union
CSU	Christlich Soziale Union
DBT	Deutscher Bundestag
DDR	Deutsche Demokratische Republik
DFG	Deutsche Forschungsgemeinschaft
ders.	derselbe
DESTATIS	Statistisches Bundesamt
DFV	Deutscher Feuerwehrverband e. V.
DGB	Deutscher Gewerkschaftsbund
DGKM e. V.	Deutsche Gesellschaft für KatastrophenMedizin e. V.
DHPol	Deutsche Hochschule der Polizei
DKKV e. V.	Deutsches Komitee Katastrophenvorsorge e. V.
DPolG	Deutsche Polizeigewerkschaft
DRK	Deutsches Rotes Kreuz
DRKG	Gesetz über das Deutsche Rote Kreuz und andere freiwillige Hilfsgesellschaften im Sinne der Genfer Rotkreuz-Abkommen
DUW	Deutsche Universität für Weiterbildung
ebd.	ebendort
EuroCOP	European Confederation of Police
e. V.	eingetragener Verein
EXP. INT.	Experteninterview
F.A.S.	Frankfurter Allgemeine Sonntagszeitung
F.A.Z	Frankfurter Allgemeine Zeitung
FDP	Freie Demokratische Partei
FHO	Fremde Heere Ost
FHöV	Fachhochschule für öffentliche Verwaltung
FHöVs	Fachhochschulen für öffentliche Verwaltung
FN	Fußnote
FR	Frankfurter Rundschau

FüS	Führungsstab
Fw	Feuerwehr
FwDV	Feuerwehr-Dienstvorschrift
GAR	Gemeinsames Abwehrzentrum Rechtsextremismus
GASIM	Gemeinsames Analyse- und Strategiezentrum illegale Migration
GASS	Gemeinsamen Analyse- und Strategiezentrum Schleusungskriminalität
GBA	Generalbundesanwalt
GdP	Gewerkschaft der Polizei
GdV	Gesamtverband der Deutschen Versicherungswirtschaft
Gestapo	Geheime Staatspolizei
GewO	Gewerbeordnung
GG	Grundgesetz
GIZ	Gemeinsames Internetzentrum
GMLZ	Gemeinsames Melde- und Lagezentrum von Bund und Ländern
GRU	Glawnoje Raswedywatelnoje Uprawlenije (Russischer Militärnachrichtendienst)
GSÜ	Gemeinsame Grundstoff-Überwachungsstelle
GTAZ	Gemeinsames Terrorabwehrzentrum
HDE	Handelsverband Deutschland
HUMINT	Human Intelligence
HVB	Hauptverwaltungsbeamter
IAS	Informations- und Ansprechstelle
IDNDR	International Decade for Natural Disaster Reduction
i. d. R.	in der Regel
IKRK	Internationales Komitee vom Roten Kreuz
IM	Innenministerium
IMK	Ständige Konferenz der Innenminister und -senatoren der Länder, *kurz:* Innenministerkonferenz
insb.	insbesondere
IBPdL	Inspekteur der Bereitschaftspolizeien der Länder
Jg.	Jahrgang
JUH	Johanniter-Unfall-Hilfe e. V.
k. A.	keine Angaben
Kap.	Kapitel
KGT	Koordinierungsgruppe Terrorismus
KM	Krisenmanagement
KIAR	Koordinierende Internetauswertung Rechtsextremismus

KoSiPol	Kooperative Sicherheitspolitik in der Stadt
KRITIS	Kritische Infrastrukturen
LfV	Landesamt für Verfassungsschutz
LKA	Landeskriminalamt
LKÄ	Landeskriminalämter
LKT	Landkreistag
LKW	Lastkraftwagen
MAD	Militärischer Abschirmdienst
MADG	Gesetz über den Militärischen Abschirmdienst
MKS	Maul- und Klauenseuche
NCAZ	Nationales Cyber-Abwehrzentrum
NADIS	Nachrichtendienstliche Informationssystem
ND	Neues Deutschland (Sozialistische Tageszeitung)
NDR	Norddeutscher Rundfunk
NIAS	Nachrichtendienstliche Informations- und Analysestelle
NICC	Nationales Informations- und Kooperationszentrum
NRO	Nichtregierungsorganisation
NRW	Nordrhein-Westfalen
NSC	National Security Council
NSL	Notruf- und Serviceleitstelle
NSU	Nationalsozialistischer Untergrund
OK	Organisierte Kriminalität
OKWM	Organisationskomitee Weltmeisterschaft
OSINT	Open Sources Intelligence
ÖS	Öffentliche Sicherheit
OWL	Ostwestfalen-Lippe
PDV	Polizeidienstvorschrift
PIAS	Polizeiliche Informations- und Analysestelle
PKG	Parlamentarisches Kontrollgremium
PKS	Polizeiliche Kriminalstatistik
PMK	Politisch motivierte Kriminalität
PVB	Polizeivollzugsbeamter
PVD	Polizeivollzugsdienst
RAF	Rote-Armee-Fraktion
SDÜ	Schengener Durchführungsübereinabkommen
SfV	Schule für Verfassungsschutz
SIGINT	Signal Intelligence
SPD	Sozialdemokratische Partei Deutschlands
STMI	Staatsministerium des Innern

SWR	Slushba Vneishnei Rasvedki (Russischer Auslandsnachrichtendienst)
SWR	Südwestrundfunk
S.Z.	Süddeutsche Zeitung
TBG	Terrorismusbekämpfungsgesetz
TBEG	Terrorismusbekämpfungsergänzungsgesetz
THW	Technisches Hilfswerk
UA FEK	Unterausschuss Führung, Einsatz und Kriminalitätsbekämpfung
UdSSR	Union der Sozialistischen Sowjetrepubliken
USA	United States of America
u.v.m.	und vieles mehr
UZwBBw	Gesetz über die Anwendung unmittelbaren Zwanges und die Ausübung besonderer Befugnisse durch Soldaten der Bundeswehr und verbündeter Streitkräfte sowie zivile Wachpersonen
VerkLG	Verkehrsleistungsgesetz
VM	Vertraulicher Mitarbeiter
WKO	Wirtschaftskammer Österreich
w. n.	weiß nicht
z. B.	zum Beispiel
ZFdG	Gesetz über das Zollkriminalamt und die Zollfahndungsämter
ZfZ	Zentralstelle für Zivilschutz
ZIS	Zentrale Informationsstelle Sporteinsätze
ZKA	Zollkriminalamt
ZOES e. V.	Zukunftsforum Öffentliche Sicherheit e. V.
ZSKG	Gesetz über den Zivilschutz und die Katastrophenhilfe des Bundes

12 Literaturverzeichnis

Abou-Taam, Marwan (Hrsg.) (2007): Deutsche Sicherheit im Spannungsfeld des internationalen Terrorismus und der Weltordnungspolitik, Gesellschaftspolitische Schriftenreihe der Begabtenförderung der Konrad-Adenauer-Stiftung e.V., Lit Verlag, Hamburg.

Albrecht, Hans-Jörg (2011): Neue Bedrohungen? Wandel von Sicherheit und Sicherheitserwartungen, in: Zoche, Peter/Kaufmann, Stefan/Haverkamp, Rita (Hrsg.): Zivile Sicherheit, Gesellschaftliche Dimensionen gegenwärtiger Sicherheitspolitiken, Transcript Verlag, Bielefeld, S. 111–127.

Albrecht, Hans-Jörg (2002): Kriminologische Erfahrungen und kriminalpräventive Räte, in: Prätorius, Rainer (Hrsg.): Wachsam und kooperativ? Der lokale Staat als Sicherheitsproduzent, Nomos Verlag, Baden-Baden, S. 22–40.

Apell, Stefan/Lüders, Sven (2011): Etikettenschwindel, Unschärfen und kreative Gesetzesanwendung, Eine kritische Lektüre des „Evaluationsberichts" zum Terrorismusbekämpfungsergänzungsgesetz, in: Humanistische Union (Hrsg.): Mitteilungen Nr. 214, 3/2011, S. 6–8.

Arbeitskreis für Sicherheit in der Wirtschaft (Hrsg.) (2006): Herausforderungen annehmen – Sicherheit schaffen, Leitsätze zu Zielen, Positionen und Aufgaben der ASW, Berlin.

Aristoteles (1967): Die Nikomachische Ethik, aus dem Griechischen und mit einer Einführung und Erläuterung versehen von Olof Gigon, Artemis Verlag, Zürich.

Auswärtiges Amt (Hrsg.) (2008): Krisenprävention als gemeinsame Aufgabe, 2. Bericht der Bundesregierung über die Umsetzung des Aktionsplans Zivile Krisenprävention, Konfliktlösung und Friedenskonsolidierung, Berlin.

Beck, Ulrich (Hrsg.) (2007): Weltrisikogesellschaft, Lizenzausgabe für die Bundeszentrale für politische Bildung, Suhrkamp Verlag, Frankfurt/Main.

Beck, Ulrich (Hrsg.) (1997): Was ist Globalisierung? Suhrkamp Verlag, Frankfurt/Main.

Behördenspiegel (2009): Privatisierung öffentlicher Sicherheit, 05/2009, S. 55–56.

Behördenspiegel (2008): Es gibt etwas mehr – Der Haushaltsentwurf für die Sicherheitsbehörden, 08/2008, S. 44.

Behr, Rafael (2000): Paradoxien gegenwärtiger Polizeiarbeit in Deutschland: Zwischen „Smooth-Policing" und „Knüppel-aus-dem-Sack", in: Lange, Hans-

Jürgen (Hrsg.): Staat, Demokratie und Innere Sicherheit in Deutschland, Verlag Leske und Buderich, Opladen, S. 221–234.

Behrendt, Holger / Runggaldier, Klaus (2009): Ein Problemaufriss über den demographischen Wandel in der Bundesrepublik Deutschland, in: Notfall + Rettungsdienst, 1/2009, S. 45–50.

Benz, Arthur / Dose, Nicolai (2010): Governance – Modebegriff oder nützliches sozialwissenschaftliches Konzept?, in: (ders.): Governance – Regieren in komplexen Regelsystemen, VS Verlag für Sozialwissenschaften, S. 13–36.

Benz, Arthur (2010): Multilevel Governance – Governance in Mehrebenensystemen, in: Benz, Arthur / Dose, Nicolai (Hrsg.): Governance – Regieren in komplexen Regelsystemen, VS Verlag für Sozialwissenschaften, S. 111–135.

Benz, Arthur / Lütz, Susanne / Schimank, Uwe et al. (2007): Einleitung, in: (ders.): Handbuch Governance. Theoretische Grundlagen und empirische Anwendungsfelder, VS Verlag für Sozialwissenschaften, Wiesbaden, S. 9–25.

Bien, Günther (Hrsg.) (1980): Die Grundlegung der politischen Philosophie bei Aristoteles, Alber Verlag, München.

Blum, Sonja / Schubert, Klaus (2009): Politikfeldanalyse, in: Erhart, Hans-Georg / Frevel, Bernhard, et. al. (Hrsg.): Elemente der Politik, VS Verlag für Sozialwissenschaften, Wiesbaden.

Bogner, Alexander / Menz, Wolfgang (2009): Experteninterviews in der qualitativen Sozialforschung. Zur Einführung in eine sich intensivierende Methodendebatte, in: Bogner, Alexander / Littig, Beate / Menz, Wolfgang (Hrsg.): Experteninterviews. Theorien, Methoden, Anwendungsfelder, VS Verlag für Sozialwissenschaften, Wiesbaden, S. 7–31.

Borchert, Heiko (2008): Grand Pas de Deux für Sicherheit und Prosperität: Einführung, in: (ders.): Wettbewerbsfaktor Sicherheit. Staat und Wirtschaft im Grand Pas de Deux für Sicherheit und Prosperität, Schriftenreihe Vernetzte Sicherheit, Nomos Verlag, Baden-Baden, S. 11–26.

Borchert, Heiko (2006): Sicherheitspolitische Vernetzung und Transformation aus organisationsanalytischer Perspektive, in: Siedschlag, Alexander (Hrsg.): Methoden der sicherheitspolitischen Analyse, VS Verlag für Sozialwissenschaften, Wiesbaden, S. 81–104.

Borgs, Hermann / Ebert, Frank (Hrsg.) (1986): Das Recht der Geheimdienste, Richard Boorberg Verlag, Stuttgart.

Böckenförde, Stephan (2009): Die Veränderung des Sicherheitsverständnisses, in: Böckenförde, Stephan / Gareis, Sven B. (Hrsg.): Deutsche Sicherheitspolitik, Verlag Barbara Budrich, Opladen, S. 11–44.

Bonß, Wolfgang (2010): (Un-)Sicherheit als Problem der Moderne, in: Münkler, Herfried / Bohlender, Matthias / Meurer, Sabine (Hrsg.): Handeln unter Risiko,

Gestaltungsansätze zwischen Wagnis und Vorsorge, Transcript Verlag, Bielefeld S. 33–63.
Brink, Henning van den / Kaiser, André (2007): Kommunale Sicherheitspolitik zwischen Expansion, Delegation und Kooperation, in: Aus Politik und Zeitgeschichte, Bundeszentrale für Politische Bildung (Hrsg.): Innere Sicherheit im Wandel, 12/2007, Bonn, S. 4–11.
Brink, Henning van den (2005): Kommunale Kriminalprävention – Mehr Sicherheit in der Stadt?, in: Asmus / Hans-Joachim, Bornewasser / Manfred, Frevel, Bernhard et al. (Hrsg.): Schriften zur Empirischen Polizeiforschung, Band 3, Verlag für Polizeiwissenschaft, Frankfurt/Main.
Broemme, Albrecht (2009). Experteninterview, in: Endreß, Christian (2009b): Die Sicherheitsarchitektur der Bundesrepublik Deutschland. Deutsche Sicherheit im Wandel von alten Entscheidungsstrukturen und neuen Bedrohungsmustern. Diplomarbeit an der Universität Duisburg-Essen, Duisburg.
Bug, Mathias / Röllgen, Jasmin / Münch, Ursula (2012): Föderalismus als Problem – Föderalismus als Lösungsansatz: Eine erste Aufarbeitung im Kontext des Skandals um die rechtsextremen Gewalttaten von Mitgliedern des Nationalsozialistischen Untergrunds (NSU), in: Europäisches Zentrum für Föderalismus-Forschung Tübingen (Hrsg.): Jahrbuch des Föderalismus 2012, Nomos Verlag, Baden-Baden. *Im Erscheinen.*
Bukow, Sebastian (2011): Vorratsdatenspeicherung in Deutschland – Symbol des sicherheitspolitischen Wandels und des zivilgesellschaftlichen Protests?, in: Bug, Mathias / Münch, Ursula / Schmid, Viola (Hrsg.): Innere Sicherheit – auf Vorrat gespeichert? Tagungsband 2. SIRA Conference Series, Heft 1, München.
Bukow, Sebastian (2009): Die neue deutsche Sicherheitsarchitektur, in: Lorenz, Astrid / Reutter, Werner (Hrsg.): Ordnung und Wandel als Herausforderung für Staat und Gesellschaft, Verlag Barbara Budrich, Opladen, S. 349–370.
Bukow, Sebastian (2005): Deutschland: Mit Sicherheit weniger Freiheit über den Umweg Europa, in: Glaeßner, Gert-Joachim / Lorenz, Astrid (Hrsg.): Europäisierung der inneren Sicherheit. Eine vergleichende Untersuchung am Beispiel von organisierter Kriminalität und Terrorismus, VS Verlag für Sozialwissenschaften, Wiesbaden, S. 43- 62.
Bundesamt für Güterverkehr (Hrsg.) (2009): Zivile Notfallvorsorge im Straßenverkehr,
Vorsorgemaßnahmen des Bundes auf der Grundlage des Verkehrsleistungsgesetzes und des Verkehrssicherstellungsgesetzes, Köln.
Bundesbeauftragte für den Datenschutz und die Informationsfreiheit (Hrsg.) (2011): Tätigkeitsbericht 2009–2010, 23. Tätigkeitsbericht, Berlin.

Bundesministerium der Finanzen (Hrsg.) (2011): Die Bundeszollverwaltung. Jahresstatistik 2011, Berlin.
Bundesministerium des Innern (Hrsg.) (2012): Jedes Alter zählt. Demografiestrategie der Bundesregierung, Berlin.
Bundesministerium des Innern (Hrsg.) (2011a): Cyber-Sicherheitsstrategie für Deutschland, Berlin.
Bundesministerium des Innern (Hrsg.) (2011b): Demografiebericht. Bericht der Bundesregierung zur demografischen Lage und künftigen Entwicklung des Landes, Berlin.
Bundesministerium des Innern (Hrsg.) (2011c): Verfassungsschutzbericht 2011. Vorabfassung, Berlin.
Bundesministerium des Innern (Hrsg.) (2011d): Polizeiliche Kriminalstatistik 2011, Berlin.
Bundesministerium des Innern (Hrsg.) (2010): System des Krisenmanagements in Deutschland, Berlin.
Bundesministerium des Innern (Hrsg.) (2005): Schutz Kritischer Infrastrukturen – Basisschutzkonzept. Empfehlungen für Unternehmen, Berlin.
Bundesministerium des Innern (Hrsg.) (2007): Verfassungsschutzbericht 2007, Berlin.
Bundesministerium des Innern / Bundesministerium der Justiz (Hrsg.) (2006): Zweiter Periodischer Sicherheitsbericht, Berlin.
Bundesministerium des Innern / Bundesministerium der Justiz (Hrsg.) (2001): Erster Periodischer Sicherheitsbericht, Berlin.
Bundesministerium für Familie, Senioren, Frauen und Jugend (Hrsg.) (2009): Hauptbericht des Freiwilligensurveys 2009. Zivilgesellschaft, soziales Kapital und freiwilliges Engagement in Deutschland, 1999–2004–2009, Berlin.
Bußmer, Axel (2006): Zollbehörden, in: Lange, Hans-Jürgen (Hrsg.): Wörterbuch zur Inneren Sicherheit, VS Verlag für Sozialwissenschaften, Wiesbaden, S. 372–375.
Buzan, Barry / Waever, Ole / de Wilde, Jaap (Hrsg.) (1998): Security. A New Framework for Analysis, Lynne Rienner Publishers, Boulder, CO.
Chauvistré, Eric (Hrsg.) (2008): Wir Gutkrieger. Warum die Bundeswehr im Ausland scheitern wird, Campus Verlag, Frankfurt/Main.
Chwaszcza, Christine (2004): Thomas Hobbes (1588–1679), in: Denzer, Horst / Maier, Hans (Hrsg.): von Plato bis Thomas Hobbes, Klassiker des politischen Denkens, Band 1, C. H. Beck Verlag, München, S.209–225.
CDU/CSU und FDP (2009): Wachstum. Bildung. Zusammenhalt. Der Koalitionsvertrag von CDU, CSU und FDP, 17. Legislaturperiode, 26. Oktober 2009.
CDU/CSU (2008): Gesamtsicherheitskonzept für Deutschland, vorgestellt am 07.05.2008 in Berlin.

CDU (2004): Gesamtsicherheitskonzept zur Verzahnung der inneren und äußeren Sicherheit, Beschluss des Bundesfachausschusses Sicherheitspolitik vom 28. Juni 2004.

Cohen, Michael D./March, James G./Olsen, Johan P. (1972): A Garbage Can Model of Organizational Choice, in: Administrative Science Quarterly, 17 (1), S. 1–25.

Conze, Eckart (Hrsg.) (2009): Die Suche nach Sicherheit. Eine Geschichte der Bundesrepublik Deutschland von 1949 bis in die Gegenwart, Siedler Verlag, München.

Corporate Trust (Hrsg.) (2010): Studie: Gefahrenbarometer 2010, Sicherheitsrisiken für den deutschen Mittelstand, München.

Corporate Trust (Hrsg.) (2007): Studie: Industriespionage, Die Schäden durch Spionage in der deutschen Wirtschaft, München.

Crome, Hans-Henning (2011): Ethik der Nachrichtendienste in der Demokratie. Beispiel: Der deutsche Bundesnachrichtendienst. Vortrag an der Evangelischen Akademie in Bad Boll anlässlich einer Tagung zur „Ethik der Nachrichtendienste in der Demokratie", 28. – 30. Oktober 2011.

Cronenberg, Ulrich (2008): Katastrophenschutz: Gesellschaftliche oder staatliche Aufgabe? Hilfsorganisationen, Ehrenamtliche Helfer und Verhältnis zum Staat, in: Kloepfer, Michael (Hrsg.): Katastrophenrecht: Grundlagen und Perspektiven, Schriften zum Katastrophenrecht 1, Nomos Verlag, Baden-Baden, S. 21–28.

Daase, Christopher (2012): Sicherheitskultur als interdisziplinäres Forschungsprogramm, in: Daase, Christopher/Offermann, Philipp/Rauer, Valentin (Hrsg.): Sicherheitskultur, Soziale und politische Praktiken der Gefahrenabwehr, Campus Verlag, Frankfurt/Main, S. 23–44.

Daase, Christopher (2011): Sicherheitskultur – Ein Konzept zur interdisziplinären Erforschung politischen und sozialen Wandels, in: Sicherheit und Frieden (S+F), 2/2011, 29. Jahrgang, S. 59–65.

Daase, Christopher (2010): Wandel der Sicherheitskultur, in: Aus Politik und Zeitgeschichte, Bundeszentrale für politische Bildung (Hrsg.): Sicherheitspolitik, 50/2010, S. 9–16.

Daase, Christopher (2002): Internationale Risikopolitik, in: Daase, Christopher/Feske, Susanne/Peters, Ingo (Hrsg.): Internationale Risikopolitik. Der Umgang mit neuen Gefahren in den internationalen Beziehungen, Nomos Verlag, Baden-Baden, S. 9–35.

Dams, Carsten (2008): Die Polizei in Deutschland 1949–1989, in: Aus Politik und Zeitgeschichte, Bundeszentrale für politische Bildung (Hrsg.): Sicherheitspolitik, 48/2008, S. 9–14.

Daun, Anna (2009): Die deutschen Nachrichtendienste, in: Jäger, Thomas / Daun, Anna (Hrsg.): Geheimdienste in Europa. Transformation, Kooperation und Kontrolle, VS Verlag für Sozialwissenschaften, Wiesbaden, S. 56–76.
Depenheuer, Otto (Hrsg.) (2007): Selbstbehauptung des Rechtsstaats, Schönburger Gespräche zu Recht und Staat, Schöningh Verlag, Paderborn.
Deutsches Rotes Kreuz (Hrsg.) (2010): Jahrbuch 2010, Berlin.
Deutsches Rotes Kreuz (Hrsg.) (2009): Bundesfassung nach Beschlussfassung der Außerordentlichen Bundesversammlung am 20.03.2009, Berlin.
Dinges, Martin / Sack, Fritz (Hrsg.) (2000): Unsichere Großstädte? Vom Mittelalter zur Postmoderne, UVK Universitätsverlag, Konstanz.
Droste, Bernadette (Hrsg.) (2007): Handbuch des Verfassungsschutzrechts, Richard Boorberg Verlag, Stuttgart.
Dye, Thomas R. (Hrsg.) (2002): Understanding Public Policy, 10. Auflage, Pearson Education, New Jersey.
Eick, Volker (2006): Private Sicherheitsdienste, in: Lange, Hans-Jürgen (Hrsg.): Wörterbuch zur Inneren Sicherheit, VS Verlag für Sozialwissenschaften, Wiesbaden, S. 247–251.
Endreß, Christian / Feißt, Martin (2012): Von der Sicherheit zur Sicherheitskultur – Über den Umgang mit Komplexität im Sicherheitsdiskurs, in: Lange, Hans-Jürgen / Endreß, Christian / Wendekamm, Michaela (Hrsg.): Sicherheitskultur. Interdisziplinäre Betrachtung einer mehrdimensionalen Begrifflichkeit, VS Verlag, Wiesbaden. *In Anfertigung.*
Endreß, Christian / Eitner, Carolin (2011): Demografischer Wandel und die Herausforderungen an den Bevölkerungs- und Katastrophenschutz, in: Notfallvorsorge, 2/2011, S. 4–9.
Endreß, Christian / Schattschneider, Leonard (2010): Was ist Sicherheit? Interdisziplinäre Betrachtung einer unklaren Begrifflichkeit, in: Notfallvorsorge, 2/2010, S. 8–9.
Endreß, Christian (2009a): Aspekte eines modernen Bevölkerungsschutzes, in: Glawe, Robert (Hrsg.): Eine neue deutsche Sicherheitsarchitektur – Impulse für die nationale Strategiedebatte, Wissenschaft & Sicherheit, Berlin, S. 249–266.
Endreß, Christian (2009b): Die Sicherheitsarchitektur der Bundesrepublik Deutschland. Deutsche Sicherheit im Wandel von alten Entscheidungsstrukturen und neuen Bedrohungsmustern. Als Diplomarbeit an der Universität Duisburg-Essen vorgelegt, Duisburg.
Ehrhart, Hans-Georg (2010): Security Governance transnationaler Sicherheitsrisiken: konzeptionelle und praktische Herausforderungen, in: Ehrhart, Hans-Georg / Kahl, Martin (Hrsg.): Security Governance in und für Europa. Konzepte, Akteure, Missionen. Baden-Baden, S. 25–50.

Etheredge, Lloyd S. (1981): Government learning: An overview, in: Long, Samuel L. (ed.): The Handbook of Political Behavior, New York/London, S. 73 -161.
Euchner, Walter (2004): John Locke (1632–1704), in: Denzer, Horst/Maier, Hans (Hrsg.): von Locke bis Max Weber. Klassiker des politischen Denkens, Band 2, C. H. Beck Verlag, München 2004, S. 15–40.
Euchner, Walter (1987): John Locke (1623–1704), in Maier, Hans/Rausch, Heinz/Denzer, Horst (Hrsg.): Klassiker des politischen Denkens 2, von Locke bis Max Weber, C. H. Beck Verlag, München, S. 9–26.
Fairchild, Erika S. (ed.) (1988): German Police, Ideals and Reality in the Post-War Years, Springfield.
Feltes, Thomas (2008): Akteure der Inneren Sicherheit: Vom Öffentlichen zum Privaten, in: Lange, Hans-Jürgen/Ohly, Peter H./Reichertz, Jo (Hrsg.): Auf der Suche nach neuer Sicherheit, Fakten, Theorien und Folgen, VS Verlag für Sozialwissenschaften, Wiesbaden, S. 105–113.
Feltes, Thomas/Stegmaier, Peter (2007): Vernetzung als neuer Effektivitätsmythos für die Innere Sicherheit, in: Aus Politik und Zeitgeschichte, Bundeszentrale für Politische Bildung (Hrsg.): Innere Sicherheit im Wandel, 12/2007, Bonn, S. 18–25.
Feltes, Thomas (1996): Effizienz der Straftatenbekämpfung, in: Kniesel, Michael/Kube, Edwin/Murck, Manfred (Hrsg.): Handbuch für Führungskräfte der Polizei. Wissenschaft und Technik: Handbuch für Führungskräfte der Polizei. Wissenschaft und Praxis, Schmidt-Römhild Verlag, S. 573–602.
Fetscher, Iring (Hrsg.) (1966): Thomas Hobbes, Leviathan – oder Stoff, Form und Gewalt eines bürgerlichen und kirchlichen Staates, Ullstein Verlag, Frankfurt/Main.
Fischer, Uwe Christian (2008): Sicherheitspartnerschaft zwischen Staat und Wirtschaft: Anforderungen an die Sicherheitszusammenarbeit mit der Wirtschaft, in: Borchert, Heiko (Hrsg.): Wettbewerbsfaktor Sicherheit. Staat und Wirtschaft im Grand Pas de Deux für Sicherheit und Prosperität, Schriftenreihe Vernetzte Sicherheit, Nomos Verlag, Baden-Baden, S. 27–58.
Foertsch, Volker (2011): Moralisch-ethische Dilemmata eines Nachrichtendienstes. Vortrag an der Evangelischen Akademie in Bad Boll anlässlich einer Tagung zur „Ethik der Nachrichtendienste in der Demokratie“, 28. – 30. Oktober 2011.
Franke, Dieter (2008): Ein Haus im Wandel der Zeit, in: Bundesamt für Bevölkerungsschutz und Katastrophenhilfe (Hrsg.): 50 Jahre Zivil- und Bevölkerungsschutz in Deutschland, Bonn, S. 10–29.
Frankfurter Allgemeine Sonntagszeitung (2012): Verhaften Sie die üblichen Verdächtigen! Der Verfassungsschutz hat die Mörder vom NSU nicht aufhalten können. Wir sollten eher über diese Institutionen nachdenken als über die NDP. Essay von Horst Meier. 29. April, Nr. 17, S. 13.

Frantz, Christiane (2006): Qualitatives Interview, in: Schmitz, Sven-Uwe/Schubert, Klaus (Hrsg.): Einführung in die Politische Theorie und Methodenlehre, Verlag Barbara Budrich, Opladen, S. 54–67.
Freiberg, Konrad (2011): Sicherheit und Freiheit heute, in: Freiberg, Konrad/Rudolph, Karsten (Hrsg.): Verunsicherte Freiheit. Innere Sicherheit nach 9/11, Vorwärts Buch Verlag, Berlin, S. 67–112.
Frevel, Bernhard/Schulze, Verena (2012): Kooperative Sicherheitspolitik – Safety and Security Governance in Zeiten sich wandelnder Sicherheitskultur, in: Daase, Christopher/Offermann, Philipp/Rauer, Valentin (Hrsg.): Sicherheitskultur, Soziale und politische Praktiken der Gefahrenabwehr, Campus Verlag, Frankfurt/Main, S. 205–225.
Frevel, Bernhard/Schulze, Verena (2010): Public Safety and Security Governance. Pluralisierung und Vernetzung in der Sicherheitspolitik, in: Frevel, Bernhard (Hrsg.): Forschungsprojekt: Kooperative Sicherheitspolitik in der Stadt (KoSiPol), Working Paper Nr. 1, Münster.
Frevel, Bernhard/Bredthauer, Rüdiger (2010): Demografischer Wandel und Polizei. Eine Einleitung aus unterschiedlichen Perspektiven, in: (ders.): Empirische Polizeiforschung XII: Demografischer Wandel und Polizei, Schriften zu Empirischen Polizeiforschung, Band 10, Verlag für Polizeiwissenschaft, Frankfurt/Main, S. 11–32.
Frevel, Bernhard/Groß, Hermann (2008): „Polizei ist Ländersache!" – Politik der Inneren Sicherheit, in: Hildebrandt, Achim/Wolf, Frieder (Hrsg.): Die Politik der Bundesländer. Staatstätigkeit im Vergleich, VS Verlag für Sozialwissenschaften, Wiesbaden, S. 67–88.
Frevel, Bernhard (2007): Sicherheit gewähren – Freiheit sichern, in: Aus Politik und Zeitgeschichte, Bundeszentrale für Politische Bildung (Hrsg.): Innere Sicherheit im Wandel, 12/2007, Bonn, S. 3–4.
Frevel, Bernhard (2002): Community Policing – Zwischen Integrationsziel und Segregationswirkung Stadtsoziologische Aspekte kommunalisierter Sicherheitsstrategien, in: Prätorius, Rainer (Hrsg.): Wachsam und kooperativ? Der lokale Staat als Sicherheitsproduzent, Nomos Verlag, Baden-Baden, S. 80–89.
Fritzen, Benno (2010): Die Struktur des Bevölkerungsschutzes in der Bundesrepublik Deutschland, in: Bundesamt für Bevölkerungsschutz und Katastrophenhilfe/Deutscher Städtetag (Hrsg.): Drei Ebenen, ein Ziel: Bevölkerungsschutz – gemeinsame Aufgabe von Bund, Ländern und Kommunen, Bonn/Köln, S. 10–15.
Gareis, Sven B. (2009): Die Organisationen deutscher Sicherheitspolitik. Akteure, Kompetenzen, Verfahren und Perspektiven, in: Böckenförde, Stephan/Gareis, Sven B. (Hrsg.): Deutsche Sicherheitspolitik, Verlag Barbara Budrich, Opladen, S. 79–96.

Gauger, Jan Felix (o. Hrsg.) (2011): Eine kritische Betrachtung der Entwicklungen im deutschen Rettungswesen, Konzepte eines zukünftigen außerklinischen Versorgungssystems, Karlsruhe.
Geiger, Hansjörg (2012): Gedanken zu einer Neustrukturierung der Sicherheitsarchitektur in Deutschland, Vortrag beim Gesprächskreis der Nachrichtendienste in Deutschland am 20. Juni 2012, Berlin.
Giebel, Markus / Kemme, Stefanie (2010): Weniger Jugendliche – weniger (Jugend-) Kriminalität – weniger Polizei(bedarf)?, in: Frevel, Bernhard / Bredthauer, Rüdiger (Hrsg.): Empirische Polizeiforschung XII: Demografischer Wandel und Polizei, Schriften zur Empirischen Polizeiforschung, Band 10, Verlag für Polizeiwissenschaft, Frankfurt/Main, S. 71–97.
Glaeßner, Gert-Joachim (Hrsg.) (2003): Sicherheit in Freiheit. Die Schutzfunktionen des demokratischen Staates und die Freiheit der Bürger, Leske & Budrich Verlag, Opladen.
Gläser, Jochen / Laudel, Grit (Hrsg.) (2009): Experteninterviews und qualitative Inhaltsanalyse als Instrumente rekonstruierender Untersuchungen, VS Verlag für Sozialwissenschaften, Wiesbaden.
Gläser, Jochen / Laudel, Grit (Hrsg.) (2006): Experteninterviews und qualitative Inhaltsanalyse, 2. Durchgesehene Auflage, VS Verlag für Sozialwissenschaften, Wiesbaden.
Glawe, Robert (2009): Zur neuen deutschen Sicherheitsarchitektur – eine Einführung, in: (ders.): Eine neue deutsche Sicherheitsarchitektur – Impulse für die nationale Strategiedebatte, Band 6, Schriftenreihe Wissenschaft & Sicherheit, Berliner Wissenschafts-Verlag, Berlin, S. 15–27.
Gronemeyer, Axel (2010): Wege der Sicherheitsgesellschaft, Gesellschaftliche Transformation der Konstruktion und Regulierung innerer Unsicherheit, in: (ders.): Wege der Sicherheitsgesellschaft, Gesellschaftliche Transformation der Konstruktion und Regulierung innerer Unsicherheit, VS Verlag für Sozialwissenschaften, Wiesbaden, S. 7–19.
Grünheid, Evelyn (2008): Die Auswirkungen demographischer Entwicklungen auf die innere Sicherheit in Deutschland, in: Zeitschrift für Bevölkerungswissenschaft 33, S. 55–88.
Groß, Herrmann / Frevel, Bernhard / Dams, Carsten (Hrsg.) (2008): Handbuch der Polizeien Deutschlands, VS Verlag für Sozialwissenschaften, Wiesbaden.
Groß, Herrmann (2008): Deutsche Länderpolizeien, in: Aus Politik und Zeitgeschichte, Bundeszentrale für Politische Bildung (Hrsg.): Innere Sicherheit im Wandel, 48/2008, Bonn, S. 20–26.
Gusy, Christoph (2012): Vom „Neuen Sicherheitsbegriff" zur „Neuen Sicherheitsarchitektur", in: Würtenberger, Thomas / Gusy, Christoph / Lange, Hans-Jürgen (Hrsg.): Innere Sicherheit im europäischen Vergleich. Sicherheitsden-

ken, Sicherheitskonzepte und Sicherheitsarchitektur im Wandel, LIT Verlag, Münster, S. 71–106.
Gusy, Christoph (Hrsg.) (2011): Grundrechte und Verfassungsschutz, VS Verlag für Sozialwissenschaften, Wiesbaden.
Gusy, Christoph (2007): Präventionsstaat zwischen Rechtsgütern und Abbau von Freiheitsrechten in Deutschland, in: Graulich, Kurt/Simon, Dieter (Hrsg.): Terrorismus und Rechtsstaatlichkeit. Analysen, Handlungsoptionen, Perspektiven, Akademie Verlag, Berlin, S. 273–294.
Gusy, Christoph/Pohlmann, Kristine (2007): Wächst zusammen, was nicht zusammengehört? Die zunehmende Vernetzung zwischen Polizei und Verfassungsschutz weicht das Trennungsgebot aus, in: Vorgänge, Zeitschrift für Bürgerrechte und Gesellschaftspolitik, 46. Jahrgang, Juni 2007, Heft 2, S. 53–62.
Gusy, Christoph (2004a): Die Vernetzung innerer und äußerer Sicherheitsinstitutionen in der Bundesrepublik Deutschland, in: Weidenfeld, Werner (Hrsg.): Herausforderung Terrorismus. Die Zukunft der Sicherheit, VS Verlag für Sozialwissenschaften, S. 197–221.
Gusy, Christoph (2004b): Geheimdienstliche Aufklärung und Grundrechtsschutz, in: Aus Politik und Zeitgeschichte, Bundeszentrale für Politische Bildung (Hrsg.): Innere Sicherheit im Wandel, 44/2004, Bonn, S. 14–20.
Gustav Heinemann-Initiative/Humanistische Union (Hrsg.) (2009): Graubuch Innere Sicherheit. Die schleichende Demontage des Rechtsstaates nach dem 11. September 2001, Berlin.
Hanning, August (2012): Föderalismus im Politikbereich Innere Sicherheit, in: Härtel, Ines (Hrsg.): Handbuch Föderalismus – Föderalismus als demokratische Rechtsordnung und Rechtskultur in Deutschland, Europa und der Welt, Springer Verlag, Heidelberg, S. 47–68.
Hegel, Georg Wilhelm Friedrich (1970/1821): Grundlinien der Philosophie des Rechts oder Naturrecht und Staatswissenschaft im Grundrisse, Werke, Band 7, Frankfurt/Main.
Hegemann, Hendrik/Kahl, Martin (2012): Politische Entscheidungen und das Risiko Terrorismus, in: Daase, Christopher/Offermann, Philipp/Rauer, Valentin (Hrsg.): Sicherheitskultur, Soziale und politische Praktiken der Gefahrenabwehr, Campus Verlag, Frankfurt/Main, S. 159–181.
Hirschmann, Nathalie/Kaup, Claudia (2011): Qualitative Interviewforschung, in: Frevel, Bernhard (Hrsg.): Forschungsprojekt: Kooperative Sicherheitspolitik in der Stadt (KoSiPol), Working Paper Nr. 3, Münster.
Howlett, Michael/Ramesh, M. (2003): Studying Public Policy, Policy Cycles and Policy Subsystems, Toronto.
Humanistische Union (Hrsg.) (2003): Innere Sicherheit als Gefahr, Berlin.

Humboldt, Wilhelm von (1967 [1792]): Ideen zu einem Versuch, die Grenzen der Wirksamkeit des Staates zu bestimmen, Reclam Verlag, Stuttgart.
Huster, Stefan / Rudolph, Karsten (2008): Vom Rechtsstaat zum Präventionsstaat, in: (ders.): Vom Rechtsstaat zum Präventionsstaat, Suhrkamp Verlag, Frankfurt/Main, S. 9–22.
Jann, Werner / Wegrich, Kai (2003): Phasenmodelle und Politikprozesse, in: Schubert, Klaus / Bandelow, Nils C. (Hrsg.): Lehrbuch der Politikfeldanalyse, Oldenbourg Verlag, München, S. 71–104.
Kaschner, Holger (Hrsg.) (2008): Neues Risiko Terrorismus – Entgrenzung, Umgangsmöglichkeiten, Alternativen, VS Verlag für Sozialwissenschaften, Wiesbaden.
Käding, Matthias (1991): Sicherheitsarchitektur für Verteilte Systeme. Vom Fachbereich 20–Informatik – der Technischen Universität Berlin zur Erlangung des akademischen Grades Doktor-Ingenieur genehmigte Dissertation, Berlin.
Kastner, Martin (2006): Generalbundesanwalt, in: Wörterbuch zur Inneren Sicherheit, VS Verlag für Sozialwissenschaften, Wiesbaden, S. 98–101.
Kennedy, Paul (1989): The Rise and Fall of the Great Powers. Economic Change and Military Conflict from 1500 to 2000, New York.
Kingdon, John (2003): Agendas, Alternatives and Public Policies, Boston.
Kirsch, Benno (Hrsg.) (2003): Private Sicherheitsdienste im öffentlichen Raum, Formen und Folgen der Zusammenarbeit mit der Polizei in Berlin und Frankfurt/Main, Westdeutscher Verlag, Wiesbaden.
Klaeden, Eckart von (2006): Sicherheitspolitische Herausforderungen, Vernetzung und Transformation: Eine politische Betrachtung, in: Borchert, Heiko (Hrsg.): Zu neuen Ufern, Schriftenreihe Vernetzte Sicherheit, Band 6, Nomos Verlag, S. 84–96.
Klink, Manfred (2008): Bundeskriminalamt, in: Groß, Herrmann / Frevel, Bernhard / Dams, Carsten (Hrsg.): Handbuch der Polizeien Deutschlands, VS Verlag für Sozialwissenschaften, Wiesbaden, S. 516–554.
Klocke, Dieter (2012): Der Militärische Abschirmdienst. Die „Geheimen" im Dienste der Bundeswehr, Europäische Sicherheit & Technik, 05/2012, S. 39–43.
Kloepfer, Michael (2012): In der Verantwortung, in: Frankfurter Allgemeine Zeitung vom 3. Mai 2012, Nr. 103, S. 6.
Knelangen, Wilhelm (2006): Innere Sicherheit als neue Aufgabe für die Bundeswehr? in: Krause, Joachim / Irlenkaeuser, Jan (Hrsg.): Bundeswehr – Die nächsten 50 Jahre. Anforderungen an deutsche Streitkräfte im 21. Jahrhundert, Verlag Barbara Budrich, Opladen, S. 253–273.
Knelangen, Wilhelm (Hrsg.) (2001): Das Politikfeld innere Sicherheit im Integrationsprozess. Die Entstehung einer europäischen Politik der inneren Sicherheit, Leske und Budrich Verlag, Opladen.

Kolbe, Peter (2005): Staatlichkeit im Wandel am Beispiel der Kriminalprävention, in: Aus Politik und Zeitgeschichte, Bundeszentrale für Politische Bildung (Hrsg.): Innere Sicherheit im Wandel, 46/2005, Bonn, S. 9–16.

Kötter, Matthias (Hrsg.) (2008): Pfade des Sicherheitsrechts, Begriffe von Sicherheit und Autonomie im Spiegel der sicherheitsrechtlichen Debatte der Bundesrepublik Deutschland, Nomos Verlag, Baden-Baden.

Krauß, Werner/Rulfs, Monika (2003): Ergebnisbericht des Projekts „Bilder der Flut – Bilderfluten: Einschätzung der medialen Darstellung des Elbehochwassers im August 2002“, GKSS Forschungszentrum in der Helmholtz-Gemeinschaft (Hrsg.), Geesthacht.

Krieger, Heike (2010): Völkerrechtliche Fundamente einer neuen Sicherheitsarchitektur, in: Münkler, Herfried/Bohlender, Matthias/Meurer, Sabine (Hrsg.): Sicherheit und Risiko. Über den Umgang mit Gefahr im 21. Jahrhundert, Transcript Verlag, Bielefeld, S. 127–144.

Kutscha, Martin (2006): Trennungsgebot, in: Lange, Hans-Jürgen (Hrsg.): Wörterbuch zur Inneren Sicherheit, VS Verlag für Sozialwissenschaften, Wiesbaden, S. 337–340.

Lamnek, Siegfried (Hrsg.) (2010): Qualitative Sozialforschung, 5. Auflage, Beltz Verlag, Weinheim & Basel.

Lamnek, Siegfried (Hrsg.) (2005): Qualitative Sozialforschung, Beltz Verlag, Weinheim & Basel.

Landesamt für Verfassungsschutz Bayern/Hochschule Augsburg (Hrsg.) (2012): Soziale Netzwerke und ihre Auswirkungen auf die Unternehmenssicherheit, München/Augsburg.

Landeskriminalamt Nordrhein-Westfalen (Hrsg.) (2006): Individuelle und sozialräumliche Determinanten der Kriminalitätsfurcht. Sekundäranalyse der Allgemeinen Bürgerbefragungen der Polizei in Nordrhein-Westfalen, Düsseldorf.

Lange, Hans-Jürgen (2012): Der Wandel des föderalen Sicherheitsverbundes in Deutschland, in: Würtenberger, Thomas/Gusy, Christoph/Lange, Hans-Jürgen (Hrsg.): Innere Sicherheit im europäischen Vergleich. Sicherheitsdenken, Sicherheitskonzepte und Sicherheitsarchitektur im Wandel, LIT Verlag, Münster, S. 107–126.

Lange, Hans-Jürgen/Lanfer, Jens/Petersen, Nils (2012a): Das Politikfeld Innere Sicherheit – Institutionen, Prozesse, Inhalte und Akteure in der politikwissenschaftlichen Analyse, in: Gerhold, Lars/Schiller, Jochen (Hrsg.): Perspektiven der Sicherheitsforschung. Beiträge aus dem Forschungsforum Öffentliche Sicherheit, Lang Verlag, S.133–154.

Lange, Hans-Jürgen/Endreß, Christian/Wendekamm, Michaela et al. (2012b): Akteure, Perspektiven und Wechselbeziehungen der Naturgefahrenabwehr,

in: Forschungsforum Öffentliche Sicherheit (Hrsg.): Schriftenreihe Sicherheit, Band Nr. 9, Berlin.
Lange, Hans-Jürgen / Endreß, Christian (2012): Der Bevölkerungsschutz als integraler Bestandteil der deutschen Sicherheitsarchitektur, in: (ders.): Versicherheitlichung des Katastrophenschutzes, VS Verlag für Sozialwissenschaften, o. S. *In Anfertigung.*
Lange, Hans-Jürgen / Endreß, Christian / Wendekamm, Michaela (2011): Ehrenamtliches Engagement im Zivil- und Katastrophenschutz, Kurzfassung vom 19. Dezember 2011.
Lange, Hans-Jürgen (2011): Zum Wandel der Institutionen und Steuerungsformen des staatlichen Sicherheitssystems, in: Zoche, Peter / Kaufmann, Stefan / Haverkamp, Rita (Hrsg.): Zivile Sicherheit, Gesellschaftliche Dimensionen gegenwärtiger Sicherheitspolitiken, Transcript Verlag, Bielefeld, S. 319–340.
Lange, Hans-Jürgen / Ohly, Peter H. / Reichertz, Jo (2008): Ausblick zur Sicherheitsforschung, in: (ders.): Auf der Suche nach neuer Sicherheit, Fakten, Theorien und Folgen, VS Verlag für Sozialwissenschaften, Wiesbaden, S. 393–399.
Lange, Hans-Jürgen / Frevel, Bernhard (2008): Innere Sicherheit im Bund, in den Ländern und in den Kommunen, in: Lange, Hans-Jürgen / Ohly, Peter H. / Reichertz, Jo (Hrsg.): Auf der Suche nach neuer Sicherheit. Fakten, Theorien und Folgen, VS Verlag für Sozialwissenschaften, Wiesbaden, S. 116–148.
Lange, Hans-Jürgen / Heinrich, Stephan (2008): Erweiterung des Sicherheitsbegriffs, in: Lange, Hans-Jürgen / Ohly, Peter H. / Reichertz, Jo (Hrsg.): Auf der Suche nach neuer Sicherheit, Fakten. Theorien und Folgen, VS Verlag für Sozialwissenschaften, Wiesbaden, S. 253–268.
Lange, Hans-Jürgen (2008): Der Wandel des föderalen Sicherheitsverbundes, in: Huster, Stefan / Karsten, Rudolph (Hrsg.): Vom Rechtsstaat zum Präventionsstaat, Suhrkamp Verlag, Frankfurt/Main, S. 64–81.
Lange, Hans-Jürgen (2006a): Innere Sicherheit und der Wandel von Staatlichkeit, in: Schmidt, Manfred G. / Zohlnhöfer, Reimut (Hrsg.): Regieren in der Bundesrepublik Deutschland: Innen- und Außenpolitik seit 1949, VS Verlag für Sozialwissenschaften, Wiesbaden, S. 87–112.
Lange, Hans-Jürgen (2006b): Innere Sicherheit, in: (ders.): Wörterbuch zur Inneren Sicherheit, VS Verlag für Sozialwissenschaften, Wiesbaden, S. 123–134.
Lange, Hans-Jürgen (2006c): Sicherheitsbegriff, erweitert, in: (ders.): Wörterbuch zur Inneren Sicherheit, VS Verlag für Sozialwissenschaften, Wiesbaden, S. 287–292.
Lange, Hans-Jürgen (2005): Eckpunkte einer veränderten Sicherheitsarchitektur für die Bundesrepublik. Gutachten erstellt für die FPD-Bundestagsfraktion, Duisburg.

Lange, Hans-Jürgen (2003): Das Politikfeld Innere Sicherheit, in: Grunow, Dieter (Hrsg.): Verwaltungshandeln in Politikfeldern, Leske und Budrich, Opladen, S. 225–272.

Lange, Hans-Jürgen (2000): Innere Sicherheit als Netzwerk, in: (ders.): Staat, Demokratie und Innere Sicherheit in Deutschland, Leske und Budrich, Opladen, S. 235–255.

Lange, Hans-Jürgen (Hrsg.) (1999): Innere Sicherheit im Politischen System der Bundesrepublik Deutschland, Leske und Budrich Verlag, Opladen.

Laubenthal, Klaus (2005): Phänomenologie der Alterskriminalität, in: Forum Kriminalprävention, 3/2005, S. 5–7.

Lenk, Kurt (1987): Max Weber, in: Maier, Hans/Rausch, Heinz/Denzer, Horst (Hrsg.): Klassiker des politischen Denkens 2, von Locke bis Max Weber, C. H. Beck Verlag, München, S. 296–313.

Lewentz, Roger (2012): Aufgabenkritik und Synergieeffekte durch Länderkooperationen, in: Friedrich-Ebert-Stiftung (Hrsg.): Zur Zukunft der Polizei in Deutschland, Dokumentation zur Fachtagung der Friedrich-Ebert-Stiftung, Forum Berlin, am 17. Oktober 2011, Berlin, S. 7–9.

Lisken, Hans/Lange, Hans-Jürgen (2000): Die Polizeien des Bundes, in: Lange, Hans-Jürgen (Hrsg.): Staat, Demokratie und Innere Sicherheit in Deutschland, Leske und Budrich, Opladen, S. 151–166.

Locke, John (1992): Zwei Abhandlungen über die Regierung, in: Hoffmann, Hans Jörg/Euchner, Walter (Hrsg.), Suhrkamp Verlag, Frankfurt/Main.

Luhmann, Niklas (1993a). Die Moral des Risikos und das Risiko der Moral, in: Bechmann, Gotthard (Hrsg.): Risiko und Gesellschaft. Grundlagen und Ergebnisse interdisziplinärer Risikoforschung, Westdeutscher Verlag, S. 327–338.

Luhmann, Niklas (1993b): Risiko und Gefahr, in: Krohn, Wolfgang/Krücken, Georg (Hrsg.): Riskante Technologien: Reflexion und Regulation. Eine Einführung in die sozialwissenschaftliche Risikoforschung, Suhrkamp Verlag, Frankfurt/Main, S. 138–185.

Luhmann, Niklas (Hrsg.) (1991): Soziologie des Risikos, Walter de Gruyter Verlag, Berlin.

Maier, Hans (1968): Hobbes, in: Maier, Hans/Rausch, Heinz/Denzer, Horst (Hrsg.):

Klassiker des politischen Denkens I, Von Plato bis Hobbes, Verlag C. H. Beck, München, S. 266–282.

Malik, Fredmund (Hrsg.) (2000): Führen, Leisten, Leben. Wirksames Management für eine neue Zeit, Deutsche Verlags-Anstalt, München.

Martínez-Soria, José (2005): Nachrichtendienste und Polizei – Die Zusammenarbeit in Deutschland und in der EU im Lichte des Trennungsgebots, in: Berliner Online-Beiträge zum Europarecht, Nr. 1, S. 1–17.

Mayntz, Renate (2010): Governance im modernen Staat, in: Benz, Arthur / Dose, Nicolai (Hrsg.): Governance – Regieren in komplexen Regelsystemen, VS Verlag für Sozialwissenschaften, S. 37–48.

Mayntz, Renate / Scharpf, Fritz W. (1995): Gesellschaftliche Selbstregelung und politische Steuerung, Campus Verlag. Frankfurt / New York.

Mayring, Philipp (2002): Einführung in die Qualitative Sozialforschung, in: Oelker, Jürgen / Hurrelmann, Klaus (Hrsg.): Beltz Studium, Beltz Verlag, Weinheim & Basel.

Meier-Klodt, Cord (2002): Einsatzbereit in der Krise? Entscheidungsstrukturen deutscher Sicherheitspolitik auf dem Prüfstand, SWP Studie S 34, Stiftung Wissenschaft und Politik (Hrsg.), Berlin.

Merten, Robert K. / Kendall Patricia L. (1979): Das fokussierte Interview, in: Hopf, Christel / Weingarten, Elmar (Hrsg.): Qualitative Sozialforschung, Klett-Cotta Verlag, Stuttgart, S. 171–204.

Meuser, Michael / Nagel, Ulrike (2005): ExpertInneninterviews – vielfach erprobt, wenig bedacht. Ein Beitrag zur qualitativen Methodendiskussion, in: Bogner, Alexander / Littig, Beate / Menz, Wolfgang (Hrsg.): Experteninterviews. Theorien, Methoden, Anwendungsfelder, VS Verlag für Sozialwissenschaften, Wiesbaden, S. 71–93.

Meyer-Kramer, Frieder (2007): Vorwort, in: Renn, Ortwin / Schweizer, Pia-Johanna / Dreyer, Marion / Klinke, Andreas (Hrsg.): Risiko. Über den gesellschaftlichen Umgang mit Unsicherheit, Oekom Verlag, München, S. 9–10.

Meyer-Teschendorf, Klaus-Georg (2008): Stand der Diskussion um eine „Neuordnung" des Zivil- und Katastrophenschutzes, in: Kloepfer, Michael (Hrsg.): Katastrophenrecht: Grundlagen und Perspektiven, Schriften zum Katastrophenrecht 1, Nomos Verlag, Baden-Baden, S. 29–42.

Milberg, Gunnar (2010): Die Rolle des Katastrophenschutzes in einem modernen Bevölkerungsschutz im Rahmen des Systems der integrierten Gefahrenabwehr, in: Bundesamt für Bevölkerungsschutz und Katastrophenhilfe / Deutscher Städtetag (Hrsg.): Drei Ebenen, ein Ziel: Bevölkerungsschutz – gemeinsame Aufgabe von Bund, Ländern und Kommunen, Bonn / Köln, S. 7–9.

Mittendorf, Volker (2006): INPOL, in: Lange, Hans-Jürgen (Hrsg.): Wörterbuch zur Inneren Sicherheit, VS Verlag für Sozialwissenschaften, S. 134–136.

Monar, Jörg (2012): Die Gewährleistung innerer Sicherheit durch die europäische Union: Grundlagen, Möglichkeiten und Grenzen, in: Würtenberger, Thomas / Gusy, Christoph / Lange, Hans-Jürgen (Hrsg.): Innere Sicherheit im europäischen Vergleich. Sicherheitsdenken, Sicherheitskonzepte und Sicherheitsarchitektur im Wandel, LIT Verlag, Münster, S. 33–55.

Möllers, Martin H. W. / Ooyen, Robert Chr. van (Hrsg.) (2012): Neue Sicherheit 2, Sicherheitsarchitektur, Jahrbuch Öffentliche Sicherheit, Verlag für Polizeiwissenschaft, Frankfurt/Main.

Möllers, Martin H. W. (2009): Die innenpolitische Dimension der Sicherheitspolitik in Deutschland, in: Böckenförde, Stephan / Gareis, Sven Bernhard (Hrsg.): Deutsche Sicherheitspolitik, Verlag Barbara Budrich, Opladen, S. 131–172.

Möllers, Martin H. W. / Ooyen, Robert Chr. van (2008): Bundeskriminalamt, Bundespolizei und „neue" Sicherheit, in: Aus Politik und Zeitgeschichte, Bundeszentrale für Politische Bildung (Hrsg.): Polizei, 48/2008, S. 26–32.

Möllers, Martin H. W. (2006): Katastrophenschutz, in: Lange, Hans-Jürgen (Hrsg.): Wörterbuch zur Inneren Sicherheit, VS Verlag für Sozialwissenschaften, Wiesbaden, S. 144–150.

Murck, Manfred (2009): Die Rolle der Landesbehörden für Verfassungsschutz bei der Zusammenarbeit der Nachrichtendienste in Europa, in: Jäger, Thomas / Daun, Anna (Hrsg.): Geheimdienste in Europa. Transformation, Kooperation und Kontrolle, VS Verlag für Sozialwissenschaften, Wiesbaden, S. 182–203.

Müller, Klaus-Rainer (Hrsg.) (2010): Handbuch Unternehmenssicherheit, Umfassendes Sicherheits-, Kontinuitäts- und Risikomanagement mit System, Vieweg und Teubner Verlag, Wiesbaden.

Münkler, Herfried / Bohlender, Matthias / Meurer, Sabine (2010): Vorwort, in: (ders.): Sicherheit und Risiko. Über den Umgang mit Gefahr im 21. Jahrhundert, Transcript Verlag, Bielefeld, S. 1–11.

Münkler, Herfried (2010a): Strategie der Sicherung: Welten der Sicherheit und Kulturen des Risikos. Theoretische Perspektiven, in: Münkler, Herfried / Bohlender, Matthias / Meurer, Sabine (Hrsg.): Sicherheit und Risiko. Über den Umgang mit Gefahr im 21. Jahrhundert, Transcript Verlag, Bielefeld, S. 11–34.

Münkler, Herfried (2010b): Sicherheit und Freiheit. Eine irreführende Oppositionssemantik der politischen Sprache, in: Münkler, Herfried / Bohlender, Matthias / Meurer, Sabine (Hrsg.): Handeln unter Risiko, Gestaltungsansätze zwischen Wagnis und Vorsorge, Transcript Verlag, Bielefeld S. 13–32.

Ohly, Peter H. (2008): Die Innere Sicherheit im Spiegel der deutschsprachigen Literatur, in: Lange, Hans-Jürgen / Ohly, Peter H. / Reichertz, Jo (Hrsg.): Auf der Suche nach neuer Sicherheit, Fakten, Theorien und Folgen, VS Verlag, Wiesbaden, S. 377–392.

Olschok, Harald (2012): Piratenbekämpfung durch private Sicherheitsdienste, in: Behördenspiegel (Hrsg.), Nr. 397, Mai 2012.

Ostheimer, Michael / Lange, Hans-Jürgen (2000): Die Inlandsnachrichtendienste des Bundes und der Länder, in: Lange, Hans-Jürgen (Hrsg.): Staat, Demokratie

und Innere Sicherheit in Deutschland, Leske und Budrich, Opladen, S. 167–186.
Peilert, Andreas / Kösling, Willy (2008): Bundespolizei – vormals Bundesgrenzschutz, in: Groß, Herrmann / Frevel, Bernhard / Dams, Carsten (Hrsg.): Handbuch der Polizeien Deutschlands, VS Verlag für Sozialwissenschaften, Wiesbaden, S. 555–590.
Pitschas, Rainer (2003): Aufbruch zu einer neuen Politik der inneren Sicherheit im 21. Jahrhundert, in: (ders.): Auf dem Weg zu einer neuen Sicherheitsarchitektur? Vorträge aus dem Forschungsfeld „Justiz und Inneres“ an der Deutschen Hochschule für Verwaltungswissenschaften Speyer und vor der „All Japan Security Service Association“, Speyer Arbeitsheft Nr. 152.
Porsche-Ludwig, Markus (Hrsg.) (2008): Einführung in die Allgemeine Staatslehre – Eine Vorlesung, LIT Verlag, Münster.
Pütter, Norbert (2008): Sicherheitsarchitekturen im Wandel. Polizei – Geheimdienst – Militär, in: Bürgerrechte & Polizei / CILIP 90, 2/2008, S. 3–12.
Reichenbach, Gerold / Göbel, Ralf et al. (Hrsg.) (2008): Risiken und Herausforderungen für die Öffentliche Sicherheit in Deutschland, Szenarien und Leitfragen, Grünbuch des Zukunftsforums Öffentliche Sicherheit, ProPress Verlagsgesellschaft, Berlin/Bonn.
Reichertz, Jo (2011): Die Medien als Akteure für mehr Innere Sicherheit, in: Bidlo, Oliver / Englert, Carina Jasmin / Reichertz, Jo (Hrsg.): Securitainment, Medien als Akteure der Inneren Sicherheit, VS Verlag für Sozialwissenschaften, Wiesbaden, S. 11–42.
Renn, Ortwin / Schweizer, Pia-Johanna / Dreyer, Marion / Klinke, Andreas (Hrsg.) (2007): Risiko. Über den gesellschaftlichen Umgang mit Unsicherheit, Oekom Verlag, München.
Rosen, Klaus-Henning (2008): Wechsel der Bedrohungslagen, in: Bundesamt für Bevölkerungsschutz und Katastrophenhilfe (Hrsg.): 50 Jahre Zivil- und Bevölkerungsschutz in Deutschland, Bonn, S. 31–37.
Rudolph, Karsten (2011): Sicherheit und Freiheit heute, in: Freiberg, Konrad / Rudolph, Karsten (Hrsg.): Verunsicherte Freiheit. Innere Sicherheit nach 9/11, Vorwärts Buch Verlag, Berlin, S. 26–66.
Scharpf, Fritz W. (Hrsg.) (2006): Interaktionsformen. Akteurszentrierter Institutionalismus in der Politikforschung, Unveränderter Nachdruck der 1. Auflage von 2000, VS Verlag für Sozialwissenschaften, Wiesbaden.
Scharpf, Fritz W. (Hrsg.) (1973): Planung als politischer Prozess. Aufsätze zur Theorie der planenden Demokratie, Frankfurt/Main.
Schäfer, Heike (2008): Präventive Telekommunikationsüberwachung. An der Universität Freiburg i. Br. vorgelegte Dissertation.

Schenck, Jean-Claude (2006): Bundespolizei/Bundesgrenzschutz, in: Lange, Hans-Jürgen (Hrsg.): Wörterbuch zur Inneren Sicherheit, VS Verlag für Sozialwissenschaften, S. 36–39.
Schewe, Christoph S. (2006): Bundeswehr (Einsatz im Innern) in: Lange, Hans-Jürgen (Hrg.): Wörterbuch zu Inneren Sicherheit, VS Verlag für Sozialwissenschaften, Wiesbaden, S. 40–43.
Schiller, Friedrich v. (1799): Wallensteins Tod, 1. Akt, 7. Auftritt.
Schily, Otto (2004): Netzwerke des Terrors – Netzwerke gegen den Terror, in: Bundeskriminalamt (Hrsg.): Netzwerke des Terrors – Netzwerke gegen den Terror, BKA Herbsttagung 2004, Polizei + Forschung, Band 30, Wiesbaden, S. 5–14.
Schmalenbach, Kirsten (2003): Administrativer Verfassungsschutz: Bürger unter Beobachtung in: Thiel, Markus (Hrsg.): Wehrhafte Demokratie, Mohr Siebeck Verlag, Tübingen, S. 439–444.
Schmidt, Manfred G. (1997): Policy-Analyse, in: Mohr, Arno (Hrsg.): Grundzüge der Politikwissenschaft, Oldenbourg Verlag, München, S. 567–604.
Schmidt-Eenboom, Erich (2000): Der innenpolitische Einfluss des Bundesnachrichtendienstes, in: Lange, Hans-Jürgen (Hrsg.): Staat, Demokratie und Innere Sicherheit in Deutschland, Verlag Leske und Buderich, Opladen, S. 187–201.
Schneider, Friedrich (2011): Terrorismus und dessen Konsequenzen für die Weltwirtschaft: Einige volkswirtschaftliche Gedanken, in: Zoche, Peter/Kaufmann, Stefan/Haverkamp, Rita (Hrsg.): Zivile Sicherheit, Gesellschaftliche Dimensionen gegenwärtiger Sicherheitspolitiken, Transcript Verlag, Bielefeld, S. 194–202.
Schneider, Volker/Janning, Frank (Hrsg.) (2006): Politikfeldanalyse. Akteure, Diskurse und Netzwerke in der öffentlichen Politik, VS Verlag für Sozialwissenschaften, Wiesbaden.
Schneiker, Andrea (Hrsg.) (2009): Die Selbst- und Koregulierung privater Sicherheits- und Militärfirmen, Nomos Verlag, Baden-Baden.
Schnell, Rainer/Hill, Paul B./Esser, Elke (Hrsg.) (2008): Methoden der empirischen Sozialforschung, 8. Auflage, Oldenbourg Wissenschaftsverlag, München.
Schubert, Klaus/Klein, Martina (2006): Das Politiklexikon, Dietz-Verlag, Bonn.
Schubert, Klaus/Bandelow, Nils C. (2003): Politikdimensionen und Fragestellungen der Politikfeldanalyse, in: (ders.): Lehrbuch der Politikfeldanalyse, Oldenbourg Wissenschaftsverlag, München, S. 1–22.
Schulz, Hans-Herbert (2012): Pro und Contra: Der Einsatz der Bundeswehr im Inneren, in: Crisis Prevention, 2/2012, S. 47–48.
Schülein, Johann A./Reitze, Simon (Hrsg.) (2002): Wissenschaftstheorie für Einsteiger, UTB Verlag, Stuttgart.

Schütte, Matthias (2006a): Bundeskriminalamt, in: Lange, Hans-Jürgen (Hrsg.): Wörterbuch zur Inneren Sicherheit, VS Verlag für Sozialwissenschaften, S. 26–30.

Schütte, Matthias (2006b): Bundesamt für Verfassungsschutz, in: Lange, Hans-Jürgen (Hrsg.): Wörterbuch zur Inneren Sicherheit, VS Verlag für Sozialwissenschaften, S. 22–26.

Schwierczinski, Rainer (2008): Das THW im Bundesamt für Zivilschutz, in: Bundesamt für Bevölkerungsschutz und Katastrophenhilfe (Hrsg.): 50 Jahre Zivil- und Bevölkerungsschutz in Deutschland, Bonn, S. 38–47.

Seeger, Matthias (2012): Mehr Sicherheitsaufgaben bei sinkenden Ressourcen, in: Friedrich-Ebert-Stiftung (Hrsg.): Zur Zukunft der Polizei in Deutschland, Dokumentation zur Fachtagung der Friedrich-Ebert-Stiftung, Forum Berlin, am 17. Oktober 2011, Berlin, S. 5–6.

Siedschlag, Alexander (2006): Einführung – Sicherheitspolitik als Methode, in: (ders.): Methoden der sicherheitspolitischen Analyse, VS Verlag für Sozialwissenschaften, Wiesbaden, S. 9–19.

Singelnstein, Tobias / Stolle, Peer (Hrsg.) (2006): Die Sicherheitsgesellschaft. Soziale Kontrolle im 21. Jahrhundert, VS Verlag für Sozialwissenschaften, Wiesbaden.

Sofsky, Wolfgang (2005): Das Prinzip Sicherheit, Fischer Verlag, Frankfurt/Main.

SPD (2009): Sozial und Demokratisch. Das Regierungsprogramm der SPD. Berlin.

SPD und Bündnis 90/Die Grünen (1998): Aufbruch und Erneuerung – Deutschlands Weg ins 21. Jahrhundert, Koalitionsvereinbarung, November 1998.

Stegbauer, Christian (Hrsg.) (2008): Netzwerkanalyse und Netzwerktheorie: Ein neues Paradigma in den Sozialwissenschaften, VS Verlag für Sozialwissenschaften, Wiesbaden.

Stegner, Ralf (2008): Im Zweifel für die Freiheit, in: Huster, Stefan / Karsten, Rudolph (Hrsg.): Vom Rechtsstaat zum Präventionsstaat, Suhrkamp Verlag, Frankfurt/Main, S. 151–163.

Stober, Rolf (2008): Befugnisse und Kontrolle im Katastrophenschutzrecht, Rechtsgrundlagen und rechtspolitische Vorschläge, in: Kloepfer, Michael (Hrsg.): Katastrophenrecht: Grundlagen und Perspektiven, Schriften zum Katastrophenrecht 1, Nomos Verlag, Baden-Baden, S. 43–60.

Stolle, Stephan / Maurer, Albrecht (2004): Koordinieren und Informieren. Neue Formen der Kooperation von Polizei und Diensten, in: Bürgerrechte & Polizei / CILIP 78, 2/2004, S. 29–34.

Süddeutsche Zeitung (2012): Vorschläge für Verfassungsschutz, SPD-Bundestagsfraktion will Geheimdienst strenger überwachen. 12. August 2012, S. 4–5.

Süddeutsche Zeitung (2011): Im Irrgarten. Der Terror von rechts wirft die Frage auf, wie effizient die innere Sicherheit in Deutschland organisiert ist. Tja, was soll man sagen? Schauen Sie selbst. 3./4. Dezember 2011, Nr. 279, S. V2/9.

Thiele, Frank (2004): Neue polizeiliche Aufgaben für den Zollfahndungsdienst – Überlegungen, in: Kriminalistik, 58. Jg., 2004, S. 178–186.

Troy, Jodok (2006): Sicherheitspolitische Analyse – Methoden als Herausforderung für Wissenschaft und Lehre. Bilanz und Ausblick, in: Siedschlag, Alexander (Hrsg.): Methoden der sicherheitspolitischen Analyse, VS Verlag für Sozialwissenschaften, Wiesbaden, S. 341–355.

Uhrlau, Ernst (2001): Nachrichtendienste und Sicherheitsbehörden im Zeitalter der Globalisierung, in: Friedrich-Ebert-Stiftung (Hrsg.): Nachrichtendienste und Sicherheitsbehörden im Zeitalter der Globalisierung, S. 17.

Vogd, Werner (2006): Teilnehmende Beobachtung, in: Schmitz, Sven-Uwe / Schubert, Klaus (Hrsg.): Einführung in die Politische Theorie und Methodenlehre, Verlag Barbara Budrich, Opladen, S. 89–109.

Wandinger, Thomas W. (2009): Ressortübergreifendes Sicherheitsmanagement und Nationaler Sicherheitsrat, in: Glawe, Robert (Hrsg.): Eine neue deutsche Sicherheitsarchitektur – Impulse für die nationale Strategiedebatte, Wissenschaft & Sicherheit, Berlin, S. 119–137.

Weber, Max (1972): Wirtschaft und Gesellschaft Grundrisse der verstehenden Soziologie, Paul Siebeck Verlag, Tübingen.

Weber, Max (2004): Politik als Beruf, 2004, Reclam Verlag, Stuttgart.

Wendekamm, Michaela / Endreß, Christian (2012): Ehrenamt im Wandel: Herausforderungen bei der Nachwuchsgewinnung, in: Verlagsgesellschaft Stumpf und Kossendey (Hrsg.): Im Einsatz, 2/2012, 19. Jahrgang, S. 28–30.

Werkenthin, Falco (Hrsg.) (1984): Die Restauration der deutschen Polizei. Innere Rüstung von 1945 bis zur Notstandsgesetzgebung, Campus Verlag, Frankfurt/ Main.

Werthebach, Eckart et al. (2010): Kooperative Sicherheit. Die Sonderpolizeien des Bundes im föderalen Staat. Bericht und Empfehlungen der Kommission „Evaluierung Sicherheitsbehörden“ vom 9. Dezember 2010, Berlin.

Werthebach, Eckart (2004): Deutsche Sicherheitsstrukturen im 21. Jahrhundert, in: Aus Politik und Zeitgeschichte, Bundeszentrale für Politische Bildung (Hrsg.): Bürgerrechte und Innere Sicherheit, 44/2004, Bonn, S. 5–13.

Wieck, Hans-Georg (2011): Demokratie und Geheimdienste. Die Rolle der Geheimdienste in der Demokratie. Vortrag an der Evangelischen Akademie in Bad Boll anlässlich einer Tagung zur „Ethik der Nachrichtendienste in der Demokratie“, 28. – 30. Oktober 2011.

Wiefelspütz, Dieter (2007): Sicherheitsarchitektur Heute: Reformbedarf aus Sicht der Koalitionsparteien, in: Mertes, Joachim / Robbers, Gerhard (Hrsg.):

Antworten auf den internationalen Terrorismus, Gewährleistung der Inneren Sicherheit durch Bund und Länder, Band 6, Peter Lang Verlag, Frankfurt/ Main, S. 27–32.
Wieland, Joachim (2004): Verfassungsrechtliche Grundlagen polizeilicher Einsätze der Bundeswehr, in: Fleck, Dieter (Hrsg.): Rechtsfragen der Terrorismusbekämpfung durch Streitkräfte, Nomos Verlag, Baden-Baden, S. 167–181.
Wilson, James Q./Kelling, George L. (1982): Broken Windows, in: Atlantic Monthly, S. 29–38.
Winter, Martin (2000): Polizeiphilosophie und Protest policing in der Bundesrepublik Deutschland – von 1960 bis zur staatlichen Einheit 1990, in: Lange, Hans-Jürgen (Hrsg.): Staat, Demokratie und Innere Sicherheit in Deutschland, Verlag Leske und Buderich, Opladen, S. 203–220.
Winter, Martin (Hrsg.) (1989): Politikum Polizei. Macht und Funktion der Polizei in der Bundesrepublik Deutschland, Lit Verlag, Münster.
Wirtschaftskammer Österreich (Hrsg.) (2011): Wirtschafts- und Industriespionage, Handbuch Know-How-Schutz für die österreichische Wirtschaft, Wien.
Witzel, Andreas (1985): Das problemzentrierte Interview, in: Jüttemann, Gerd (Hrsg.): Qualitative Forschung in der Psychologie, Beltz Verlag, Weinheim, S. 227–256.
Witzel, Andreas (Hrsg.) (1982): Verfahren der qualitativen Sozialforschung. Überblick und Alternativen, Campus Verlag, Frankfurt/Main.
Wolff, Heinrich A. (2012): Entwicklung und Zukunft der Sicherheitsarchitektur in Deutschland, Vortrag auf der Diskussionsveranstaltung des Gesprächskreises Nachrichtendienste in Deutschland e. V. am 20. Juni 2012, Berlin.
Würtenberger, Thomas/Gusy, Christoph/Lange, Hans-Jürgen (Hrsg.): Innere Sicherheit im europäischen Vergleich. Sicherheitsdenken, Sicherheitskonzepte und Sicherheitsarchitektur im Wandel, LIT Verlag, Münster.
Zöller, Michael (2004): Max Weber (1864–1920), in: Denzer, Horst/Maier, Hans (Hrsg.), von Locke bis Max Weber, Klassiker des politischen Denkens, Band 2, C. H. Beck Verlag, München 2004, S. 205–221.
Zürn, Michael (Hrsg.) (1998): Regieren jenseits des Nationalstaates, Frankfurt/ Main.
Zylka-Menhorn, Vera (2008): Notfallmedizin: Die Leitlinien müssen eingehalten werden, Deutsches Ärzteblatt, Jg. 105, Heft 38, o. S.

Quellen im Internet

Arbeiter-Samariter-Bund (2012a): Bevölkerungsschutz im ASB
http://www.asb.de/abc-gruppen.html, aufgerufen am 13.08.2012

Arbeiter-Samariter-Bund (2012b): Stichworte und Zahlen
http://www.asb.de/stichworteundzahlen.html, aufgerufen am 13.08.2012

Arbeitskreis für Sicherheit in der Wirtschaft (2009): Angriffe auf IT größter Risikofaktor, Pressemitteilung vom 07.04.2009
http://www.asw-online.de/veranstaltungen/2009/07–04–09-Pressemitteilung.pdf, aufgerufen am 16.08.2012

Bayrisches Staatsministerium des Innern (2012): Pressemitteilung Nr. 268/12
http://www.stmi.bayern.de/presse/archiv/2012/268.php, aufgerufen am 07.08.2012

Behörden-Spiegel (2012): Für ein neues Bevölkerungsschutzsystem
http://www.behoerden-spiegel.de/icc/Internet/nav/2b6/2b620c03-4c4e-5411-c9b9-a612700266cb&uCon=84c25659-1ca0-631c-4cb1-b77b988f2ee2&uTem=aaaaaaaa-aaaa-aaaa-bbbb-000000000003, aufgerufen am 01.08.2012

Berliner Morgenpost (2012): Politiker aller Parteien fordern Verfassungsschutz-Reform
http://www.morgenpost.de/politik/inland/article107795040/Politiker-aller-Parteien-fordern-Verfassungsschutz-Reform.html, aufgerufen am 05.07.2012

Bundesakademie für Sicherheitspolitik (2011): Zusammenfassung Modul 2: Handlungsfelder nationaler Sicherheitsvorsorge
http://www.baks.bund.de/DE/Veranstaltungen/Rueckblick/Rueckblick2011/Rueckblick_SP11_Mod2/SP11_Modul2_Rueckblick.html, aufgerufen am 23.07.2012

Bundesamt für Bevölkerungsschutz und Katastrophenhilfe / Bundesamt für Sicherheit in der Informationstechnik (2012a): Sektoren und Branchen Kritischer Infrastrukturen
http://www.kritis.bund.de/SubSites/Kritis/DE/Einfuehrung/Sektoren/sektoren_node.html, aufgerufen am 15.08.2012

Bundesamt für Bevölkerungsschutz und Katastrophenhilfe / Bundesamt für Sicherheit in der Informationstechnik (2012b): Gefahren und Interdependenzen
http://www.kritis.bund.de/SubSites/Kritis/DE/Einfuehrung/Gefahren/Gefahren_node.html, aufgerufen am 15.08.2012

Bundesamt für Bevölkerungsschutz und Katastrophenhilfe (2012a): Gemeinsames Melde- und Lagezentrum http://www.bbk.bund.de/DE/AufgabenundAusstattung/Krisenmanagement/GMLZ/GMLZ_einstieg.html, aufgerufen am 16.05.2012

Bundesamt für Bevölkerungsschutz und Katastrophenhilfe (2012b): Glossar
http://www.bbk.bund.de/DE/Servicefunktionen/Glossar/_function/glossar.html?lv2=1899400&lv3=1957514, aufgerufen am 03.06.2012

Bundesamt für Bevölkerungsschutz und Katastrophenhilfe (2012d): Glossar
http://www.bbk.bund.de/DE/Servicefunktionen/Glossar/_function/glossar.html?lv2=1899366&lv3=1948888, aufgerufen am 25.06.2012

Bundesamt für Bevölkerungsschutz und Katastrophenhilfe (2012e): Einsatzfahrzeuge und Ausstattung
http://www.bbk.bund.de/DE/AufgabenundAusstattung/Katastrophenschutz/EinsatzfahrzeugeundAusstattung/einsatzfahrzeugeundausstattung_node.html, aufgerufen am 21.07.2012.

Bundesamt für Güterverkehr (2012a): Verkehrsaufgaben
http://www.bag.bund.de/DE/Navigation/Verkehrsaufgaben/verkehrsaufgaben_node.html, aufgerufen am 18.06.2012

Bundesamt für Güterverkehr (2012b): Zivile Notfallvorsorge im Straßenverkehr
http://www.bag.bund.de/DE/Navigation/Verkehrsaufgaben/ZN-Vorsorge/zivile_notfallvorsorge_verklg.html?nn=13068, aufgerufen am 18.06.2012

Bundesamt für Sicherheit in der Informationstechnik (2011): Nationales Cyber-Abwehrzentrum nimmt Arbeit auf
https://www.bsi.bund.de/ContentBSI/Presse/Pressemitteilungen/Presse2011/Cyber-Abwehrzentrum_01042011.html, aufgerufen am 21.05.2012

Bundebeauftragter für den Datenschutz und die Informationsfreiheit (2012): Nachrichtendienstliches Informationssystem
http://www.bfdi.bund.de/DE/Themen/InnereSicherheit/Nachrichtendienste/Artikel/NachrichtendienstlichesInformationssystem-NADIS.html?nn=409640, aufgerufen am 10.08.2012

Bundeskriminalamt (2012): Fakten und Zahlen
http://www.bka.de/nn_205958/DE/DasBKA/FaktenundZahlen/faktenUndZahlen__node.html?__nnn=true, aufgerufen am 11.06.2012

Bundesministerium des Innern (2012a): Kriminalprävention
http://www.bmi.bund.de/DE/Themen/Sicherheit/SicherheitAllgemein/Praevention/praevention_node.html;jsessionid=30C8AA5A5D5C49AA64C159F437826C3B.2_cid231, aufgerufen am 10.04.2012

Bundesministerium des Innern (2012b): Bundeskriminalamt
http://www.bmi.bund.de/SharedDocs/Behoerden/DE/bka_einzel.html?nn=109678, aufgerufen am 11.06.2012

Bundesministerium des Innern (2012c): Organigramm
http://www.bmi.bund.de/SharedDocs/Downloads/DE/Ministerium/PDF_Organigramm_BMI.pdf?__blob=publicationFile, aufgerufen am 11.06.2012

Bundesministerium des Innern (2012d): Inspekteur der Bereitschaftspolizeien der Länder
http://www.bmi.bund.de/cln_095/SharedDocs/Standardartikel/DE/Themen/Sicherheit/ohneMarginalspalte/Inspektuer_BPolL.html, aufgerufen am 11.06.2012

Bundesministerium des Innern (2012e): Das Ehrenamt – Rückgrat des deutschen Hilfeleistungssystems
http://www.bmi.bund.de/SharedDocs/Standardartikel/DE/Themen/Sicherheit/ohneMarginalspalte/Ehrenamt.html?nn=106274, aufgerufen am 22.06.2012

Bundesministerium des Innern (2012f): Die Zusammenarbeit der deutschen Sicherheitsbehörden bei der Terrorismusbekämpfung
http://www.bmi.bund.de/DE/Themen/Sicherheit/Terrorismus/NatZusammenarbeit/NatZusammenarbeit_node.html;jsessionid=AD2B55752081D85EF377E610BCE242AD.2_cid295, aufgerufen am 16.07.2012

Bundesministerium des Innern (2012g): Lexikon: GASIM
http://www.bmi.bund.de/DE/Service/Glossar/Functions/glossar.html?nn=105094&lv2=296426&lv3=148750, aufgerufen am 22.08.2012

Bundesministerium des Innern (2012h): Das Gemeinsame Internetzentrum (GIZ)
http://www.bmi.bund.de/SharedDocs/Standardartikel/DE/Themen/Sicherheit/Terrorismus/GemeinsamesInternetzentrum.html?nn=107094, aufgerufen am 22.08.2012

Bundesministerium des Innern (2012i): Das Gemeinsame Abwehrzentrum gegen Rechtsextremismus
http://www.bmi.bund.de/SharedDocs/Downloads/DE/Kurzmeldungen/gar_handout.pdf?__blob=publicationFile, aufgerufen am 24.08.2012

Bundesministerium des Innern (2009): Bundeskabinett verabschiedet Nationale Strategie zum Schutz Kritischer Infrastrukturen http://www.bevoelkerungsschutz-portal.de/SharedDocs/Kurzmeldungen/BVS/DE/Kritis_nat_strategie.html?nn=543634, aufgerufen am 04.05.2012

Bundespolizei (2012a): Die Bundespolizei, Organigramm
http://www.bundespolizei.de/DE/06Die-Bundespolizei/Organisation/organigramm_file.pdf?__blob=publicationFile, aufgerufen am 24.07.2012

Bundespolizei (2012b): Direktion Bundesbereitschaftspolizei
http://www.bundespolizei.de/DE/06Die-Bundespolizei/Organisation/Direktionen/Bereitschaftspolizei/bereitschaftspolizei_node.html, aufgerufen am 10.08.2012

Bundespolizeigewerkschaft (2010): Luftfrachtkontrolle offen wie ein Scheunentor
http://www.bundespolizeigewerkschaft.de/warchiv/archiv2010/032af59e3c0a28106.html, aufgerufen am 02.06.2012

Bundesrat (2012a): Gremien und Konferenzen
http://www.bundesrat.de/cln_228/nn_8780/DE/gremien-konf/fachministerkonf/imk/imk-inhalt.html, aufgerufen am 08.06.2012

Bundesregierung (2005): Nationales Informations- und Kooperationszentrum startet Testlauf für WM 2006
http://wm2006.deutschland.de/DE/Content/WMAktuell/Pressemitteilungen/2005/nicc-startet-testlauf.html, aufgerufen am 21.08.2012

Bundesverband der Sicherheitswirtschaft (2011): http://www.bdws.de/cms/index.php?option=com_content&task=view&id=510&Itemid=32, aufgerufen am 10.04.2012

Bundesverband Informationswirtschaft, Telekommunikation und neue Medien e. V. (2011): Internetkriminalität nimmt weiter zu
http://www.bitkom.org/de/presse/70864_68473.aspx, aufgerufen am 03.08.2012

Brink, Henning van den (2012): Kommunale Kriminalprävention, Kriminologie-Lexikon Online,
http://www.krimlex.de/artikel.php?BUCHSTABE=&KL_ID=99, aufgerufen am 05.04.2012

de Maizère, Thomas (2012): Wir brauchen die besten Soldaten, Interview vom 29. Mai 2012 in der FAZ
http://www.bundesregierung.de/Content/DE/Interview/2012/05/2012-05-29-de-maiziere-fasz.html, aufgerufen am 20.07.2012

Der SPIEGEL (2012a): Kabinett beschließt bundesweite Neonazi-Datei
http://www.spiegel.de/politik/deutschland/0,1518,809782,00.html, aufgerufen am 04.05.2012

Der SPIEGEL (2012b): Immer mehr Polizisten im Dienst verletzt
http://www.spiegel.de/panorama/justiz/gewalt-gegen-polizisten-immer-mehr-beamte-werden-verletzt-a-831194.html, aufgerufen am 06.08.2012

Der SPIEGEL (2012c): Zum Plündern freigegeben
http://www.spiegel.de/spiegel/print/d-84430190.html, aufgerufen am 15.05.2012

Der SPIEGEL (2012d): Zwickauer Terrorzelle
http://www.spiegel.de/thema/braune_zelle_zwickau/archiv-2012093.html, aufgerufen am 05.07.2012

Der SPIEGEL (2012e): Bundesrat billigt Neonazi-Datei
http://www.spiegel.de/politik/deutschland/bundesrat-billigt-neonazi-datei-ueber-gewaltbereite-rechtsextreme-a-843036.html, aufgerufen am 21.08.2012

Der SPIEGEL (2011): Nationales Cyber-Abwehrzentrum, Internet-Wacht am Rhein
http://www.spiegel.de/netzwelt/netzpolitik/0,1518,745128,00.html, aufgerufen am 21.05.2012

Der SPIEGEL (2007): Schäubles Anti-Terror-Pläne: Schily reloaded
http://www.spiegel.de/politik/deutschland/schaeubles-anti-terror-plaene-schily-reloaded-a-493377-2.html, aufgerufen am 01.08.2012

Der Tagesspiegel (2012): Basis der Brandenburger Linken will Verfassungsschutz auflösen
http://www.tagesspiegel.de/berlin/brandenburg/wahlparteitag-basis-der-brandenburger-linken-will-verfassungsschutz-aufloesen/6139036.html, aufgerufen am 05.07.2012

Deutscher Bundestag (2012): Experten fordern behutsame Reform der Sicherheitsbehörden
http://www.bundestag.de/dokumente/textarchiv/2012/38259897_kw13_pa_2ua_nsu/index.html, aufgerufen am 03.09.2012

Deutscher Feuerwehrverband (2012): Einer für Alle: Der Deutsche Feuerwehrverband
http://www.dfv.org/verband.html, aufgerufen am 14.08.2012

Deutsche Forschungsgemeinschaft (2012): Festrede des Bundespräsidenten anlässlich der Jahresveranstaltung der DFG am 4. Juli 2012 in Dortmund http://www.dfg.de/download/pdf/dfg_im_profil/reden_stellungnahmen/2012/rede_bundespraesident_gauck_festveranstaltung_120704_dortmund.pdf, aufgerufen am 18.07.2012

Deutsche Lebens-Rettungs-Gesellschaft (2012): Satzung http://www.dlrg.de/ueber-uns/satzungordnungen/satzung.html, aufgerufen am 13.08.2012

Deutsche Lebens-Rettungs-Gesellschaft (2010): Geschäftsbericht für das Jahr 2010 http://www.dlrg.de/fileadmin/user_upload/DLRG.de/Ueber_uns/Geschaeftsberichte/DLRG_GB10_online_01.pdf, aufgerufen am 13.08.2012

Deutsche Universität für Weiterbildung (2012): Sicherheitswirtschaft und Unternehmenssicherheit http://www.duw-berlin.de/de/studiengaenge/sicherheitswirtschaft-und-unternehmenssicherheit.html, aufgerufen am 20.06.2012

Deutscher Bundestag (2012): Polizei, Gesetzliche Grundlage http://www.bundestag.de/bundestag/verwaltung/polizei/ges_grundlage.html, aufgerufen am 10.08.2012

Die ZEIT (2012a): Friedrich will Bundeswehr im Innern einsetzen http://www.zeit.de/politik/deutschland/2011-05/bundeswehr-einsatz-innern-friedrich, aufgerufen am 24.08.2012

Die ZEIT (2012b): Wir stellen keine Angriffswaffen her. Interview mit EADS Chef Stefan Zoller http://www.zeit.de/2012/33/Ruestungsindustrie-EADS-Interview-Zoller/seite-1, aufgerufen am 22.08.2012

Endreß, Christian / Petersen, Nils (2012): Die Dimensionen des Sicherheitsbegriffs http://www.bpb.de/politik/innenpolitik/76634/dimensionen-des-sicherheitsbegriffs, aufgerufen am 15.06.2012

European Confederation of Police: About EuroCOP http://www.eurocop.org/about-eurocop.html, aufgerufen am 08.06.2012

Frankfurter Allgemeine Zeitung (2012): Verfassungsschutz: Friedrich kündigt weitere Veränderungen an http://www.faz.net/aktuell/politik/inland/verfassungsschutz-friedrich-kuendigt-weitere-veraenderungen-an-11808091.html, aufgerufen am 05.07.2012

Frankfurter Rundschau (2011): Eine Trägerrakete zum Nachbauen
http://www.fr-online.de/politik/-eine-traegerrakete-zum-nach-bauen-,1472596,8562952.html, aufgerufen am 21.05.2012

Feltes, Thomas (2012): Innere Sicherheit
http://www.kas.de/wf/de/71.9393, aufgerufen am 08.06.2012

Focus Online (2012): So arbeiten die deutschen Nachrichtendienste
http://www.focus.de/politik/deutschland/tid-26482/verfassungsschutz-bnd-mad-so-arbeiten-die-deutschen-nachrichtendienste_aid_779997.html, aufgerufen am 24.07.2012

Focus Online (2011): Bundespolizei: Innenministerium dreht den Geldhahn zu
http://www.focus.de/politik/deutschland/bundespolizei-innenministerium-dreht-den-geldhahn-zu_aid_644147.html, aufgerufen am 24.07.2012

Frevel, Bernhard (2012): Innere Sicherheit in der Programmatik der Parteien
http://www.bpb.de/politik/innenpolitik/76637/innere-sicherheit-in-parteiprogrammen?p=all, aufgerufen am 01.08.2012

Görgen, Thomas (2005): Nahraumgewalt gegen ältere und pflegebedürftige Menschen, in: Kerner, Hans-Jürgen / Marks, Erich (Hrsg.): Internetdokumentation Deutscher Präventionstag, Hannover. http://www.praeventionstag.de/content/10_praev/doku/goergen/index_10_goergen.html, aufgerufen am 06.08.2012

Groß, Herrmann (2011): Polizeien in Deutschland
http://www.bpb.de/76660/polizeien-in-deutschland, aufgerufen am 11.06.2012

Heinz, Wolfgang (2004): Kommunale Kriminalprävention aus wissenschaftlicher Sicht, in: Kerner, Hans-Jürgen / Marks, Erich (Hrsg.): Internetdokumentation Deutscher Präventionstag, Hannover. http://www.praeventionstag.de/content/9_praev/doku/heinz/index_9_heinz.html, aufgerufen am 10.04.2012

Interdisziplinärer Arbeitskreis Innere Sicherheit (AKIS) (2002):
http://www.ak-innere-sicherheit.de, aufgerufen am 06.12.2011

Jasch, Michael (2007): Strafrecht im Dilemma zwischen Sicherheit und Freiheit (aus: Kriminologisches Journal 2007, H. 3, S. 203 ff.)
http://www.michaeljasch.de/src/Sicherheit.pdf, aufgerufen am 16.08.2012

Johanniter-Unfall-Hilfe (2012): Über uns

http://www.johanniter.de/die-johanniter/johanniter-unfall-hilfe/ueber-uns/, aufgerufen am 14.08.2012

Koschyk, Hartmut (2006): Pressemitteilung vom 10. November 2006
http://www.csu-landesgruppe.de/Titel__Selbststaendigkeit_des_THW_von_entscheidender_Bedeutung_fuer_bestmoeglichen_Zivil__und_Katastrophens/TabID__55/SubTabID__81/InhaltTypID__1/InhaltID__4881/Inhalte.aspx, aufgerufen am 06.08.2012

Krentz, Henry (2012): Das Gemeinsame Terrorismus-Abwehrzentrum (GTAZ)
http://www.bpb.de/politik/innenpolitik/135182/das-gemeinsame-terrorismus-abwehrzentrum-gtaz?p=all, aufgerufen am 22.08.2012

Malteser-Hilfsdienst (2012): Malteser-Hilfsdienst e. V.
http://www.malteser.de/ueber-die-malteser/malteser-hilfsdienst-ev.html, aufgerufen am 14.08.2012

Münkler, Herfried (2009): Elemente einer neuen Sicherheitsarchitektur
https://zeitschrift-ip.dgap.org/de/ip-die-zeitschrift/archiv/jahrgang-2007/mai/elemente-einer-neuen-sicherheitsarchitektur, aufgerufen am 06.08.2012

Neues Deutschland (2012): Ein Geheimdienst für alle Fälle
http://www.neues-deutschland.de/artikel/234677.ein-geheimdienst-fuer-alle-faelle.html, aufgerufen am 07.08.2012

N24 (2012): Cyber-Kriminalität: Geschätzter Schaden: 50 Milliarden Euro
http://www.n24.de/mediathek/cyber-kriminalitaet-geschaetzter-schaden-50-mrd-euro_1531943.html, aufgerufen am 03.08.2012

Netzzeitung (2007): In SPD Kritik an deutscher Sicherheitspolitik
http://www.netzeitung.de/deutschland/601630.html, aufgerufen am 28.05.2012

Norddeutscher Rundfunk (2012): Ich hätte Tote nicht verhindern können
http://www.ndr.de/info/programm/sendungen/reportagen/piraten457_page-1.html, aufgerufen am 02.07.2012

Polizei Sachsen (2012): Polizei 2020, Die Fakten
http://polizei2020.sachsen.de/13846.htm, aufgerufen am 26.08.2012

Pütter, Norbert (2009): Vernetzte Sicherheit, Technokratische Phantasien auf dem Vormarsch
http://www.wissenschaft-und-frieden.de/seite.php?artikelID=1551, aufgerufen am 20.08.2012

Pütter, Norbert (1999): Bürgerrechte & Polizei / CILIP 64 (3/1999), Community Policing
http://www.cilip.de/ausgabe/64/alternat.htm, aufgerufen am 14.08.2012

Schmidt, Manfred G. (2003): Kontinuität und Wandel in der Sozialpolitik, Vetospielertheorem und Politik des mittleren Weges
http://www.buergerimstaat.de/4_03/veto.htm, aufgerufen am 02.07.2012

Schünemann, Uwe (2012): Die Bekämpfung von Extremismus und Terrorismus im wehrhaften Rechtsstaat
http://www.kas.de/wf/doc/kas_6116-1442-1-30.pdf?120305163336, aufgerufen am 16.07.2012

Steffen, Wiebke (2004): Gremien Kommunaler Kriminalprävention – Bestandsaufnahme und Perspektive, in: Kerner, Hans-Jürgen / Marks, Erich (Hrsg.): Internetdokumentation Deutscher Präventionstag, Hannover.
http://www.praeventionstag.de/content/9_praev/doku/steffen/index_9_steffen.html, aufgerufen am 05.04.2012

Stern-Online (2012): Terrorfahndung: Geheimdienste scannen zig Millionen Emails
http://www.stern.de/politik/deutschland/terrorfahndung-geheimdienste-scannen-zig-millionen-e-mails-1791565.html, aufgerufen am 25.06.2012

Stern-Online (2005): Pandemie-Gefahr: Deutschland ist nicht gerüstet
http://www.stern.de/wissen/natur/pandemie-gefahr-deutschland-ist-nicht-geruestet-545426.html, aufgerufen am 21.07.2012

Süddeutsche Zeitung (2012a): Justizministerin will Verfassungsschutz völlig umbauen
http://www.sueddeutsche.de/politik/leutheusser-schnarrenberger-zur-terror-fahndung-justizministerin-will-verfassungsschutz-voellig-umbauen-1.1192811, aufgerufen am 05.07.2012

Süddeutsche Zeitung (2012b): Innenministerium ignorierte Warnungen Fromms
http://www.sueddeutsche.de/politik/versagen-des-verfassungsschutzes-innenministerium-ignorierte-warnungen-fromms-1.1398723, aufgerufen am 21.08.2012

Süddeutsche Zeitung (2007): Ein Tag in Gummistiefeln
http://www.sueddeutsche.de/panorama/sommerloch-ein-tag-in-gummistiefeln-1.768236, aufgerufen am 21.07.2012

Südwestrundfunk (2009): Schaar: Rechtswidrige Datenübermittlung im GASIM http://www.swr.de/report/presse/-/id=1197424/nid=1197424/did=4907816/1lwburw/index.html, aufgerufen am 22.08.2012

Team Österreich (2012):
www.teamoesterreich.at, aufgerufen am 22.06.2012

Technisches Hilfswerk (2012a): Einsatzoptionen
http://www.thw.de/DE/THW/Bundesanstalt/Aufgaben/Einsatzoptionen/einsatzoptionen_node.html, aufgerufen am 13.08.2012

Technisches Hilfswerk (2012b): Dienststellen
http://www.thw.de/DE/THW/Bundesanstalt/Dienststellen/dienststellen_node.html, aufgerufen am 13.08.2012

Technisches Hilfswerk (2006): Newsletter der THW-Leitung
http://www.thw-bornheim.de/uploads/media/Newsletter_THW-Leitung_08_2006.pdf, aufgerufen am 06.08.2012

Uhrlau, Ernst (2005): Ernst Uhrlau im Gespräch mit dem Hamburger Abendblatt: Berlins menschliches Frühwarnsystem
http://www.abendblatt.de/politik/deutschland/article728694/Berlins-menschliches-Fruehwarnsystem.html, aufgerufen am 23.08.2012

WELT Online (2012a):Verfassungsschutz: Salafismus wächst rasant
http://www.welt.de/print/die_welt/article108317065/Verfassungsschutz-Salafismus-waechst-rasant.html, aufgerufen am 24.08.2012

WELT Online (2012b): Der MAD – reformierbar oder doch überflüssig?
http://www.welt.de/politik/deutschland/article108315820/Der-MAD-Reformierbar-oder-doch-ueberfluessig.html, aufgerufen am 24.08.2012

WELT Online (2010): Radikale Reform soll vor Terror-Ernstfall schützen
http://www.welt.de/politik/deutschland/article11164486/Radikale-Reform-soll-vor-Terror-Ernstfall-schuetzen.html, aufgerufen am 21.08.2012

WELT Online (2005): CDU will Außenpolitik im Kanzleramt bündeln
http://www.welt.de/print-welt/article686176/CDU-will-Aussenpolitik-im-Kanzleramt-buendeln.html, aufgerufen am 28.05.2012

Wikipedia (2012): Glawnoje Raswedywatelnoje Uprawlenije
http://de.wikipedia.org/wiki/Glawnoje_Raswedywatelnoje_Uprawlenije, aufgerufen am 10.08.2012

Graue Literatur / Bundestagsdrucksachen / Anfragen

Adam, Ulrich / Herrmann, Jürgen (2005): Strategiepapier. Ein gemeinsames Konzept für Katastrophenschutz und Heimatverteidigung, Klausurtagung AGV, 2./3.02.2005.

Ausschuss Feuerwehrangelegenheiten, Katastrophenschutz und zivile Verteidigung (1999): Feuerwehr-Dienstvorschrift 100, Beschlossene Fassung des AFKzV vom 10.03.1999.

Binias, Uwe (2012): Erfolgreicher Umgang mit den Auswirkungen des demografischen Wandels auf die öffentliche Sicherheit aus Sicht des Landes Niedersachsen, Vortrag des Landespolizeipräsidenten anlässlich des 15. Zukunftsforums Öffentliche Sicherheit am 22. März 2012 im Deutschen Bundestag, Berlin.

Bundesamt für Bevölkerungsschutz und Katastrophenhilfe (2012c): Email-Anfrage zwischen dem Verfasser und dem BBK zur Abordnungsregelung innerhalb des GMLZ, 21.05.2012.

Bundesrechnungshof: Bericht an den Haushaltsausschuss des Deutschen Bundestages nach § 88 Abs. 2 BHO über die Prüfung der Ernährungsnotfallvorsorge, März 2012.

Bundesverband der Sicherheitswirtschaft (2012): Einstellungen zu privaten Sicherheitsdiensten in Bayern, Ergebnisse des Verbändemonitors Bayern für den Bundesverband der Sicherheitswirtschaft, auf Anfrage beim BDSW vom Mai 2012.

Bundesrat (2012b), Beschluss des Bundesrates, Vorschlag für eine Richtlinie des Europäischen Parlaments und des Rates über die Konzessionsvergabe, Drucksache 874/11 vom 30.03.12.

Deutscher Bundestag, Antrag der SPD-Bundestagsfraktion zum Einsatz privater Sicherheitsdienste im Kampf gegen Piraterie zertifizieren und kontrollieren, Drucksache 17/9403 vom 24.04.2012.

Deutscher Bundestag, Antwort der Bundesregierung auf die kleine Anfrage der Fraktion DIE LINKE zur strategischen Fernmeldeaufklärung durch „Geheimdienste" des Bundes, Drucksache 17/9305 vom 13.04.2012.

Deutscher Bundestag, Antwort der Bundesregierung auf die kleine Anfrage der Fraktion Bündnis 90/Die GRÜNEN zum Gemeinsamen Terrorabwehrzentrum, Drucksache 16/9833 vom 18.07.2008.

Deutscher Bundestag, Antwort der Bundesregierung auf die kleine Anfrage der Fraktion Bündnis 90/Die GRÜNEN zum Gemeinsamen Analyse- und Strategiezentrum illegale Migration, Drucksache 16/8482 vom 11.03.2008.

Deutscher Bundestag, Antwort der Bundesregierung auf die kleine Anfrage der Fraktion DIE LINKE zum Trennungsgebot von Polizei und Geheimdiensten und das Gemeinsame Analyse- und Strategiezentrum illegale Migration in Berlin-Treptow, Drucksache 16/2420 vom 18.08.2006.

Deutscher Feuerwehrverband (2008): Jahresstatistik 2008. Auf Email-Anfrage vom Juni 2011.

Deutsches Rotes Kreuz/TNS Emnid (2008): Repräsentative Umfrage zur Selbsthilfefähigkeit bei einem 14-tägigen Stromausfall.

Gewerkschaft der Polizei (2012): Email-Verkehr zwischen dem Verfasser und dem GdP-Vorsitzenden Bernhard Witthaut am 15. und 16.05.2012.

Gewerkschaft der Polizei (2011): Vermerk der Gewerkschaft zur Personalentwicklung und zum Öffentlichen Dienst, auf Anfrage bei der GdP im Mai 2011.

Handelsverband Deutschland (2012): Email-Anfrage vom 16.05.2012.

Hetger, Erwin (2008): Festrede bei der Jahresmitgliederversammlung des Bundesverbandes Deutscher Wach- und Sicherheitsunternehmen in Ludwigsburg am 29.05.2008.

Innenministerium des Landes Baden-Württemberg (2008): Pressemitteilung. Inspekteure der Polizeien der Länder und des Bundes tagen in Freiburg, vom 16.09.2008.

Innenministerium des Landes Nordrhein-Westfalen (2009): Länderumfrage 2008. Planstellen, Stellen und Schlüsselverhältnisse der Polizeien der Länder und des Bundes für das Haushaltsjahr 2008.

Statistisches Bundesamt (2011): Beschäftigte des Bundes nach Einzelplänen/Kapiteln des Bundeshaushalts, auf Anfrage.

Unterausschuss Führung, Einsatz und Kriminalitätsbekämpfung (2011a): Abschlussbericht der gemeinsamen Projektgruppe „Zertifizierung von Unternehmen im privaten Sicherheitsgewerbe, 19.08.2011, Anlage 1.3.

Unterausschuss Führung, Einsatz und Kriminalitätsbekämpfung (2011b): Abschlussbericht der gemeinsamen Projektgruppe „Zertifizierung von Unternehmen im privaten Sicherheitsgewerbe, 19.08.2011, Anlage 1.2.

Waske, Stefanie (2004): Die Kontrolle der Auslandsnachrichtendienste in einigen ausgewählten Staaten, in Arbeitspapier: Geheimhaltung und Transparenz, Demokratische Kontrolle der Geheimdienste im internationalen Vergleich zur Kooperationstagung vom 26.-28. März 2004 der Evangelischen Akademie zu Berlin, des Gesprächskreises Nachrichtendienste in Deutschland e. V., des AK Geschichte der Nachrichtendienste e. V. und der Bundeszentrale für Politische Bildung.

Witthaut, Bernhard (2012): Rede des GdP-Vorsitzenden auf dem Polizeitag in München am 28.06.2012
http://www.gdp.de/id/poltagmue2012, aufgerufen am 19.07.2012.

Anlage I Übersicht über die Experteninterviews

Name	Vorname	Funktion
Beninde	Michael	Dezernatsleiter, Dezernat III, Kreisverwaltung Paderborn
Diwell	Lutz	Staatssekretär a. D., Bundesministerium der Justiz Bundesministerium des Innern
Fritsche	Klaus-Dieter	Staatssekretär, Bundesministerium des Innern
Geiger, Prof. Dr.	Hansjörg	Staatssekretär a. D. Präsident des BND a. D. Präsident des BfV a. D.
Göbel	Ralf	Unterabteilungsleiter, Abteilung Bundespolizei, Bundesministerium des Innern
Heiß	Günther	Abteilungsleiter, Abteilung 6, Koordinator der Geheimdienste Bundeskanzleramt
Klink	Manfred	Erster Direktor a. D. und Leiter BAO 11. September beim BKA
Lichtenberg	Werner	Staatssekretär a. D. Niedersächsisches Ministerium für Inneres und Sport
Maaßen, Dr.	Hans-Georg	Präsident des Bundesamtes für Verfassungsschutz Ehem. Unterabteilungsleiter, Abteilung Öffentliche Sicherheit, Bundesministerium des Innern. Leiter Stab Terrorabwehr (zum Zeitpunkt des Interviews)
Olschok, Dr.	Harald	Hauptgeschäftsführer, Bundesverband der Sicherheitswirtschaft
Seitz	Norbert	Abteilungsleiter, Abteilung Krisenmanagement und Bevölkerungsschutz, Bundesministerium des Innern
Schily, Dr.	Otto	Bundesminister des Innern a. D.
Tiesler	Ralph	Vizepräsident, Bundesamt für Bevölkerungsschutz und Katastrophenhilfe
Witthaut	Bernhard	Bundesvorsitzender, Gewerkschaft der Polizei

Anlage II Experteninterviews des Forschungsprojektes „PRI-KATS“

Name	Vorname	Funktion
Broemme	Albrecht	Präsident, Bundesanstalt Technisches Hilfswerk
Frank Ries, Prof.	Karl-Heinz Reinhard	Stv. Direktor, Direktor, Stadt Frankfurt/Main, Branddirektion
Ladewig, Dr.	Peter	Landesbranddirektor a. D., Land Sachsen-Anhalt
Mrusek	Detlev	Referatsleiter, Brand- und Katastrophenschutz, militärische Angelegenheiten Landesverwaltungsamt Halle
Rechenbach, Dr.	Peer	Abteilungsleiter, Behörde für Inneres, Freie und Hansestadt Hamburg und Vorsitzender des AK V
Reichenbach, MdB	Gerold	Mitglied des Deutschen Bundestages, Mitglied im Innenausschuss, Vorsitzender des Deutschen Komitees Katastrophenvorsorge e. V.
Schmidt, Dr.	Manfred	Präsident, Bundesamt für Migration und Flüchtlinge, Nürnberg Ehem. Abteilungsleiter, Krisenmanagement und Bevölkerungsschutz, Bundesministerium des Innern (zum Zeitpunkt des Interviews)
Wolff, MdB	Hartfrid	Mitglied des Deutschen Bundestages, Mitglied im Innenausschuss

www.ingramcontent.com/pod-product-compliance
Ingram Content Group UK Ltd.
Pitfield, Milton Keynes, MK11 3LW, UK
UKHW041825290926
8980IPUK00002B/63

9 783631 629598